La France sous nos yeux

Économie, paysages, nouveaux modes de vie

Jérôme Fourquet et Jean-Laurent Cassely
avec la collaboration de
Mathieu Garnier et Sylvain Manternach

La France sous nos yeux

Économie, paysages, nouveaux modes de vie

ÉDITIONS DU SEUIL
57, rue Gaston-Tessier, Paris XIXe

ISBN : 978-2-02-148156-3

www.seuil.com

Sommaire

TROISIÈME PARTIE

De la moyennisation à la polarisation des styles de vie

QUATRIÈME PARTIE

Les nouveaux visages des classes sociales : les métiers de la France d'après

CINQUIÈME PARTIE

Des traditions à la globalisation : une archéologie des couches culturelles

CONCLUSION

La politique d'après : quand les modes de vie influencent le vote

INTRODUCTION

Bienvenue en France !

17 novembre 2018 au matin. Des centaines de milliers de personnes convergent partout en France vers deux mille points de rassemblement fixés via des pages Facebook ou des forums de discussion créés par des anonymes. Vêtus de gilets jaunes, les manifestants occupent ronds-points, parkings de grandes surfaces, péages autoroutiers et bloquent entrepôts logistiques et zones d'activités en périphérie des villes. Commentateurs, responsables politiques et simples citoyens assistent, sidérés, au déferlement de cette marée fluorescente filmée en direct par les chaînes d'information en continu. Le profil de ces Gilets jaunes qui, pour beaucoup, manifestent pour la première fois de leur vie ; les slogans et les références, qui empruntent davantage aux séries télévisées et à la *pop culture* qu'au bréviaire syndical ; le jour choisi (un samedi, « car la semaine on travaille ») comme les lieux de rassemblement (les carrefours giratoires et non pas les places ou les avenues des centres-villes) génèrent beaucoup de perplexité. Quand, le dimanche 18 novembre, au lendemain de la première journée de mobilisation, une délégation de Gilets jaunes de Seine-et-Marne entreprend de bloquer, non pas la préfecture mais les grilles d'accès à Disneyland Paris pour en réclamer l'entrée gratuite, le doute n'est plus permis : les temps ont décidément bien changé. Le *vocabulaire* comme la *grammaire* de ce mouvement ne correspondent à aucun langage inventorié au catalogue des traditions syndicales françaises.

Un an avant le déclenchement de cette crise sociale inédite, le paysage politique avait lui aussi été bouleversé. L'élection présidentielle avait été marquée à la fois par la victoire d'Emmanuel Macron, figure émergée en un temps record, et par la dislocation du Parti socialiste et l'affaiblissement sans précédent des Républicains, formations politiques jusqu'alors toutes-puissantes. Après avoir théorisé l'obsolescence du vieux *cursus honorum* politique, le nouveau président avait lancé, quelques semaines après son élection, une armée de candidats « castés » sur CV et entretien de motivation à l'assaut de circonscriptions contrôlées par des notables. Or, s'ils étaient rompus au *management* de projet et parlaient couramment l'anglais des affaires, ces impétrants de la *start-up nation* maîtrisaient assez mal les codes politiques de la Vᵉ République. Ils défirent pourtant sans difficulté les représentants de l'ancien monde.

Après avoir essuyé la colère des Gilets jaunes, cette nouvelle majorité fut confrontée entre décembre 2019 et janvier 2020 à une puissante contestation de son projet de réforme des retraites. Comme lors du mouvement de décembre 1995, cheminots et agents de la RATP se tinrent aux avant-postes de la mobilisation. Mais si la détermination des personnels « roulants » fut impressionnante, la fragmentation du corps social de la SNCF et des grandes entreprises publiques ne permit pas de construire un front aussi large qu'à l'époque. Le fameux slogan « Tous ensemble ! Tous ensemble ! Ouais ! », qui s'était imposé dans les cortèges et les piquets de grève en 1995, apparaissait moins en phase avec l'état d'esprit de 2019. La lecture des articles de presse permet d'en prendre la mesure. Le 12 décembre 1995, *Le Monde* écrivait : « L'indéfinissable légèreté des Parisiens solidaires par temps de grève. Les gens se parlent, sourient. L'autostop devient facile. Les barrières sociales tombent[1]. » Vingt-quatre ans plus tard, l'atmosphère décrite par le même journal est tout autre, comme l'illustre ce titre : « Ça hurle, ça klaxonne, les gens deviennent des bêtes...[2] ». On se souvient, par ailleurs, que le 12 décembre 1995 Pierre Bourdieu avait prononcé un discours de soutien aux grévistes de la Gare de Lyon, s'inscrivant en cela dans la geste du mouvement ouvrier, avec pour référence suprême la prise de parole de Jean-Paul Sartre devant les ouvriers en grève de Renault-Billancourt en mai 1968. Changement de style et mobilisation d'un autre imaginaire en 2019 avec, dans *Médiapart*, la pétition lancée par différentes personnalités comme

1. Pascale Kremer et Marie-Pierre Subtil, « L'indéfinissable légèreté des Parisiens solidaires par temps de grève », *Le Monde*, 9 décembre 1995.

2. Annick Cojean, « "Ça hurle, ça klaxonne, les gens deviennent des bêtes..." : plongée dans le chaos urbain d'un Paris éprouvé par la grève », *Le Monde*, 16 décembre 2019.

Annie Ernaux, Édouard Louis, mais aussi une brochette de *people* parmi lesquels Jean-Marie Bigard, Bruno Gaccio ou l'actrice Corinne Masiero (alias *Capitaine Marleau*), appel à soutenir financièrement les grévistes par le biais de cagnottes ouvertes sur des plateformes Internet. Lepotcommun.fr et Leetchi.com en lieu et place des caisses de grève.

Ces trois épisodes marquent un changement d'époque. C'est tout un paysage économique, culturel, social et esthétique qui a été modifié. Depuis le milieu des années 1980, en effet, la France s'est métamorphosée en profondeur. Accélération de la désindustrialisation, apogée de la société des loisirs et de la consommation, poursuite de la périurbanisation, hybridation des traditions populaires sous l'influence de la mondialisation, syncrétisme spirituel et religieux sont autant de réalités nouvelles qui structurent en profondeur cette France qui a irrémédiablement changé depuis la fin des Trente Glorieuses. Or l'écart entre le pays tel qu'il se présente désormais à nos yeux et les représentations que nous en avons est abyssal.

Au fil de ces pages, et un peu à la manière d'une actualisation du *Tour de la France par deux enfants*[1], nous évoquerons notamment les plateformes logistiques d'Amazon, la poussée démographique en direction de la façade atlantique, la multiplication des parcs de loisirs et des centres commerciaux, les influences culturelles américaines, les émissions de Stéphane Plaza, les livreurs de sushis, les itinéraires des *go fast*, les stages de jeûne dans la Drôme, la *premiumisation* des stations de ski, le recours accru aux coachs, les Églises évangéliques ou bien encore les boulangeries de rond-point… Autant de réalités géographiques, économiques, culturelles et sociales qui constituent l'environnement quotidien des Français d'aujourd'hui, et dont la juxtaposition façonne un paysage qui apparaîtra au lecteur sous un jour à la fois inédit et familier, car c'est la France dont chacun de nous a une expérience partielle que nous avons eu à cœur de décrire, celle que l'on voit défiler lorsque nous la sillonnons en voiture ou en train.

---

1. G. Bruno, *Le Tour de la France par deux enfants*, Paris, Belin, 1877. C'est la réalité de la France de la fin du XIXe siècle que ce livre s'attachait à décrire.

Ce livre poursuit ainsi l'ambition de dresser un tableau d'ensemble de la *France d'après*. D'après la métamorphose qui s'est produite depuis le milieu des années 1980 jusqu'à la fin des années 2010. L'année 2020-2021, celle de la crise sanitaire, n'aura fait que révéler, accélérer et bien souvent hystériser des transformations qui étaient engagées de longue date. La France qui est sortie de la chrysalide s'inscrit ainsi en rupture, à de multiples niveaux, avec la société qui prévalait jusqu'au début des années 1980. *C'est une France…*

… d'après l'agriculture et l'industrie

Une économie dont la focale médiatique braquée sur l'innovation numérique masque le basculement vers les métiers de services peu qualifiés, de la caissière de supermarché au cariste d'entrepôt du grand périurbain et à l'aide-soignante d'Ehpad, sans oublier le nouveau « larbinat » urbain généré par les applis. Une économie dans laquelle le territoire est devenu lui-même ressource et support de consommation, mis en désir et sublimé par le tourisme gastronomique, les parcs naturels, les festivals et les événements culturels, les parcs d'attractions qui sont parfois les locomotives de toute une région, ou encore les centres commerciaux et les villages de marques qui s'imposent comme des destinations à part entière.

… d'après l'aménagement planifié du territoire

Une France résidentielle de villes-TGV devenues l'habitat naturel des professions du tertiaire supérieur et l'écosystème de l'innovation entrepreneuriale ; de banlieues tiraillées entre gentrification et ghettoïsation ; de couronnes périurbaines qui accueillent aussi bien les familles aisées que les Gilets jaunes déclassés ; de campagnes réinventées dans lesquelles la chambre d'hôte ou l'écolieu jouxtent bien souvent le lotissement pavillonnaire.

… d'après la grande classe moyenne

Une France qui se polarise à nouveau socialement, sous l'effet des inégalités de revenus et de patrimoine, mais également de visions du monde qui divergent et, parfois, s'opposent frontalement. Alors qu'une partie de la classe moyenne supérieure urbaine se singularise par son éducation, ses codes culturels et ses modes de consommation, des bataillons de catégories populaires renouvelées s'arc-boutent sur un mode de vie hérité du triptyque maison-voiture-hypermarché.

... d'après les traditions populaires et régionales

Une France qui est définitivement entrée dans la conversation culturelle mondiale, rêvant d'Amérique du haut en bas de la société, dans laquelle McDonald's, Hollywood, Netflix et le hip-hop sont devenus autant de références majeures ; une France créolisée dans l'assiette, dont la blanquette de veau revisitée en bistronomie n'est plus qu'une option sur la carte du festin hexagonal, auprès du burger, de la pizza, des sushis, du kebab ou du tacos. Une France dans laquelle le véganisme prend place à côté des interdits alimentaires d'inspiration religieuse, dans laquelle le halal se combine à l'occasion avec le sans-gluten et où l'huile d'olive a conquis le nord de la Loire.

... d'après le catholicisme

Une France dans laquelle l'islam s'est imposée comme la deuxième religion du pays, recomposant certains territoires qui avaient accueilli les descendants de l'immigration post-coloniale, exerçant une influence déterminante sur les modes de vie et la sociologie des classes populaires. Une nouvelle réalité religieuse qui a tendance à faire passer à l'arrière-plan l'émergence d'un fort courant évangélique et, plus encore, d'un bricolage identitaire et culturel en vertu duquel la méditation transcendantale ou les rituels chamaniques cohabitent avec la médecine orientale et questionnent les grands systèmes de valeurs hérités des monothéismes et des Lumières.

Pour rendre compte de cette Grande Métamorphose, nous prêterons une attention particulière à la description des processus qui ont présidé aux transformations. On se souvient de la célèbre formule de Marx dans *Misère de la philosophie* : « Le moulin à bras vous donnera la société avec le suzerain, le moulin à vapeur, la société avec le capitaliste industriel. » Le passage d'un système économique organisé et pensé autour des activités de production à un modèle centré sur la consommation, le tourisme et les loisirs constitue un événement déterminant, aux conséquences multiples. Parallèlement à la description des mutations du soubassement économique, nous accorderons une place significative à la question des flux. L'étude des axes et des modes de circulation des marchandises, licites et illicites, en dit en effet souvent long sur le fonctionnement d'une société. De la même manière, les mouvements de population d'une région à une autre indiquent quels sont les territoires les plus convoités et renseignent sur les critères de désirabilité, et, partant, sur les valeurs dominantes dans une société. Ces importants va-et-vient de populations ne sont pas sans effet, nous le verrons, sur la persistance des identités locales et, symétriquement, sur le développement d'un référentiel culturel hydroponique là où le brassage démographique a été le plus intense. Nous nous interrogerons sur les conséquences de ces mouvements de population dans la France d'après[1]. D'autant que si cette « mise en mobilité » n'est pas généralisée, elle touche une frange importante des jeunes générations, des populations les plus éduquées, des leaders d'opinion et autres influenceurs culturels ; par conséquent, elle fixe un horizon existentiel désirable pour une grande partie de nos concitoyens, et celles et ceux qui sont entravés dans ce droit à choisir leur cadre de vie en éprouvent de la frustration.

L'approche par les flux sera enfin privilégiée pour relater les canaux par lesquels des influences culturelles (qu'elles soient américaines, maghrébines ou encore asiatiques) se sont rapidement diffusées et déposées en autant de strates culturelles nouvelles venant se sédimenter sur les couches les plus anciennes et s'hybrider avec ces dernières.

Comment raconter ces transformations ?

Rendu célèbre parmi les géographes pour être à l'origine de la notion d'« espace vécu », Armand Frémont, décédé en 2019, a inventé une

1. Auteur en 2000 d'un ouvrage marquant sur la crise du lien social, *Bowling Alone*, Robert Putnam s'était penché sur les effets socioculturels du phénomène du « *re-potting* » aux États-Unis. Selon le politologue, le changement de ville et de région, fréquent parmi les Américains, ainsi que la tendance à s'installer dans des banlieues résidentielles pouvaient produire des effets semblables au rempotage des plantes qui, coupées de leurs racines, doivent en reformer d'autres pour s'adapter à leur nouvel environnement.

méthode et un style uniques de description des réalités humaines. Dans la conclusion qu'il a donnée à *France, géographie d'une société*, ouvrage publié initialement en 1988[1] et réédité dix ans plus tard, il distingue quatre types de sources : les statistiques, les auteurs académiques, la littérature et l'observation directe. En bons disciples de ce grand géographe, nous nous sommes mis dans ses pas et avons adapté sa boîte à outils pour tenir compte des réalités inédites dont nous avions à rendre compte. Cette plongée dans la société contemporaine, nous l'avons ainsi effectuée à hauteur d'homme et de territoire en mobilisant une palette d'outils et d'approches.

Des données et des cartes

Analystes et observateurs croulent sous les données qui, à l'heure du *big data*, sont générées quotidiennement en quantités astronomiques. L'Insee, les rapports d'études, les sondages, les médias et bien d'autres sources encore alimentent cette production vertigineuse de statistiques que personne ne saurait digérer à jet continu. Nous n'avons retenu ici que celles qui viennent illustrer le récit que nous proposons des transformations qu'a connues le pays. C'est pourquoi le lecteur ne trouvera pas dans ces pages de données globales et désincarnées relatives, par exemple, au taux de natalité, à la pyramide des âges ou aux différents déciles de revenus, mais des *indicateurs* que nous avons construits et privilégiés pour leur pouvoir d'évocation – comme le nombre de piscines sur le sol français, l'évolution de la fréquentation du ZooParc de Beauval ou encore le profil des amateurs de la culture country, de kebab ou des chansons de Jean-Jacques Goldman.

Dans la mesure du possible, nos graphiques et nos courbes ont été scénarisés pour prendre logiquement place dans le récit. Parallèlement, nous avons eu recours, lorsque cela nous semblait pertinent, à la cartographie – une bonne carte, on connaît l'adage, valant souvent mieux qu'un long développement. Tout au long de cette longue chaîne du travail cartographique, qui s'étend de la recherche des sources (parfois très bien cachées ou très complexes à ordonner) jusqu'à la représentation

1. Armand Frémont, *France, géographie d'une société* (1988), Paris, Flammarion, coll. « Champs », 1997.

graphique d'une variable donnée, nous avons pu compter sur la collaboration précieuse de Mathieu Garnier et de Sylvain Manternach.

Des monographies de territoires à valeur exemplaire

Chaque fois que cela était possible, nous avons illustré les transformations constatées par des monographies de territoires emblématiques ou moins exposés : telles villes de bord de mer, tels quartiers de banlieue, telles stations de ski, telles campagnes néo-rurales ou telles agglomérations industrielles, par exemple. À cette fin, tout en mobilisant les sources statistiques disponibles et les ressources de la presse locale, nous avons accordé une place importante à l'observation directe et à la récolte d'informations sur le terrain, comme on le fait dans le reportage de presse.

Une approche libre empruntant aux sciences sociales

À l'occasion, les grands auteurs sont convoqués pour prendre de la hauteur. Toutes les disciplines des sciences humaines sont représentées : la géographie bien sûr, mais aussi l'histoire et la sociologie, avec Lucien Febvre, Fernand Braudel, Henri Mendras, Jean Fourastié ou Emmanuel Todd. Loin de proposer une exégèse systématique des travaux de ces chercheurs, nous empruntons librement à leur approche pluridisciplinaire. Celle, par exemple, de l'École des Annales.

Des références aux œuvres de fiction contemporaines

Les transformations socio-économiques que nous évoquons ont été mises en récit avec brio par certains romanciers comme Michel Houellebecq ou Nicolas Mathieu. On s'étonnera d'autant moins de voir leurs noms et leurs œuvres mobilisés à l'appui de tel ou tel moment de la description que le pouvoir de la fiction est le plus souvent bien supérieur à celui des traités d'économie, nous le savons bien. Le visage de la France d'après se dévoile aussi dans un genre qui mêle reportage et récit, celui du fait divers. Irène Frain dépeint ainsi à merveille la France d'après dans la description qu'elle propose d'une petite ville en lisière de la Beauce, une cité rattrapée par la Francilienne et le RER, là où a vécu (et été tuée) sa sœur dans une maison située au bout de l'impasse d'un petit lotissement[1]. Une commune dont la base aérienne a été reconvertie en site de tournage pour le cinéma, où un entrepôt Amazon prévoit de s'installer à côté de celui de Decathlon et où l'on vient d'inaugurer un cinéma multiplex qui promet des après-midi « autour de mangas japonais » et des films d'horreur en avant-première.

Au-delà de la littérature, nous avons emprunté aussi à ce qu'il est convenu d'appeler la *pop culture*. Le cinéma, la musique, les émissions de télévision ou les séries font désormais partie des références communes. Le lecteur ne sera donc pas surpris non plus que nous ayons puisé certaines de nos références aux émissions de *coaching* de vie ou que nous ayons prêté attention au destin de certains personnages de la téléréalité. Bien entendu aussi, la culture Internet a retenu notre attention : les réseaux sociaux, en particulier, témoignent des tendances qui travaillent la société. Ils fournissent également un riche matériau pour illustrer la transformation des paysages français et rendre compte des nouveaux modes de vie.

1. Irène Frain, *Un crime sans importance*, Paris, Seuil, 2020.

PREMIÈRE PARTIE

Des usines aux zones commerciales et aux parcs de loisirs : un nouveau modèle économique

CHAPITRE 1

La France de l'ombre : que reste-t-il quand les usines ont fermé ?

1. De la crise de 2008 au Covid-19 : la poursuite de la désindustrialisation

Mars 2020, l'épidémie de Covid-19 s'abat sur la France. Pour faire face au virus, il faut d'urgence se procurer des masques, des surblouses, des médicaments et des tests. Compte tenu du volume des besoins, ces équipements viennent rapidement à manquer et la pénurie s'installera pendant des semaines. Cette crise sanitaire servira ainsi de révélateur, au sens chimique du terme, de l'ampleur de la désindustrialisation du pays. De nombreuses filières ont totalement disparu au cours des dernières décennies et la France n'est plus en capacité de fabriquer quantité de produits et d'objets.

Si la désindustrialisation avait déjà été bien engagée entre les années 1970 et le début des années 1980, le phénomène allait se poursuivre et s'amplifier entre le milieu des années 1980 et aujourd'hui, période que nous appellerons « la Grande Métamorphose ». La part du secteur industriel dans le PIB, qui était encore de 24 % en 1980, est ainsi tombée à 10 % en 2019. Pour prendre la mesure de l'ampleur de l'hémorragie et de son caractère persistant, on peut s'appuyer sur les données du cabinet Trendeo[1], qui recense les fermetures et les créations de sites industriels. Rien que depuis 2008, le cabinet ayant commencé sa veille documentaire à l'occasion de la récession de 2008, on ne dénombre pas moins de 936 usines de 50 salariés et plus ayant fermé leur portes, ces fermetures représentant un total de 125 000 emplois détruits. La carte de ces fermetures de sites industriels est saisissante. Elle fait penser à la photographie aérienne d'un

1. Que nous remercions pour nous avoir donné accès à son fichier.

champ de bataille après un bombardement. Aucune région n'a été épargnée, et tout le territoire est constellé d'impacts ou de cratères. Les régions à tradition industrielle ancienne comme l'Île-de-France, la vallée de la Seine, le Nord-Pas-de-Calais, l'Alsace-Moselle ou encore la conurbation de Lyon-Saint-Étienne ont été durement frappées. Le Grand Ouest, où l'industrialisation était plus récente, n'a pas été épargné, pas plus que les départements ruraux bénéficiant d'une présence industrielle plus diffuse. Villes moyennes et petites à l'image grise, campagnes en déclin, banlieues rouges délaissées, vallées en perte de vitesse : la géographie de ces destructions est celle d'une France de l'ombre dont l'image s'est dégradée au fil des chocs économiques. Elle est l'envers de la France désirable que nous étudierons dans la deuxième partie.

Cette destruction du tissu industriel tricolore a touché la plupart des filières, y compris celles qui paraissaient les plus robustes, comme les secteurs de l'automobile et de l'agroalimentaire. Entre 2008 et 2020, le premier a vu 94 sites fermer. C'est principalement la partie nord du pays qui a été frappée. Plusieurs usines appartenant aux grandes marques ont disparu : fermeture de l'usine PSA d'Aulnay en 2012 ou du site de Ford à Blanquefort en 2018. Mais les équipementiers, notamment dans le secteur des pneumatiques, n'ont pas été épargnés : site Continental de Clairoix dans l'Oise en 2009, Goodyear d'Amiens en 2013 ou de Bridgestone de Béthune en 2021. D'autres équipementiers ont procédé eux aussi à des fermetures d'unités, comme Faurecia (usine d'Auchel dans le Pas-de-Calais en 2009) ou Valeo (avec le site de Vire dans le Calvados en 2008), par exemple.

La filière agroalimentaire, autre composante majeure du tissu industriel national, a elle aussi payé un lourd tribut durant ces années (114 usines rayées de la carte). Comme le montre la carte page 24, des fermetures de sites sont intervenues dans de nombreux départements, comme par exemple l'Aude (avec la fermeture de l'usine Spanghero à Castelnaudary) ou l'Indre (avec la fermeture de l'usine Barilla de Châteauroux). Mais c'est en Bretagne, région spécialisée dans ce type de production, que les annonces ont été les plus nombreuses. Dans le Morbihan, le groupe volailler Doux a fermé ses abattoirs de Locminé (en 2008) et Sérent (en 2012) ainsi que son site d'Elven (également en 2012). À la même

Les fermetures de sites industriels de 50 salariés et plus entre 2008 et 2020

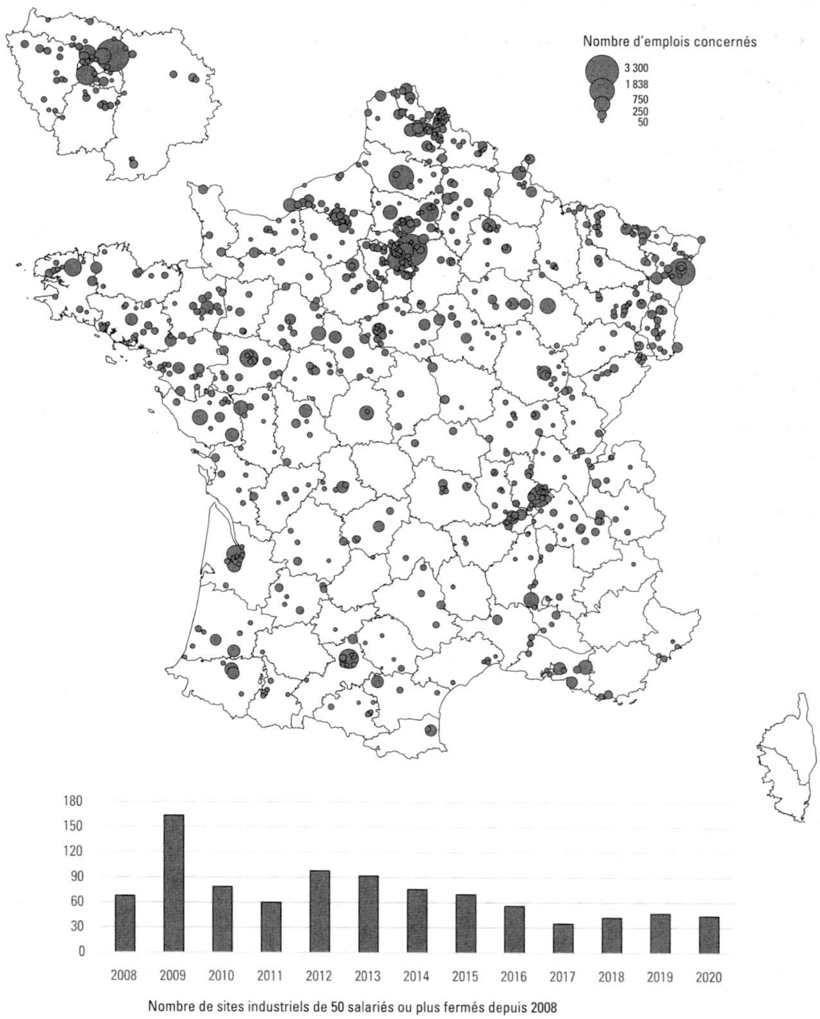

(Source : Trendeo.)

époque, on apprenait, en 2013, l'arrêt de l'activité de l'usine de saumon fumé du groupe Marine Harvest à Poullaouen, dans le Finistère, et de l'abattoir Gad de Lampaul-Guimiliau. Toujours dans le Finistère, l'usine de volailles Tilly-Sabco fermait en 2014, à Guerlesquin.

Les fermetures des sites dans l'automobile et dans l'agro-alimentaire

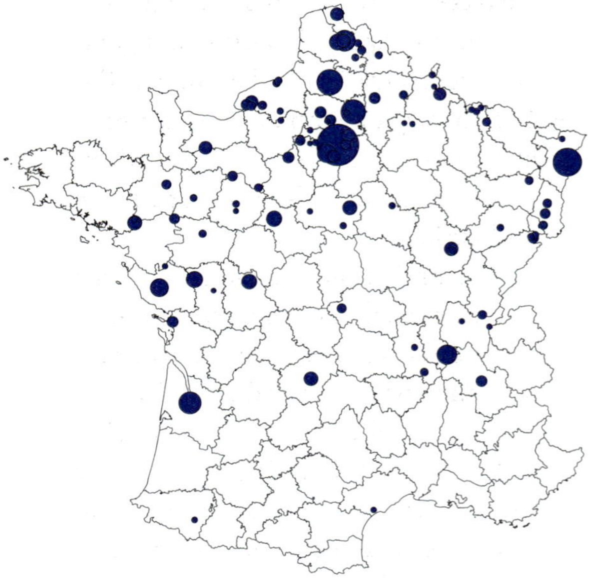

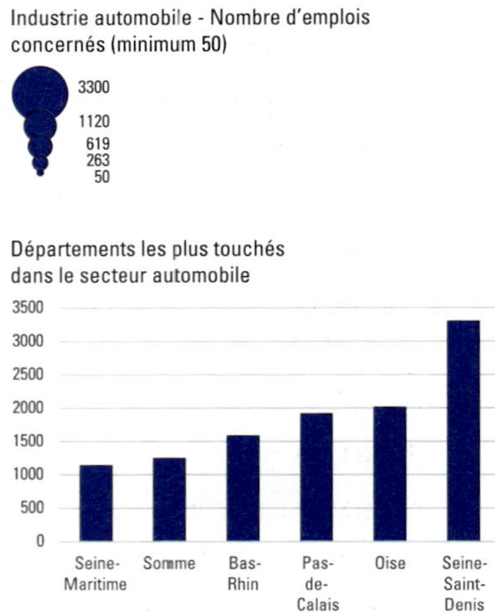

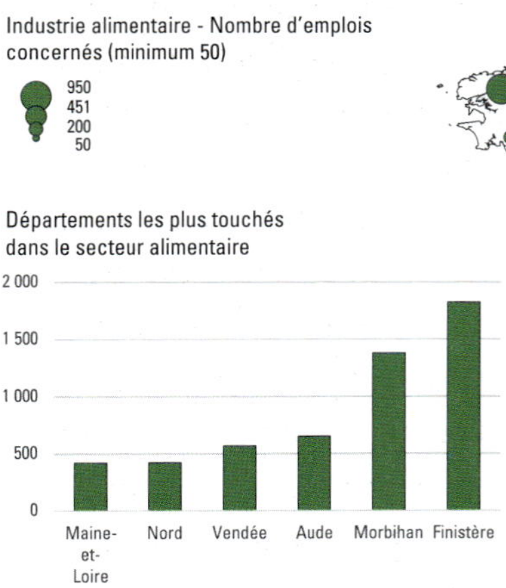

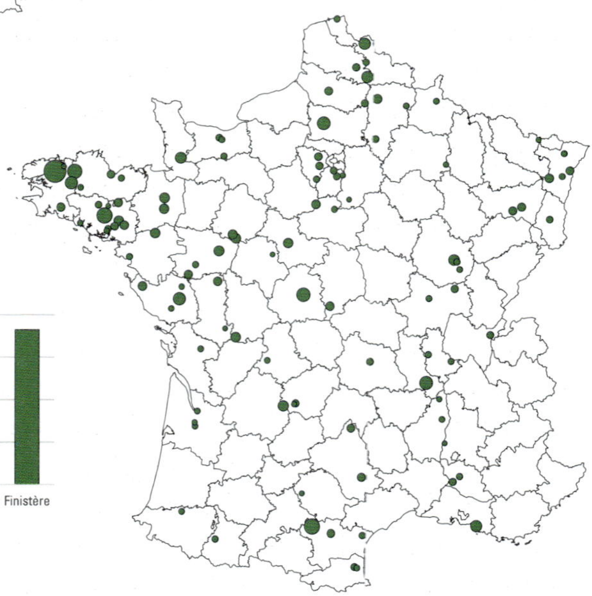

2. Alcatel : les ravages du *fabless* dans les années 2000

Cette nouvelle étape dans la désindustrialisation du pays a des causes multiples : concurrence de pays à bas coût de main-d'œuvre, mutations technologiques mal maîtrisées ou mal anticipées, évolution des goûts et des attentes des consommateurs, surévaluation de l'euro, etc. Elle a parfois également résulté de choix stratégiques ou de visions économiques erronées s'appuyant sur un pseudo-sens de l'histoire qui condamnerait les activités industrielles et de production à disparaître au profit de l'économie tertiaire ou post-industrielle.

Cette vision de l'avenir fut notamment théorisée par Serge Tchuruk quand il était à la tête d'Alcatel, puissant conglomérat français, lointain héritier de la Compagnie générale d'électricité. Au début des années 2000, le groupe possédait 120 sites industriels répartis dans différentes régions du monde et n'employait pas moins de 200 000 salariés. Alcatel était le numéro un mondial de la fibre optique, mais aussi l'un des principaux équipementiers dans les télécoms, également engagé dans les transports ferroviaires et les centrales électriques. Mais alors que la nature et l'identité de l'entreprise était intrinsèquement industrielle, Serge Tchuruk déclara lors d'une conférence en juin 2001 : « Alcatel doit devenir une entreprise sans usine. » Le polytechnicien forgea ainsi le concept d'entreprise *fabless* (« sans usine »). Convaincu que « la valeur ajoutée manufacturière tendait à décroître, tandis que la valeur immatérielle croissait sans cesse », Serge Tchuruk n'eut de cesse au début des années 2000 (en pleine bulle Internet et d'engouement pour les nouvelles technologies) que de rendre son groupe « plus agile » en le délestant de ses actifs industriels parce qu'ils immobilisaient trop de cash aux yeux de ses actionnaires. En vertu de cette analyse, la maximisation de la valeur ajoutée se situait dans la matière grise, c'est-à-dire dans les centres de recherche, la R&D et les brevets, et non plus dans les usines d'assemblage ou de fabrication. Cette politique, appliquée avec un zèle méticuleux, associée à des difficultés de marché et à des choix malheureux (fusion ratée avec Lucent en 2006[1]) allait aboutir à une

1. Cf., à ce sujet, Christine Kerdellant, *Ils se croyaient les meilleurs*, Paris, Denoël, 2016.

véritable hécatombe industrielle en France. Entre 1995 et 2013, la plupart des sites de production d'Alcatel furent ainsi fermés ou cédés, les cessions à d'autres entreprises ou à des filiales se soldant la plupart du temps par une fermeture quelques années plus tard.

Chronologie de la fermeture et des cessions des sites d'Alcatel en France

1995	Dinard (Ille-et-Vilaine)	Fermeture
1996	Querqueville (Manche)	Fermeture
1999	Les Salles-du-Gardon (Gard)	Fermeture
2001	Coutances (Manche)	Fermeture
2001	Laval (Mayenne)	Fermeture
2002	Brest (Finistère)	Cession
2003	Saintes (Charente-Maritime)	Cession
2003	Conflans-Sainte-Honorine (Yvelines)	Fermeture
2009	Lannion (Côtes-d'Armor)	Cession
2009	Chauny (Aisne)	Fermeture
2012	Vélizy (Yvelines)	Fermeture
2013	Lyon (Rhône)	Fermeture
2013	Orvault (Loire-Atlantique)	Fermeture
2013	Ormes (Loiret)	Cession
2013	Eu (Seine-Maritime)	Cession
2013	Toulouse (Haute-Garonne)	Fermeture
2013	Rennes (Ille-et-Vilaine)	Fermeture

Ainsi, c'est tout l'héritage industriel et technologique de la prestigieuse CGE dans le domaine des équipements électriques et télécoms qui allait être laminé[1] alors que ces activités avaient résisté à la première vague de désindustrialisation des années 1970-1980. Inexorablement, ces filières plus récentes, implantées plutôt dans la partie ouest du pays sous l'effet des politiques d'aménagement du territoire des années 1960-1970, connaîtraient le même sort que la sidérurgie, la métallurgie

1. Au cours de la même période, un autre grand fleuron industriel national connaîtra un sort similaire et sera lui aussi démantelé. Le spécialiste français de l'aluminium, Péchiney, va ainsi fermer de nombreux sites, jugés soit insuffisamment rentables soit technologiquement obsolètes. Ce phénomène s'accélérera avec le rachat du groupe français par Alcan en 2003, lui-même racheté ensuite par Rio Tinto en 2007.

ou le textile, la chute de l'empire Alcatel fragilisant des territoires jusque-là plutôt épargnés.

La ville de Lannion constitue un exemple emblématique de la déconfiture qu'a connue la filière des télécommunications et de l'électronique au cours des dernières décennies. Se pencher sur l'histoire de cette petite ville des Côtes-d'Armor fait ressortir le contraste saisissant entre les Trente Glorieuses, au cours desquelles de grands groupes industriels avaient, de concert avec la puissance publique, procédé à un aménagement volontariste du territoire dans le cadre national et ce que nous appelons les années de Métamorphose, durant lesquelles ces logiques seraient abandonnées sous l'effet notamment des contraintes liées à la mondialisation.

Ne disposant pas de ressources naturelles et située bien à l'ouest de la péninsule bretonne, Lannion n'était pas destinée à devenir un foyer industriel important. Pour autant, c'est ici que fut inauguré, en 1962, le centre de télécommunication par satellite de Pleumeur-Bodou. Cette décision doit beaucoup à l'action d'un enfant du pays, Pierre Marzin, qui était directeur du Centre national d'études des télécommunications (CNET, l'ancêtre de France Télécom) et qui sut convaincre le pouvoir gaulliste de choisir le Trégor pour implanter une antenne de son institution[1]. Par un effet d'entraînement, la création d'un tel équipement structurant fut suivie de l'arrivée de grands groupes comme Thomson et SLE-Citerel (futur Alcatel) puis de PME. À la fin des années 1970, plusieurs milliers d'ouvriers, de techniciens et d'ingénieurs travaillaient dans ce qu'on appela la « Silicon Valley bretonne ». C'est ici que fut inventé le Minitel en 1980, puis, onze ans plus tard, le Bi-Bop, premier téléphone portable français grand public. La Livebox d'Orange fut également conçue dans le Trégor. En dépit de ces réussites, qui fleuraient bon le capitalisme colbertiste à la française, Lannion allait connaître, à partir du milieu des années 1980, des vagues de licenciements et de restructurations sur fond de concurrence internationale et de concentrations des acteurs du secteur. Après avoir racheté la branche télécommunication de Thomson, Alcatel délocalisera ainsi certaines

1. Cf. Olivier Pérou, « Le crépuscule de la Silicon Valley bretonne », *Le Point*, 31 décembre 2020.

unités de production et réduira ses effectifs[1] avant de céder son dernier site de Lannion au finlandais Nokia en 2015. Ce dernier a depuis lors procédé à pas moins de quatre plans sociaux en quelques années, dont le dernier en 2020 concernait plus de 200 postes, notamment dans les activités de R&D qui sont aujourd'hui abandonnées. Nokia n'emploiera plus à terme que 500 personnes, alors qu'Alcatel avait compté jusqu'à 4 000 salariés dans la capitale du Trégor.

3. Tonnerre, ou quand la désindustrialisation frappe la France périphérique

Jadis prospère, Tonnerre s'enfonce aujourd'hui dans la crise. Avec un taux de chômage de 24 % et 26 % de sa population au-dessous du seuil de pauvreté, soit le double de la moyenne nationale, la petite ville de l'Yonne ne se remet pas de la véritable saignée industrielle qu'elle a subie à partir du début des années 2000. La ville a perdu au total 1 800 emplois (pour 5 500 habitants), qui n'ont jamais été compensés. En 2004, le poumon économique de la commune, l'usine de magnétoscopes Thomson J2T Vidéo, communément appelée la Steli, fermait ses portes après plusieurs années de restructuration, entraînant dans son sillage la disparition de 1 500 emplois. Parallèlement à la perte de ces emplois directs, la fermeture du moteur économique de la ville a eu des conséquences en cascade : destructions de postes chez les sous-traitants et les commerçants de la ville, mais aussi pertes substantielles de recettes fiscales pour la commune. De manière moins quantifiable, mais tout aussi réelle et douloureuse, cette fermeture s'est accompagnée d'un affaiblissement du lien social : « Il y avait une véritable convivialité, raconte une ancienne salariée. On travaillait, mais on s'amusait. On fêtait les anniversaires entre midi et deux. Il y avait une bonne ambiance, de l'entraide[2]. »

Deux ans après cette fermeture, la câblerie détenue par le japonais Todenco, qui s'était installée sur une partie de l'ancien site de Thomson, était délocalisée en Slovaquie avec une perte de 45 emplois à la clé. En 2009, la fromagerie du groupe Bongrain, située à proximité de Tonnerre,

1. Orange, l'autre locomotive locale, supprimera également de nombreux emplois.
2. Cf. « C'est une usine qui avait une âme », *L'Yonne républicaine*, 17 janvier 2018.

à Flogny-la-Chapelle, mettait la clé sous la porte alors qu'elle employait près de 150 salariés. En 2011, dans la commune voisine de Lezinnes, c'est un site du cimentier Lafarge, en activité depuis 1930, qui disparaissait avec ses 74 postes de travail. Un an plus tard, en 2012, c'est une autre usine, emblématique de l'histoire de Tonnerre, qui fermait à son tour, l'atelier de confection Petit Bateau, qui avait compté jusqu'à 80 salariés. La destruction du tissu industriel tonnerrois se poursuivrait en 2016 avec l'arrêt définitif, après plusieurs années de compressions d'effectifs, de la métallerie Salzgitter-Mannesmann. Quelques entreprises industrielles ont survécu à cette hécatombe, mais elles ont été le théâtre d'une fonte sensible du nombre de leurs salariés. Les meubles Gruhier sont ainsi passés de 280 salariés en 2005 à seulement 100 en 2017. Même tendance à la Société d'injection tonnerroise devenue Saviplast 89 (de 80 à 25 salariés) ou chez les panneaux de bois Selfloor (de 70 à 35 employés). Le fabricant de couettes Dumas a survécu, de son côté, à ce tsunami, mais il n'emploie plus que 45 personnes.

Aujourd'hui, comme dans bon nombre de villes moyennes et petites ailleurs en France, l'hôpital est de loin le principal employeur avec 560 personnes y travaillant, suivi par l'Éducation nationale[1], la mairie (150 emplois) et la grande distribution : le Centre Leclerc et l'hypermarché Auchan emploieraient chacun une centaine de salariés. Tonnerre est ainsi un cas archétypal et paroxystique de l'évolution générale qu'a connue notre pays au cours des dernières décennies. L'effondrement de l'activité industrielle a créé un vide béant. En l'absence de richesses générées par le tissu industriel, la dépense publique (salaires des fonctionnaires et dépenses sociales), financée par l'endettement croissant du pays, a pris le relais et mis le territoire sous perfusion. Dans ce bassin industriel décimé, une autre économie s'est mise en place dont les principales mamelles sont les emplois publics (santé, social, éducation et collectivités locales) et la grande distribution, dépendant elle-même dans ce type de territoires des revenus de transfert – retraites et prestations sociales (les bénéficiaires du RSA à Tonnerre représentant 6 % de la population, soit le double de la moyenne nationale). Avec l'effondrement de l'activité industrielle, la consommation des ménages est

1. Tonnerre compte trois écoles maternelles, trois écoles primaires, un collège et un lycée.

devenue le moteur essentiel de l'économie dans de nombreuses régions françaises. Cette dernière est puissamment stimulée par la dépense publique, les salaires des nombreux fonctionnaires et les allocations diverses versées à des publics économiquement fragilisés alimentant le chiffre d'affaires de la grande distribution, devenue un acteur économique majeur dans ces territoires.

Avec la disparation des emplois industriels, le secteur santé/social constitue désormais, à côté de la grande distribution, l'un des principaux débouchés pour une main-d'œuvre locale peu formée. Dans toute une partie de la France périphérique[1], les activités d'aide à la personne et les métiers du grand âge (aides à domicile, salariées des Ehpad, etc.) sont devenues l'un des secteurs pourvoyeurs d'emplois, si ce n'est le principal.

Dans un marché du travail local très déprimé, parvenir à se faire embaucher à l'hôpital apparaît souvent comme un idéal, sachant que les structures hospitalières fournissent encore un nombre important de postes accessibles aux actifs sans grande qualification[2], en CDI et sous statut public de surcroît. La concurrence est rude et l'on obtient souvent ces emplois sur recommandation ou par cooptation. Au fil du temps, des dynasties familiales se sont constituées. Dans une partie des milieux populaires de ces villes, on travaille à l'hôpital de père en fils et l'on s'efforce d'y faire entrer le neveu, le frère ou la sœur, comme jadis on le faisait dans l'usine ou la grande entreprise de la région. Par-delà l'attachement naturel d'une population à cette infrastructure assurant un service de santé et conférant symboliquement un statut à sa cité (une ville digne de ce nom se devant d'avoir « son » hôpital), la mobilisation souvent très forte contre les fermetures de certains services hospitaliers ici et là s'explique aussi par le fait que de très nombreuses familles sont intéressées à leur maintien et que l'hôpital permet d'assurer l'emploi local, denrée devenue rare après la disparition des usines.

La dislocation du tissu industriel tonnerrois s'est traduite très rapidement par un déclin démographique assez spectaculaire. Entre

1. Christophe Guilluy, *La France périphérique : Comment on a sacrifié les classes populaires*, Paris, Flammarion, 2014.

2. Brancardiers, ouvriers d'entretien, agents de service hospitalier, etc.

les recensements de 1999 et 2004 (date de la fermeture de l'usine Thomson), la ville a perdu près de 10 % de sa population et cette hémorragie s'est poursuivie depuis, la population diminuant encore de 20 % environ entre 2004 et 2017. Ne se situant pas à distance raisonnable d'un grand centre urbain (Dijon est à 142 kilomètres[1]), Tonnerre n'a pas bénéficié du phénomène de périurbanisation, qui a permis ailleurs de maintenir ou d'accroître le nombre d'habitants sous l'effet de la recherche d'un logement à bon marché.

Cet effondrement démographique marque le paysage urbain tonnerrois. La ville a ainsi procédé à la destruction d'une barre de logements sociaux désormais inhabités, et une autre est également promise à la démolition à la périphérie de la ville. Le centre-ville est lui aussi sinistré, et l'ambiance y a radicalement changé, comme en attestent ces deux témoignages recueillis à trente ans d'écart :

En 1987 : « Impression de quiétude, ce matin-là : un dimanche ordinaire, les cloches de l'église, des gens qui flânent ou s'attardent dans les commerces qui bordent la grande rue[2]. »

En 2018 : « En centre-ville, les panneaux “À vendre” s'alignent les uns à côté des autres sur les façades délabrées. Il ne reste que des carcasses de l'opulence passée de Tonnerre, des immeubles entiers abandonnés. Derrière les vitres brisées, les seules traces de vie sont des montagnes de déchets laissés là par des squatteurs[3]. »

La disparition de l'usine Steli (Thomson) a donc produit un effet de souffle (entretenu par la fermeture d'autres sites industriels) sur la ville et sur le commerce local, comme en témoigne le propriétaire d'un magasin de prêt-à-porter : « C'est depuis la fermeture de l'usine Thomson J2T que notre activité a diminué. Sur dix ans, on a perdu 30 % de notre chiffre d'affaires[4]. »

1. Et Auxerre à 36 kilomètres, mais cette ville de seulement 35 000 habitants n'est pas de taille suffisante pour générer un phénomène de périurbanisation au-delà de quelques kilomètres.

2. *In* Marc Abélès, *Jours tranquilles en 89. Ethnologie politique d'un département français*, Paris, Odile Jacob, 1989.

3. « Nos campagnes se meurent », *L'Yonne républicaine*, 26 octobre 2018.

4. « Ils ont habité Tonnerre pendant 50 ans », *ibid.*

4. Contrexéville – Vittel, « Buvez, éliminez ! » (des emplois)[1]

Dans les cas précédemment étudiés, la fonte des effectifs industriels a été provoquée par la fermeture d'usines. D'autres territoires, plus chanceux, n'ont pas vu disparaître leurs établissements industriels. Mais si les sites demeurent encore en activité, le nombre de salariés qui y travaillent a drastiquement diminué entre les années 1990 et aujourd'hui. Le cas de deux communes voisines, Vittel et Contrexéville dans les Vosges, illustre bien cette tendance à la compression des effectifs sur fond de rationalisation des process de production et d'optimisation du sacro-saint taux de rentabilité. L'ambiance dans les deux cités vosgiennes, bien connues pour leurs eaux, a profondément changé depuis le début des années 1990. Les deux entreprises concurrentes commercialisant, l'une Vittel et Hépar, l'autre Contrex, passent sous le giron du géant de l'agroalimentaire Nestlé en 1992. Les deux sites, après avoir été le lieu de réussites de dynasties familiales initiées au milieu du XIXe siècle par des industriels visionnaires, sont alors devenus des entités parmi d'autres de la division Nestlé Waters, branche « eaux » de la multinationale helvétique.

Du fait des évolutions du marché, d'une concurrence accrue sur le marché des eaux minérales, mais aussi d'une optimisation de la productivité visant à atteindre les standards de rentabilité internationaux du groupe Nestlé, les suppressions de postes (souvent sans licenciements secs) se sont succédé à un rythme rapide sur les deux sites vosgiens (1995, 2004, 2008, 2010, 2019…). Parallèlement à l'« *upgradation* » de l'outil de production, toutes les fonctions support ont été progressivement externalisées. Alors que les deux entreprises avaient historiquement fonctionné sur un modèle paternaliste, assurant de bons salaires et la sécurité de l'emploi, les postes de gardiennage, nettoyage, entretien et cantine ont été sous-traités dans le cadre d'un vaste projet d'harmonisation des process de toutes les entités du groupe dans le monde et de réduction des coûts baptisé « Projet Globe ». Ce dernier s'est soldé par le départ du service de la paie en Pologne et de celui de la facturation à Barcelone, dans des *hubs* regroupant au niveau mondial toutes ces activités pour l'ensemble du groupe. Par ailleurs,

1. En 1979, la marque Vittel lança, sur une musique et des paroles de Richard Gotainer, une campagne demeurée célèbre autour du slogan « Buvez, éliminez ! ».

alors que jusqu'au début des années 1980 les fonctions de direction et de marketing étaient encore présentes sur place, elles ont toutes été absorbées et rapatriées au niveau des holdings nationale ou internationale de Nestlé Waters. Toutes ces mutations ont abouti à un effondrement massif des effectifs des deux sites au cours des dernières décennies comme nous avons pu le reconstituer grâce à la lecture de la presse régionale et économique (*Vosges Matin*, *Les Échos*, *L'Usine nouvelle*, etc.).

Évolution du nombre de salariés sur les sites de Vittel et Contrex depuis 1993

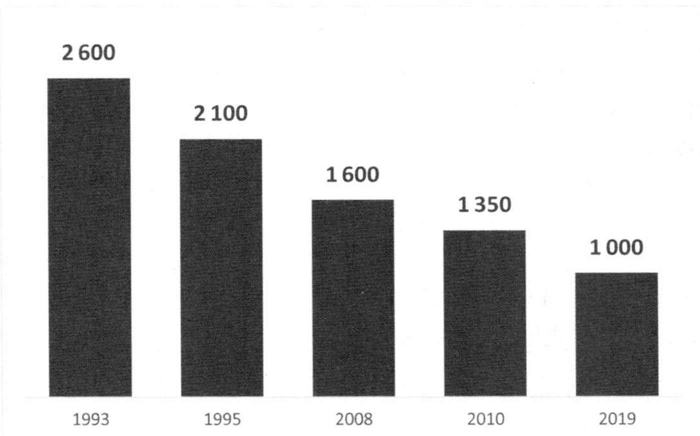

Ce mouvement a été tout à la fois quantitatif et qualitatif. Comme nous l'a expliqué l'ancien maire de Contrexéville Arnaud Salvini[1], les salaires des nouveaux embauchés sont nettement moins élevés que ceux qui étaient pratiqués avant l'ère Nestlé, à l'époque où « le salaire d'un magasinier de Contrex était supérieur à la rémunération du maire de la commune ». La dégradation qualitative de l'emploi local tient également, selon l'ancien maire, au départ de nombreux cadres et de leurs familles. Ceux qui demeurent sur place ont le statut de « célibataires géographiques », ils ne restent que quelques années à des postes d'encadrement de la production et ne s'installent pas avec leurs familles comme c'était le cas par le passé. Le modèle paternaliste qui inspirait

1. Entretien réalisé en février 2020.

le mode de production jusqu'au début des années 1990 prévoyait notamment l'implantation de foyers de cadres et de classes moyennes supérieures qui assuraient, selon l'ancien maire de Contrexéville, un rôle majeur dans la vie de la commune et dans l'animation des structures associatives et culturelles. Cet éloignement des « élites locales » a été accentué par la fermeture, en 2001, de la base aérienne 902, qui avait abrité depuis les années 1950 jusqu'à 1 500 personnes, dont de nombreux officiers et leurs familles qui résidaient à Contrexéville[1].

L'usine et le stade

Le géographe Arnaud Frémont, qui avait une connaissance fine du tissu économique et social français, rappelait dans l'un de ses livres[2] que les communes ouvrières étaient traditionnellement organisées autour du triptyque « usine-cité-stade ». La désindustrialisation a mis à mal, ici et là, le premier pilier qu'était l'usine. Mais cet affaiblissement a très souvent induit la fragilisation ou la déstabilisation des deux autres piliers, qui jouaient un rôle central dans la vie des populations ouvrières des territoires concernés. Avec la désindustrialisation, c'est ainsi tout un monde et une sociabilité qui se sont effondrés, quand on sait que l'usine et ses structures associées (cité ouvrière, club de sport, école d'apprentissage, fanfare, etc.) irriguaient la vie de régions entières. Les cités ouvrières ont été vendues à la découpe, reprises par des foncières ou parfois détruites (quand les ouvriers et leurs familles ont quitté les lieux après la fermeture de l'usine). Certes, les municipalités ont parfois repris tout ou partie du parc locatif pour accroître l'offre de logements sociaux. Mais du fait de la fermeture ou de la réduction d'activité dans les usines, les populations logées dans ces quartiers ou ces immeubles ne sont plus toutes des familles ouvrières mais désormais, assez souvent, des ménages bénéficiant de minima sociaux, des personnes précaires ou au chômage. Le lien organique qui existait entre la cité ouvrière et l'usine a donc disparu. Contrexéville, où, à la grande époque, une

1. À noter qu'au-delà du cas de cette commune vosgienne, la réforme de la carte militaire de la France, amorcée à partir de 1995, a eu un impact économique et sociologique sur le Grand Est de la France, région traditionnellement marquée par la présence de nombreux régiments et de bases militaires.

2. Arnaud Frémont, *France, géographie d'une société*, Paris, Flammarion, 1997.

société HLM avait été fondée par le directeur et des cadres de l'usine pour loger les ouvriers de l'usine d'embouteillage dans des immeubles HLM et de petits pavillons, a connu ce phénomène.

L'implication de l'usine dans les structures sportives constituait traditionnellement une autre dimension de la culture paternaliste pratiquée par le patronat dans les villes ouvrières. À Vittel, l'entreprise avait historiquement investi dans le sport au niveau local – et notamment dans le club de football. À l'instar de très nombreuses autres villes industrielles, le football était en effet le sport le plus pratiqué et apprécié par les ouvriers. À Vittel comme ailleurs, les clubs de football furent donc puissamment soutenus par les groupes industriels locaux, que l'on pense au rôle de Manufrance dans la grande épopée des Verts de Saint-Étienne ou aux liens historiques et identitaires entre le club de Gueugnon (dont les joueurs et les supporters ont comme surnom « les forgerons ») avec la sidérurgie locale[1]. Fort de ce soutien financier, le club de Vittel a joué au début des années 1970 en deuxième division et participé ainsi au rayonnement de la ville (et de la marque), mais a aussi contribué à entretenir la fierté locale au sein, notamment, de la population ouvrière. Cette politique de *sponsoring* local s'est progressivement tarie avec l'arrivée du groupe Nestlé[2]. Le CS Vittel a ensuite décliné, et l'ancien club « vedette » a désormais fusionné avec ceux de Contrexéville et de Bulgnéville pour éviter de disparaître. Vittel, filiale de Nestlé Waters, n'a pas pour autant renoncé à toute activité de *sponsoring* sportif, puisqu'elle demeure partenaire du Tour de France. Simplement, l'investissement dans le sport n'a plus vocation à entretenir la cohésion de la population ouvrière locale mais à promouvoir la marque à l'international.

On constate le même phénomène, mais à une autre échelle, avec le groupe PSA et le FC Sochaux[3]. Ce club avait été créé en 1928 par deux cadres de Peugeot avant d'être puissamment soutenu par la direction de l'entreprise, qui fit construire *ex nihilo* au début des années 1930

1. À Clermont-Ferrand, la dynastie et le groupe Michelin avaient, quant à eux, soutenu le club de rugby local et construit près des usines le stade Marcel-Michelin.

2. De la même façon, la prise de contrôle de l'aciérie de Gueugnon par Arcelor Mittal a sonné le glas de l'aide financière au « club des forgerons ».

3. Voir notamment Patrick Fridenson, « Les ouvriers de l'automobile et le sport », *Actes de la recherche en sciences sociales*, 79, 1989, pp. 50-62.

un stade à proximité des forges des Automobiles Peugeot. Le stade en tira d'ailleurs son nom, puisqu'il fut longtemps dénommé Stade de la Forge[1]. Pendant près de huit décennies, un lien très fort exista entre le club et le constructeur automobile. Les joueurs étaient surnommés les « Lionceaux » en référence au lion, emblème de la marque, qu'ils portaient sur leur maillot, et jusque dans les années 1990 les représentants historiques de la dynastie Peugeot ne manqueront pas un match de « leur » équipe. Comme nous l'a expliqué Martial Bourquin, maire d'Audincourt, commune du bassin de Sochaux-Montbéliard[2], la nouvelle génération de la famille Peugeot, résidant à Paris, s'est ensuite montrée beaucoup moins assidue et elle n'entretient plus aujourd'hui le même lien avec le club. Ce dernier a d'ailleurs été cédé en 2015 à un investisseur chinois. La rupture de la relation a été pleinement consommée quand Isabel Salas Mendez, responsable des partenariats chez PSA, alors qu'elle était interrogée sur un éventuel retour du groupe au sein d'un club en difficulté financière et sportive, déclara en mai 2019 au micro d'Europe 1 : « Le football est un sport qui ne va pas avec nos valeurs. Il véhicule des valeurs populaires et nous on essaye de monter en gamme. Ce [retour] n'est pas d'actualité. [...] En 2016, nous avons décidé de tout concentrer sur le tennis. C'est le sport qui va le mieux avec nos valeurs, qui est international, qui touche tant les hommes que les femmes. »

Ces propos ne passèrent pas inaperçus et suscitèrent colère et indignation dans la région sochalienne car le lien entre l'équipe, l'entreprise et ses ouvriers avait été cultivé et entretenu jusqu'au début des années 2000, comme le raconte Johann Lonfat, ancien joueur de Sochaux :

> « L'aspect ouvrier du club m'a tout de suite marqué. Sochaux, c'est Peugeot. Le stade est d'ailleurs à l'intérieur du site. En août, quand l'usine fermait, les commerces tiraient aussi le rideau. C'était ville morte. On passait chaque année une à deux journées entières à l'usine, qui comptait encore environ 20 000 employés. On suivait toute la chaîne

1. En 1945, il fut rebaptisé stade Auguste-Bonal, du nom d'un cadre de Peugeot, dirigeant du club, résistant mort en déportation.
2. Entretien réalisé en juin 2019.

> de production, on mangeait avec les ouvriers. On voyait bien que c'était un travail rude mais on sentait aussi l'attachement de tous à l'équipe. Nous faisions partie de la même famille ; c'était le message que l'on nous transmettait et cela correspondait à une réalité. Quand j'ai appris le rachat du club par un Chinois, ça m'a fait un choc. J'imagine ce que cela doit représenter pour les ouvriers de l'usine[1]. »

C'est ainsi que la désindustrialisation n'a pas comme seul effet de fragiliser économiquement les territoires concernés, elle déstabilise tout l'univers qui gravitait autour des usines et assurait la cohésion sociale, conférant une identité et une fierté d'appartenance aux populations locales. Au terme de la Grande Métamorphose qui nous a fait basculer dans la société post-industrielle, ce vide n'a pas été comblé à ce jour dans de très nombreuses régions.

1. « À Sochaux : Ouvriers et joueurs, une même famille », *Le Temps*, 6 novembre 2015.

CHAPITRE 2

Clap de fin pour le secteur primaire

Dans la classification traditionnelle des activités économiques, le secteur primaire comprend l'agriculture, la pêche et l'extraction minière, ces activités ayant en commun d'exploiter des ressources naturelles ou des matières premières. Le secteur primaire correspond historiquement au stade premier de l'activité économique, le secteur secondaire étant celui de la transformation et de la fabrication. Le secteur tertiaire est, quant à lui, celui du commerce, de l'échange et du transport. Cette segmentation ternaire renvoie donc plus ou moins explicitement au cycle de développement et de complexification des sociétés. Les économies à dominante agricole sont généralement qualifiées de « traditionnelles » ou d'« archaïques » et, à l'inverse, l'expression « pays industrialisés » était – et est encore – interchangeable avec celle de « pays développés ».

En vertu de cette loi du développement économique, le poids du secteur primaire n'a cessé de se contracter en France dans la seconde partie du XXe siècle. Pour autant, ces différentes composantes n'avaient pas disparu et marquaient encore de leur empreinte toute une partie du territoire jusqu'au début des années 1990. Mais la période qui court de la fin des années 1980 jusqu'à aujourd'hui a été le théâtre de la liquidation rapide et terminale des derniers pans du secteur primaire : il n'en subsiste aujourd'hui que des éléments parcellaires, dont le poids dans l'activité économique globale du pays est désormais assez marginal.

Nous nous sommes rapidement habitués à cette situation de fait et à des paysages débarrassés de la présence trop voyante des tracteurs, des bateaux de pêche et de chevalements de mines. Dans nos représentations collectives, ces activités humaines renvoient à un monde depuis longtemps disparu. Pour autant, un bref coup d'œil rétrospectif vient nous rappeler que ces secteurs économiques étaient encore vivants il y a une trentaine d'années à peine, ce qui témoigne de la rapidité et de la brutalité de la métamorphose qui a affecté des régions entières de notre pays.

1. Des bassins miniers aux bases de loisirs

Nous verrons un peu plus loin comment la flotte de pêche est passée de plus de 11 500 bateaux en 1983 à moins de 4 500 aujourd'hui, cette saignée entraînant une modification profonde de la sociologie et des paysages de nombreuses communes du littoral. L'activité minière avait, quant à elle, déjà beaucoup décliné durant les années 1970 et le début des années 1980. Mais le coup de sifflet final n'a été donné que plus tardivement : la dernière benne de charbon est remontée du Puits des Oules, à La Grand-Combe dans le Gard, en 1986. De son côté, la fosse Arenberg, à Walers dans le Nord, n'a fermé qu'en 1989 et celle d'Oignies dans le Pas-de-Calais voisin en 1990 seulement. Le pacte charbonnier, négocié entre l'État et les syndicats, et portant sur l'arrêt définitif des mines, sera signé en 1994 mais les dernières mines de charbon ne fermeront que quelques années plus tard : en 1997 pour celle de La Mure en Isère, en 2003 pour celle de Gardanne dans les Bouches-du-Rhône et de Decazeville dans l'Aveyron, et en 2004 pour celle de La Houve en Moselle[1]. La cessation de l'exploitation du gisement de bauxite de Brignoles (Var) s'est échelonné entre 1987 et 1990[2]. Dans la France d'après, le monde de la mine, jadis si présent dans des régions entières, ne subsiste plus qu'à l'état de traces ou de vestiges plus ou moins valorisés.

En 2012, soit à peine plus de vingt ans après la fermeture du dernier puits dans la région, le bassin minier du Nord-Pas-de-Calais était inscrit au patrimoine mondial de l'Unesco. En l'espace d'une génération, ce territoire aura troqué une activité hautement productive contre le statut de vaste musée à ciel ouvert. La présentation sur le site Internet

---

1. Dans le même département, les dernières mines de fer se sont respectivement arrêtées en 1989 (Hayange), 1995 (Moyeuvre) et 1997 (Audun-le-Tiche).

2. Cf. Jean Domenichino et Jean-Marie Guillon, « La fin des mines de Provence : Gardanne et Brignoles », *in* Xavier Daumalin, Sylvie Daviet, Philippe Mioche (dir.), *Territoires européens du charbon. Des origines aux reconversions*, Aix-en-Provence, Presses universitaires de Provence, 2006, pp. 191-203.

de l'Unesco de ce territoire classé fait irrésistiblement penser à une plaquette publicitaire pour un « Luna Park des gueules noires » : « Les 120 000 hectares du site sont constitués par 109 biens individuels qui peuvent être des fosses, des chevalements, des terrils, des infrastructures de transport de la houille, des gares ferroviaires, des corons et des villages de mineurs comprenant des écoles, des édifices religieux, des équipements collectifs et de santé, des bureaux de compagnies minières, des logements de cadres et châteaux de dirigeants, des hôtels de ville, etc. » Signe d'un engagement en faveur d'une reconversion complète, cette région s'est vue dotée la même année d'un équipement culturel de première importance : le musée du Louvre-Lens, qui a été édifié sur le site même de la Fosse n° 9 de Lens. Symboliquement, l'inauguration eut lieu le 4 décembre 2012, soit le jour de la Sainte-Barbe, sainte-patronne des mineurs, comme un dernier hommage à un monde disparu.

Moins connues et moins visibles que le monde de la mine, les carrières extractives jouaient également un rôle économique dans certains territoires, dont elles avaient façonné les paysages et la sociologie. C'était le cas par exemple en Bretagne, dans le bassin granitique dinannais, dont la pierre était réputée (elle avait notamment servi à la reconstruction de certaines villes bretonnes, dont Saint-Malo après la guerre). Sous l'effet de la concurrence espagnole et portugaise puis chinoise, cette activité, qui avait commencé à décliner dans les années 1980, a périclité au début des années 2000. Ainsi, dans la commune de Brusvily, la carrière de granit ferme en 2001, suivie en 2005 par celle qui était située dans la commune voisine de Bobital, trois nouvelles fermetures intervenant entre 2014 et 2015 à Languédias, signant la cessation de cette activité dans une zone rurale où les carrières avaient représenté plusieurs centaines d'emplois dans les années 1960-1970. Dans certains territoires, la disparition de ces activités traditionnelles a été suivie d'une reconversion des sites dans le loisir de masse. Ainsi, non loin de Dinan, à Pléven, toujours dans les Côtes-d'Armor, la sablière qui avait cessé son activité en 2009 a vu son vaste plan d'eau accueillir une base de loisirs en 2018. Même reconversion à Montguyon en Charentes, où l'exploitation du gisement d'argile kaolinique a cessé en 2013-2014. Les lacs artificiels générés par l'extraction, aux eaux de couleur bleu lagon, ont été parfaitement bien mis en valeur au profit du tourisme par les collectivités locales. Illustration parfaite du glissement d'une société structurée par des activités productives à une société tournée vers les activités récréatives et le tourisme, et d'un modèle organisé autour de l'exploitation des ressources naturelles à un modèle en vertu duquel le territoire est lui-même consommé[1]. Cette métamorphose a également opéré dans l'ancien bassin charbonnier de Carmaux dans le Tarn, où le gigantesque site de la mine à ciel ouvert de La Découverte a été reconverti en parc d'attractions et base de loisirs (Cap'Découverte) à la suite de l'arrêt de l'exploitation du gisement en 1997. Dans la patrie de Jaurès, ce basculement est symboliquement très fort. On rappellera que c'est à Carmaux que François Mitterrand vint, en novembre 1980, lancer sa campagne présidentielle, déplacement au cours duquel il fit la promesse d'une vaste relance charbonnière[2]. Cet engagement ne put être tenu, et, près de vingt ans plus tard, Paul Quilès, figure du Parti socialiste et élu de ce territoire, lançait Cap' Découverte. L'abandon du charbon fut vécu comme une trahison par beaucoup d'habitants, et ce ressentiment, associé aux difficultés économiques persistantes de l'ancien bassin minier, vint nourrir le vote en faveur du Front national. Ce parti détourna d'ailleurs l'héritage socialiste en publiant, en 2009, une affiche de campagne dont le slogan était : « Jaurès aurait voté Front national ». Au second tour de l'élection présidentielle de 2017, Marine Le Pen recueillit 45,7 % à Cagnac-les-Mines et 43 % à Blaye-les-Mines, communes du bassin minier de Carmaux.

2. De *La Fin des paysans* à la fin des agriculteurs

L'extinction définitive des mines et la contraction drastique de la flotte de pêche et des activités extractives ont eu, certes, des conséquences

1. Autre exemple de ce tournant : la calanque de Port-Miou dans le parc national des Calanques. Au départ de la commune littorale de Cassis, cette calanque se caractérise par ses dimensions, 800 mètres de long sur 200 de large, vestige d'une carrière à ciel ouvert dont furent extraits des millions de tonnes de pierre calcaire utilisée pour la construction des quais du port de Marseille, les éviers des appartements et comme ingrédient pour fabriquer le savon de Marseille. Dans les calanques, la problématique de l'exploitation du paysage s'est depuis déplacée de la question de l'extraction vers celle de la surfréquentation, le parc national ayant mis en place une campagne inédite de « démarketing » dans l'espoir que le nombre de visiteurs redescende à un niveau supportable pour l'écosystème.

2. Romain Castellesi, « Carmaux, la cité de Jaurès à l'épreuve de la désindustrialisation », *Savoir/Agir*, 2017/1, n° 39, pp. 24-30.

importantes, mais elles ont frappé des régions au périmètre restreint et n'ont concerné, au total, que quelques dizaines de milliers d'emplois. L'effondrement terminal des effectifs de l'agriculture, composante principale du secteur primaire en France, aura une tout autre ampleur. Bien sûr, la population agricole était déjà engagée dans un processus de contraction tendancielle depuis plusieurs décennies. Mais le phénomène s'est poursuivi de manière implacable tout au long des années 1990 et 2000. Comme le montre le graphique suivant, on comptait encore 1 017 000 agriculteurs en 1988. Douze ans plus tard, ils n'étaient plus que 664 000. Aucune autre profession n'a vu ses effectifs se contracter de manière aussi brutale. C'est ainsi que, de manière silencieuse, les campagnes françaises ont été frappées par le plus grand plan social de la période.

1970-2017 :
Évolution du nombre d'exploitants agricoles en France

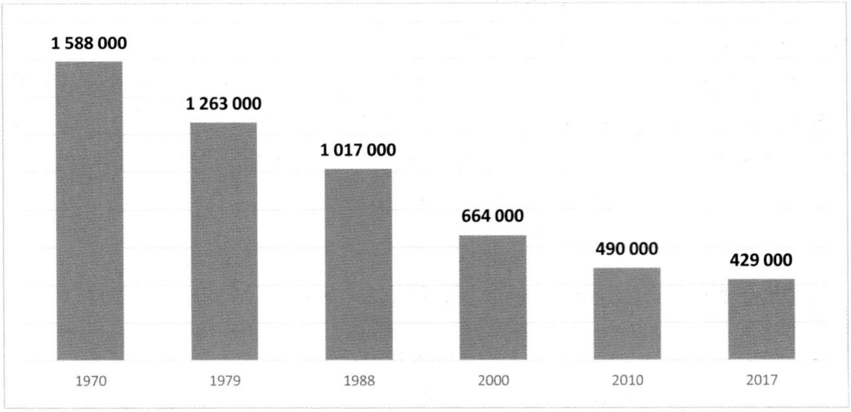

(Source : Agreste.)

Mais le point bas n'avait pas encore été atteint, et les effectifs ont continué de s'éroder pour atteindre 429 000 exploitants en 2017 – soit une baisse de 35 % en 17 ans ! En 1967, Henri Mendras avait publié un fameux essai, *La Fin des paysans*, livre qui fit grand bruit et dans lequel le sociologue analysait la fin de la société agro-pastorale et la transformation des paysans traditionnels en agriculteurs – des exploitants, ayant recours à la technique et aux intrants (machines agricoles, engrais, produits phytosanitaires). Au cours des quarante dernières années, et pour paraphraser Mendras, nous sommes passés de la fin des paysans à la fin des agriculteurs.

Une anecdote permet de prendre la mesure de la rapidité du phénomène mais également de ses conséquences sociales. Dans les rapports d'études produits par les instituts de sondages, la ligne de ventilation « agriculteurs » apparaissait encore au début des années 1990, car dans les traditionnels échantillons nationaux représentatifs de 1 000 personnes, construits selon les données du recensement de l'Insee, il se trouvait encore suffisamment d'agriculteurs pour que l'on puisse, avec un minimum de crédibilité statistique, publier les résultats d'un sondage auprès de cette catégorie de la population. Or, depuis plus d'une dizaine d'années maintenant, la ligne « agriculteurs » n'apparaît plus : le nombre d'agriculteurs interrogés dans le cadre de la construction d'un échantillon représentatif de la population française de 1 000 personnes est en effet devenu trop faible (de l'ordre 10 à 15 individus en moyenne) pour que l'on puisse statistiquement analyser leurs réponses. Le symbole est fort : la voix des agriculteurs ne pèse plus dans la France d'aujourd'hui. Ils ont été comme rayés de la carte.

Cette expression est d'ailleurs à prendre au pied de la lettre. Les deux cartes suivantes illustrent l'évolution de l'empreinte des agriculteurs sur le territoire entre 1990 et 2016, empreinte mesurée à l'aune de ce que cette catégorie sociale représente au sein de la population totale de chaque commune. Le contraste est saisissant. En 1990, les agriculteurs représentaient encore une composante significative (plus de 15 %, voire plus de 20 %) de la population locale dans la majeure partie de l'espace rural. À l'exception d'un large bassin parisien, du littoral provençal et de l'armature urbaine, espace matérialisé par les points clairs sur la carte, la plus grande partie du territoire apparaît encore en vert foncé, traduisant une présence agricole marquée. C'est particulièrement vrai sur toute la façade ouest du pays, mais aussi dans la Somme et le Pas-de-Calais et sur une large diagonale du vide qui court des Ardennes à l'Ariège.

1990-2016 : La France paysanne se rétracte

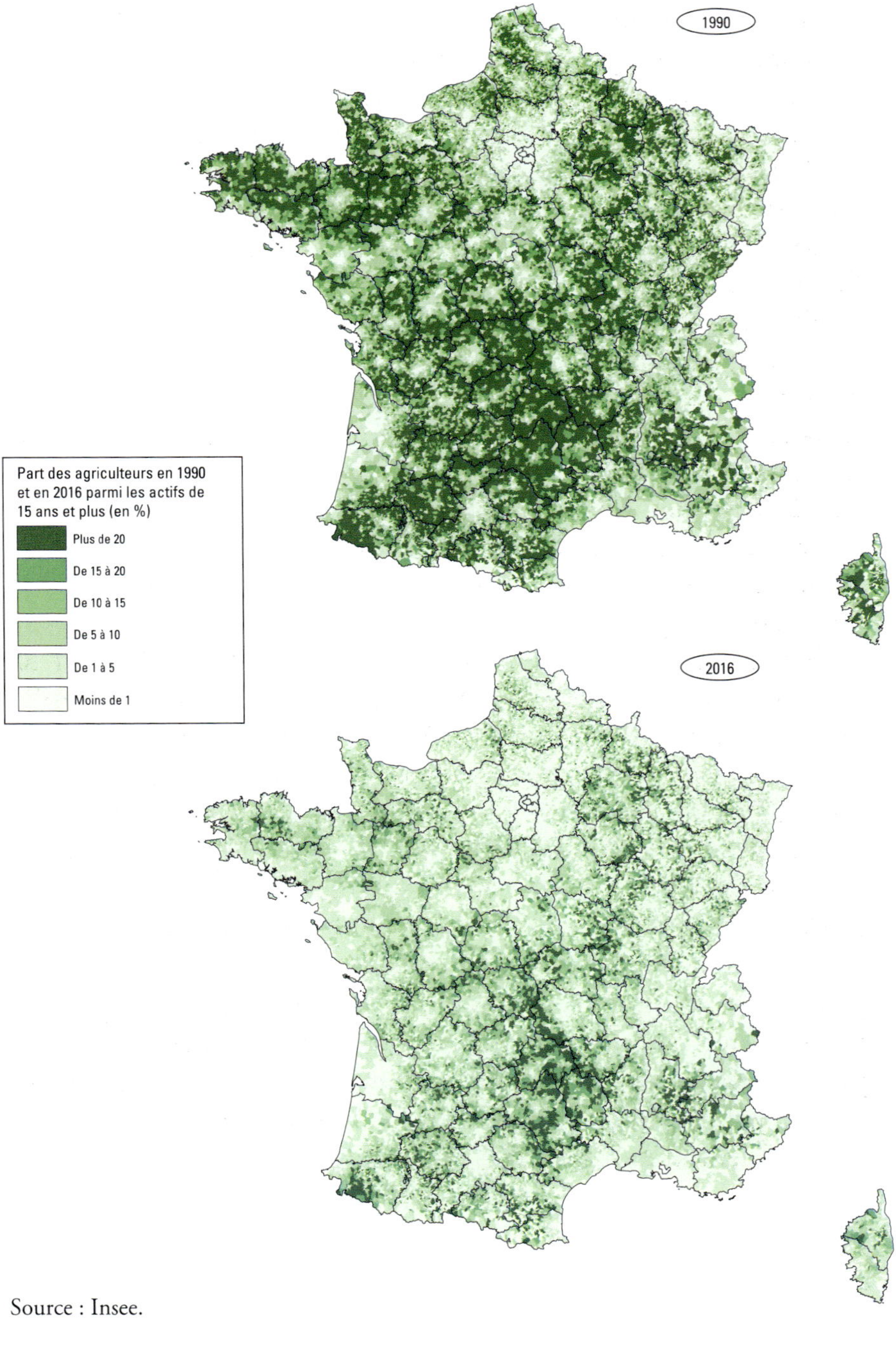

Source : Insee.

En 2016, la présence agricole semble avoir fondu comme neige au soleil. Des pans entiers de l'espace rural apparaissent désormais en blanc ou en vert très pâle sur la carte, témoignant de la disparition des agriculteurs dans ces territoires. Leur présence s'est littéralement rétractée autour de quelques bastions qui correspondent à des territoires excentrés ou de montagne. Tout se passe comme si les agriculteurs avaient déserté la majeure partie de l'espace périurbain et des campagnes pour ne plus peser significativement que dans ce que l'on pourrait appeler le « rural profond ». L'observation de la carte révèle en effet que les zones dans lesquelles les agriculteurs représentent encore 15 à 20 % de la population se concentrent essentiellement soit dans des régions de montagne (Massif central, montagne basque et béarnaise, sud du massif alpin), soit aux marges des départements, qui correspondent souvent aux espaces les plus éloignés des agglomérations. On distingue des chapelets de communes vert foncé de part et d'autre des frontières départementales, par exemple aux confins de la Dordogne et du Lot-et-Garonne, de la Vienne et de la Haute-Vienne, ou encore de la Mayenne, de l'Orne et de la Manche dans le cœur du Bocage normand. On constate le même phénomène dans le Centre Bretagne, où subsiste une présence agricole significative, alors que la majeure partie de la péninsule a vu sa population agricole réduite à la portion congrue.

On mesure à l'aide de cette carte l'ampleur de la métamorphose qu'a connue la France non urbaine en l'espace de vingt-cinq ans. Autour des agglomérations, le périurbain s'est considérablement dilaté, reléguant dans des enclaves de plus en plus réduites les derniers représentants du monde paysan. De très nombreux villages, qui avaient conservé une activité agricole jusqu'à la fin des années 1980, ont désormais tourné la page. Il en va ainsi de la commune de Douelle dans le Lot, que Jean Fourastié avait prise en exemple des mutations intervenues au cours des Trente Glorieuses, opposant, dans un chapitre de son livre passé à la postérité[1], la description de deux villages, Madère et Cessac, qui n'étaient en fait que la même commune, celle de Douelle décrite à trente ans d'écart. L'économiste relatait notamment que le nombre d'exploitations agricoles était passé de 92 en 1946 à 39 en

1. Jean Fourastié, *Les Trente Glorieuses, ou la révolution invisible de 1946 à 1975*, Paris, Fayard, 1979.

1975, et voyait là, à juste titre, le signe d'une transformation majeure et brutale de la physionomie et de la sociologie du village intervenue en trois décennies seulement, c'est-à-dire en une génération. Compte tenu des cultures pratiquées localement : le tabac et la vigne (Douelle est situé à proximité de Cahors), le village est néanmoins parvenu à conserver une population agricole significative jusqu'en 1990, année de décès de Jean Fourastié. À l'époque, 40 exploitations étaient encore dénombrées dans le village par l'Insee. Mais par la suite, sous l'effet du déclin de la filière tabacole tricolore et de la chute des cours du vin de la région de Cahors, l'hémorragie des effectifs agricoles a repris avec une aussi grande brutalité que celle à laquelle l'économiste avait assisté après-guerre, à ceci près que cette hécatombe se solda, cette fois, par la quasi-disparition de la profession dans ce village lotois. Le nombre d'exploitations agricoles est en effet passé de 40 en 1990 à... 7 en 2009, puis à... 1 en 2016.

Au niveau national, l'inexorable déclin numérique des agriculteurs a eu une traduction spatiale bien marquée. Cette catégorie de la population ne pèse plus significativement que dans ce que l'on pourrait appeler ces « réserves agricoles », plus ou moins étendues selon les régions, mais toujours situées à bonne distance des centres de décision et des zones économiquement les plus actives et attractives du territoire. À côté du vaste périurbain pavillonnaire, des enclaves rurales touristiques et/ou gentrifiées et des zones investies par les néo-ruraux, les espaces agricoles traditionnels ne constituent plus qu'une des composantes de la France non urbanisée.

À l'instar d'autres professions en déclin (violentes manifestations des sidérurgistes lorrains en 1979 et des marins-pêcheurs en 1994), la réduction drastique des effectifs paysans et les difficultés financières récurrentes du monde agricole ont donné lieu à des mobilisations qui sont venues scander la descente aux enfers : grandes manifestations agricoles contre la réforme de la PAC en 1992 et 1999, mobilisations spectaculaires des éleveurs laitiers en 2009 et 2016, manifestations des viticulteurs languedociens en 2017, montée à Paris de plus de 1 000 tracteurs pour bloquer la capitale en 2019. De manière plus discrète, mais bien plus dramatique, la multiplication des suicides dans les campagnes a constitué un autre symptôme de la détresse qui a envahi cette profession en voie de disparition.

Fin observateur de la société française contemporaine, Michel Houellebecq a consacré plusieurs développements au désarroi et au désespoir des éleveurs laitiers normands dans son roman *Sérotonine*. Il y décrira le crépuscule d'un monde en train de sombrer. La même année (2019), c'est également un vibrant hommage à ces agriculteurs en voie de disparition qu'ont rendu les auteurs d'*Au nom de la terre*. Avec près de deux millions d'entrées, le film a connu un grand succès, notamment dans les salles des petites villes de province, où l'on a vu affluer un public souvent issu des campagnes environnantes, théâtre, ces vingt dernières années, de l'hémorragie des effectifs agricoles.

CHAPITRE 3

Distribution et logistique : la France comme zone de chalandise

Si l'apparition des premières grandes surfaces remonte aux années 1960 (création de Carrefour en 1960, d'Auchan en 1962 et ouverture en 1963 du premier hypermarché en France), les années 1980-1990 ont été marquées par la très forte accélération du développement de la grande distribution. C'est dans ces années-là que les grandes enseignes ont véritablement assuré leur domination économique en multipliant les ouvertures de super- et d'hypermarchés à la périphérie des grandes agglomérations, puis des villes moyennes et enfin des chefs-lieux de cantons, comme si aucune parcelle du territoire ne devait échapper à leur présence. En l'espace d'une vingtaine d'années, l'ensemble du pays s'est ainsi transformé en une gigantesque zone de chalandise que les enseignes ont entrepris de se disputer et de se partager.

1. Intermarché, ou comment les grandes surfaces ont quadrillé la France

L'exemple du groupe Intermarché illustre bien cette irrépressible montée en puissance, guidée par une stratégie mûrement réfléchie de maillage du territoire visant à capter une clientèle sans cesse plus importante (et donc à jouer sur les volumes écoulés afin de proposer les prix les plus bas).

Créé en 1969 à l'occasion d'une scission d'avec le Groupe Leclerc, Intermarché ne compte en 1980 que 310 magasins. Dix ans plus tard, le groupement en possède 1 385, soit un rythme d'ouverture moyen de deux magasins par semaine, cadence effrénée qui sera maintenue pendant une décennie. Dans l'ouvrage édité par l'entreprise elle-même, et qui relate l'histoire du groupement[1], la stratégie poursuivie durant ces années-là est appelée la « vietnamisation », référence cocasse à l'opiniâtreté des Mousquetaires qui ont su s'assurer des positions commerciales fortes en montant à l'assaut des grands groupes d'implantation plus ancienne. Mais le mot dit bien également l'ambition de mailler un territoire jusque dans ses moindres recoins pour le « tenir » commercialement, tout comme les partisans d'Hô Chi Minh et du général Giap avaient fini par contrôler militairement les campagnes du Sud-Vietnam grâce à un quadrillage extrêmement serré.

L'essor de l'implantation d'Intermarché sur le territoire (nombre de magasins en France)

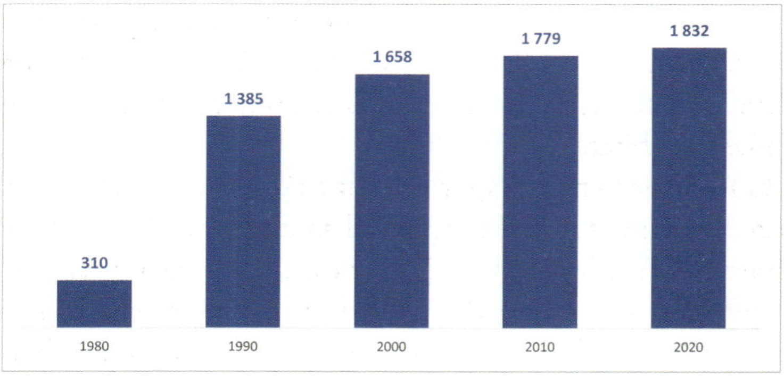

(Source : Groupement Les Mousquetaires.)

Après cet effort sans précédent opéré entre 1980 et 1990, la densification du réseau se poursuit dans les décennies qui suivent, mais à un rythme moins frénétique. Selon les derniers chiffres disponibles, le groupement comptait 1 832 magasins en 2020, soit tout de même près de 450 de plus qu'en 1990. Au terme de cette stratégie d'implantation méthodique, poursuivie pendant des décennies, Intermarché couvre désormais l'intégralité du territoire avec en moyenne un magasin tous les 17 kilomètres.

Dans sa magnifique présentation des ressorts profonds de l'organisation spatiale de notre pays, Fernand Braudel décrivait l'espace français

1. *Entre performance et utopies. Les 50 ans des Mousquetaires*, Paris, Textuel, 2019.

comme étant structuré autour du système : « villages, bourgs et villes[1] ». Dans ce système étagé, les cellules de base que sont les villages gravitent autour d'un bourg (correspondant souvent au chef-lieu de canton), commune de taille plus importante et exerçant historiquement un rôle de polarisation par la présence d'un marché et parfois d'une foire. À l'étage supérieur, une ville, de taille plus ou moins importante, englobe à son tour dans sa sphère d'influence plusieurs bourgs, sur lesquels elle rayonne au travers de ses fonctions politico-administratives (présence d'administrations et de services publics) mais aussi commerciales. Avec ses plus de 1 800 magasins, Intermarché a fait descendre son maillage du territoire jusqu'au niveau des bourgs et des chefs-lieux de cantons, épousant ainsi la carte séculaire des foires et marchés évoquée par Braudel. La même stratégie a été suivie par Système U, quand Auchan, Carrefour et Leclerc se concentraient davantage sur les zones urbaines. Au total, toute l'armature urbaine du pays est aujourd'hui couverte et pourvue en grandes surfaces jusqu'aux bourgs d'à peine un millier d'habitants.

Le fonctionnement et l'approvisionnement de cet impressionnant maillage de points de vente ont parallèlement nécessité la construction d'infrastructures logistiques hors normes. Le Groupement Les Mousquetaires a ainsi créé, dans les différentes régions françaises, pas moins de 36 bases logistiques qui desservent, grâce à une flotte de 1 600 semi-remorques, tous les magasins de l'enseigne. 7 400 salariés sont employés dans la *supply chain* des Mousquetaires, ITM LAI (Logistique Alimentaire International) étant le troisième acteur de la logistique dans l'Hexagone.

Les effectifs globaux du groupe Intermarché ont connu une forte croissance, parallèle au développement du nombre de magasins. Ils étaient 50 000 en 1991, 80 000 en 2000, 130 000 en 2009 et 150 000 en 2019[2]. Les concurrents des Mousquetaires figurent également parmi les principaux employeurs du pays. Leclerc compte 133 000 salariés, devant Carrefour (105 000), Auchan (74 000) et Système U (70 000).

1. Fernand Braudel, *L'Identité de la France. Espace et histoire*, Paris, Arthaud/Flammarion, 1986.

2. Effectifs intégrant en plus du personnel des magasins, les salariés de la filiale logistique et de toutes les unités de production – car Intermarché assure, à partir de ses propres usines, la fabrication de toute une série de produits alimentaires.

Et comme à Tonnerre, le supermarché est souvent désormais le premier ou le second employeur local dans bon nombre de petites villes. Mais le poids économique déterminant qu'a acquis la grande distribution dans la France d'aujourd'hui ne se lit pas seulement à l'aune du nombre de ses salariés. Les chiffres d'affaires engrangés sont également colossaux : 48 milliards d'euros pour Leclerc en 2019 et 38 milliards pour Carrefour, par exemple. Pour prendre conscience des masses financières en jeu, on peut comparer ces chiffres avec les budgets des principaux ministères français : l'Éducation nationale (52 milliards) et les Armées (37,5 milliards). On voit ainsi que sur le plan macro-économique, ce secteur joue à l'échelle de l'État et qu'il est devenu incontournable. Il brasse des flux financiers considérables, ce qui lui confère une puissance de feu économique majeure.

Le rôle structurant que joue la grande distribution depuis plusieurs décennies se mesure également à l'impact qui a été le sien en matière d'aménagement du territoire. Les principales enseignes ont littéralement remodelé le paysage et l'esthétique du pays. Le moindre bourg compte aujourd'hui son supermarché, avec la plupart du temps des commerces (souvent franchisés) attenants, un vaste parking et l'inévitable rond-point. À l'entrée des agglomérations urbaines, le dispositif répond à la même logique mais à une échelle décuplée. L'hypermarché de plusieurs milliers voire dizaines de milliers de mètres carrés a entraîné dans son sillage la création de dizaines de magasins et d'enseignes spécialisées, donnant naissance aux mêmes zones commerciales au visage standardisé partout en France. Ces espaces constituent désormais les principaux pôles d'activité économique et commerciale des aires urbaines, leur capacité à drainer les flux de population et le chiffre d'affaires se soldant par une dévitalisation des centres-villes.

Jadis, c'est l'implantation des activités industrielles qui organisait ou influençait le développement du tissu urbain. Désormais, l'activité des aires urbaines est structurée en bonne partie par la localisation des enseignes de la grande distribution et des très nombreux commerces gravitant autour d'eux. D'après l'Institut pour la ville et le commerce, 70 % des dépenses des ménages français s'effectuent dans ces zones commerciales périphériques. À cet écosystème qui n'a cessé de s'étendre (avec en moyenne entre 1,5 million et 4 millions de mètres carrés de surfaces commerciales autorisées chaque année depuis vingt ans[1]) est venu s'ajouter depuis quelques années un nouveau type d'espace commercial : le village de marques.

2. Entre centre commercial et parc d'attractions : les villages de marques

Avez-vous déjà passé vos vacances à Villefontaine, Saint-Julien-les-Villas, Miramas, Nailloux, Roppenheim ou Romans-sur-Isère ? Probablement pas. En revanche, vous vous êtes peut-être arrêté dans un des villages de marques implantés sur le territoire de ces communes pour y pratiquer le tourisme commercial.

Comme le centre commercial dont il est un concept voisin, le village de marques est un lieu clos sur lui-même mais, contrairement aux galeries marchandes, on y déambule à ciel ouvert. Si leurs alentours ne méritent généralement pas une mention au *Guide Vert*, les villages de marques se targuent d'être un motif de destination à part entière, une caractéristique qui en fait de véritables parcs à thème dédiés à la consommation. Sur le plan esthétique et philosophique, le village de marques appartient d'ailleurs à la grande famille des pseudo-villes de fantaisie créées de toutes pièces selon un plan d'ensemble minutieux, comme les clubs de vacances et les parcs d'attractions. Ils constituent un des nombreux éléments paysagers de la France contemporaine.

La plupart des villages de marques parodient l'architecture de la région qui les accueille avec plus ou moins de conviction. Implantés dans le sud de la France, *Porte de Provence* dans les Bouches du Rhône ou *Nailloux Outlet Village* en Haute-Garonne adoptent des couleurs et des matériaux d'inspiration méridionale ; *The Style Outlets* à Roppenheim reproduit un village fortifié alsacien alors que les espaces de vente du village d'Honfleur (*Normandy Outlet*) mêlent style contemporain et tradition normande.

L'un des plus récents représentants de la famille des villages de marque, *The Village*, est sorti de terre en 2018 sur le territoire des communes de Villefontaine et de La Verpillière, dans le nord de l'Isère, en bordure de l'autoroute entre Lyon et Grenoble, tout près d'une vaste

1. Cf. « La France face au trop-plein de zones commerciales », *La Gazette de Moselle*, 18 février 2020.

zone d'activité garnie d'entrepôts de logistique[1]. Le visiteur déambule dans des allées qui desservent une centaine de cellules commerciales blanches en forme de maisons à toit en double pente. Des jeux d'eau renouvelés régulièrement dans le grand bassin central donnent au lieu un air de jardin à la française, tout comme la présence d'un salon de thé Angelina, enseigne présente à Versailles et aux Tuileries à Paris – *The Village* se présente d'ailleurs comme « *The French Outlet* », une célébration de l'art de vivre à la française. Dans ce simili-village, un espace restauration attire une clientèle locale, faisant fonction de place où déambuler ou boire un verre. On notera l'ironie qui consiste à avoir baptisé du nom de « village » un concept commercial situé à proximité immédiate de la seule ville nouvelle conçue à la fin des années 1970 par la Datar dans la région lyonnaise, L'Isle-d'Abeau.

Du magasin d'usine au village en bordure d'autoroute

On compte aujourd'hui une trentaine de villages de marques sur le sol français, ce qui correspond à environ une ouverture par an depuis le début des années 1980 (ils sont 26 exactement selon une étude réalisée en 2019[2]). D'abord pensé comme un lieu regroupant dans des entrepôts des invendus à bas prix sous l'appellation de magasin d'usines ou de centre de marques, le concept a depuis évolué vers un positionnement plus haut de gamme, et sous le nom désormais de village de marques ou d'*outlet*, mettant l'accent sur le prestige des marques exposées et sur la qualité paysagère qui tranche avec le modèle des boîtes à chaussures en entrée de ville des zones commerciales à la française. Les premières implantations entretenaient un lien avec l'histoire industrielle locale. C'est ainsi que Troyes, où travaillaient jusqu'à 25 000 ouvriers du textile au début des années 1970, peut être considérée comme le berceau des *outlets*, avec pas moins de trois centres de marques dans sa périphérie[3]. Il s'agissait de magasins installés « au cul des usines » de confection.

1. Notons que l'activité de consommation s'érige littéralement, en l'occurrence, sur les vestiges du secteur primaire, puisque le site choisi est celui d'une ancienne carrière qui a servi pour la construction de l'autoroute A43.
2. Daniel Bicard, « Les centres de marques en France en 10 chiffres-clés », *LSA*, 28 février 2019.
3. Xavier Oriot, « Villages des marques. Troyes, la ville où tout a commencé », *Ouest France*, 9 novembre 2017.

Du fait de la désindustrialisation généralisée du pays, ce lien avec la spécialisation régionale s'est depuis rompu, et c'est désormais la qualité de la desserte autoroutière qui conditionne l'implantation. L'*outlet* est ainsi devenu, au fil du temps, une sorte de version premium et disneylandisée du centre commercial, prenant ses distances avec l'image parfois dégradée de ce dernier.

Un village de marques étant un projet immobilier et commercial d'envergure régionale, voire nationale ou européenne, la zone de chalandise est beaucoup plus étendue que celle d'un centre commercial classique. L'essentiel des projets se déploient soit en Île-de-France, soit le long de la dorsale européenne. L'accès compte plus désormais que les qualités paysagères et touristiques des environs, c'est pourquoi on trouvera fréquemment les villages de marques au milieu de nulle part, en entrée de ville ou à la confluence de flux entre plusieurs agglomérations, une logique d'implantation qu'ils partagent avec les pôles logistiques. Le village sera indiqué comme étant situé à « 40 minutes de Lyon », « 30 minutes de Strasbourg », ou encore « 20 minutes de Toulouse et 40 minutes de Carcassonne », ces temps de parcours correspondant la plupart du temps à un déplacement effectué en voiture.

Témoin à nouveau de la proximité d'univers entre parc à thème et village de marques, le plus fréquenté d'entre eux, *La Vallée Village* en région parisienne, est situé à une station de RER du parc et du *resort* Disneyland Paris, sur le périmètre de la ville nouvelle de Marne-la-Vallée. Tout comme le parc d'attractions voisin, *La Vallée Village* mise sur les flux de visiteurs du monde entier dans ce qui est la première concentration touristique de France. Le shopping effectué se substituera à la virée, via le RER, aux Champs-Élysées ou dans les grands magasins parisiens, puisqu'on y trouve les mêmes articles... à portée d'hôtel. À *The Village*, l'*outlet* de la périphérie lyonnaise, la zone de chalandise s'étend à l'agglomération de Lyon et inclut la clientèle de transit vers les stations de sports d'hiver, le site disposant d'une sortie dédiée sur l'autoroute A43. Signe de l'appétit des promoteurs pour le marché frontalier et les zones irriguées par de puissantes infrastructures de transport, un autre village de marques – à thème alpin celui-ci – est programmé dans l'Ain un peu plus au nord, sur le territoire de la commune de Valserhône, desservie par l'autoroute A40 et une ligne TGV.

Le village de marques, un lot de compensation pour les territoires périphériques ?

Tout comme la logistique est ce qui reste sur place lorsque l'industrie a disparu, les destinations de loisir et de consommation, comme les *outlets* et les parcs d'attractions, entretiennent une économie fondée sur le territoire comme support de consommation, dans le sens où leur succès dépend du nombre de personnes qui résident à proximité ou qui sont prêtes à se rendre sur le site. La grande périphérie lyonnaise, où s'est implanté *The Village*, a connu un boom démographique au cours des dernières décennies, ainsi qu'en témoignent par exemple les données du recensement pour la commune de Villefontaine. Celle-ci comptait seulement 1 700 habitants en 1975, mais elle est passée à 9 700 en 1982. Après ce spectaculaire accroissement de 470 % en seulement sept ans, le rythme s'est un peu ralenti, mais on a continué à bâtir massivement à Villefontaine (et dans les communes voisines) afin d'accueillir les nouveaux ménages. La population municipale est ainsi passée à 18 800 habitants en 2018, soit un doublement depuis 1982.

Non délocalisables par définition, ces projets de villages de marques ont longtemps été bien accueillis par leurs territoires d'élection. À Romans-sur-Isère, autre ville de mono-activité (ancienne capitale de la chaussure) qui a subi le déclin de son produit phare, un village de marques, *Marques Avenue*, a pris ses quartiers en 1999 dans l'ancienne caserne. Présenté comme un projet économique relais pouvant contrebalancer la disparition du tissu industriel, le village est situé à portée de piétons du centre-ville et draine une importante clientèle au bénéfice de la commune… et au détriment des commerçants indépendants.

Habituellement, les promoteurs des villages de marques mettent en avant les emplois créés localement, qui peuvent représenter autour d'un millier d'« équivalents temps plein ». Lorsque l'implantation des futurs villages est périphérique, ce qui est désormais la norme, les commerçants du centre-ville se sentent menacés et les projets ont de plus en plus de mal à obtenir la validation politique et à convaincre l'opinion publique, qui redoute également les nuisances liées aux allées et venues des véhicules des touristes commerciaux. Sur la commune de Coutras (Gironde), à 40 minutes de Bordeaux en bordure d'A89, un projet de village de marques mené par Vinci « envisage la reconstitution d'un véritable village avec son château, son parvis et ses places de marchés[1] », dans un décor inspiré du paysage viticole bordelais. Les boutiques seront construites en bois sur le modèle des tonnelleries. Comme le relate le site spécialisé L'Échommerces, le projet s'est attiré l'opposition des commerçants de la ville voisine de Libourne, dont le centre est déjà en difficulté. Outre celle-ci, d'autres villes moyennes situées dans le grand *hinterland* bordelais comme Périgueux, Angoulême et Bergerac sont inscrites au programme « Action Cœur de Ville » lancé en 2017, lequel prévoit une aide pour 222 villes dont les centres souffrent d'une vacance commerciale importante. Mais après les centres commerciaux, c'est au tour des villages de marques de subir les conséquences du suréquipement du territoire : une fois le stade de saturation atteint, les nouveaux projets récupèrent des clients de la zone de chalandise d'un village plus ancien et le processus de cannibalisation s'enclenche...

3. L'essor de la logistique : la France Amazon

Parallèlement à la grande distribution et aux promoteurs de l'urbanisme commercial de périphérie, un autre secteur économique extrêmement puissant a remodelé notre territoire au cours des dernières décennies. À l'instar de l'implantation des sites et activités industrielles traditionnelles qui avaient structuré la géographie économique et humaine aux XIXe et XXe siècles, le secteur de la logistique marque en effet de manière de plus en plus prégnante de son empreinte les paysages. Dans une société de consommation dominée par les services et le commerce, l'organisation du territoire répond aux impératifs de la *supply chain* et aux besoins des acteurs de l'e-commerce, qui pèsent d'un poids sans cesse plus important dans l'économie et dans nos vies. Cette tendance de fond a été encore amplifiée par la crise du Covid-19, qui a dopé le commerce en ligne. Ainsi, le déploiement rapide d'une entreprise comme Amazon sur notre sol et les modalités de son implantation constituent des symptômes très parlants de cette entrée dans la France nouvelle.

1. « [Exclusivité] Projet de Village des Marques à Coutras », communiqué du site du maire de Coutras, Jérôme Cosnard. Laurent Maurel, « À Coutras, un village de marques contre les centres-villes », lechommerces.fr, 22 mai 2018.

Alors que la géographie de l'industrie avait été déterminée par la présence des matières premières (bassins miniers de charbon et de fer), des cours d'eau et des voies de chemin de fer, les sites retenus par l'entreprise de Jeff Bezos sont tous à proximité d'une autoroute. L'entrepôt de Saran, dans le Loiret, est desservi par l'A10, celui de Senlis dans l'Oise est en bordure de l'A1 (et à 15 kilomètres de Roissy), et celui de Montélimar (Drôme) est à proximité de l'autoroute du Soleil, etc. Amazon ayant l'ambition de servir ses millions de clients à J + 1, l'accès à un réseau routier rapide est absolument décisif. La réactivité et la souplesse inhérentes à ce modèle économique plaident en faveur du camion plutôt que du train. La France industrielle était irriguée par le rail, la France d'après l'est par le bitume. Et d'une certaine manière, l'entrepôt comme lieu de transit des marchandises s'est substitué au site de production qu'était l'usine, le couple camion-autoroute étant devenu la ligne de montage et d'assemblage de notre société orientée « consommation ».

Une implantation sur les principaux axes de circulation et dans les bassins désindustrialisés

Autre différence et non des moindres : si la géographie industrielle s'était organisée dans le cadre d'un marché essentiellement national, l'implantation d'Amazon (et de bon nombre de grands acteurs de la logistique et de l'e-commerce) a été pensée à l'échelle transnationale. Les sites de Montélimar, de Boves (proche d'Amiens) ou de Lauwin-Planque (près de Douai) s'inscrivent, si l'on en croit Amazon, dans une logique d'implantation dans la « banane bleue », cet espace très urbanisé allant de Londres à Milan et concentrant près de 60 % du pouvoir d'achat européen[1]. Cette logique internationale ressort très clairement des propos du président d'Amazon France Logistique : « Nous avons de fortes activités au Royaume-Uni, en Allemagne, en Italie, en Espagne et la France se trouve au milieu. Et les Hauts-de-France sont au centre du centre[2]. » Les autres sites principaux (Brétigny-sur-Orge, Chalon-sur-Saône et Saran)

1. Cf. « Amazon choisit le Nord pour implanter son quatrième site français », *L'Usine nouvelle*, 26 novembre 2012.

2. Cf. Jérémie Lamothe, « "Ce n'est pas dégradant de bosser pour Amazon" : à Lauwin-Planque, les salariés amers contre les critiques visant le géant américain », *Le Monde*, 4 décembre 2020.

sont également situés dans un vaste couloir : Lille, Paris, Lyon, Marseille, principale dorsale démographique française. Des projets d'extension du maillage sur la façade ouest du pays sont annoncés, mais Amazon a d'abord privilégié la partie la plus densément peuplée du territoire national et celle qui est, par ailleurs, en connexion avec les autres grands bassins de population européens. Comme on le voit sur la carte suivante, c'est vrai des principaux entrepôts d'Amazon comme de la quasi-totalité de ses dix-sept plateformes secondaires, qui sont quasiment toutes implantées sur un axe de flux international de première importance.

La « France Amazon » :
implantation des principaux acteurs de l'e-commerce

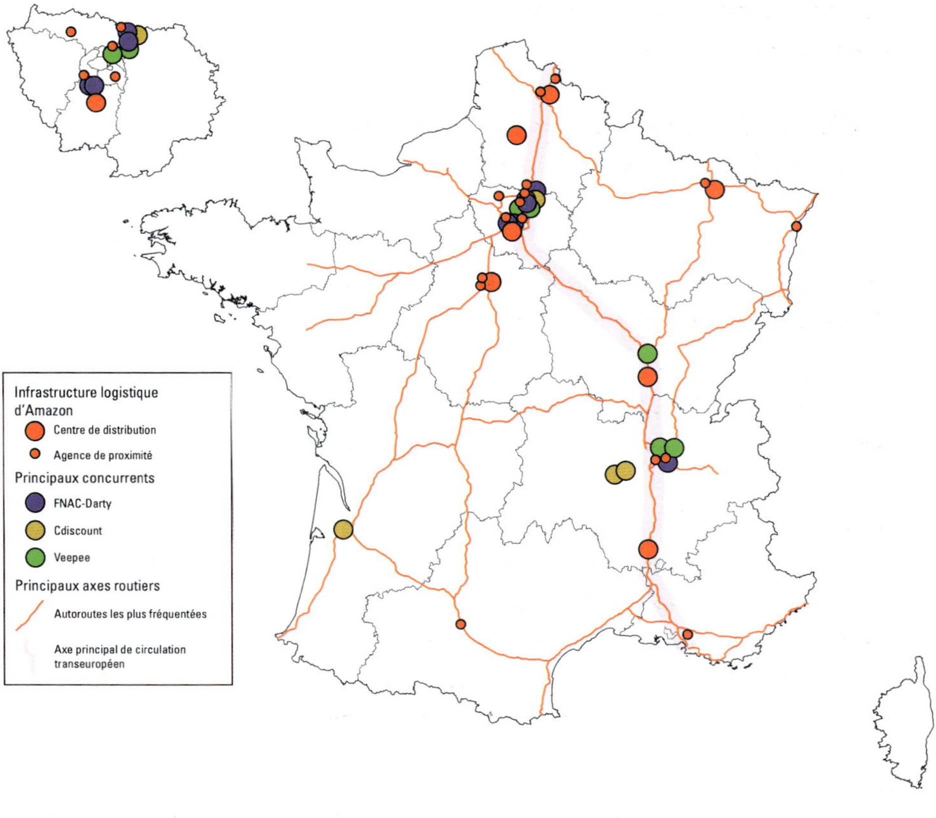

La géographie de l'implantation des entrepôts et plateformes des autres grands acteurs de l'e-commerce (Cdiscount, Veepee et Fnac-Darty)

a favorisé les mêmes territoires, car leur logique de développement répond aux mêmes impératifs. C'est ainsi que la façade ouest du pays, économiquement dynamique mais moins connectée à cet arc logistique majeur, n'est pour l'instant que très faiblement maillée par Amazon, avec une seule implantation à Toulouse. Elle est néanmoins desservie depuis l'Île-de-France et depuis la plateforme de Saran dans le Loiret, située sur l'A10, qui relie Paris à Bordeaux.

Une autre caractéristique se fait jour lorsqu'on analyse le choix des lieux d'implantation. Il s'agit souvent d'anciens sites industriels ou de bassins d'emploi durement éprouvés par le chômage et ayant vu d'importantes activités disparaître quelques années auparavant. Le gigantesque entrepôt de Chalon-sur-Saône a ainsi été construit sur l'emplacement des anciennes usines Kodak, celui de Brétigny-sur-Orge sur une ancienne base aérienne[1]. Les projets d'implantation à Mondeville, près de Caen, et Petit-Couronne, dans la banlieue de Rouen, se déploieraient respectivement sur un site du groupe Bosch et sur l'emplacement de l'ancienne raffinerie Petroplus. Amazon s'est également installé dans la banlieue d'Amiens, ville frappée quelques années plus tôt par la fermeture de l'usine Goodyear, et à côté de Douai (Nord) et d'Avion (Pas-de-Calais), communes affichant un taux de chômage élevé depuis l'arrêt de l'exploitation du charbon et le déclin des industries associées[2]. S'implanter dans de tels lieux permet de bénéficier d'un vaste foncier disponible à des prix compétitifs, mais aussi de primes et de subsides des collectivités locales et des pouvoirs publics au nom de la reconversion des bassins d'emploi en crise. Pour les responsables politiques locaux et nationaux, une décision d'implantation d'Amazon dans ce type de territoires est la plupart du temps saluée avec gratitude, comme en témoigne par exemple cet extrait d'un discours d'Arnaud Montebourg, à l'époque élu de Saône-et-Loire et ministre du Redressement productif, à propos de l'arrivée d'Amazon dans son fief :

1. À Metz, Amazon est également implanté sur une ancienne base aérienne.

2. De la même manière, à Clairoix, dans l'Oise, la principale entreprise qui s'est installée dans une partie des locaux de l'ancienne usine Continental, fermée en 2009, est une société de transport et de logistique. Cf. « Clairoix : la vie économique reprend sur l'ancien site de Continental », *Le Parisien*, 25 octobre 2018.

> « Je remercie Amazon d'avoir choisi ce territoire. Il y a quelques années, il a connu la désolation avec la fermeture de l'usine Kodak. Dans ce site étaient fabriquées les pellicules photo pour toute l'Europe. Il a fait la prospérité de la région pendant trente ans. D'un coup, en 2007, 3 000 emplois ont disparu. Aujourd'hui, c'est une véritable renaissance. C'est la preuve que les territoires blessés peuvent renouer avec le succès[1]. »

Pour les élus, l'arrivée d'Amazon sur leur territoire donne corps à la théorie de la « destruction créatrice » de Schumpeter. La vie économique est scandée par la disparition et la naissance successives d'entreprises et d'activités économiques, dit l'économiste. Dans les zones frappées par la désindustrialisation, l'installation d'Amazon signe une renaissance et un nouveau départ – un départ placé de surcroît sous le signe de la modernité et du prestige véhiculé par un géant mondial. L'implantation de la firme de Jeff Bezos est censée produire un effet d'entraînement et susciter l'arrivée dans son sillage d'autres entrepôts et sites logistiques, comme l'explique par exemple le député LREM de Seine-Maritime Damien Adam, à propos de l'éventuelle arrivée d'Amazon dans l'agglomération rouennaise :

> « Amazon peut servir de locomotive en nous permettant d'attirer d'autres entreprises de la logistique qui est un secteur essentiel aujourd'hui. En effet, la logistique est la cinquième activité économique de la France et elle ne cesse de recruter. D'ici 2022, plus de 500 000 emplois sont à pourvoir dans ce secteur d'activité qui irrigue tous les autres[2]. »

La plateforme logistique a remplacé la vieille gare de triage

De facto, le secteur de la logistique a le vent en poupe et des entrepôts de taille de plus en plus imposante poussent par grappe en grande périphérie des métropoles et/ou à proximité des nœuds autoroutiers. Dans une société où la consommation a été poussée à l'extrême, avec une démultiplication des références de produits proposées et une exigence entretenue de livraison quasi instantanée, mais également où l'industrie et la grande

1. « Montebourg confirme l'implantation d'Amazon à Chalon-sur-Saône », *Le Monde*, 25 juin 2012.
2. « Un entrepôt Amazon près de Rouen : et si c'était une bonne nouvelle ? », blog de Damien Adam, 9 janvier 2020.

distribution ont adopté le « juste à temps » et le « zéro stock », un gigantesque « *back office* » s'est mis en place au cours des vingt dernières années. D'après un recensement effectué par le ministère de l'Environnement[1], la France comptait en 2015 pas moins de 4 432 entrepôts ou plateformes logistiques (EPL) de plus de 5 000 m². Leur surface cumulée représente 78 millions de mètres carrés. Ces bâtiments assurent l'entreposage de marchandises à la fois pour le secteur du transport et de la logistique (33 % des bâtiments), mais aussi pour le secteur du commerce et de la distribution (32 %) et pour des groupes industriels (27 %). Toutes les régions ne sont pas concernées à parts égales par l'essor de ce type d'activités. L'Île-de-France, les Hauts-de-France, Auvergne-Rhône-Alpes et le Grand Est concentrent l'essentiel des EPL, quand, par exemple, la Bretagne ou l'Occitanie en comptent beaucoup moins. Cette répartition ne doit rien au hasard. Elle est indexée sur la densité de population (bassins de consommation), mais également sur la géographie des infrastructures autoroutières reliant la « banane bleue » au cœur de l'Europe. Selon les relevés du ministère, les aires logistiques les plus denses en province se situent autour de Lyon et de Lille. On en trouve deux dans la région lyonnaise, le long de l'autoroute A43 qui relie l'Italie et la Suisse : la première à Saint-Quentin-Fallavier et Satolas-et-Bonce, avec près de 50 EPL, et la seconde autour de Saint-Priest (40 EPL). Même logique géographique à proximité de Lille, avec la zone constituée autour de Lesquin (40 EPL), à l'embranchement des autoroutes A1 et A27 sur l'axe Paris-Bruxelles, et une autre entre Lille et Tourcoing, le long de l'autoroute A22 qui permet de relier les Pays-Bas (et notamment le port de Rotterdam). La situation de carrefour occupée par la France en Europe et la densité de notre réseau autoroutier expliquent en partie l'essor de cette activité. L'ampleur du foncier disponible – et partant la faiblesse des loyers des entrepôts français par rapport à leurs concurrents étrangers – constitue un autre ressort de dynamisme du secteur. Dans ce contexte, on comprend que de grands opérateurs aient choisi la France. FedEx a ainsi implanté son plus grand *hub* mondial à Roissy, et le plus important centre d'entreposage européen d'Ikea est situé à Fos-sur-Mer. Et si Amazon développe activement son maillage sur le territoire français, il a été précédé par d'autres opérateurs internationaux

1. Cf. « Atlas des entrepôts et des aires logistiques en France en 2015 », mars 2017.

comme DHL, FedEx, donc, ou encore Kuehne+Nagel. La France compte aussi de très grands groupes nationaux dans le secteur de la logistique et du transport, parmi lesquels Dentressangle (racheté ensuite par des concurrents américains), Géodis, FM Logistics ou encore STEF-FTE.

D'après différentes estimations, les activités d'entreposage, de logistique et de transports de marchandises occuperaient 800 000 salariés travaillant dans les entreprises du secteur, mais près de 1,8 million emplois si l'on prend en compte les personnes qui exercent ce type de métiers dans des entreprises relevant d'autres secteurs d'activité mais disposant de leur propre service de logistique.

Signe d'un changement de paradigme, ce secteur n'a cessé de monter en puissance ces dernières années, quand les activités industrielles se rétractaient inexorablement. Non seulement la consommation, le commerce et le flux ont supplanté la production, mais, autre tendance lourde, la route est désormais préférée au rail. En 1974, le fret ferroviaire représentait 45 % du total des marchandises transportées. Cette part n'était plus que de 20 % en 1995 et elle a ensuite encore chuté de moitié pour atteindre seulement 9 % aujourd'hui. Dans ce contexte, les effectifs dans le ferroviaire diminuent quand ceux du transport routier de marchandises et d'entreposage et de manutention se renforcent depuis quinze ans.

Évolution des effectifs dans différents secteurs du transport et de la logistique

Secteurs	**2002**	**2007**	**2012**	**2017**	***Évolutions***	**%**
Transport routier de marchandises	343 000	354 000	354 000	379 000	**+ *36 000***	+ 10,5
Entreposage et manutention	75 000	93 000	100 000	114 000	**+ *39 000***	+ 52
Ferroviaire	193 000	175 000	171 000	164 000	**– *29 000***	– 15

(Sources : Commissariat général du développement durable, « Les chiffres clés du transport 2019 ».)

Le cas de la commune de Miramas, vieille cité cheminote, située à proximité de Marseille et en bordure de l'étang de Berre, est assez emblématique de ces évolutions. Jusqu'au début des années 2000, la gare de triage traitait près de 30 000 wagons par mois et employait 600 cheminots. Aujourd'hui, ils ne sont plus que 160 pour un trafic de 15 000 wagons par mois. Dans le même temps, la commune a vu se créer une vaste plateforme logistique, Clésud, qui concentre plus de 700 000 mètres carrés d'entrepôts et dans laquelle se sont implantés les principaux acteurs de ce secteur économique en pleine expansion comme Rexel, XPO Logistics, Carrefour ou Intermarché, qui y emploient plusieurs centaines de personnes.

Ce basculement des flux logistiques du rail vers la route a évidemment des conséquences environnementales mais également en termes d'aménagement du territoire. Les gares de fret et de triage, jadis nœuds vitaux de notre économie, perdent en importance ou périclitent. Au cours des vingt dernières années, l'activité s'est progressivement retirée des villes cheminotes comme Saint-Pierre-des-Corps, Sotteville-lès-Rouen ou Villeneuve-Saint-Georges, situées en banlieue de grands centres urbains, au profit de plateformes logistiques implantées en lointaines périphéries (Moissy-Cramayel, Saint-Quentin-Fallavier, etc.). Ce déplacement des centres logistiques névralgiques se lit notamment à l'aune du déroulement des grands conflits sociaux récents. À l'automne 2018, les Gilets jaunes, dont une partie travaille précisément dans le secteur de la logistique et du transport routier, ont bloqué les accès à de nombreuses plateformes et entrepôts qui irriguent le pays. Ce choix se révéla plus efficace en termes de perturbation de la chaîne logistique que la grève, un an plus tard, des cheminots dans de nombreux dépôts de marchandises de la SNCF, par lesquels transite une part de plus en plus réduite du fret-marchandise.

Ces transformations de la structure de notre économie entraînent plus globalement des mutations sociologiques et politiques. Les rapports sociaux, les modes de vie et les imaginaires politiques qui furent façonnés pendant des décennies dans les villes ouvrières marquées par une forte présence cheminote n'ont pas grand-chose à voir avec ceux qui se développent à l'ombre des entrepôts logistiques géants. Ainsi, au premier tour de l'élection présidentielle de 2017, dans l'agglomération d'Amiens, Jean-Luc Mélenchon atteignit 30,4 % de voix dans la commune de Longueau, vieux bastion communiste où la matrice ouvrière et cheminote est encore vivace en dépit d'un déclin de l'activité ferroviaire[1]. À quelques kilomètres de distance, le score du leader de La France insoumise n'était que de 18,4 % à Boves, commune dans laquelle Amazon s'est implanté. On retrouve la même dichotomie dans la région marseillaise entre Miramas (26,7 % dans cette ville qui reste marquée par la culture cheminote) et Bouc-Bel-Air (15,4 %), ville dans laquelle Amazon est présent.

4. La vitalité de l'économie souterraine : le trafic de drogue

En nous intéressant aux mutations et au déclin de l'appareil productif, à la montée en puissance de certains secteurs et aux flux de marchandises, nous avons tenté de dresser la physionomie de l'économie de la France d'après. Mais si nous voulons que la description soit la plus complète possible, nous ne pouvons nous contenter d'une simple vue de surface qui ne donne à voir que les activités légales. Si ces dernières sont fort heureusement dominantes et structurantes, toute une économie illégale a prospéré au cours des dernières décennies, principalement autour du trafic de stupéfiants.

Les **go fast** *: maillon essentiel de la* **supply chain** *du cannabis*

Si l'accès à la cocaïne s'est fortement « démocratisé », les quantités saisies ayant littéralement explosé en passant de 250 kilos en 1983 à plus de 17 tonnes en 2017, le cannabis demeure, et de loin, la drogue la plus consommée en France. Pour ravitailler les 4 000 points de vente qui maillent l'ensemble du territoire national, les trafiquants de *shit* ont eux aussi constitué des filières très rodées et extrêmement professionnalisées. Elles ont pour but d'acheminer la résine de cannabis et la « beuh » (mélange des feuilles, des tiges et des fleurs de cannabis) du principal foyer de production (la région du Rif au Maroc), jusqu'aux multiples lieux de vente en France.

Première étape : la marchandise franchit la Méditerranée en bateau pour être réceptionnée sur la Costa del Sol en Espagne. À l'instar des fruits et légumes cultivés dans les serres géantes d'Andalousie, le cannabis

1. Jusqu'aux municipales de 2020, la quasi-totalité de la majorité au conseil municipal était composée de cheminots ou d'anciens cheminots.

et ses dérivés remontent ensuite vers le nord. Ce trajet s'effectue en voiture, le plus souvent via les autoroutes espagnoles puis françaises. Pour sécuriser au mieux cette étape cruciale, les trafiquants ont recours à la méthode dite des *go fast*. Un *go fast* est un convoi composé de plusieurs véhicules qui transportent la drogue à vive allure. Il comprend une voiture « ouvreuse » qui avance en éclaireur et ouvre la voie à la voiture « porteuse », dans laquelle plusieurs centaines de kilos de cannabis ont été chargés, et qui suit la voiture ouvreuse à quelques kilomètres d'écart. Un troisième véhicule vient parfois compléter le dispositif pour assurer une meilleure protection du chargement.

Comme pour n'importe quelle chaîne logistique, ces organisations appliquent le principe de la division du travail : certains sont responsables de la fourniture des véhicules (souvent volés), d'autres les préparent, chargent et dissimulent la drogue, quand d'autres encore sont affectés au convoyage (on distingue encore les pilotes et les gardes armés). Cette *supply chain* du *shit* a développé son propre référentiel professionnel qui ressemble beaucoup à celui du transport routier de marchandises. L'optimisation des trajets et le groupement des chargements sont la règle. Comme du côté des routiers, qui ne jurent pour leurs poids lourds que par Scania, Renault Trucks ou bien Volvo, certaines marques de voitures sont plébiscitées par les trafiquants, qui utilisent le plus souvent des berlines allemandes de marque Audi, Porsche ou Mercedes[1]. Et de la même manière que la palette s'est imposée comme module universel de conditionnement dans le transport routier, le monde du *go fast* a adopté la « valise marocaine » comme unité de conditionnement standardisée – cette « valise marocaine » étant un ballot de 30 kilos de cannabis empaqueté dans de la toile de jute et du ruban adhésif.

Le *go fast*, moyen de transport de masse, s'est développé à partir du début des années 2000 pour répondre à l'explosion de la demande de

1. Signe qu'ils font partie intégrante de la vie des quartiers où sont implantés les trafiquants, les artistes français de hip-hop évoquent très régulièrement les *go fast* dans les paroles de leurs chansons. Exemple parmi d'autres, au début du morceau *Mother Fuck* des rappeurs Jul et SCH, ce dernier chante : « J'suis en fond d'sept sur la A7, j'suis vers là si y a du fric à se faire ». L'extrait fait référence à un *go fast* sur l'autoroute A7, le « sept » évoquant probablement le septième rapport de vitesse dont les voitures de sport sont équipées. Dans *Bande organisée*, morceau le plus écouté et le plus « streamé » de l'année 2020, le même SCH chante : « Oui, ma gâtée, RS4 gris nardo, bien sûr qu'ils m'ont raté », faisant cette fois référence à l'Audi RS4, un modèle prisé pour le transport de drogue.

cannabis. Le phénomène s'est rapidement banalisé, et il est désormais inscrit dans la réalité sociale de la France. En 2008, le film *Go Fast*, avec l'acteur Roschdy Zem, sortait sur les écrans. Autre signe plus tangible de l'industrialisation du transport de cannabis, les interceptions de *go fast* par les forces de l'ordre, qui étaient initialement traitées médiatiquement comme des informations spectaculaires, ont progressivement été reléguées dans la rubrique des faits divers. Les cas se sont, il est vrai, multipliés depuis une dizaine d'années. En effectuant une recherche approfondie par mots-clés sur les sites de la presse nationale et régionale, nous avons ainsi recensé près de 150 interceptions sur le territoire national au cours des dix dernières années, soit près d'une par mois en moyenne. À l'instar des saisies de cocaïne évoquées précédemment, il ne s'agit là que de la pointe émergée de l'iceberg, mais ce volume laisse deviner l'ampleur d'une activité non mise au jour par les forces de l'ordre et la justice.

La carte de la localisation des interceptions de *go fast* par les services de police et de gendarmerie fait apparaître les flux principaux et secondaires de la *supply chain* du *shit*. Cette économie parallèle et illicite emprunte les mêmes axes majeurs que les acteurs de la logistique et du transport routier. Étant donné que la zone de conditionnement et de stockage principale se situe sur la Costa del Sol espagnole, la voie traditionnelle d'acheminement longe le littoral méditerranéen puis remonte la vallée du Rhône. Les autoroutes A9 et A7, entre le poste frontière du Perthus et Lyon, constituent ainsi l'artère fémorale de ce trafic. Une très importante part du cannabis qui entre en France emprunte cet itinéraire. Après Lyon, une partie des cargaisons poursuit sa route vers la région parisienne, quand le reste est dispatché dans le quart nord-est de la France. Ces régions peuvent également être approvisionnées via la Hollande et la Belgique, qui desservent également l'Île-de-France par l'autoroute A1. À l'instar de la cartographie de l'implantation des entrepôts d'Amazon et de ses concurrents, cette géographie des *go fast* révèle l'importance de la dorsale Lille/Paris/Lyon/Méditerranée dans les flux logistiques contemporains. Mais la façade atlantique n'est pas en reste : l'autoroute A10 constitue un second axe utilisé pour remonter la précieuse marchandise depuis l'Espagne et pour alimenter Bordeaux, puis la partie ouest du pays, mais également l'Île-de-France. Les autoroutes A11 et A81 qui desservent les Pays de la Loire et la Bretagne depuis la capitale sont également empruntées pour convoyer le cannabis en provenance des Pays-Bas.

Les autoroutes du cannabis : cartographie des interceptions de *go fast* entre 2010 et 2020

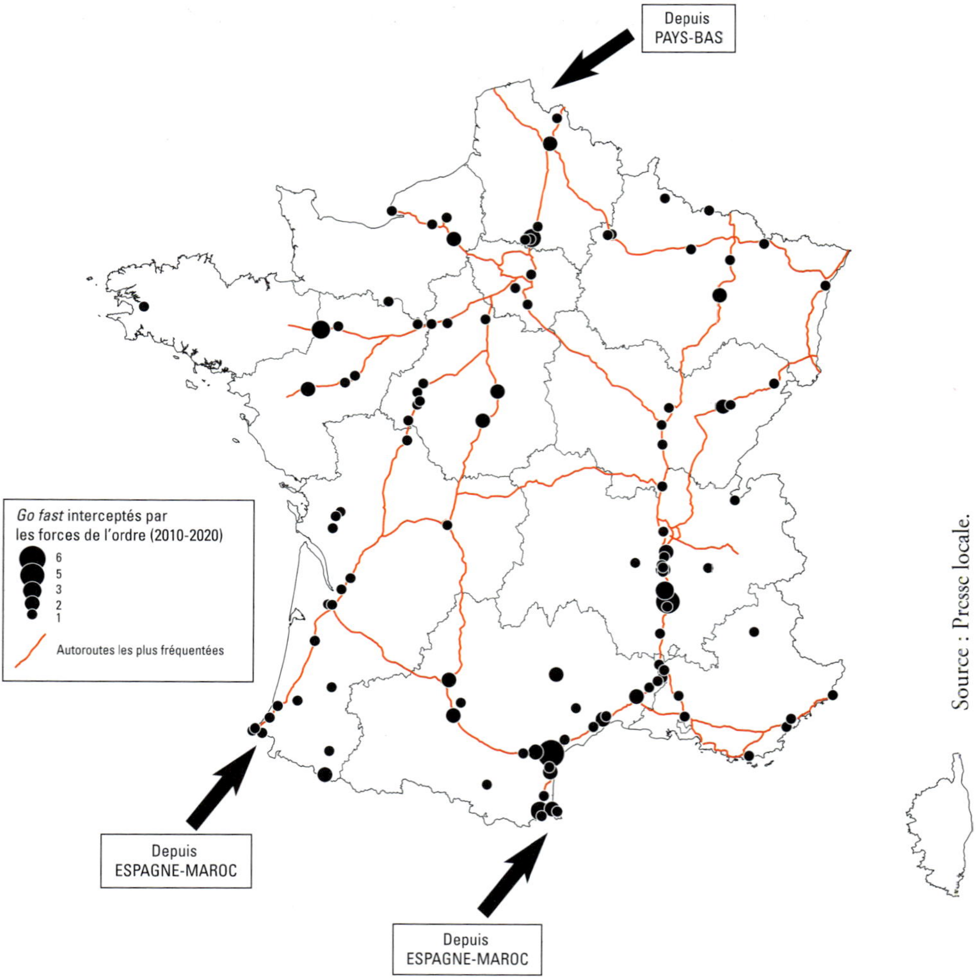

Source : Presse locale.

Les comptes rendus d'interpellations et les procès-verbaux judiciaires dessinent ainsi la géographie de la principale activité illicite en France qu'est le trafic de drogue. Les noms de quelques dizaines de cités sensibles, dont sont issus les caïds qui tiennent et organisent l'essentiel du trafic, reviennent fréquemment dans les procédures et les articles de presse. Elles constituent les *hubs* (les plateformes de distribution) qui alimentent ensuite les points de vente dans leur zone de chalandise régionale. Tous ces points sont reliés grâce au réseau autoroutier abondamment sillonné par les *go fast*. Les convoyeurs du *shit* parcourent ainsi la même France que les chauffeurs routiers et évoluent dans les mêmes paysages faits de barrières de péage, d'aires de repos, de stations-service et de bretelles d'accès.

CHAPITRE 4

Tourisme, loisirs et industrie du luxe : le territoire consommé et sublimé

1. La mise en tourisme (d'une partie) du territoire

Le tourisme, tourné vers une clientèle nationale et étrangère, constitue, à côté de la grande distribution et de la logistique, un autre pilier majeur du modèle économique de la France d'après. Sa montée en puissance et son rôle prégnant s'observent dans de nombreux territoires, mais c'est sans doute sur nos côtes qu'ils sont les plus palpables.

Les ports de pêche : des chalutiers à la plaisance

Village de la Côte d'Albâtre engoncé entre les falaises normandes, à 7 kilomètres au sud de Fécamp et à 12 kilomètres au nord d'Étretat, Yport n'a pas la réputation de cette dernière. Les prix modérés de l'immobilier, les métiers représentés (un mélange de PME artisanales pour les hommes et de métiers de services à la personne pour les femmes) en font une commune typique de la France périphérique. Pourtant Yport présente, à l'instar de très nombreux villages côtiers français, un double visage. Son port de pêche est historiquement lié à la villégiature parisienne, comme en témoignent les inscriptions portant la date de construction des maisons de maître au-dessus des portes : du milieu à la fin du XIXe siècle. À deux heures de train ou de voiture de la capitale, cette tradition s'est perpétuée, même si les notables et les commerçants parisiens ont été remplacés par les scénaristes de séries télé, les directeurs de magazines d'art de vivre, les responsables d'agences de communication et les consultants indépendants qui ont acquis les belles résidences situées sur les flancs des deux versants de colline.

Comptant jusqu'à 1 800 habitants au XIXe siècle grâce à l'activité de pêche hauturière, Yport n'accueille plus aujourd'hui que 800 habitants à l'année, mais de nombreux estivants, résidents secondaires ou intermittents jouent un rôle économique clé sur le territoire, le village étant passé d'une économie maritime à une activité touristique et de villégiature. Le village dispose ainsi d'un casino qui attire des joueurs toute l'année, de trois aires de camping, d'un hôtel, de plusieurs restaurants et crêperies installés en front de mer, d'une offre de chambres d'hôte… Un mini-centre piétonnier concentre, par ailleurs, les quelques commerces du quotidien qui se maintiennent à l'année.

À quelques kilomètres, on tombe sur Fécamp, ville portuaire de 25 000 habitants, dont l'identité porte également la marque des changements profonds intervenus au cours des dernières décennies. Le tourisme, la plaisance et les services dominent aujourd'hui cette ville qui fut, pendant plusieurs siècles, tournée principalement vers la pêche pratiquée par les terre-neuvas, ces pêcheurs qui partaient capturer la morue au large du Canada et de l'Islande. À Fécamp, comme à Dieppe, Granville ou dans une moindre mesure Saint-Malo, cette activité avait façonné l'identité de la ville, des milliers de personnes, de génération en génération, pratiquant la pêche ou gravitant autour d'elle (ouvriers et ouvrières des conserveries et des saloirs, dockers, employés des armements, négociants, etc.). En dépit des vicissitudes (conflit récurrent avec les autorités canadiennes pour l'accès aux bancs de Terre-Neuve), cette véritable industrie a continué de prospérer durant les Trente Glorieuses. On se souvient de la célèbre phrase prononcée par le général de Gaulle le 10 juillet 1960, à l'occasion d'une visite de la ville : « Fécamp, une ville du courage, une ville du lointain, ville de la mer et qui veut le rester et le restera. »

Mais en dépit de l'oracle gaullien, l'activité des terre-neuvas fécampois allait progressivement décliner à partir des années 1970 et 1980. L'épopée prit définitivement fin en 1987, quand le dernier morutier, *Le Dauphin*, appareilla pour une ultime campagne de pêche. Pour pallier l'effondrement de cette mono-industrie, Fécamp, comme Yport, mais à une tout autre échelle, a douloureusement entamé sa reconversion vers la plaisance et le tourisme. Certes, le souvenir des terre-neuvas a fourni un fort motif à la construction de l'identité nouvelle de la ville, permettant de distinguer Fécamp des destinations normandes plus chics, comme Honfleur ou Deauville, sur le marché du tourisme. Symbole de cette « patrimonialisation », une ancienne sècherie de morue (abritée dans un bâtiment typique de l'architecture industrielle des années 1950), dont l'activité s'était arrêtée en 1996, a été réhabilitée en un *musée des Pêcheries* qui trône désormais au milieu d'un port essentiellement consacré à la plaisance. De l'autre côté du bassin, le long du quai principal, le standing de certains commerces (restaurants, poissonneries, cavistes, etc.) trahit l'essentiel : la nouvelle vocation touristique du port et la présence régulière d'une clientèle francilienne à fort pouvoir d'achat.

Le déclin puis l'arrêt de la pêche sur les bancs de Terre-Neuve n'a pas été un phénomène isolé. De la fin des années 1980 à nos jours, c'est l'ensemble des activités de la pêche française qui a très fortement chuté. La flotte de pêche a ainsi subi une véritable hémorragie. En 1983, on ne comptait pas moins de 11 660 bateaux de pêche. L'effectif est tombé à 8 651 en 1990, et le mouvement s'est encore amplifié depuis puisqu'on ne comptait que 4 486 navires en 2016, soit une division par deux en seulement vingt-cinq ans.

Évolution de la flotte de pêche française (en nombre de bateaux)

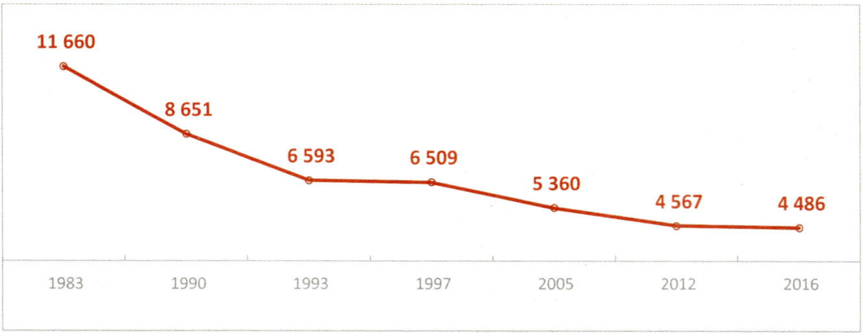

(Source : France Agrimer.)

Au cours des dernières décennies, ce secteur a été confronté à une série de crises structurelles. Le déclin de l'activité a suscité des mobilisations à l'occasion violentes de la part de cette profession à l'avenir bouché et dont les emplois semblaient condamnés. La plus grave se déroula à

Rennes, le 4 février 1994 : la manifestation se solda par de nombreux blessés et l'incendie involontaire du Parlement de Bretagne.

Sous l'effet de la diminution de la ressource en poissons, de la hausse des charges d'exploitation et de la concurrence étrangère, la pêche française a donc décliné, engendrant des réalités économiques, sociologiques et paysagères nouvelles dans la plupart des communes qui vivaient historiquement de cette activité. Dans les décennies 1990-2010, la physionomie des ports s'est ainsi métamorphosée quasiment partout en France, l'espace alloué aux chalutiers et autres bateaux de pêche se réduisant spectaculairement au profit des bateaux de plaisance[1]. Par ailleurs, les emplois directs ou indirects liés à la pêche (marins pêcheurs, employés des criées, grossistes, etc.) ont progressivement cédé la place à l'économie plaisancière : l'entretien et le stockage des bateaux des particuliers est souvent devenue l'activité dominante dans ces ports. La réussite et l'essor qu'a connus au cours des dernières décennies le Groupe Beneteau, leader mondial de la plaisance, témoigne de cette mutation de l'écosystème côtier français. Le groupe vendéen emploie aujourd'hui 5 000 personnes en France, et ses bateaux sont amarrés aux dizaines de milliers d'anneaux que les ports de plaisance ont créés sur tout le littoral.

En Bretagne, l'économie des communes littorales reposait historiquement, aux côtés de la pêche et du tourisme, sur un autre pilier : les conserveries. Cette filière sardinière avait structuré précocement les mentalités et la sociologie de ces communes comme l'avait bien montré André Siegfried[2].

---

1. Le tourisme fluvial a également bénéficié d'un essor important au cours des mêmes années. De nombreux bateaux de plaisance adaptés à la navigation en rivière ont ainsi colonisé les ports fluviaux et redonné vie à des sites historiquement dédiés au trafic de marchandises mais abandonnés depuis le début du XXe siècle. Ainsi, dans le petit port de Douelle sur le Lot, cher à Jean Fourastié, les gabares d'antan chargées de tonneaux de vin ont été remplacées par des bateaux de plaisance que les touristes louent à la journée.

2. « Le matelot est moins un salarié qu'un associé. Il en résulte qu'il peut se produire des querelles entre patrons et matelots, mais qu'il ne peut exister entre eux de grave différend économique : ils sont de la même origine, courent les mêmes dangers et voient leurs intérêts soumis aux mêmes aléas. C'est plutôt dans l'acheteur, c'est-à-dire dans l'industriel, que les pêcheurs voient un antagoniste. Les ouvriers des usines de conserves ne sont pas dans des conditions différentes, et ils dépendent de la pêche exactement comme les sardiniers. […] Ce caractère purement industriel du milieu sardinier tend même à s'accentuer encore de ce fait que les patrons d'usines emploient de plus en plus, non des hommes, mais des femmes : justement les femmes et les filles des marins. […] On s'explique très bien ainsi

Si cet écosystème a perduré bien après la Seconde Guerre mondiale, sous l'effet de l'évolution du goût des consommateurs, de la concurrence étrangère et des coûts de production croissants (les conserveries nécessitent une main-d'œuvre importante), cette activité a commencé à décliner pendant les Trente Glorieuses, tout en maintenant localement une présence significative jusqu'au milieu des années 1980. Pour autant, la plupart des sites de production qui avaient survécu disparaîtront au cours de la décennie suivante[1].

On notera au passage qu'à l'instar d'autres marchés, celui de la conserve de poissons a connu un phénomène de polarisation croissante avec quelques acteurs positionnés sur l'entrée de gamme (Saupiquet) et d'autres sur le plus haut de gamme comme Chancerelle (historiquement implanté à Douarnenez) ou La Belle-Îloise. Les marques moins identifiées ou positionnées sur le milieu de gamme ont été fragilisées ou ont disparu.

Le cas de La Belle-Îloise illustre bien le processus de premiumisation qui caractérise aujourd'hui nombre de secteurs d'activité. Pour survivre, puis se développer, l'entreprise créée en 1932 à Quiberon (en face de Belle-Île, dont elle tire son nom) avait misé sur le haut de gamme en travaillant la qualité de ses produits et en s'attachant à l'innovation. Soignant son marketing (packaging de qualité) et ne commercialisant ses produits qu'à travers son propre réseau de distribution, ou presque, l'entreprise quiberonnaise a connu un fort développement. Elle emploie aujourd'hui 250 personnes sur son site de production et dispose d'un réseau de 66 boutiques, situées pour la plupart dans des stations balnéaires et touristiques assez huppées tout au long du littoral français. Tout en maintenant une activité industrielle dans son berceau historique, elle participe, aux côtés d'enseignes comme Armor Lux ou Saint James (marques de vêtements marins), à la métamorphose et à la gentrification touristique de certains ports français, passés en

---

que, tout en restant catholiques, les sardiniers se soient toujours montrés républicains. On s'explique encore que la propagande socialiste puisse admirablement réussir auprès d'eux. Les ports sardiniers sont républicains depuis le début de la République » (*Tableau politique de la France de l'Ouest*, Paris, 1913, p. 209).

1. Fermeture de la conserverie Gravier à La Turballe (Loire-Atlantique) en 1987, de l'établissement Le Bayon à Étel (Morbihan) en 1996, puis, l'année suivante, de l'usine Sea Deal à Pont-Aven (Finistère) et, en 1998, de celle de Clohars-Carnoët dans le Finistère (Capitaine Cook).

quelques décennies de la pêche à la plaisance. Le score de François Fillon au premier tour de l'élection présidentielle de 2017 illustre bien le phénomène d'embourgeoisement qu'ont connu certains ports (historiquement) de pêche, là où La Belle-Îloise a judicieusement choisi de s'implanter : 47,3 % (contre une moyenne nationale de 19,9 %) à La Trinité-sur-Mer, 39,5 % au Pouliguen, 39 % à Arzon, 33,1 % à Quiberon, 31,7 % au Croisic[1]… André Siegfried, qui avait consacré de longs développements à la culture intrinsèquement de gauche caractérisant les ports de pêche du sud de la Bretagne, serait sans doute étonné par cette métamorphose.

Ryanair démocratise l'avion et remplace la Datar

Au cours des dernières décennies, le poids du tourisme, déjà historiquement important dans notre pays, s'est ainsi encore accru – et pas seulement sur le littoral. C'est que la France s'est employée à attirer une clientèle étrangère, tandis que la pratique des cours et des longs séjours à l'étranger se massifiait et se démocratisait.

L'implantation puis l'essor des compagnies aériennes *low cost* sur le territoire national a grandement favorisé ces évolutions. En 1997, Ryanair ouvrait sa première liaison entre Dublin et la France, en optant pour l'aéroport de Beauvais dans l'Oise, qui allait voir son trafic littéralement dopé par l'essor du *low cost*. D'autres compagnies, au premier rang desquelles Easyjet, s'installèrent également progressivement sur le marché français au début des années 2000. Le secteur du *low cost* a connu un essor spectaculaire tout au long des deux décennies suivantes. Easyjet, leader sur le marché français, opérait, en 2019, 250 lignes au départ ou destination de la France, assurant le transport de 20 millions de passagers. Sa grande rivale, Ryanair, affichait la même année un total de 10 millions de passagers sur 233 lignes au départ de 28 aéroports français.

Contrairement aux grandes compagnies, les *low cost* n'ont pas structuré leurs réseaux autour d'un *hub* central vers lequel elles rabattraient les

1. La Belle-Îloise est par ailleurs également présente dans des communes où l'activité touristique et balnéaire est plus ancienne : Deauville (45,4 % pour F. Fillon), Arcachon (43,3 %), La Baule (45 %) ou Le Touquet (50,8 %) par exemple.

flux de passagers via un système de correspondances pour affréter des vols long-courriers, les plus rentables. Elles ont, à l'inverse, développé une offre de « point à point », c'est-à-dire des liaisons desservant des aéroports secondaires. Ce choix, dicté par le désir de bénéficier de coûts aéroportuaires les plus bas possible, correspond également à l'objectif de cibler en priorité la clientèle dite VFR (Voyage, Famille, Relations), contrairement aux majors, qui visent d'abord la classe affaires et la clientèle business.

Massification et démocratisation du recours à l'avion

Le *business model* des *low cost* repose sur la capacité de permettre – via des coûts extrêmement maîtrisés et le choix d'aéroports disséminés sur le territoire – à une clientèle qui ne prenait pas l'avion de le faire sans avoir à payer très cher ni à se rendre dans un grand aéroport. La promesse a été tenue, et ces compagnies ont puissamment contribué à démocratiser l'usage de l'avion au début des années 2000. Séjour à Djerba *all inclusive* pour quelques centaines d'euros, enterrement de sa vie de garçon ou de jeune fille à Prague ou à Budapest[1], semaine de RTT en Croatie, toutes ces pratiques aujourd'hui très populaires ont été rendues possibles par l'abaissement du coût d'accès à l'avion, mode de transport jusqu'alors réservé à une clientèle aisée et/ou professionnelle. Cette mutation profonde n'a évidemment pas échappé à la sagacité d'un Michel Houellebecq qui, dans *La Carte et le Territoire*, décrivait ainsi le public croisé dans la navette du bus conduisant son personnage principal à Beauvais en vue d'attraper un vol Ryanair :

> « En montant dans l'autocar, il remarqua qu'il y avait surtout des jeunes, des étudiants probablement, qui partaient en voyage ou qui en revenaient – on était à l'époque des vacances de février. Des retraités également, et quelques femmes arabes, accompagnées d'enfants jeunes. Il y avait en réalité à peu près tout le monde à l'exception des membres actifs, productifs de la société. Jed constata également qu'il se sentait plutôt

1. Cette pratique a connu un essor important ces dernières années, comme en témoigne un film grand public justement nommé *Budapest*, sorti en 2018.

à sa place dans cette navette, qui lui donnait la sensation de *partir en vacances* – alors que la dernière fois, dans le vol Air France, il avait eu l'impression de *se déplacer pour son travail*[1]. »

Beauvais est demeurée la principale base de Ryanair en France, qui opère 40 lignes depuis cet aéroport de l'Oise situé à 100 kilomètres de Paris. Mais parallèlement, la compagnie irlandaise a développé un maillage dense du territoire avec, par exemple, 32 lignes depuis Bordeaux ou 20 lignes depuis Toulouse. Les villes secondaires n'ont pas été oubliées, bien au contraire, par Ryanair ou ses concurrentes : elles proposent ainsi 31 lignes au public brestois, 12 au départ de La Rochelle, 10 depuis Bergerac (desservant principalement la Grande-Bretagne – Birmingham, Bradford, Liverpool ou Manchester).

La création de ce maillage, reliant pour l'essentiel des villes moyennes françaises à un large éventail de destinations étrangères, a permis de diffuser auprès d'un large public français l'usage de l'avion à des fins de loisirs, notamment dans les milieux modestes, comme en atteste par exemple Ingrid Levavasseur, l'une des figures des Gilets jaunes : « Je n'ai pris l'avion que deux fois dans ma vie avec Ryanair, emmenée par mon compagnon[2]. »

Les low cost *ont irrigué touristiquement de nombreux territoires*

Parallèlement à la démocratisation et à la massification du transport aérien, l'essor du *low cost* dans ces conditions a eu un effet non négligeable sur les territoires desservis. Si certains avaient déjà développé leur vocation touristique, d'autres ont changé de statut aux yeux de la clientèle internationale à partir du moment où ils ont été desservis par les compagnies *low cost* comme le note avec humour Michel Houellebecq :

« Pour la France, les deux aéroports retenus par Ryanair étaient Beauvais et Carcassonne. S'agissait-il de deux destinations particulièrement

1. Michel Houellebecq, *La Carte et le Territoire*, Paris, Flammarion, 2010.
2. Ingrid Levavasseur (en collaboration avec Emmanuelle Anizon), *Rester digne*, Paris, Flammarion, 2019.

touristiques ? Ou devenaient-elles touristiques du simple fait que Ryanair les avait choisies[1] ? »

Le romancier français n'est pas le seul à s'être intéressé à l'impact du développement du *low cost*. Des géographes et des économistes se sont également penchés sur la question en mettant notamment en évidence un effet significatif de cette pratique sur la fréquentation touristique des territoires concernés, avec pour conséquence une hausse significative des prix de l'immobilier. Selon les régions, « l'effet Ryanair » ou « l'effet *low cost* » a ainsi pu se traduire par une hausse de 20 à 30 % dans l'« ancien » en zone rurale. Selon quel mécanisme ?

La desserte par une compagnie *low cost* déverse localement de nombreux touristes (souvent britanniques mais aussi belges ou néerlandais) qui, appréciant la région, cherchent à y acquérir un bien. Le segment le plus prisé est généralement celui des vieilles demeures campagnardes à rénover. Puis, quand ce marché, localement assez étroit, est saturé, les clients potentiels se rabattent sur le neuf avant, éventuellement, d'entreprendre de faire construire. Dans un département comme la Dordogne (desservi par les compagnies *low cost* via l'aéroport de Bergerac), l'arrivée de Ryanair au début des années 2000 s'est ainsi soldée, dans les années qui ont suivi, par une hausse des mises en chantier nettement supérieure à la moyenne nationale et régionale. Si, dans le cas du Périgord, la réalité touristique (essentiellement britannique) avait préexisté et sans doute même motivé le choix commercial des *low cost*, leur implantation a, en d'autres lieux comme l'Aude ou le Limousin, contribué à développer la vocation touristique de ces territoires. En Dordogne même, l'activité touristique, établie de longue date, a cependant été dopée par les *low cost* à tel point que le marché de l'immobilier résidentiel s'est trouvé bientôt saturé dans le département. Les Britanniques se sont alors rabattus sur le Limousin voisin, touristiquement moins prisé mais nettement plus abordable. Ryanair a suivi et encouragé cette nouvelle orientation de la clientèle britannique en s'installant en 2002 à l'aéroport de Limoges qu'elle dessert désormais depuis Bristol, Nottingham (aéroport East Midlands), Leeds-Bradford, Manchester

1. Michel Houellebecq, *La Carte et le Territoire*, *op. cit.*

et Londres Stansted. Et ici aussi, l'essor du nombre de passagers britanniques débarqués par Ryanair a eu un impact immédiat sur les achats de biens immobiliers en zone rurale enregistrés par la Safer Marche-Limousin[1]. C'est ainsi qu'un peu plus de six cents ans après la guerre de Cent Ans, qui fit rage en Limousin avec notamment le sac de Limoges par les hommes du Prince Noir en 1370, une compagnie irlandaise a contribué au retour (très pacifique) des Anglais en terres limousines…

Au-delà même des cas du Périgord et du Limousin, Ryanair et les autres compagnies *low cost* ont joué un rôle dans l'aménagement du territoire en injectant une certaine vitalité[2] dans des territoires économiquement peu dynamiques et situés à l'écart des grands axes de circulation et de développement français. Elles ont joué, si l'on veut, le rôle qu'avait eu la Datar dans les années 1960 à 1980, comme le suggère Pascal Perri :

> « La politique des compagnies *low cost* a permis de sédentariser des visiteurs anglais disposant d'un pouvoir d'achat dans des régions parfois oubliées du développement franco-français. Il suffit par exemple de regarder la carte des TGV en France pour voir que les régions du Centre, du Limousin, de l'Auvergne et du nord de Midi-Pyrénées constituent un immense désert ferroviaire[3]. »

2. Parcs de loisirs, festivals, multiplex : la société de l'*entertainment*

La réduction du temps consacré au travail constitue un processus historique de longue durée. Toutefois, ce phénomène tendanciel a connu une accélération assez marquée au cours des dernières décennies. Ce fut particulièrement le cas entre la fin des années 1980 et la première

1. Françoise Ardillier-Carras, « L'immigration britannique en France : le cas du Limousin », *Populations et Avenir*, 2008/5, n° 690.

2. L'arrivée de touristes mais aussi de résidents étrangers a bénéficié au secteur de l'hôtellerie-restauration, mais aussi aux secteurs de l'immobilier et du bâtiment, aux loueurs de voitures, aux commerces alimentaires ou encore aux paysagistes et entreprises chargées de l'entretien des propriétés.

3. Pascal Perri, *Impact des compagnies aériennes low cost sur les prix de l'immobilier : cas du Limousin, de la Dordogne et de l'Aude*, Perpignan, Université de Perpignan, 2005.

décennie du XXIe siècle. En moyenne, le nombre d'heures travaillées annuellement est ainsi passé de 1 817 en 1988 à 1 600 en 2008. Ce recul très significatif s'explique à la fois par des facteurs structurels, comme les gains de productivité (permettant d'accomplir la même tâche en moins de temps) ou le déclin de certains métiers comme agriculteurs ou artisans (pratiquant de gros horaires), mais aussi en vertu de dispositions législatives particulières comme les lois Robien et surtout Aubry (qui ramena la durée légale hebdomadaire de travail de 39 à 35 heures).

À partir du début des années 2000, les Français ont ainsi découvert les joies des RTT. La filière touristique, qui s'est historiquement structurée et développée en France avec l'instauration des congés payés, a connu alors un nouvel essor durant cette période marquée par un accroissement du temps disponible pour toute une partie de la population. Les offres de courts séjours se sont alors multipliées, y compris hors saison, et l'optimisation ou le prolongement des ponts via les journées RTT est devenu un sport national. L'univers du temps libre, qui était historiquement cantonné aux vacances et particulièrement aux mois de juillet et août, s'est alors dilaté pour prendre une place de plus en plus importante dans la vie des Français. Certains acteurs économiques comme la SNCF, les compagnies aériennes *low cost* ou encore les sites de réservations en ligne[1] ont accompagné ce mouvement historique et le développement d'une société de loisirs.

Disneyland Paris : première destination touristique française

Le tourisme constitue l'une des principales composantes du phénomène, mais cette société de loisirs a également été marquée par l'essor spectaculaire des activités récréatives et des parcs d'attractions. Et ce n'est pas un hasard si ces structures, qui jouent aujourd'hui un rôle économique majeur (et qui ont reconfiguré la physionomie de territoires entiers), ont été créées et/ou se sont développées précisément durant ces années qui ont vu l'avènement de la société de loisirs. Le

1. Sous l'effet combiné de l'essor d'Internet et de l'accroissement du temps libre, Go Voyages et Lastminute.com sont apparus respectivement en 1997 et 1999 en France, suivis en 2001 par Opodo.

Futuroscope a ainsi ouvert ses portes en 1987, suivi en 1989 par le Parc Astérix. La création du Puy du Fou est plus ancienne (1978), mais c'est également de cette époque que date son décollage avec la construction en 1990 d'une tribune panoramique de 12 000 places et la venue très médiatisée d'Alexandre Soljenitsyne en 1993, année également où le Tour de France s'élancera du Puy du Fou.

C'est aussi à la fin des années 1980 que le Big Bang Schtroumpf ouvrit ses portes (en 1989 exactement) en Lorraine. La genèse de ce parc (rebaptisé depuis Walygator Parc) est hautement symbolique du basculement intervenu à cette époque. Le projet de ce parc de loisirs avait en effet été lancé par la Datar et le ministère de l'Équipement en 1985, année où le laminoir d'Hagondange, dernière unité de production encore active sur un site sidérurgique qui avait été le plus grand d'Europe, fut définitivement mis à l'arrêt et détruit. À la recherche d'activités économiques susceptibles de suppléer au déclin brutal de l'industrie lorraine, les pouvoirs publics parièrent alors sur la création d'un parc de loisirs. Le Big Bang Schtroumpf fut construit sur le site même du laminoir d'Hagondange, les terrains ayant été cédés par le groupe Sacilor. Il faut, bien entendu, avoir en tête que si le Walygator Parc accueille annuellement 270 000 visiteurs et emploie aujourd'hui environ 350 salariés (dont une bonne partie de saisonniers), 650 postes de travail avaient disparu avec la fermeture du laminoir, l'ensemble du complexe sidérurgique (avec notamment ses hauts fourneaux) employant près de 5 000 personnes à la fin des années 1970.

Eurodisney (aujourd'hui Disneyland Paris), de son côté, a ouvert ses portes en 1992. Après des débuts difficiles, ce parc d'attractions est devenu une locomotive économique de première importance, Disneyland Paris pesant à lui seul pour 7 % du chiffre d'affaires de l'ensemble de la filière du tourisme française. Ce gigantesque complexe récréatif s'étend sur 2 230 hectares (soit près de 3 300 terrains de football…). Il compte aujourd'hui 2 parcs à thèmes, 7 hôtels exploités en propre (en plus de 10 hôtels partenaires), ainsi qu'un golf. 16 500 salariés y travaillent, ce qui fait de Disneyland Paris le premier employeur monosite de France. Cette main-d'œuvre est nécessaire à l'accueil de 13 à 15 millions de visiteurs selon les années, affluence qui confère à Disneyland le statut de première destination touristique du continent.

La clientèle est composée pour moitié de Français. D'après une enquête Ifop réalisée en 2017, six Français sur dix se sont déjà rendus dans ce parc d'attractions au moins une fois au cours de leur vie, ce qui est considérable[1]. Disneyland fait désormais partie de notre patrimoine. Sa visite constitue une expérience partagée et une référence commune. Et si seulement un tiers des 65 ans et plus (qui avaient déjà autour de 35 ans quand le parc a ouvert) a déjà mis les pieds chez Mickey, c'est le cas de deux tiers des 35-50 ans et de 75 % des moins de 35 ans. Les trois quarts des Français nés depuis la création du parc ont donc accompli le pèlerinage de Marne-la-Vallée. La visite du célèbre parc semble être devenue une sorte de passage obligé pour la jeunesse de la France d'après.

Si l'engouement du public français est massif, les étrangers (Britanniques, Espagnols, habitants du Benelux, Allemands et Italiens) sont également très nombreux à arpenter les allées de Disney. La localisation géographique du parc n'est pas pour rien dans cette affluence de visiteurs étrangers. Différents sites avaient initialement été envisagés, dont Barcelone ou le Var, qui, climat aidant, tenaient la corde face à Marne-la-Vallée. Mais après de nombreuses tractations, c'est finalement ce lieu qui s'est imposé en raison de sa situation de carrefour entre l'Europe du Nord et l'Europe du Sud, à proximité de surcroît de l'agglomération parisienne. On retrouve ici même les facteurs qui présidèrent, il y a sept siècles, à l'essor et au rayonnement des foires de Champagne[2]. Comme l'écrivait Fernand Braudel, le développement et le succès économique et commercial que connurent les foires de Champagne aux XIIe et XIIIe siècles s'expliquent d'abord par leur localisation sur la route commerciale reliant les deux régions européennes à l'époque les plus prospères et les plus dynamiques : le nord de l'Italie et les Flandres.

Les collectivités locales, à l'instar des comtes de Champagne, leurs lointains ancêtres, ont veillé sur la poule aux œufs d'or et ont tout fait pour en renforcer l'attractivité et l'accessibilité. En 1992, le RER A a été prolongé jusqu'à Marne-la-Vallée afin de desservir le parc, qui a

1. Les autres grands parcs à thèmes ont également drainé depuis leur ouverture respective un public impressionnant. Un Français sur deux est déjà allé au Futuroscope, quatre sur dix au Parc Astérix et près d'un sur quatre au Puy du Fou.

2. Disneyland Paris est situé à 35 kilomètres de Lagny, une des villes où se tenaient les foires de Champagne.

également bénéficié d'une bretelle d'accès dédiée sur l'autoroute A4. Ce réseau d'infrastructures a été complété, en 1994, par la construction d'une gare TGV permettant de relier le complexe récréatif aux principales agglomérations françaises, et par la mise en place de dessertes rapides avec les aéroports parisiens afin d'acheminer plus commodément la clientèle étrangère. La proximité avec le marché de gros de Rungis, première plateforme de négoce alimentaire d'Europe, a également contribué à la décision d'implanter Disney en Seine-et-Marne, les stratèges de la firme de Mickey ayant été particulièrement attentifs à la qualité des infrastructures de transport proposées mais aussi à la capacité d'approvisionnement en nourriture pour leur site et ses millions de visiteurs...

L'engouement du public pour les grands parcs d'attractions a donné des idées aux investisseurs et c'est ainsi que différentes régions françaises ont vu se multiplier les inaugurations, comme en 1995 l'Aqualand d'Arcachon et le Jacquou Parc au Bugue en Dordogne. En 1999, Vesoul (Haute-Saône) accueillait le Ludolac, tandis qu'un an plus tard ouvrait à Magny-en-Vexin (Val-d'Oise) le parc Aventure Land. Vint ensuite le tour de Cap'Découverte à Carmaux (Tarn) en 2003, puis du Pirat'Parc de Gruissan (Aude) en 2007, le Parc Spirou, implanté à Monteux (Vaucluse) en 2018, étant l'un des derniers en date. Les formats, la nature des activités et les thèmes varient, mais ce sont au total près de 200 parcs de loisirs qui maillent aujourd'hui le territoire et accueillent un public local nombreux.

Quand les pandas surclassent Chambord

Traditionnellement, l'industrie touristique s'était structurée à partir de sites ou monuments historiques ou de paysages ou de régions remarquables. Les parcs d'attractions ont rompu avec cette logique, puisqu'ils ont été implantés *ex nihilo* et que leurs activités ont permis de faire converger un large public vers des lieux qui n'étaient pas réputés à fort potentiel touristique. On constate le même phénomène avec certains zoos et parcs animaliers, qui sont devenus au fil du temps des locomotives touristiques (et donc économiques) majeures dans certains territoires.

C'est le cas du ZooParc de Beauval, dans le département du Loir-et-Cher. Créé en 1980 autour de quelques centaines d'oiseaux, le parc a progressivement pris de l'envergure en étoffant son offre et en agrandissant son périmètre. Il est ainsi passé d'environ 250 000 visiteurs par an au milieu des années 1990 à 600 000 en 2011. Cette progression illustre à sa manière (à l'instar de l'essor des parcs d'attractions durant la même période) le passage à une société de loisirs, la direction du zoo de Beauval ayant habilement joué sur cette tendance de fond et étant parvenue, selon les mots de Rodolphe Delord, fils de la fondatrice et actuel président de l'établissement, à « créer la destination » et à positionner le zoo comme un lieu de visite récréative et familiale. La cote de Beauval se sera encore appréciée à l'occasion de l'arrivée d'un couple de pandas prêté par le gouvernement chinois en 2012 (geste rarissime octroyant au ZooParc un avantage concurrentiel majeur). Cette année-là, le nombre de visiteurs atteindra le million et le zoo de Beauval surclassera le château de Chambord, principale attraction touristique du Loir-et-Cher depuis toujours.

1995-2018 : Fréquentations annuelles comparées du château de Chambord et du ZooParc de Beauval

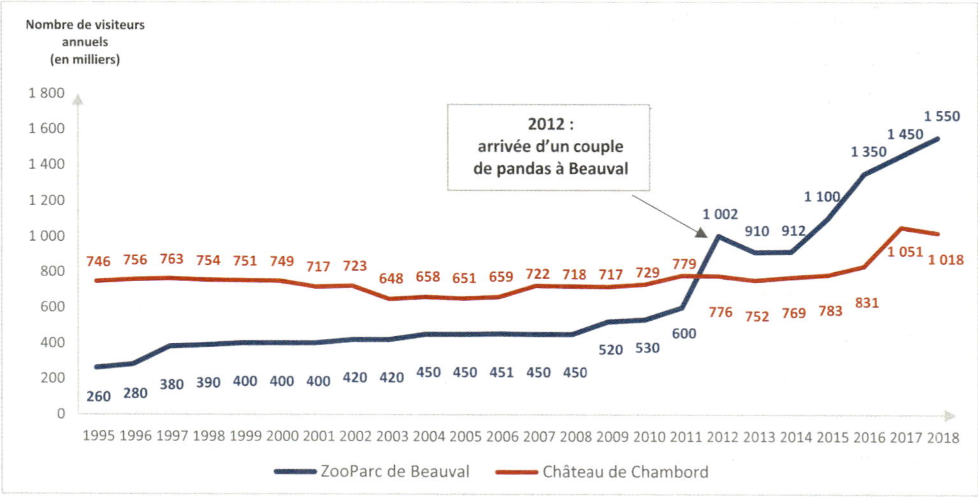

(Source : Wikipédia.)

À coups d'investissements et de nouveaux développements, le zoo de Beauval va poursuivre sur sa lancée et dépasser la barre des 1,5 million de visiteurs en 2018, creusant ainsi spectaculairement l'écart avec le château de Chambord, distancé de plus de 500 000 visiteurs. Si l'industrie touristique française peut encore s'appuyer sur un patrimoine historique exceptionnel, certaines destinations phares créées de toutes pièces (qu'il s'agisse du zoo de Beauval, du Parc Astérix ou de Disneyland Paris) constituent aujourd'hui des *blockbusters touristiques* à la puissance sans pareille.

Les cartes sont ainsi en partie redistribuées, et ces lieux deviennent de véritables locomotives économiques. Situé aux confins du département du Loir-et-Cher, le ZooParc de Beauval a fait de la commune de Saint-Aignan, où il est implanté, un pôle économico-touristique de première importance alors qu'historiquement la zone économique la plus dynamique du département se situait plus au nord, le long de la vallée de la Loire qui comprend l'agglomération de Blois et les principaux châteaux de la région. Avec un chiffre d'affaires annuel de plus de 70 millions d'euros, le ZooParc emploie 800 personnes, ce qui en fait l'un des principaux employeurs privés du Loir-et-Cher – et sans doute le premier du sud du département (ce territoire ne s'étant jamais vraiment remis de la fermeture en 2003 de l'usine automobile Matra à Romorantin, qui s'était soldée par la suppression de 1 500 emplois directs). À ces postes créés par le zoo, il faut ajouter tous les emplois indirects générés par l'activité du site et le flux de visiteurs. Une étude du cabinet spécialisé Protourisme (réalisée en 2018) estimait qu'un emploi créé dans le zoo engendrait 2,5 emplois indirects. Quatre hôtels ont notamment vu le jour à proximité immédiate du zoo tandis qu'une grande quantité de chambres d'hôtes, de gîtes et plusieurs restaurants étaient proposés au visiteur. À ces retombées touristiques s'ajoutent l'activité des nombreux sous-traitants et fournisseurs du zoo ainsi que les investissements dans les infrastructures et l'immobilier : des logements et une crèche ont ainsi été construits sur la commune, et une étude a bientôt été lancée pour réaliser un échangeur autoroutier qui desservirait le zoo de Beauval et permettrait ainsi à la clientèle francilienne de s'y rendre plus facilement.

Dans la France d'après, le ZooParc de Beauval et ses pandas constituent donc une destination touristique plus fréquentée que le château de Chambord tout comme Disneyland Paris surclasse nettement le musée du Louvre ou le château de Versailles. Ces réussites commerciales spectaculaires renseignent à la fois sur le poids croissant des loisirs et du divertissement dans notre société, mais aussi sur l'évolution du substrat culturel. Si le patrimoine historique et la culture traditionnelle font encore recette, la nouvelle *pop culture* (au sens de culture populaire ou majoritaire) emprunte beaucoup de ses références à la culture de masse américaine. Sur un autre plan, l'engouement pour les parcs animaliers illustre également la montée en puissance d'une vision du monde moins anthropocentrée et la sensibilité accrue de toute une partie de la population à la condition animale, ces types de parcs mettant en valeur le respect du bien-être animal[1].

Les festivals de rock : une activité économique à part entière

Parallèlement à la création et à l'essor des parcs récréatifs, les trois dernières décennies ont vu le développement des grands festivals de rock (et plus récemment de musique électro), autre élément constitutif de la civilisation des loisirs et de l'*entertainment*. Si le Printemps de Bourges a fait office de précurseur (la première édition eut lieu en 1977), c'est à partir du milieu des années 1980 que ce type d'événements et de rassemblements se sont multipliés un peu partout sur le territoire à un rythme soutenu.

Les grandes métropoles (Paris et Lyon), ainsi que les zones touristiques (littoraux atlantique et méditerranéen), ont certes été concernées au premier chef, mais de nombreux festivals, et non des moindres, ont également éclos dans des lieux excentrés ou à faible attractivité touristique : Les Vieilles Charrues à Carhaix (petite localité du Centre Bretagne), Les Eurockéennes à Belfort, ou bien encore Le Cabaret Vert à Charleville-Mézières (chef-lieu d'un département ardennais sinistré). Au total, et selon le site spécialisé touslesfestivals.com, on a compté pour l'année 2019 pas moins de 100 festivals rassemblant au minimum 15 000 personnes chacun, soit un total « théorique » de 7,5 millions de festivaliers. (Ce total est « théorique » dans la mesure où il ne prend pas en compte le fait que certains spectateurs se rendent à plusieurs festivals dans l'année.)

1. À proximité immédiate du ZooParc de Beauval, la Sologne tire profit d'une tout autre relation à l'animal. Dans cette région de forêts et d'étangs, la chasse constitue une activité économiquement structurante. Les vieilles dynasties industrielles et le gotha du capitalisme tricolore y possèdent de vastes propriétés et s'y retrouvent très régulièrement pour chasser différents gibiers. Si cette pratique se transmet dans ces familles de la grande bourgeoisie (Dassault, Seydoux, Bouygues, Wertheimer, etc.), les figures montantes du nouveau capitalisme français (Xavier Niel, Marc Simoncini et Jacques-Antoine Granjon) sont, quant à elles, engagées en faveur de la cause animale.

Chronologie de la création des principaux festivals rock et électro

1985	Les Francofolies (La Rochelle – Charente-Maritime)	150 000 spectateurs
1989	Les Eurockéennes (Belfort – Territoire-de-Belfort)	130 000 spectateurs
1991	La Route du Rock (Saint-Malo – Ille-et-Vilaine)	30 000 spectateurs
1992	Les Vieilles Charrues (Carhaix – Finistère)	250 000 spectateurs
1997	Garorock (Marmande – Lot-et-Garonne)	160 000 spectateurs
1999	Solidays (Paris)	170 000 spectateurs
2002	Les Nuits Sonores (Lyon – Rhône)	130 000 spectateurs
2002	Musilac (Aix-les-Bains – Savoie)	90 000 spectateurs
2003	Rock en Seine (Saint-Cloud – Hauts-de-Seine)	100 000 spectateurs
2004	Main Square Festival (Arras – Pas-de-Calais)	110 000 spectateurs
2004	Les Nuits Secrètes (Aulnoye-Aymeries – Nord)	50 000 spectateurs
2005	Le Cabaret Vert (Charleville-Mézières – Ardennes)	90 000 spectateurs
2006	Hellfest (Clisson – Loire-Atlantique)	180 000 spectateurs
2007	Les Déferlantes Sud de France (Argelès-sur-Mer – Pyrénées-Orientales)	70 000 spectateurs
2009	Le Festival de Carcassonne (Aude)	200 000 spectateurs
2009	Electrobeach (Le Barcarès – Pyrénées-Orientales)	150 000 spectateurs
2011	We Love Green (Paris)	80 000 spectateurs
Le nombre de spectateurs est celui de l'année 2019.		

En l'espace de quelques années, à l'instar des parcs d'attractions, ces festivals de rock se sont ainsi imposés dans le paysage et dans les modes de vie d'une fraction importante de la population (principalement la jeunesse) qui les fréquente assidûment, surtout durant la saison estivale. Leur programmation musicale peut être éclectique ou très pointue (le « métal » pour le Hellfest de Clisson, la musique électro pour l'Electrobeach du Barcarès), mais tous ces festivals relèvent d'un marché qui s'est professionnalisé et où la concurrence est rude.

Pour attirer un public nombreux, les organisateurs s'arrachent les têtes d'affiche du moment à coups de généreux cachets. Une partie des artistes sont français, mais des groupes et des chanteurs étrangers se produisent également dans ces festivals français, qui entrent en concurrence avec leurs homologues européens et américains pour faire venir les artistes les plus en vogue (ces événements participant activement à la diffusion d'une culture musicale mondialisée). Par la force des choses, nombre de ces festivals sont devenus des entreprises culturelles dotées de gros moyens financiers et générant un chiffre d'affaires important. Les plus réputés d'entre eux drainent en effet une masse de spectateurs impressionnante, qui franchit souvent la barre des 100 000 voire des 200 000 personnes pour les plus importants d'entre eux.

Certains de ces festivals contribuent à nourrir l'attractivité touristique déjà bien établie de la ville dans laquelle ils se déroulent (Les Francofolies pour La Rochelle par exemple), ou à dynamiser la notoriété d'une localité (Les Eurockéennes pour Belfort notamment). Mais tous génèrent des retombées économiques parfois très substantielles dans les territoires en question. C'est le cas pour Les Vieilles Charrues dont l'apport économique (billetterie, consommation et hébergement des festivaliers, mais aussi achat de prestations et location de matériel par le festival auprès des entreprises locales) a été estimé à 18 millions d'euros pour l'année 2019[1], ce qui représente une somme importante pour une commune de 7 000 habitants. Pour cette même édition, les organisateurs avaient fait appel à 260 entreprises (sociétés de gardiennage, brasseurs, restaurateurs, loueurs d'infrastructures, etc.) du Poher[2], et 700 personnes avaient travaillé pour le festival, soit un apport économique à nouveau bienvenu pour un territoire rural enclavé qui a été frappé ces dernières années par la fermeture d'abattoirs et d'usines agroalimentaires.

Les Vieilles Charrues constituent, et de loin, le festival le plus connu et le plus fréquenté de Bretagne, mais d'autres événements de ce type ont lieu durant la période estivale dans la région. Pour s'en tenir au rock[3], on peut ainsi citer Motocultor à Saint-Nolff, La Route du Rock à Saint-Malo, L'Armor à Sons à Bobital, Le Bout du Monde à Crozon, Chausse Tes Tongs à Trévou-Tréguignec, No Logo BZH à Saint-Père, ou encore Fête du Bruit dans Landerneau. Cette kyrielle de festivals attire un public jeune et nombreux, et pour l'essentiel originaire de la région. D'après une étude menée en 2019, 85 % des festivaliers présents aux Vieilles Charrues provenaient ainsi de Bretagne ou de

1. Cf. « Comment le festival des Vieilles Charrues dope l'économie locale », *Le Télégramme*, 11 février 2020.

2. Nom de la petite région entourant Carhaix.

3. La musique et la culture bretonnes ont leurs propres événements, dont le plus célèbre est le Festival interceltique de Lorient.

Loire-Atlantique. Autre caractéristique : ce public était à 60 % féminin. Beaucoup de participants indiquaient avoir fréquenté d'autres festivals au cours de l'été – et Les Vieilles Charrues les années précédentes. Si la musique et les concerts constituent la principale motivation de leur venue, les festivaliers mettent par ailleurs en avant l'ambiance et l'état d'esprit qui entourent ces événements. Ils apprécient de se retrouver aussi nombreux et de vivre une expérience humaine et culturelle de ce type. Dit autrement, ils « communient ». Quelques générations plus tôt, la très catholique Bretagne pratiquait de nombreux « pardons » (processions religieuses fortement ancrées dans la culture locale et s'accompagnant de festivités, de chants et de danses) ou accomplissait le Tro Breiz (« tour de Bretagne » en langue bretonne), ce grand pèlerinage reliant les villes des sept saints fondateurs de la Bretagne (Saint-Malo, Dol-de-Bretagne, Saint-Brieuc, Tréguier, Saint-Pol-de-Léon, Quimper et Vannes). Dans la Bretagne d'après, la tournée des festivals a pris la suite des pardons et du Tro Breiz d'antan.

Les multiplex : locomotives culturelles et récréatives des zones commerciales

Les paysages et les activités économiques et touristiques de nombreuses régions ont été modifiés, parfois en profondeur, par la création des parcs à thèmes ou d'attractions. L'apparition des cinémas multiplex (le premier sera ouvert à Toulon en 1993) a constitué un autre symptôme du basculement de la France dans cette société du loisir et du divertissement. Et l'émergence de ces cinémas « *kingsize* » (comprenant de 8 à 23 salles) a eu, elle aussi, des conséquences très palpables en matière d'aménagement du territoire. Elle a ainsi puissamment contribué à redistribuer les cartes en matière d'attractivité commerciale et de flux de déplacement au sein des agglomérations françaises. Implantés hors du centre-ville[1], ces méga-cinémas ont grandement participé à la dévitalisation des centres-villes (où étaient situés les cinémas traditionnels) et au déplacement du centre

1. La construction d'un multiplex et d'un vaste parking attenant, condition *sine qua non* de sa réussite, nécessite d'importantes surfaces, dont les centres-villes sont évidemment dépourvus.

de gravité commercial et marchand vers les zones d'activité périphériques[1]. Cette montée en puissance des zones d'activité périurbaines représente l'une des tendances majeures des trois dernières décennies. C'est en leur sein que le dynamisme commercial est le plus soutenu, c'est également ici qu'une part importante de la population travaille, consomme, se divertit – et vient désormais flâner[2].

Dans de nombreux cas, les enseignes de la grande distribution ont constitué la force d'attraction principale et initiale dans ces zones périphériques. Les multiplex ont ensuite servi de locomotives culturelles et récréatives qui ont, à leur tour, entraîné la création de commerces (restaurants notamment, mais aussi patinoires, bowlings ou autres *laser games*) dans ces zones d'activité qui ont vu affluer une clientèle de centre-ville et de périphérie. Grâce au nombre de films et de séances proposés, les multiplex ont la capacité de drainer toute la semaine – et sur une large amplitude horaire – un flux de population très important en périphérie des agglomérations françaises, conférant aux ZAC le statut envié de cœur battant des activités commerciales et récréatives en lieu et place des centres-villes.

Évolution du nombre de cinémas multiplex en France

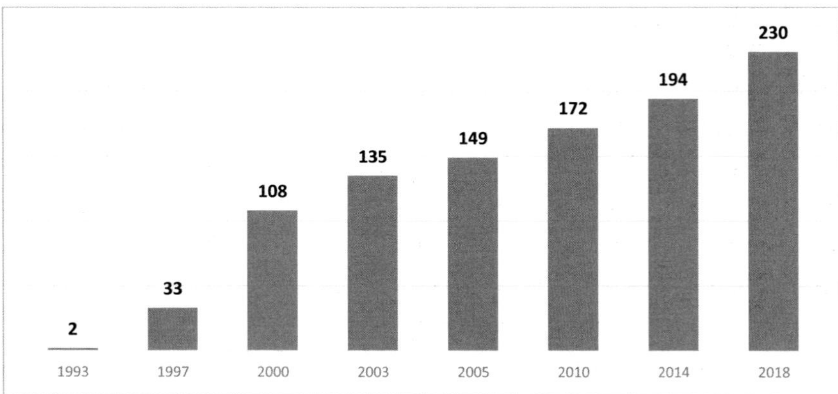

1. Cf. notamment Éric Blin, « Les multiplexes cinématographiques : un nouvel enjeu territorial », *Annales de géographie*, 606, 1999, pp. 151-169.

2. Les zones commerciales et leurs multiples enseignes constituent ainsi une destination récréative de prédilection pour nombre de personnes décrites par Florence Aubenas dans *Le Quai de Ouistreham*, Paris, Éditions de l'Olivier, 2010.

Apparus au début des années 1990 (soit à peine quelques années après les grands parcs de loisirs), les multiplex sont aujourd'hui près de 230 en France. Il s'en ouvre en moyenne 6 par an dans le pays, soit un développement assez spectaculaire dont témoigne le graphique ci-dessus. Ce type de cinéma ne concentre pas moins de 60 % des entrées en France[1]. Très fréquentés, donc, ils constituent avec les parcs d'attractions l'un des lieux témoignant le mieux du passage à la société de loisirs. Présents dans la plupart des agglomérations françaises (y compris dans des villes moyennes), ils sont l'un des éléments structurants du passage (péri)urbain de la France d'aujourd'hui.

3. La France éternelle, principal produit d'export des géants du luxe

Dans le contexte de reconfiguration profonde que connaît notre système économique et productif depuis une trentaine d'années, un secteur tire particulièrement bien son épingle du jeu : l'industrie du luxe. S'appuyant sur des traditions d'excellence et bénéficiant de la très bonne image des produits tricolores dans ce domaine, des groupes extrêmement puissants comme LVMH, Kering ou Hermès sont devenus des leaders mondiaux. S'ils ont construit leur spectaculaire succès à l'export en conquérant des marchés lointains, une bonne partie de leur outil de production demeure basé en France. La griffe « Made in France » reste dans cet univers un atout marketing majeur : ces géants du luxe vendent certes des produits de très grande qualité, mais il est évident qu'avec chaque article de maroquinerie ou carré de soie, c'est une parcelle de l'image sublimée de notre pays qui voyage.

Pour soutenir l'insolente croissance de leurs ventes, ces groupes ont multiplié l'ouverture de nouveaux sites de production ces dernières années. Or, compte tenu du prix de leurs produits (plusieurs milliers d'euros pour un sac à main) et du taux de marge dégagé, ces géants du luxe ne sont pas contraints dans leur choix d'implantation. Qu'il s'agisse de leurs approvisionnements ou de leurs livraisons, ils peuvent sans problème supporter des coûts de transports induits par le fait de

1. Cf. « Toujours plus nombreux, toujours plus rentables. L'insolent succès des multiplex », *Le Monde*, 18 mai 2019.

ne pas être situés sur les axes de communication majeurs. L'étude de la répartition de leurs sites de production indiquerait même plutôt qu'ils privilégient l'implantation dans des zones peu denses, voire à l'écart.

À l'évidence, en tout cas, leurs choix procèdent d'une logique bien différente de celle des logisticiens et autres e-commerçants. Pour entretenir leur image de marque et le *récit* qu'ils ont construit autour d'elle, Louis Vuitton ou Hermès par exemple ont opté pour des lieux situés dans la France rurale (et éternelle). Le fait d'être fabriqué dans des terroirs fleurant bon la France provinciale est censé conférer à leurs produits une authenticité supplémentaire. Le choix de ce type de territoires répond aussi au désir de bénéficier d'une tradition et d'un savoir-faire particuliers dont est dépositaire la main-d'œuvre locale. Ces groupes insistent beaucoup sur la dimension artisanale de leur métier. Les salariés sont présentés comme des artisans et non pas comme des ouvriers de production, et LVMH comme Hermès ont à cœur de construire des usines (appelées « ateliers ») à taille humaine (150 à 300 salariés en général), dont le design et les plans sont confiés à des architectes renommés pour bien les distinguer des entrepôts ou des usines ordinaires. Le site retenu doit donc être approprié à un tel projet architectural, mais aussi, autant que faire se peut, offrir une main-d'œuvre consciencieuse et formée à des gestes spécifiques et très techniques. LVMH comme Hermès ont mis sur pied des formations très rigoureuses pour former leurs nouveaux employés, mais ces groupes s'appuient aussi souvent sur certaines filières de formation professionnelle (couture, métiers du cuir, etc.) que certaines régions sont parvenues à maintenir en dépit de la désindustrialisation.

Conformément à leur image, la communication de ces groupes en matière d'implantations nouvelles est assez sobre, alors que le rythme des créations est assez impressionnant et ferait pâlir d'envie plus d'un groupe industriel « conventionnel ». Hermès, qui compte aujourd'hui 42 sites de production en France (et 4 200 salariés), affiche ainsi le bilan suivant en matière de création d'unités de production :

- 2016 : Héricourt (Haute-Saône) – 200 emplois
- 2017 : Val-de-Reuil (Eure) – 250 emplois
- 2018 : Allenjoie (Doubs) – 260 emplois
- 2019 : Fitilieu (Isère) – 100 emplois
- 2020 : Riom (Puy-de-Dôme) – 250 emplois

- 2021 : Louviers (Eure) – 250 emplois
- 2022 : Tournes (Ardennes) – 250 emplois

Ces implantations correspondent toutes à de petites communes situées dans la France périphérique. Les implantations les plus anciennes sont également localisées dans le même type de territoires et s'appuient souvent sur des traditions artisanales bien ancrées et très pointues : atelier de ganterie à Saint-Junien (Haute-Vienne), maroquinerie à Sayat (Puy-de-Dôme), cristallerie à Saint-Louis-lès-Bitche (Moselle), ou bien une tannerie travaillant les peaux de crocodiles, lézards et serpents dans le petit village de Vivoin dans la Sarthe. On notera, à ce propos, que les activités du travail du cuir et des peaux, qui étaient jadis très répandues en France, sont devenues très rares aujourd'hui puisque le pays ne compte plus que 20 tanneries. La raréfaction de cette activité, combinée à la demande sans cesse croissante de ces produits pour répondre à une demande mondiale soutenue, a conféré ces dernières années aux tanneries le statut d'entreprises stratégiques aux yeux des géants du luxe, qui se sont engagés dans une « bataille des tanneries » pour sécuriser leurs approvisionnements. À la date d'aujourd'hui, Hermès en contrôle quatre, Kering et LVMH, une chacune.

LVMH comprend également une division vins et spiritueux. Organisée autour de marques mondialement renommées, et dont 94 % des bouteilles sont exportées, cette activité s'appuie sur des usines de production situées dans des zones viticoles relevant de la France périphérique. Moët & Chandon compte deux unités de fabrication, à Oiry (à 15 kilomètres d'Épernay) et à Romont (à la même distance de Reims). Hennessy, autre marque emblématique de la multinationale tricolore du luxe, exporte, quant à elle, ses précieuses bouteilles depuis ses usines de Salles-d'Angles et de Châteaubernard dans la région de Cognac. Ainsi, certains territoires de la France périphérique bénéficient-ils, par le truchement des géants du luxe, de retombées positives de la mondialisation et se trouvent ainsi intégrés à ce que Braudel appelait l'économie-monde.

EN GUISE D'ILLUSTRATION

La métamorphose de La Ciotat, des chantiers navals aux promoteurs immobiliers

Désindustrialisation, tertiairisation, poids croissant de la consommation, de l'immobilier, des loisirs et du tourisme sont les tendances macro-économiques qui ont donné au pays son visage actuel. Tentons de donner un peu de chair à ces évolutions en nous promenant dans une commune littorale du sud-est de la France, passée en une génération du statut de ville industrielle et populaire, organisée autour de l'activité de ses chantiers navals, à une commune tournée vers la qualité de vie : La Ciotat. L'automobiliste de passage – car tout s'y fait en voiture – retiendra de prime abord le nombre anormalement élevé de panneaux publicitaires aux couleurs des agences immobilières locales, vantant chacune un programme de future résidence offrant immanquablement une « vue sur mer » plus ou moins importante. Ces logements attirent les retraités, mais aussi les ménages d'actifs et les personnes seules qui travaillent à Marseille (35 minutes lorsqu'il n'y a pas d'embouteillages), à Toulon (30 minutes) ou à Aubagne (20 minutes). À rebours de la paupérisation d'un grand centre urbain comme Marseille, les communes côtières et celles de l'arrière-pays offrent un décor idéal pour l'entretien et le développement du rêve pavillonnaire. D'autant qu'il fait plutôt bon vivre à La Ciotat, même si la commune est victime de son succès et se retrouve empêtrée dans les mêmes contradictions que toutes les villes attractives : densité croissante, embouteillages aux heures de pointe, montée en flèche de l'immobilier, climat parfois électrique entre les habitants et les touristes. Après un creux consécutif à l'arrêt des chantiers navals dans les années 1980, la commune a gagné près de 5 000 habitants supplémentaires en vingt-cinq ans, s'approchant des 36 000 en 2015.

Aux beaux jours – lesquels, réchauffement climatique oblige, surviennent de plus en plus tôt –, le flot ininterrompu de joggeurs équipés des derniers gadgets de running connecté donnent à la digue un air de Californie. Le week-end, les amateurs de *stand up paddle* sont invités à rejoindre l'île verte qui fait face à la calanque du Mugel. L'intégration de la commune au périmètre du parc national des Calanques a certes contribué à son changement d'image. Pour autant, la métamorphose de La Ciotat en commune littorale tournée vers le loisir, le bien-être, le tourisme et l'art de vivre provençal n'avait rien d'évident une génération plus tôt.

Des pétroliers aux mégayachts de milliardaires

Loin de cette image glamour, La Ciotat était jusqu'à la fin des années 1980 indissociable de l'activité des chantiers navals, dont les imposantes grues et l'immense portique de levage Krupp, capable de soulever 500 tonnes de tronçons de bateau, dominent toujours la baie et rappellent son ancienne vocation industrielle. Ouvrière et communiste, la commune a longtemps fait figure de ville-usine de bord de mer. À leur apogée à la fin des années 1970, les Chantiers navals de La Ciotat (CNC) employaient 7 000 personnes, une mono-activité industrielle locale puisque des effectifs en nombre comparable travaillaient également sur les chantiers de la commune voisine de La Seyne-sur-Mer. L'empreinte de l'industrie navale locale se percevait dans le bâti, l'aménagement de la cité et l'ambiance sonore. Jusqu'au milieu des années 1980, la vie sociale de La Ciotat était ainsi rythmée, au sens littéral du terme, par le chantier naval, comme le raconte sur son blog Alain Barlatier, enseignant et réalisateur de documentaires :

> « Le terme de rythme n'était pas usurpé. Les sirènes réveillaient les habitants et ponctuaient leur journée, les ouvriers et cadres se rendaient ensemble au bout du quai et rejoignaient leur poste de travail. Ils étaient jusqu'à 7 000 à le faire tous les jours [...]. L'univers sonore de la ville était dominé par les bruits sourds émanant du site. Tout le monde avait intégré cet environnement devenu constitutif de la vie de chacun.

> Le silence faisant suite à la fermeture de l'entreprise a été cause de nombreuses angoisses[1]. »

Le chantier subit la concurrence asiatique et japonaise à partir de la fin des années 1970 et ferme définitivement en 1987. De 3 500 à cette date, l'effectif des salariés liés à la construction navale tombe à 700 aujourd'hui, mais, démentant l'idée du déclin irréversible qui semble condamner tant de territoires, la vocation industrielle du port a été partiellement préservée grâce à la mobilisation de 105 ouvriers des chantiers pendant une décennie. Signe des temps, la construction de porte-conteneurs ou de pétroliers a fait place à l'entretien et à la réparation de yachts de luxe, activité de niche proposée par plusieurs entreprises de pointe installées sur l'ancien site des chantiers navals, rebaptisés La Ciotat Shipyards en 2018. Les infrastructures et les outils de construction, comme la cabine de peinture ou les ascenseurs à bateaux, ont permis à La Ciotat d'entamer ainsi une reconversion en profitant du boom des bateaux de milliardaires.

On estime le coût annuel d'entretien d'un yacht à 10 % du montant d'achat initial, ce qui, au prix de quelques dizaines de millions d'euros l'unité, réserve ce loisir non pas aux 1 % les plus fortunés, mais plutôt aux membres du club encore plus restreint des 0,001 % les plus riches, soit une centaine d'individus par pays tout au plus. Cette économie de plaisance des ultra-riches constitue un marché très lucratif pour qui parvient à se placer en tant qu'escale technique sur la route maritime des yachts. Le propriétaire du bateau, généralement russe, émirati, qatari ou américain, ne séjourne évidemment pas à La Ciotat. En revanche, l'équipage s'y installe quelques mois pour une étape d'entretien dans ce qui fait office d'immense garage de yachts, idéalement situé sur « la route de Diana », circuit maritime reliant Monaco, Cannes, Saint-Tropez, Antibes, la Corse et la Sardaigne, destinations de prédilection des milliardaires. La présence de sociétés de réparation de bateaux employant des équipes internationales a offert à la ville de La Ciotat l'occasion de se confronter à un cosmopolitisme d'un type nouveau, mais aussi d'assurer de confortables revenus à ses commerçants et autres loueurs d'appartements et de villas.

1. Alain Barlatier, « La Ciotat, mélancolie et métamorphose d'une ville », janvier 2019, texte consultable sur le blog de l'auteur.

Tout n'est donc pas noir pour La Ciotat : l'ex-commune ouvrière est parvenue à pérenniser une partie de son activité historique, tout en prenant le virage de l'économie de la connaissance et en accueillant des entreprises high-tech. Calqué sur le modèle américain, un parc d'entreprises « technopolitain », dont l'aménagement et le nom (Athelia) portent la marque des années 1980, accueille en sortie d'autoroute des activités artisanales, des bâtiments industriels, un pôle médical ainsi que quelques pépites technologiques – parmi lesquelles la société d'électronique, leader de la carte à puces Gemalto (rachetée par Thalès en 2019). Une *californisation* du littoral provençal ? C'est en tout cas en 1987, année de la fermeture du chantier naval, que la construction du technopôle Athelia a commencé. Le territoire français a connu dans ces années de transition une ruée vers la périphérie tertiaire, au nom de la construction de technopôles inspirés de la Silicon Valley californienne. Et comme la localisation des entreprises high-tech dépendait de la proximité d'une main-d'œuvre qualifiée et de considérations géographiques liées à la qualité de vie (climat, ambiance), le sud et l'ouest de la France, réputés plus agréables, se sont trouvés privilégiés.

Immobilier, bien-être et art de vivre : le nouveau mix économique ciotaden

En dépit de cette reconversion réussie vers le high-tech et du maintien d'une activité de réparation navale, l'économie productive a chuté, engendrant un autre modèle économique en même temps qu'une évolution de l'image de La Ciotat.

Comme dans de nombreuses communes du sud de la France, les activités que les économistes et l'Insee qualifient de « présentielles » (parce qu'elles engagent des biens et des services consommés par la population présente sur le territoire) occupent une place primordiale dans le mix économique local. Relèvent de l'économie présentielle des activités comme le commerce de détail, l'hôtellerie et la restauration, les petites entreprises du bâtiment, les services à la personne (comme la coiffure, la garde d'enfants, etc.) et les services publics (santé, éducation). Outre les habitants, les populations de passage consomment également ces biens et services : touristes, voyageurs d'affaires, couples et familles passant un après-midi à la plage, sans oublier les retraités qui viennent s'installer et dont les revenus représentent une manne convoitée par de nombreux territoires. C'est donc la présence sur place à un instant T qui génère des revenus, raison pour laquelle le terme de présentiel a été préféré à celui de résidentiel[1] pour qualifier ces activités. Disposer d'une économie présentielle robuste indique qu'un territoire attire des populations de manière ponctuelle ou permanente. Lieu de production, le territoire devient alors tout autant espace de consommation, destination de loisir, voire parc d'attractions. En d'autres termes, ce que vend La Ciotat au reste du monde, ce ne sont pas seulement des services informatiques ou des réparations de bateaux : en attirant à elle habitants actifs, retraités et touristes, La Ciotat se vend elle-même comme territoire où il est agréable de vivre ou de séjourner ponctuellement. Un examen du fichier Sirène (Insee), qui recense les entreprises en activité, suffit à confirmer ce qui se devine par une simple promenade sur le port et aux alentours des ronds-points ciotadens : les activités phares de ce nouveau mix présentiel se répartissent en trois grandes familles.

1/ D'abord l'immobilier (construction, promotion, vente, location), reflet de l'attractivité du territoire. Les plus de 2 000 entités de ce secteur recensées par l'Insee témoignent du dynamisme immobilier local. La commune est devenue un marché de report pour la clientèle en recherche d'une maison individuelle à proximité du bassin d'emploi marseillais. Cela est d'autant plus manifeste que son illustre voisine, la commune de Cassis, est désormais hors de portée de la plupart des locaux. Connectée par l'autoroute à Marseille comme à Toulon, idéalement située dans le joliment nommé Golfe d'Amour, La Ciotat est aujourd'hui une commune littorale ainsi qu'une banlieue résidentielle, dépourvue des stigmates parfois associés à ce statut territorial. Depuis 2019, une agence nommée Terrasse en Ville s'est également installée en centre-ville. Cette agence haut de gamme s'est spécialisée dans les biens à destination des nouveaux arrivants, essentiellement

1. On doit ces définitions à Laurent Davezies, spécialiste d'économie régionale. Pour plus de précisions sur les sphères résidentielle et présentielle dans la métropole d'Aix-Marseille, on peut consulter la note de l'Agence d'urbanisme de l'agglomération marseillaise (Agam) intitulée « L'économie présentielle, un des moteurs du développement local », note n° 92, mars 2020.

des Parisiens dotés d'un important budget séduits par la promesse de l'art de vivre méditerranéen et provençal authentique. La présence de cette entreprise à La Ciotat témoigne que le marché local est monté en gamme et qu'il attire désormais des profils qui viennent de bien plus loin que des métropoles voisines de Toulon et de Marseille. Les artisans et entrepreneurs de petites PME du bâtiment, qui vivent de ce dynamisme immobilier, se repèrent d'ailleurs en nombre dans le fichier Sirène : professionnels de la maçonnerie et de la plâtrerie, menuisiers et serruriers, etc.

2/ Deuxième grand secteur d'emploi du mix résidentiel : la santé et le bien-être. Hôpital, médecine de ville généraliste, cliniques, praticiens spécialistes, médecines alternatives et psychothérapies, La Ciotat offre toute la gamme de soins représentée sur le territoire français. Un complexe hospitalier flambant neuf, situé tout près du port dans l'hypercentre, donne à la commune un statut de ville-hôpital/Ehpad, cohérent avec l'âge avancé de sa population de néo-résidents. Le mix bien-être/santé est également représenté par les quelque 150 infirmiers et sages-femmes, ainsi que par les plus de 80 médecins généralistes recensés par l'Insee.

3/ L'art de vivre ou le *lifestyle* à destination des actifs, des jeunes, des touristes et des habitants intermittents constitue la troisième brique de ce mix résidentiel. Ce secteur inclut les salles de sport et de gym, les soins corporels et esthétiques, les coachs sportifs, les spas et autres salles de yoga, la gastronomie et la décoration. L'évolution du centre d'apprentissage Louis-Benet, où étaient formés les futurs ouvriers qualifiés du chantier naval, souvent eux-mêmes enfants d'ouvriers, illustre bien ce déversement de main-d'œuvre de l'industrie vers l'activité résidentielle. Désormais, le centre propose des diplômes de niveau CAP à BTS dans des filières typiques de l'économie des services à la personne comme la coiffure, la vente ou même le toilettage canin, « une spécialité unique dans le sud de la France » selon un article du quotidien régional *La Provence*[1].

1. Rislène Achour, « À Louis-Benet, l'apprentissage a le vent en poupe », *La Provence*, 24 mars 2017.

1975-2016 : Évolution de la part d'emplois présentiels à La Ciotat et Cassis (en %)

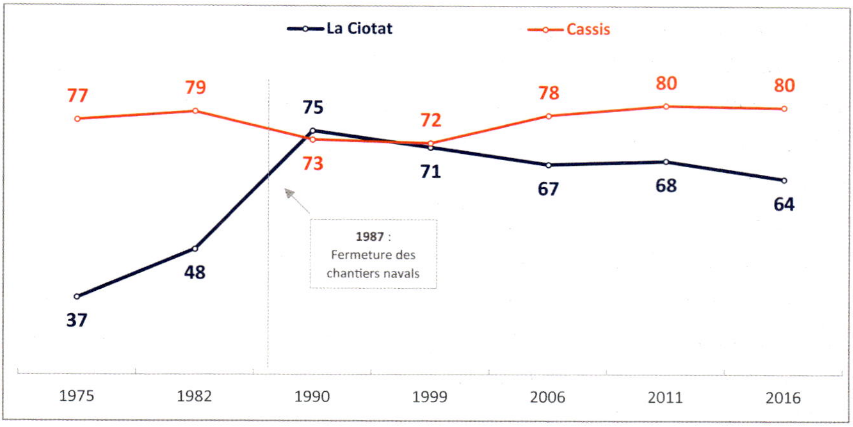

(Source : Insee.)

Un futur pôle de loisirs d'entrée de ville, concentré d'économie de la consommation

Achevons notre tour de l'art de vivre ciotaden en évoquant le projet de pôle de loisirs, parfaitement emblématique de l'évolution urbanistique et économique de la commune. Implanté en bordure du grand rond-point d'entrée de ville, à la sortie du péage de l'autoroute A50, ce complexe se composera d'un cinéma multiplexe avec son restaurant en *rooftop*, d'un hôtel et d'un bâtiment consacré aux sports et aux loisirs. Prévu pour attirer une clientèle départementale au-delà de La Ciotat, l'espace sportif fait la part belle aux sports périurbains : bowling de douze pistes, espace *laser game* en sous-sol, mais aussi terrains de *paddle-tennis* ou salle de *fitness*. Le pôle hôtel-cinéma-loisirs trouvera place en face d'un casino Partouche et à proximité de la zone commerciale qui héberge notamment un McDonald's et plusieurs enseignes d'équipement de la personne et de la maison. Selon un article de *La Marseillaise*, « le nombre [de bars et restaurants projetés] équivaut à l'ensemble des bars et restaurants installés sur la promenade du bord de mer », ce qui pose la question d'une concurrence centre/périphérie bien connue des villes moyennes françaises[1]. En raison de son potentiel touristique estival, le centre de La Ciotat devrait cependant survivre à cette intensification de la concurrence commerciale.

On notera enfin le passage de relais symbolique entre le cinéma l'Éden Théâtre, implanté en centre-ville et connu pour être le plus ancien cinéma du monde (puisque c'est dans son enceinte que les frères Lumière projetèrent leurs premiers films) et le futur multiplexe de périphérie. Après avoir fermé en 1995, l'Éden Théâtre a retrouvé une seconde vie en 2013. Restauré, il a rouvert en accueillant un centre culturel et un cinéma d'art et d'essai, alors qu'il était, à l'époque des chantiers navals, le cinéma principal de la commune et diffusait des films grand public comme *Ben Hur* ou *Les Canons de Navarone*.

Une reconversion à l'image de celle de la France d'après

Du déclin de son activité industrielle et navale à la fin des années 1970 jusqu'au début des années 1990, La Ciotat était passée d'un peu plus de 12 000 à 6 800 emplois. En 2016, la commune accueillait à nouveau plus de 12 800 emplois : elle avait retrouvé une activité proche de celle des années 1970, tout en ayant épousé l'évolution économique du pays tout entier : moins d'industrie, plus de high-tech et surtout plus d'emplois liés à la consommation, au tourisme et au bien-être de la population. Immobilier, cadre de vie, santé, bien-être, artisanat et gastronomie locale : Michel Houellebecq et Stéphane Plaza donnent le ton de l'économie des territoires.

L'identité locale a évolué avec cette réalité nouvelle et en manifeste parfois les tensions ou les incohérences. Quelles conséquences a eues cette transition économique sur la vie politique et les orientations idéologiques et culturelles des habitants ? Il est clair que la matrice ouvrière, qui allait de pair avec une forte présence du Parti communiste, appartient au passé. L'évolution des scores du PC au niveau local en témoigne. En 1981, Georges Marchais avait obtenu 29,3 % des voix à La Ciotat. En 2007, Marie-George Buffet n'en recueillait plus que 3,8 %. En 2017, Marine Le Pen était placée en tête du premier tour de

1. Sylvain Fournier, « Le complexe de loisirs impactera-t-il le centre-ville de La Ciotat ? », *La Marseillaise*, 3 février 2019.

l'élection présidentielle, avec 27,6 % des suffrages, alors que François Fillon, Jean-Luc Mélenchon et Emmanuel Macron remportaient chacun environ 20 % des voix. Lors des manifestations de Gilets jaunes à l'hiver 2018-2019, la situation du péage de La Ciotat fut remarquée dans la presse régionale en raison de ses troupes particulièrement virulentes. On y a recensé de la casse matérielle mais également des heurts entre manifestants et policiers.

DEUXIÈME PARTIE

La France désirable : une nouvelle hiérarchie des territoires

Si, historiquement, les régions n'ont pas toutes bénéficié de la même image, l'attractivité des territoires est devenue un enjeu central dans la France d'après. La pyramide des âges, couplée à un système de retraite généreux, a produit des millions de retraités aux revenus garantis et qui ont le choix de leur lieu de résidence. Par ailleurs, le déclin des activités productives au profit du tertiaire a rendu une partie des salariés plus mobiles et l'essor du télétravail a encore accru le phénomène. Enfin, les entreprises elles-mêmes peuvent aussi choisir de s'implanter ici ou là quand leur activité est faite de production et d'échanges dématérialisés. La dynamique démographique des régions attirant les retraités et les actifs mobiles se voit ensuite auto-alimentée par le développement d'une économie résidentielle. La hausse de la population locale entraîne naturellement, en effet, l'essor des commerces, des services, mais aussi des chantiers de construction, toutes activités drainant à leur tour de nouveaux actifs aux emplois moins qualifiés.

Pour faire face aux logiques de ce nouveau modèle économique, toutes les régions ne disposent pas des mêmes atouts. Une nouvelle hiérarchie des territoires s'est ainsi mise en place en fonction de leur degré de désirabilité, le prix du mètre carré en constituant l'implacable traduction. Mais à l'heure du choix résidentiel, si les Français arbitrent en fonction de leurs contraintes budgétaires, le prix est loin d'être le seul critère à être pris en considération. De plus en plus, les paysages, l'atmosphère du lieu, l'ambiance générale conditionnent l'envie d'habiter telle ville plutôt que telle autre, la moitié sud et l'ouest du pays de préférence au quart nord-est, un bord de mer plutôt qu'un environnement pollué et bétonné...

Un gigantesque jeu de concurrence pèse ainsi quotidiennement sur le marché, déterminant les conditions d'achat et de location dans un bon quartier ou une bonne région. Cette « lutte des places » fonctionne en cascade à tous les échelons du marché immobilier : les ménages qui ne peuvent pas accéder aux meilleurs morceaux se rabattent sur des marchés de report, où ils se trouvent en concurrence avec un public moins aisé qu'eux, qui, à son tour, devra se résoudre à opter pour un lieu de résidence moins coté encore, qu'il préemptera au détriment des ménages plus modestes que lui…

CHAPITRE 1

La France « triple A »

1. Ce que Wikipédia révèle de la popularité des territoires

Conscient du poids croissant du tourisme dans notre économie et des loisirs dans nos vies, Jean Viard affirme que le « hors travail structure de plus en plus le travail ». Historiquement, le travail et les activités productives étaient centraux, organisaient les modes de vie et influençaient fortement notre rapport à l'espace. Avec la montée en puissance de la société des loisirs, le temps libéré, qu'il s'agisse des vacances, des RTT ou de la retraite, occupe une place de plus en plus importante. Une part très conséquente de la population peut désormais s'arracher à son territoire de résidence ou d'origine, soit le temps des vacances ou d'un week-end, soit de manière plus définitive en décidant de changer de lieu de vie. Dans ce contexte, une autre idée forgée par Jean Viard prend toute son importance, celle de « la mise en désir des territoires[1] ». Dans une société où une partie significative de la population est potentiellement mobile, il s'agit pour les villes et les villages de se montrer attractifs afin d'attirer touristes et nouveaux résidents disposant si possible d'un bon niveau de vie ou de compétences spécifiques.

Si chaque commune de France n'a pas créé un office de tourisme ou un comité en charge de l'attractivité économique, chacune d'entre elles, jusqu'au plus petit village, dispose d'une page sur Wikipédia. Ces pages constituent autant de vitrines numériques visitées au quotidien par les internautes. En quantifiant et en analysant le trafic enregistré sur ces

1. Jean Viard, *Court traité sur les vacances, les voyages et l'hospitalité des lieux*, La Tour-d'Aigues, Éditions de l'Aube, 2006.

pages, on peut dès lors évaluer le degré d'intérêt – et donc d'attractivité ou de désirabilité – que génère chaque commune française.

Nous nous sommes livrés à ce travail inédit en récupérant les données disponibles sur chaque page communale sur Wikipédia. Afin de disposer d'un matériau suffisamment robuste, nous avons travaillé sur une période assez longue, de 2008 à 2019. Nous avons ensuite mis en regard, pour chaque commune, le nombre de consultations de la page avec le nombre d'habitants dans la commune. Les deux paramètres étant logiquement corrélés, nous avons appliqué un modèle mathématique (régression) afin de distinguer les communes disposant d'un niveau de désirabilité très élevé, élevé, faible ou très faible après avoir « neutralisé » le facteur du nombre d'habitants.

La carte suivante (p. 111) synthétise nos résultats et permet de mettre en évidence les espaces qui suscitent de l'intérêt et une forme de désirabilité (en rose sur la carte) et, à l'inverse, les zones qui ne génèrent que peu ou pas de curiosité et d'attention et qui sont donc moins attractives (en noir sur la carte). Cette géographie est singulière, et comme la carte a été dessinée au niveau de la commune, elle fait ressortir des contrastes à une échelle très fine.

Il apparaît sur cette carte que la France désirable est d'abord celle des villes, l'armature urbaine ressortant ainsi comme autant de points roses sur la carte. Ces villes bénéficient d'un potentiel touristique (plus ou moins développé) lié à leur patrimoine. Quand on établit le classement des villes dont la page est la plus consultée sur Wikipédia, les destinations touristiques sortent en tête : La Rochelle et Avignon dans la catégorie des villes de 50 à 100 000 habitants, Saint-Malo et Carcassonne dans la tranche des villes de 10 à 50 000 habitants par exemple. Mais les villes sont également des centres d'activités économiques et culturelles, qui, pour cette raison même, nourrissent un courant d'intérêt auprès du public. Aux côtés des villes, les régions touristiques constituent l'autre composante majeure de la France désirable. Qui dit tourisme dit soleil, et fort logiquement toute une partie de la France méridionale ressort en rose sur la carte. C'est principalement le cas au sud d'une ligne Genève-Foix, avec le Luberon comme foyer d'attractivité particulièrement intense. Les littoraux sont également parés de rose sur notre carte, notamment au long de l'Atlantique (de la côte basque au Morbihan). On voit également ressortir un fin liseré rose autour des plages du Débarquement jusqu'à

La popularité des communes de France métropolitaine sur Wikipédia

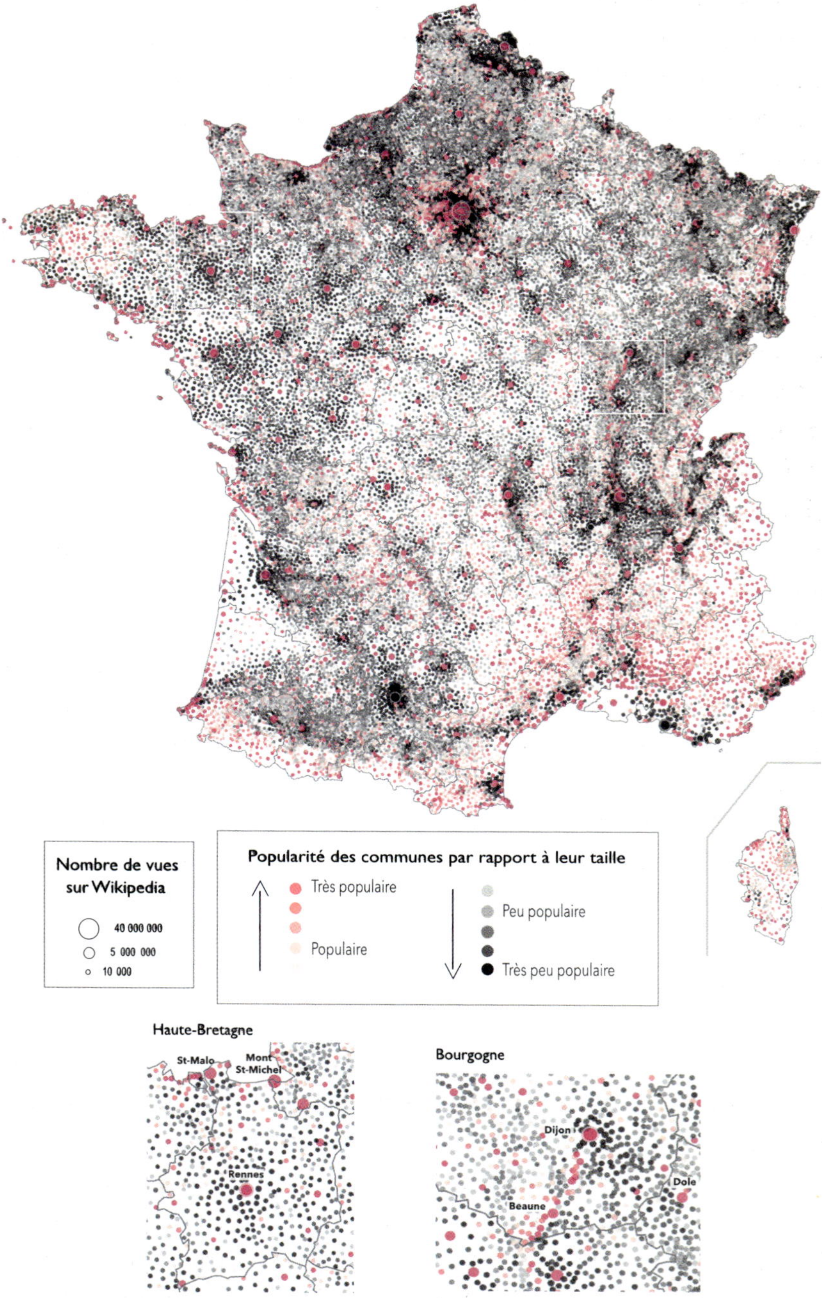

Sources : Wikidata / Wikipedia / Wikimedia, 2020.
Recensement de la population 2017, Insee.
Contours administratifs IGN, 2020.

la frontière belge. Les zones de montagnes (Alpes et Pyrénées) ainsi que certains terroirs particuliers (le Périgord, les vignobles alsacien et bourguignon) complètent cette carte de la France touristique dont les pages Wikipédia jouissent d'une forte consultation.

Les territoires qui prennent bien moins la lumière ressortent en gris foncé ou en noir sur la carte. Il est frappant de constater que ces zones constituent comme un négatif, au sens photographique du terme, de la France qui brille et qui attire. Si les villes apparaissent en rose, elles sont systématiquement entourées d'un halo gris ou noir plus ou moins étendu. C'est particulièrement manifeste dans le cas de Bordeaux, de Toulouse, de Lyon ou de Rennes. Ce halo agrège les banlieues et les couronnes périurbaines qui se sont constituées autour des villes-centres. Ces espaces, où réside pourtant une part importante de la population, n'offrent guère d'attrait touristique et suscitent peu d'intérêt sur Wikipédia. Le cas de la région parisienne est des plus parlants puisque l'on constate une différence de désirabilité notable entre les banlieues populaires (Seine-Saint-Denis, Val-de-Marne, Val-d'Oise, nord de l'Essonne, en noir sur la carte) et les banlieues résidentielles de l'Ouest parisien, teintées de rose foncé, et manifestement capables de générer de l'attractivité et du désir.

La France gris foncé englobe également, à côté des banlieues et des couronnes périurbaines, toutes les zones qui ne disposent pas d'un véritable potentiel touristique. Ici encore, la logique du négatif photographique opère. Ainsi, une vaste France du Nord-Est gris et noir, couvrant la Haute-Normandie, la Picardie, le bassin minier du Nord-Pas-de-Calais, la Lorraine, la Franche-Comté et le sud de l'Alsace, fait pièce à la France du Sud-Est en rose. Le contraste oppose ici les régions que leurs habitants désertent l'été et ces régions particulièrement touristiques. À l'instar des phénomènes météorologiques provoqués par de forts écarts de pression atmosphérique entre deux zones proches, ce très fort différentiel d'attractivité touristique et de désirabilité crée chaque été des perturbations majeures, qui prennent la forme d'embouteillages monstrueux quand les vacanciers du Nord-Est descendent dans le sud de la France[1].

1. Ce phénomène s'observe également en matière de déménagements et de mouvements de population, les départements méditerranéens accueillant depuis plusieurs décennies de nouveaux habitants venus du nord-est de la France.

D'autres territoires encore apparaissent en gris sur la carte : il s'agit des espaces qui vivent à l'ombre des zones touristiques. Tel est le cas des espaces rétro-littoraux situés dans l'intérieur des terres à quelques kilomètres des plages et des stations balnéaires. Derrière un trait de côte paré de rose, des zones grises se dessinent ainsi en Charente-Maritime, en Vendée, en Bretagne et en Normandie. De la même manière, si la majeure partie du massif alpin est rosée, c'est aux stations de ski et aux villages d'altitude qu'il le doit. Les principales vallées, elles, ressortent en gris foncé. Même contraste entre une chaîne pyrénéenne en rose et son vaste piémont grisâtre. Un peu plus au nord, la basse vallée de la Garonne constitue un angle mort entre Toulouse, Bordeaux, les Landes et le Périgord, nettement plus attractifs.

Dans cette course à la désirabilité, tous les territoires ne disposent donc pas des mêmes atouts. À l'ombre de la France « triple A », composée des villes touristiques, des bords de mer et des montagnes, des territoires entiers restent dans l'anonymat. Banlieues, couronnes périurbaines, zones rurales sans cachet ou éloignées des sites remarquables constituent cette France *backstage*. Celle-ci n'est pas glamour, mais elle remplit des fonctions très utiles. C'est ici que se loge une bonne partie de la population active modeste, c'est ici que ce qui reste d'activités industrielles et agricoles est implanté, c'est par là également que transite la majeure partie des flux logistiques du pays. Les zones les plus attractives captent, elles, l'attention et la lumière, tels des artistes en représentation. Mais comme au théâtre, la pièce, pour être jouée, suppose le travail moins étincelant et moins valorisant accompli en coulisses, c'est-à-dire dans la France *backstage*[1].

Télévision et réseaux sociaux confirment la hiérarchie des paysages français

Par-delà le capital esthétique et le potentiel touristique de chaque région, cette inégale désirabilité des territoires renvoie à leur visibilité et à leur mise en valeur par un média qui demeure très puissant : la

1. Nous verrons, par ailleurs, que dans le cas des banlieues des grandes villes françaises, la faible visibilité se conjugue avec une influence culturelle bien réelle, qu'il s'agisse d'innovations musicales ou culinaires.

télévision. Depuis des décennies, chaque été, des millions de téléspectateurs suivent avec ferveur des histoires en plusieurs épisodes. Ces « sagas de l'été » ont généralement pour cadre une région française qu'elles mettent ainsi en valeur par de nombreuses prises de vues de paysages magnifiques. Or, comme le montre la carte suivante, les lieux de tournage[1] des sagas de l'été diffusées sur TF1 et France 2 entre 1988 et 2017 se concentrent uniquement dans certaines régions, très touristiques. La densité est ainsi très importante en Paca, tant du côté de la région côtière avec des productions comme *Méditerranée* (TF1 en 2001), *Dans un grand vent de fleurs* (France 2 en 1996) que dans la Provence de l'intérieur avec le mythique *Château des Oliviers* (France 2 en 1993), ou encore *Un été de canicule* (France 2 en 2003). Le littoral atlantique a aussi servi de cadre à ces grosses productions populaires : *Les Moissons de l'océan* (France 2 en 1998) pour la côte basque, ou *La Main blanche* (TF1 en 2008) pour la région guérandaise par exemple. Quelques sagas de l'été ont également eu pour cadre le Sud-Ouest. Mais tout le centre et le grand quart nord-est du pays n'ont, pour leur part, jamais été exposés à la lumière cathodique des grandes sagas de l'été, qui fonctionnent comme autant de vitrines imprégnant l'imaginaire collectif et fabriquant du désir pour telle ou telle région.

Média de l'image de la décennie 2010 comme le petit écran fut celui des années 1980 à 2000, le réseau Instagram a, par l'intermédiaire des photos postées par ses abonnés, confirmé et renforcé le partage du territoire entre une France prenant la lumière et une France de l'ombre. Complétant les enseignements de notre carte des communes qui suscitent de l'intérêt sur Wikipédia, une étude originale, menée en 2020 par l'agence Nouvelles Marges, visait à mesurer la popularité des villes sur le réseau Instagram[2]. En utilisant les mots-clés (*hashtags*) les plus populaires, ses résultats font apparaître pour chaque strate de communes un palmarès qui distingue les villes touristiques à forte identité. On y constate la domination des métropoles dynamiques appréciées de leurs habitants (Lyon, Lille, Strasbourg), des villes moyennes qui bénéficient d'un patrimoine naturel ou historique (Versailles, La Rochelle, Annecy

1. Nous n'avons pris en compte que les sagas se déroulant en France métropolitaine et à l'époque contemporaine.

2. « La pulsation des villes sur Instagram », étude du Lab de l'agence Nouvelles Marges, octobre 2020.

ou Avignon), et enfin des petites villes touristiques (Arcachon, Calvi, Fontainebleau, Lourdes, Chinon, Saint-Malo, Bayonne et Les Sables-d'Olonne). Les grandes perdantes sont sans surprise les sous-préfectures de la région parisienne (Torcy, Palaiseau, Le Raincy), assimilées à la banlieue et au périurbain peu attractifs, ainsi que les petites villes des provinces en déficit démographique, en souffrance économique ou dont le centre commerçant est mis à mal par la périphérie : Montceau-les-Mines, Denain, Foix, Mende ou Privas composent cette queue de classement.

Les lieux de tournage des sagas de l'été diffusées entre 1988 et 2017 sur TF1 et France 2

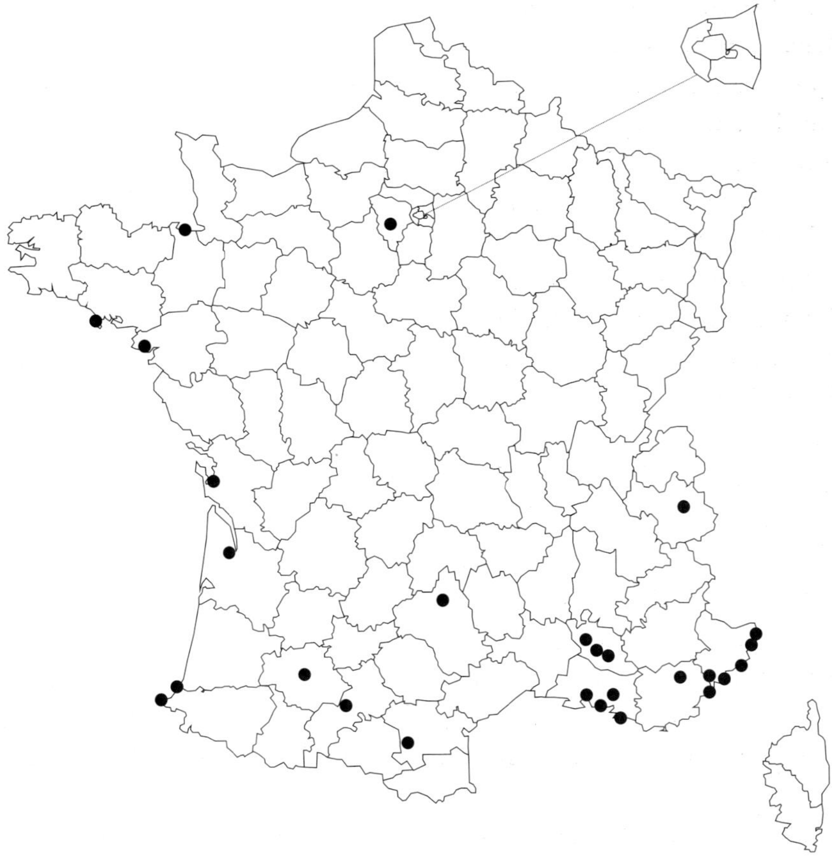

2. Le cocon bordelais et la Gironde périphérique

2004-2018 : La montée en gamme de Bordeaux

Les changements de réputation des villes précèdent et déclenchent bien sûr les fluctuations de l'immobilier. L'aménagement urbain (transports, infrastructures) et l'attrait touristique (locations saisonnières, culture, loisirs et patrimoine) participent de ce processus de mise en désir de certaines portions du territoire. Si l'on veut prendre la mesure d'une évolution prodigieuse en termes d'image et de cherté d'une agglomération, le cas de Bordeaux, indétrônable bonne élève des palmarès des villes françaises où il fait bon vivre de la décennie 2010, s'impose naturellement.

Symptôme manifeste de l'attractivité de Bordeaux et de la concentration de richesses en son sein, les prix de l'immobilier se sont spectaculairement envolés dans la capitale girondine depuis quinze ans. Entre 2004 et 2018, ils ont ainsi été multipliés par 2,7 ! Une première période de hausse a été observée entre 2004 et 2008, année du déclenchement de la crise économique qui s'est traduite à Bordeaux par une simple stagnation des prix de 2008 à 2011, signe que la demande demeurait soutenue alors que les prix de l'immobilier dévissaient dans bon nombre de régions. La courbe a repris ensuite son essor avant de s'emballer au cours des dernières années. La politique de transformation et d'embellissement engagée par Alain Juppé a porté ses fruits et rendu Bordeaux toujours plus désirable, et donc de plus en plus chère…

La construction d'un réseau de tramways, la reconquête des quais de la Gironde et la rénovation de différents quartiers ont été autant d'opérations structurantes qui ont remodelé la physionomie de la ville. Ces vastes chantiers ont été accompagnés par une politique culturelle ambitieuse. En 2007, toute une partie de la ville était inscrite au patrimoine mondial de l'Unesco, et en 2009 eut lieu la première biennale d'art contemporain à Bordeaux, baptisée « Evento ».

2004-2018 : Évolution du prix du mètre carré à Bordeaux

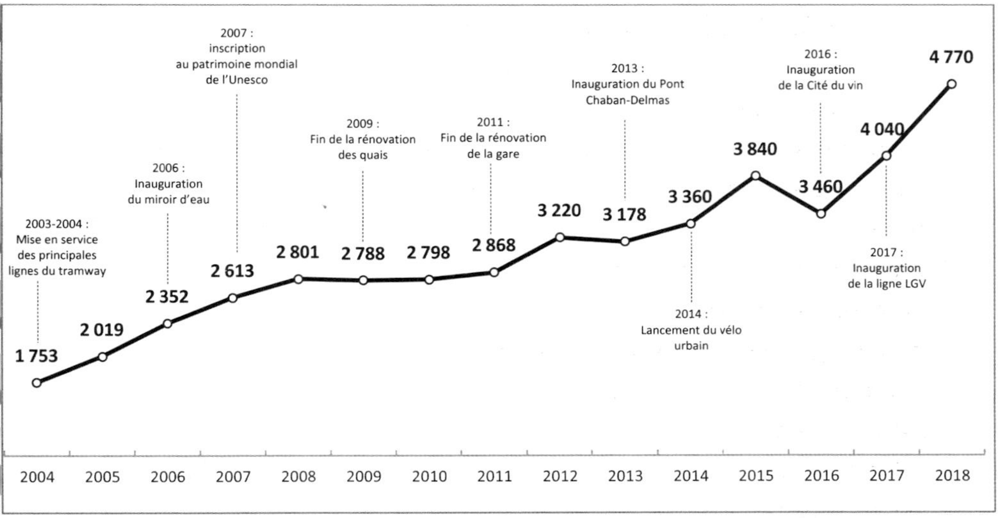

Source : meilleursagents.com.

Parallèlement, la politique des déplacements intra-muros a fait la part belle aux piétons (et aux touristes) mais aussi aux vélos. L'année 2014 sera marquée par le lancement du vélo urbain, baptisé « Pibale[1] », modèle *design* dessiné par Philippe Starck. L'inauguration en 2017 de la ligne LGV plaçant Bordeaux à deux heures de Paris produira un effet de hausse supplémentaire sur le marché de l'immobilier, dopé par l'arrivée d'investisseurs et d'acheteurs parisiens aux moyens importants et par l'essor du tourisme. Une étude menée par un élu socialiste bordelais, Matthieu Rouveyre, a ainsi mis en évidence que la plateforme Airbnb ne recensait pas moins de 12 000 offres de logements à Bordeaux en 2018, volume en hausse de 88 %… en un an. 80 % de ces offres étaient dédiées à la location saisonnière. Cette confiscation d'une partie du parc immobilier au profit de la location touristique a alimenté l'augmentation spectaculaire du prix de l'immobilier à Bordeaux. Or, si toutes les grandes capitales régionales sont concernées, le phénomène s'est emballé à Bordeaux. Ainsi, si l'on compare Bordeaux à Nantes, autre

1. Ce terme régional désigne la civelle, alevin de l'anguille, jadis très présente dans l'estuaire de la Gironde.

ville bénéficiant de l'engouement pour la façade Atlantique, et à Lille, autre capitale régionale, on constate que la cité girondine se situait au même niveau de prix que les deux autres villes jusqu'à la sortie de la crise en 2011. Mais dans la dernière période, notamment en raison de « l'effet LGV », Bordeaux a pris le large non seulement vis-à-vis de Lille, cité du Nord moins attractive, mais aussi par rapport à Nantes, avec aujourd'hui en moyenne un écart de pratiquement 1 200 €/m^2 avec cette dernière…

Le prix au mètre carré constitue un indicateur synthétique permettant de mesurer le degré d'attractivité d'une ville mais également la concentration de richesses qui s'y produit. Ce faisant, il représente un bon indice de l'ampleur du processus de métropolisation affectant un territoire donné. À cette aune, on voit que Bordeaux a nettement gagné la partie et qu'elle fait désormais la course en tête – loin devant Nantes ou Lille, par exemple.

Dans le cas bordelais, le processus de métropolisation a été, en outre, amplifié par un boom touristique modifiant encore davantage la structure économique et sociale de la ville. Après la mise en service de la ligne LGV, le nombre de voyageurs a augmenté de 70 %. Mais les autres moyens de transport n'ont pas été en reste. En 2017, l'aéroport de Bordeaux-Mérignac a vu s'ouvrir 17 nouvelles lignes aériennes et a accueilli 6,2 millions de passagers. Dans le même temps, 40 paquebots faisaient escale à Bordeaux, le guide *Lonely Planet* attribuant à Bordeaux le titre de « *Best City 2017* ». Dans ce contexte, les hôteliers de la ville ont pu afficher un taux d'occupation de 73 %, Bordeaux occupant à nouveau la première place devant Lyon et Toulouse[1].

Fort de ce bilan des plus flatteurs, Patrick Séguin, le président de la chambre de commerce et d'industrie, peut légitimement affirmer que « Bordeaux est magnétique ». La métropole girondine attire en masse les touristes, mais également les ménages aisés qui viennent volontiers s'y installer. Mais ce phénomène a son revers. Pierre Vermeren note ainsi :

1. Alix Fourcade, « Bilan tourisme 2017 : "Bordeaux est magnétique" », *Aqui*, 6 avril 2018.

> « L'un des effets les plus durables et les plus massifs de cette poussée spéculative a été de chasser les classes populaires et les classes moyennes originelles de la ville-centre, et, par effet d'auréole, des communes les plus proches ou du moins des quartiers les plus en vue de celles-ci[1]. »

La carte suivante, réalisée à partir des données disponibles sur le site Meilleursagents.com, fait clairement apparaître une très forte disparité en termes de prix de l'immobilier, selon une implacable loi de la distance à Bordeaux (et au littoral, notamment au bassin d'Arcachon, zone également très prisée). Le mètre carré atteint son prix maximal dans Bordeaux intra-muros et s'établit encore à un niveau très élevé dans quasiment toutes les communes relevant de Bordeaux Métropole. Puis, on voit le prix de l'immobilier décliner selon une logique de corolles, correspondant aux différentes couronnes bordelaises. Ce phénomène a des conséquences sociologiques profondes puisqu'il débouche sur un étagement des différentes catégories sociales dans l'espace. Pour bénéficier de l'idéal majoritaire de la maison individuelle, les classes moyennes et moyennes supérieures vont opter pour les premières couronnes (et le littoral), quand les catégories populaires et les plus modestes devront se contenter des marges du département (façade est du département, Blayais et Médoc). Dans ces terroirs viticoles, où la population est traditionnellement pauvre (avec une forte présence des ouvriers agricoles), sont progressivement venus s'installer des ménages également modestes ne pouvant pas ou plus se loger et vivre dans l'agglomération bordelaise. Se sont ainsi superposées différentes couches de population économiquement fragiles dessinant ce que l'Insee a appelé un « couloir de la pauvreté[2] » courant de Lesparre-Médoc à Agen en passant par le Blayais.

---

1. Pierre Vermeren, « "Gilets jaunes" : l'exemple des mutations de Bordeaux et de la Gironde », *Le Figaro*, 7 janvier 2019.
2. Voir Bernadette Guiot de La Rochère, « Pauvreté en ville et à la campagne, plus intense de la pointe du Médoc à Agen », *Insee Aquitaine*, n° 194, juin 2011.

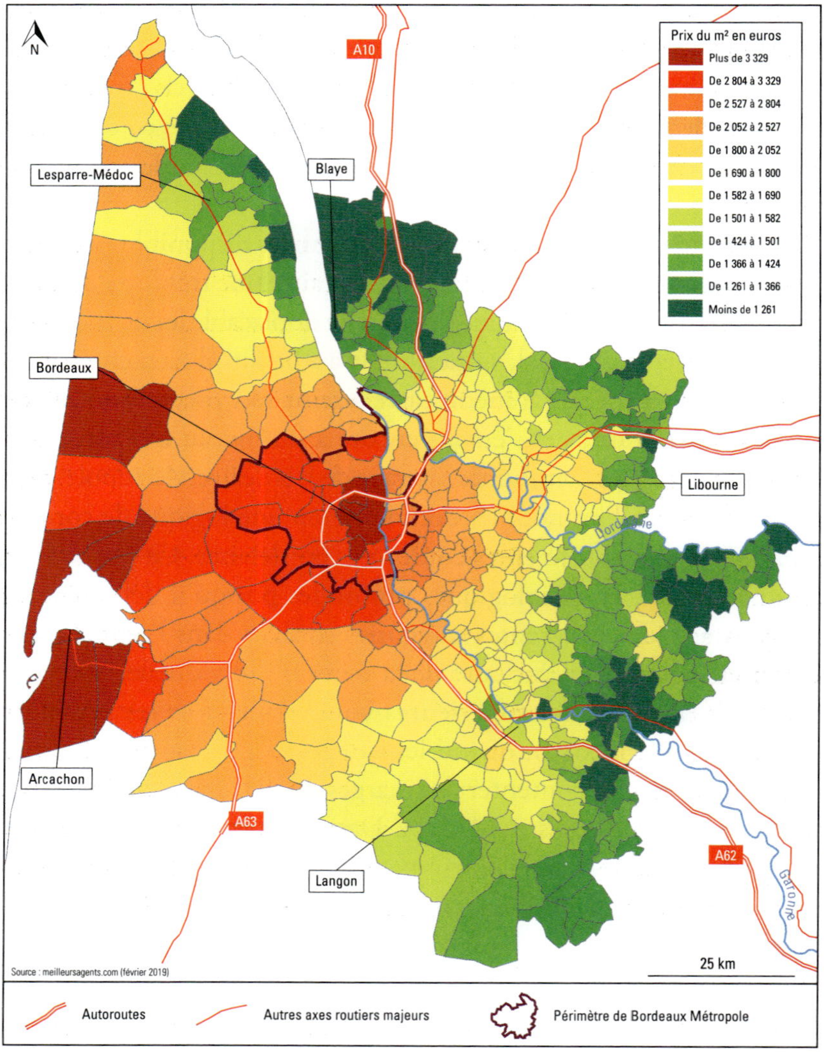

Oasis bordelaise versus *Gironde périphérique*

Si les manifestations des Gilets jaunes organisées à Paris ont fait l'objet d'une très importante couverture médiatique, l'une des spécificités de ce mouvement émanant de la France périphérique a été son caractère décentralisé. Dans ce paysage très éclaté, Bordeaux s'est rapidement distinguée par une forte affluence dans les cortèges à l'occasion des différents « actes ». Or, les reportages réalisés à l'occasion de ces événements montrent que la grande majorité des manifestants n'était pas bordelaise mais était issue des zones périurbaines et rurales du département – voire des départements voisins (Dordogne, Landes, Charente-Maritime). À l'instar des provinciaux « montant à Paris », les Gilets jaunes de la « Gironde périphérique » se sont donné rendez-vous tous les samedis après-midi à Bordeaux.

La carte suivante montre qu'en Gironde comme ailleurs, les Gilets jaunes composés « d'hommes et de femmes de la route[1] » ont d'abord concentré leurs actions sur les principaux axes routiers du département : sorties d'autoroutes et péages, rocade bordelaise, dépôts pétroliers, ronds-points commandant l'accès aux grandes zones commerciales et les deux principaux ponts sur la Gironde. Mais on remarquera aussi que cette carte, qui recense (après dépouillement de la presse locale) les points de regroupements du 17 novembre 2018, les lieux d'actions et les événements marquants, n'est pas sans lien avec la précédente. On constatera aussi que deux zones particulièrement pauvres, le Médoc et le Blayais, se distinguent par une forte activité de Gilets jaunes locaux, de nombreux points manifestant blocages et rassemblements.

Ce fut le cas notamment au péage de Virsac, point névralgique par lequel transitent chaque jour des milliers de pendulaires du nord Gironde venant travailler dans l'agglomération bordelaise (30 000 véhicules le franchissent quotidiennement). Ce péage est occupé dès le 17 novembre, pour plusieurs jours d'affilée, par plusieurs centaines de Gilets jaunes avant d'être mis à sac dans la nuit du 20 novembre 2018.

Comme le note Pierre Vermeren :

> « Avec près de 400 chantiers en 2018, l'agglomération bordelaise est un énorme bassin d'emplois d'ouvriers, d'artisans et de terrassiers du bâtiment. Le papy-boom et l'énorme centre hospitalier universitaire qui en découle (le plus gros employeur de l'agglomération), alliés à l'expansion du tourisme, se traduisent par une explosion des emplois peu qualifiés dans la restauration, l'hôtellerie, la santé ou les services à la personne. »

1. Nous utilisons cette expression pour souligner le très fort degré de dépendance à la voiture des populations habitant dans les zones rurales et périurbaines, populations au sein desquelles le mouvement des Gilets jaunes a eu un écho important.

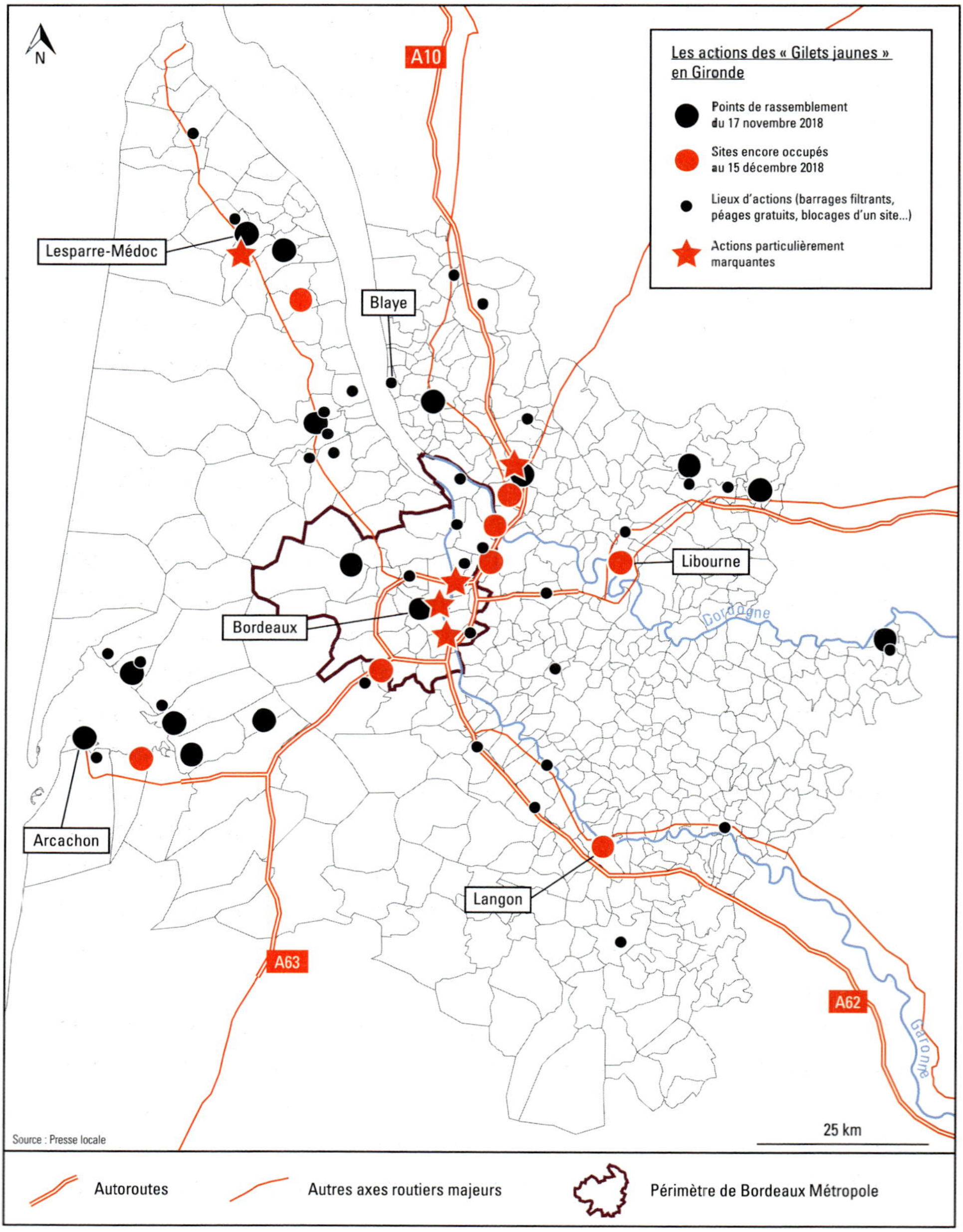

Ces fantassins invisibles de la prospérité bordelaise résident à bonne distance de la métropole. Pour se loger, ils ont fait construire (ou pris des locations) ces dernières années dans des communes situées à plusieurs dizaines de kilomètres de Bordeaux, villes qui ont vu leur démographie littéralement exploser. C'est le cas par exemple à Saint-André-de-Cubzac, place forte des Gilets jaunes (située à proximité de Virsac) distante de 33 kilomètres de Bordeaux, où la population s'est accrue de 54 % entre 1999 et 2016. Même phénomène de l'autre côté de l'estuaire, à Avensan (31 kilomètres de Bordeaux), qui a vu sa population croître de 66 % entre 1999 et 2016.

Ainsi, si la poussée démographique a été relativement contenue dans le cœur de l'agglomération bordelaise, elle a été beaucoup plus puissante le long des grands axes routiers, sur le littoral et dans un rayon de 30 à 40 kilomètres de Bordeaux.

Ces cartes permettent de repérer progressivement les espaces de recrutement et de mobilisation des Gilets jaunes girondins. Il s'agit des zones issues de l'étalement urbain dans la grande périphérie bordelaise ou sur le pourtour éloigné du bassin d'Arcachon, où se sont installés en masse des membres de la classe moyenne et une frange des catégories populaires, et de territoires plus paupérisés ayant accueilli une population nettement plus modeste. Hormis le fait d'être dépendants de la voiture, et bien qu'ils aient généralement opté de plein gré pour le mode de vie périurbain parce qu'ils sont peu consommateurs de loisirs citadins[1], le trait d'union de ces groupes sociaux très disparates réside dans le fait qu'ils se situent aux marges de l'oasis bordelaise à la réussite et à l'opulence de laquelle certains contribuent mais dont aucun ne jouit véritablement car, pour reprendre la formule de Marc Sahraoui, « la richesse de Bordeaux Métropole ne ruisselle pas à plus de vingt kilomètres[2] ».

C'est ce public issu de la Gironde périphérique, renforcé par des contingents de Bordelais précaires (car la capitale girondine compte tout de même 11 % de chômeurs), qui s'est donné rendez-vous chaque samedi dans l'écrin opulent que constitue désormais le cœur de Bordeaux, totalement rénové sous les différentes mandatures d'Alain

1. Intitulée « Être périurbain en Gironde », une enquête de l'A'Urba, l'agence d'urbanisme de Bordeaux Aquitaine réalisée avec le bureau de recherche 6-T, insiste sur la dimension choisie de la vie périurbaine dans la grande périphérie de Bordeaux. La proximité avec la nature, le calme, et, bien entendu, le fait de vivre « en maison avec jardin » font partie des raisons avancées en faveur de ce choix de vie.

2. Marc Sahraoui, « Les territoires ruraux ont besoin des métropoles », *Le Monde*, 28 décembre 2018.

Juppé. À l'occasion de chaque « acte », le cortège des Gilets jaunes aura déambulé dans les beaux quartiers de la ville, comme d'autres viennent flâner ou faire du shopping. Ils se seront ainsi retrouvés pour parcourir ensemble et s'approprier, le temps d'un après-midi, les plus belles artères et places de la ville : place de la Bourse, cours d'Albret, place de la Victoire, place de la Comédie, rue Sainte-Catherine… De manière non moins rituelle, chaque manifestation se sera terminée de façon plus ou moins pacifique place Pey-Berland, où trône la mairie de Bordeaux, siège du pouvoir de la principale figure politique locale.

En Gironde, la polarisation entre une ville-centre et ses premières couronnes, d'une part, un hinterland populaire, d'autre part, est de plus en plus manifeste. Le magnétisme de la façade atlantique impulse ainsi des recompositions dont Bordeaux est un cas particulièrement flagrant, mais loin d'être isolé. Plus au sud, la côte basque émerge également avec force sur la carte des destinations de la France désirable.

3. Biarritz : la Californie française passe de la Côte d'Azur à la côte basque

Le TGV Biarritz-Paris, ou le train des influenceurs

Ce dimanche 30 août 2020, à l'issue d'un été de répit entre deux confinements, des millions de Français entament leur retour de vacances. La rentrée des classes est fixée au mardi 1er septembre, mais nombre d'estivants reprendront le travail dès le lundi. Hélas pour quelques milliers de voyageurs, le réseau SNCF du Sud-Ouest fera face, ce jour-là, à des pannes électriques en cascade qui retarderont plusieurs trains. Parmi eux, le TGV 8538 au départ d'Hendaye et à destination de Paris, qui dessert notamment les gares de Saint-Jean-de-Luz, de Biarritz et de Bayonne, sera resté bloqué toute la nuit et son millier de passagers n'atteindront leur destination que le lendemain en fin de matinée, non sans avoir été transbordés dans un autre train…

Le lundi matin, les perturbations de la nuit font sans surprise les gros titres des journaux et des radios, les passagers exprimant leur colère vis-à-vis de la SNCF dans une séquence tout à fait classique. Sauf que le TGV en question est un petit *Who's Who* sur rail, où se trouvaient réunis un certain nombre de personnalités des médias, d'artistes et d'influenceurs culturels, ce qui aura décuplé bien sûr l'ampleur de l'événement. Ainsi, le lundi soir, le journal télévisé de France 2 s'ouvre sur la mésaventure des passagers, parmi lesquels... Anne-Sophie Lapix, la présentatrice du journal qui revenait elle-même d'un week-end en famille à Saint-Jean-de-Luz, dont elle est originaire. Mais les journalistes, toujours aux aguets sur Twitter, avaient suivi le périple des voyageurs coincés en direct grâce aux messages émis par d'autres membres influents du réseau social, eux-mêmes « prisonniers » du train maudit : ainsi de Norman Chatrier, *alias* GEN1US, joueur professionnel de jeux vidéo et animateur, suivi par près de 62 000 abonnés sur Twitter, ainsi des membres du groupe de rock Hyphen Hyphen, ainsi du danseur canadien Christian Millette, coach de l'émission *Danse avec les stars* diffusée sur TF1[1]. Coincé lui aussi dans l'un des trois trains bloqués toute la nuit de dimanche à lundi, le directeur adjoint de la rédaction du site de BFM TV a pu témoigner de la mésaventure sur la chaîne d'info.

Le confinement du printemps 2020 a permis, comme lors de l'incident du TGV Hendaye-Paris, de prendre la mesure de la densité de personnalités présentes à Biarritz et le long de la côte basque en cette fin de premier trimestre. Monica Bellucci s'y était retirée avec ses filles pour que celles-ci puissent être proches de leur père, Vincent Cassel, l'ex-mari de l'actrice résidant à Biarritz une partie de l'année selon la presse *people*[2]. Dans plusieurs interviews, la chanteuse Camélia Jordana a déclaré, de son côté, qu'elle était elle aussi confinée à Biarritz avec des amis. L'illustratrice et auteure de BD à succès Margaux Motin, originaire de Normandie, s'y est pour sa part installée en 2013[3].

Océan, surf et art de vivre : la nouvelle Californie française

Le couple composé de l'ancienne Miss France Alexandra Rosenfeld et du journaliste star Hugo Clément incarne à merveille l'attrait qu'exerce

1. « Hyphen Hyphen, Christian Millette... bloqués dans un TGV, soirée cauchemardesque », *Pure People*, 31 août 2020.
2. Elsa Minot, « Monica Bellucci : la jolie raison de son confinement au Pays Basque », *Télé Star*, 24 avril 2020.
3. Muriel Bonneville, « Margaux Motin : nouveaux croquis et nouvelle vie à Biarritz », *Sud-Ouest*, 7 juin 2013.

Biarritz auprès d'une nouvelle génération de célébrités. En 2020, la presse *people* nous apprenait que le couple avait quitté Paris pour s'installer dans le Sud-Ouest, séduit par l'environnement et satisfait de pouvoir y vivre une vie « en accord avec leurs principes[1] ». Ainsi, Hugo Clément raconte dans une interview avoir créé un petit compost dans son jardin, utiliser sa moto électrique et limiter ses voyages – ne prenant l'avion que lorsque ses tournages l'exigent… Sa compagne Alexandra Rosenfeld est, pour sa part, devenue professeure de yoga à Biarritz.

Dans le domaine de la décoration, du design et du *lifestyle*, Biarritz est devenue le *hub* où se croisent rédactrices en chef de magazines, fondatrices de marques de mode éthique ou de cosmétiques bio et influenceuses. Comme on l'observe souvent dans les secteurs économiques liés à l'art de vivre, ce qui attire les touristes et les futurs habitants séduit également les entrepreneurs : une vague de créateurs de vêtements « écoresponsables » s'est logiquement installée sur la côte basque, entre Guéthary et Biarritz, pour y travailler dans un cadre privilégié et proche de la nature[2]. Le milieu de la musique est également bien représenté sur la côte : plusieurs artistes ont pris l'habitude d'y louer une maison pour composer ou enregistrer un album au calme. Au milieu de la décennie 2010, le couple formé par Nadège Winter, ancienne directrice de la communication du Palais de Tokyo et du *concept store* parisien Colette, et par Sébastien Ferran, ancien manager de Johnny Hallyday, a fondé le festival musical BIG, dont la dernière édition en 2016 a rassemblé 88 000 spectateurs. La première édition avait eu lieu en 2009, l'année même où le chanteur Sébastien Tellier avait sorti *Roche*, morceau dans lequel il chante « Je rêve de Biarritz en été ».

Biarritz et sa côte séduisent ainsi particulièrement les « intermédiaires culturels » tels qu'ils ont été identifiés par le sociologue Pierre Bourdieu à la fin des années 1970 : journalistes de magazines, designers, spécialistes des relations publiques, publicitaires qui tous œuvrent à la production et à la diffusion des « biens symboliques » et font autorité lorsqu'il est question de définir le bon goût et l'art de vivre. Indice fiable de la présence de ces professionnels de la culture, du bien-vivre

1. Antoine Germain, « Hugo Clément et Alexandra Rosenfeld ont quitté Paris : leurs confidences sur leur nouvelle vie dans le Sud-Ouest », *Télé 2 semaines*, 22 octobre 2020.

2. Matthieu Morge Zucconi, « Pourquoi la côte atlantique séduit-elle les jeunes entrepreneurs de mode ? », *Le Figaro*, 10 novembre 2020.

et de l'image, âgés de moins de 65 ans : la concentration de restaurants et bars chroniqués par le guide du *Fooding*. On en compte une trentaine dans les Pyrénées-Atlantiques, essentiellement le long de la côte entre Bayonne et Saint-Jean-de-Luz, contre une vingtaine seulement à Toulouse, dans un département (la Haute-Garonne) qui abrite pourtant le double d'habitants.

La présence de Parisiens des milieux de la mode et des médias, « qui se prolonge au-delà de l'été, a transformé Biarritz et les communes côtières qui l'entourent. De stations balnéaires pour bourgeois retraités qu'elles étaient, les voici propulsées à l'avant-poste branché de la "Californie française" », écrivait le *New York Times* très attentif à cette transformation dès 2013[1]. Les raisons qui expliquent cette « californisation de Biarritz » selon le quotidien américain ? « Plus de soleil, une atmosphère plus cordiale et une ambiance plus détendue qu'ailleurs en France », mais aussi « un sens du luxe bien tempéré », en comparaison de la trop bling-bling Côte d'Azur.

À l'image des bâtiments dont les usages peuvent évoluer au fil des reconversions économiques, certains territoires alternent périodes de friche symbolique (lors desquelles leur réputation décline) et retour d'attractivité auprès de certaines populations. Or, la génération montante a su réinterpréter les atouts qui font l'identité de Biarritz, station de villégiature au charme un temps suranné, en réactivant un patrimoine et une certaine atmosphère par de subtils ajustements et un art savant du décalage. Après avoir été une destination courue au milieu du XIXe siècle, puis un haut lieu de la mode vestimentaire dans la première partie du XXe, l'image de marque de Biarritz a par ailleurs été rehaussée par la culture du surf dans les années 1960. La côte basque attire depuis les amateurs de sport et de vie au grand air. Bixente Lizarazu, enfant du pays et ambassadeur de Quiksilver[2], y « enchaîne randos à vélo dans l'arrière-pays, surf longboard sur les vagues de Guéthary et séances de

1. Tim Murphy, « The Californication of Biarritz », *The New York Times*, 15 mars 2013.

2. La célèbre marque australienne installera son siège social sur la côte basque en 1984. Vingt ans plus tard, Decathlon implantera à Hendaye un centre mondial d'innovation pour les sports d'eau. La culture de la glisse a généré tout un écosystème économiquement dynamique.

yoga[1] ». L'ancienne Miss France Laury Thilleman, qui séjourne à Biarritz l'été, y surfe elle aussi. Elle a d'ailleurs fait partie des personnalités qui ont signé une pétition pour demander au gouvernement d'en autoriser la pratique durant le confinement de mars 2020. « Océan, surf, gastronomie de terroir et vie saine » pourrait être le slogan de la côte basque.

Proportion d'électeurs nés hors du département dans les communes du Pays basque

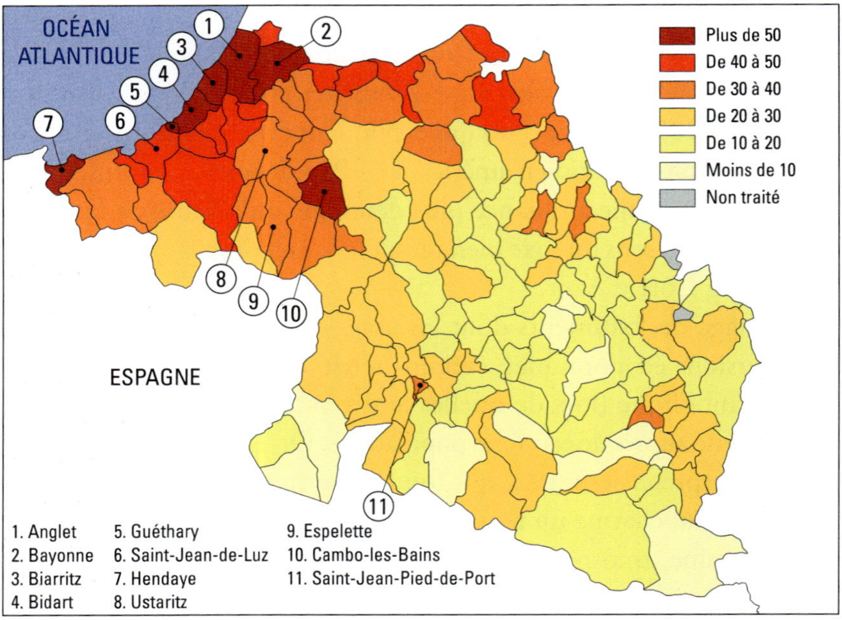

(Source : exploitation de listes électorales communales.)

Mais le succès de Biarritz et du littoral basque auprès des têtes de réseau d'une *jet set* branchée et rajeunie n'est que la pointe émergée d'un engouement plus massif pour sa douceur de vivre. Conséquence de cet afflux, en quelques années le prix de vente des appartements et des maisons à Biarritz a atteint les 8 000 €/m^2 de moyenne, avec des pointes à 12 000 €/m^2 en bord de mer : « Dans le neuf, à surface habitable équivalente, il est dorénavant plus cher d'acheter à Biarritz que dans certains arrondissements parisiens », notait le journal *Sud-Ouest*

1. François Vey, « Pourquoi Biarritz règne sur la côte basque », *L'Obs*, 5 juillet 2018.

en 2019[1], qui évoquait alors une hausse de 50 % des prix en cinq ans. La carte ci-dessus, sur laquelle les communes sont colorées en fonction de la proportion d'électeurs nés à l'extérieur du département (plus une commune est foncée, plus les néo-Pyrénéens sont nombreux), montre très clairement que les nouveaux arrivants se sont agglutinés dans les villes côtières alors que les « natifs » demeurent majoritaires dans les communes basques de l'intérieur, à l'exception de la touristique cité thermale de Cambo-les-Bains.

Le vieillissement et la ringardisation de l'image de la Provence **jetsetteuse**

Une génération plus tôt, artistes, intellectuels et journalistes en vue auraient probablement convergé vers la Côte d'Azur ou la Provence intérieure. Pour mieux comprendre ce déplacement de la frontière du *cool* culturel, il peut être pertinent de se pencher sur le rôle qu'ont joué les réseaux d'interconnaissance dans le processus de montée en puissance d'un lieu à la mode comme le Luberon.

À la fin des années 1990, on pouvait encore considérer le Luberon comme « le refuge estival des Parisiens branchés », selon la géographe Cécile Helle. L'universitaire (et actuelle maire d'Avignon) a dressé une fine cartographie historique de ces migrations saisonnières de célébrités[2] et a isolé plusieurs périodes. Celle des pionniers – les peintres qui découvrent les villages du Luberon dans les années 1930, suivie du boom de l'après-guerre, favorisé par le Festival d'Avignon et l'arrivée d'artistes et d'intellectuels de renom comme Victor Vasarely à Gordes ou Albert Camus à Lourmarin. À partir des années 1960, l'engouement des personnalités pour la région irradia autour d'un foyer émetteur constitué des villages pionniers de Gordes et de Roussillon. Dans les années 1980, une centaine de personnalités vivent, au moins par intermittence, dans les villages les plus en vue du Luberon, mais on constate surtout que les catégories *people* ont

1. Bruno Fay, « Immobilier : Biarritz talonne certains quartiers parisiens », *Sud-Ouest*, 30 mai 2019.
2. Cécille Helle, « Le Luberon, refuge d'artistes », *Mappe Monde*, 1997 ; disponible en ligne.

évolué : « Au fil des ans, les grosses fortunes, les "quadras" de la vague socialiste[1] et les stars du show-biz ont remplacé les précurseurs, luberonnais d'adoption » qui avaient été séduits par le charme et le pittoresque de la vie provençale. Les artistes sont toujours bien là, mais le monde du cinéma se substitue progressivement à l'univers des peintres et des écrivains, et les nouveaux arrivants vivent en vase clos à l'abri de leurs vastes propriétés. « C'est le temps du Luberon chic et choc, celui des strass et des paillettes, du fric et de la frime, de la pistou-party et des soirées mondaines », écrit encore la géographe. Le Britannique Peter Mayle, auteur à la même époque d'un très grand succès de librairie, *Une année en Provence*[2], a décrit avec humour et sens du détail cette atmosphère provençale chic. Ancien publicitaire à Londres, Mayle avait débarqué au début des années 1980 avec sa femme à Ménerbes pour changer de vie, attiré comme beaucoup par l'image du territoire alors à son apogée.

Des peintres de la Côte d'Azur aux instagrammeurs de Biarritz

La Provence intérieure n'est pas la seule à subir un effet de contrecoup d'image. Saint-Tropez, village de pêcheurs métamorphosé en *hub* branché dans les années 1960 sous l'impulsion des vedettes du show business et des yéyés, en particulier de Brigitte Bardot dans un film qui aura marqué les esprits de l'époque[3], évoque davantage désormais les yachts des oligarques russes et les magnums de champagne surfacturés que les parties de pétanque[4]. Comme ce fut le cas dans le Luberon, on doit aux peintres, et en particulier à Paul Signac, d'avoir « découvert » Saint-Tropez à la fin du XIXe siècle. Celui que les Tropéziens surnommaient « le photographe » a ensuite invité les artistes parisiens de son réseau à y séjourner, contribuant à la popularité du petit port auprès

1. Signe des temps, à l'instar de l'engouement des dirigeants socialistes pour le Luberon à l'époque, aux élections municipales de 2020, deux hiérarques LREM, Didier Guillaume (implanté dans la Drôme) et Jean-Baptiste Lemoyne (élu dans l'Yonne) voulaient se présenter à Biarritz.
2. Peter Mayle, *Une année en Provence* (1989), Paris, Nil, 1993.
3. *Et Dieu… créa la femme* de Roger Vadim, réalisé en 1956, se déroule à Saint-Tropez.
4. Dès la fin des années 1960, le dessinateur Sempé s'amusait, dans son album *Saint-Tropez*, de cette population fortunée dont les membres s'occupaient à disserter sur le sens de la vie au bord de leur piscine. Il y observait aussi, dès cette époque, la surpopulation estivale, l'esprit moutonnier des vacanciers et l'avidité des promoteurs immobiliers.

d'un public de producteurs d'images – et donc de réputation. Comme l'a montré notre carte des lieux de tournage des grandes sagas de l'été, le petit écran s'est fait à la fois le reflet et l'amplificateur de cette domination du Sud méditerranéen sur nos imaginaires touristiques, une aura qui s'est maintenue tout au long des années 1990 et 2000. Entre-temps, Internet et les réseaux sociaux auront fait émerger un nouveau type de célébrités issues du monde numérique. Et si, depuis le temps des peintres au début du XXe siècle, le medium a changé à plusieurs reprises (cinéma, télévision puis Internet), le mécanisme est resté le même : la réputation d'une ville et d'un territoire se développe sous l'effet d'un phénomène d'imitation au sein de petits microcosmes qui s'observent, communiquent entre eux et s'influencent mutuellement, utilisant le pouvoir de l'image comme vecteur de notoriété et de désirabilité. L'engouement pour Biarritz est le résultat de ce passage de relais d'une génération à l'autre, illustrant les effets de la transition numérique sur l'aura des territoires et marquant la domination d'Instagram dans la décennie 2010[1].

L'irruption ou le retour sur la carte des destinations ignorées ou mises en sourdine est aussi la conséquence du déplacement permanent de la frontière de l'immobilier attractif. Si, en 2020, acheter un appartement à Biarritz ou à Cannes revient au même prix, l'écart entre les deux côtes était encore très marqué une décennie plus tôt. Les ventes des différents magazines du groupe Côté Maison fournissent un bon indice de l'aura des régions littorales. Le titre *Maisons Côté Sud*, qui présente des intérieurs et des ambiances inspirés de l'art de vivre méditerranéen, est le phare du groupe, avec une diffusion payée d'environ 52 000 exemplaires par numéro. Mais il est talonné par un autre magazine, *Maisons Côté Ouest*, dédié comme son nom l'indique aux tendances de décoration qui s'épanouissent le long de la façade atlantique, dont la diffusion payée est en hausse et s'approche des 46 000 exemplaires. Signe de son moindre impact territorial, le troisième titre du groupe, *Maisons Côté Est*,

1. Alors que les représentants de la mode se rendaient sur la côte basque, les stars de la téléréalité, qui évoluent dans un autre microcosme, ont migré quant à elles… à Dubaï, capitale économique des Émirats arabes unis, quand des figures du rap français optaient pour Phuket en Thaïlande, destinations exotiques porteuses d'un imaginaire bien distinct de celui de Biarritz, mais elles aussi très présentes sur les réseaux sociaux.

demeure plus confidentiel et ne franchit jamais les 18 000 exemplaires de diffusion payée sur les dernières années[1].

Que les professionnels du tourisme se rassurent : le Sud-Est continue d'être immensément populaire auprès des visiteurs étrangers, mais aussi des Français issus de couches plus modestes qui peuvent maintenant rêver d'y « descendre ». Cependant la « pointe avancée » lui préfère désormais un autre Sud, parce qu'il a été moins labouré par les industries du tourisme et de l'image[2]. Au-delà de l'emblématique « Saint-Trop' », c'est toute la Côte d'Azur qui est touchée par ce phénomène de désinvestissement de l'imaginaire par les élites culturelles. Tout comme le Festival d'Avignon, le Festival de Cannes puise ses origines dans l'immédiat après-guerre. Il est donc associé à un âge d'or aujourd'hui révolu du cinéma. Associer Côte d'Azur et Californie est moins évident qu'une trentaine d'années en arrière. De nombreuses références à l'État américain dans les Alpes-Maritimes témoignent pourtant du passé de cet engouement : la technopole de Sophia Antipolis, érigée à Antibes dans un environnement boisé dans les années 1960, fut qualifiée de Silicon Valley à la française, un quartier de collines au-dessus de Cannes porte le nom de Californie, etc. En l'an 2000, le romancier de science-fiction britannique J. G. Ballard, auteur notamment du roman *Crash* adapté à l'écran par David Cronenberg, publie *Super-Cannes*. Fidèle à ses thèmes dystopiques, l'écrivain dépeint une Riviera inspirée du mode de vie californien : soleil, autoroutes, cliniques privées, parcs d'entreprises et domaines résidentiels fermés. Son roman semble encapsuler les ferments d'un rejet de l'imaginaire azuréen. C'est que les Alpes-Maritimes ont subi, dans leur partie côtière et urbanisée, une forte densification et ont assisté à un renouvellement important de leur population. Le vivre-ensemble y est contrarié en raison d'inégalités prononcées qui traversent tout le territoire. Le constat s'étend d'ailleurs à l'ensemble de la région. Cette atomisation est renforcée par un urbanisme où les zones monofonctionnelles se jouxtent sans interdépendance – résidences et lotissements sécurisés, quartiers de HLM

1. Chiffres de l'APCM sur la presse magazine, disponibles en ligne.

2. Comme le résume Ariel Wizman dans une interview au magazine *Hôtel & Lodge* (mars-avril 2021) : « J'aime la montagne, mais je finis toujours par aller à la mer. Mais surtout pas sur la Côte d'Azur, qui, en termes de perte de prestige, rivalise aisément avec les Champs-Élysées. »

vieillissants, zones commerciales, centres anciens touristiques –, toutes accessibles par autoroutes et voies rapides qui signalent l'âge d'or du tout-voiture. Le centre de nombre de petites localités provençales a, par ailleurs, perdu de sa vitalité au profit des périphéries résidentielles et commerciales. À l'instar du village de Cadenet, situé dans l'aire d'attraction d'Aix-en-Provence, étudié par le sociologue Jean-Pierre Le Goff dans *La Fin du village*[1], la vie sociale voit coexister plusieurs strates de populations qui s'y sont sédimentées sans beaucoup d'interactions entre elles : vieux habitants revendiquant leur autochtonie, immigrés nord-africains marginalisés, périurbains d'Aix et de Marseille s'éloignant de la ville et contribuant à l'étalement résidentiel, Parisiens et Anglais acquéreurs de belles propriétés au charme authentique vivant en vase clos, etc. Ces transformations, parfois vécues sur le mode de la perte, expliquent que l'identité soit devenue un point de fixation lors des élections locales dans le Sud-Est.

Sans être totalement épargnée par ces transformations, la côte atlantique (et la côte basque en particulier) fait en miroir office d'espace-refuge. S'y est développée une forme d'identitarisme positif qui, comme en Bretagne, « passe » mieux que dans le Sud-Est, où l'invocation de la tradition et de l'identité est souvent perçue comme un signe d'intolérance et de rejet de l'autre.

4. La gentrification rurale : le Perche, entre résidences secondaires et bureaux au vert

À côté des métropoles historiques et des littoraux, certains espaces ruraux disposant d'une forte attractivité touristique et paysagère ont été précocement (dans la France d'avant) l'objet d'un fort engouement de la part de ménages aisés, voire fortunés, qui y ont acquis un bien immobilier et les ont transformés en lieux de villégiature luxueux.

Sous la rubrique « France triple A », nous avons déjà évoqué le Luberon et la côte basque, mais il faut également mentionner la Côte fleurie (à proximité de Deauville), la Sologne et, dans une certaine mesure, le Périgord. Un des indices de ce statut de zone particulièrement huppée

1. Jean-Pierre Le Goff, *La Fin du village. Une histoire française*, Paris, Gallimard, 2012.

et prisée réside dans la rareté du foncier disponible et les prix élevés qui y sont pratiqués sur le marché immobilier. À l'instar de ce que l'on a pu observer à Bordeaux ou à Biarritz, les places sont rares et le ticket d'entrée substantiel. Soit on a pu (soi-même ou sa famille) s'y installer il y a plusieurs décennies, à une époque où les prix étaient plus abordables, soit il faut désormais disposer de moyens financiers très importants pour y acquérir un logement – ou, plus souvent, une résidence secondaire. *De facto*, l'accès à ces territoires « triple A » est désormais fermé pour toute une partie de la population, y compris pour les ménages d'actifs appartenant à la classe moyenne supérieure. Ces derniers, qui sont arrivés sur le marché du travail dans les années 1990-2000 et n'ont pas acquis une surface financière suffisante pour pouvoir prétendre à ces lieux prestigieux, se rabattent sur des territoires offrant un cadre paysager agréable et un prix du foncier abordable, mais aussi un accès rapide depuis les grandes métropoles, où ils vivent et travaillent. C'est ainsi que le front de la gentrification se déploie et se déplace dans certaines parties de l'espace rural. Et de fait, au sein de la marqueterie paysagère et sociologique qui constitue l'espace de la France d'après, ces zones de gentrification secondaire ou de gentrification diffuse se développent.

Le Perche ornais : un écrin de verdure à deux heures de Paris

La partie ornaise du Perche en constitue un cas emblématique. Ce territoire de collines vallonnées, parsemé de longères, de manoirs, de villages et de hameaux, présente un certain nombre d'atouts. Mortagne-au-Perche, la « capitale » de cette région, est située à 170 kilomètres de Paris, ce qui correspond à un trajet de 2 h 20 en voiture selon les applications bien connues des automobilistes, soit une durée identique au parcours Paris-Deauville[1]. L'accès depuis Paris est donc aussi rapide, mais le prix de l'immobilier est bien plus abordable dans le Perche ornais que dans le Pays d'Auge – et *a fortiori* qu'à proximité de la côte normande, où le mètre carré se négocie, selon le site Meilleursagents.com, à 2 800 € en moyenne contre à peine 1 200 à 1 300 € (voire moins) dans la région de Mortagne, Rémalard, Bellême.

1. Soit 200 kilomètres, mais avec une portion d'autoroute plus importante que sur le trajet Paris – Mortagne-au-Perche.

Au regard du niveau de prix moyen pratiqué, le Perche ornais n'apparaît pas, de prime abord, comme une zone de villégiature privilégiée, mais quand on observe avec attention la carte départementale, on constate que dans de nombreuses communes du Perche, les prix sont proches de ceux qui sont en vigueur dans l'agglomération alençonnaise, préfecture du département. Qu'une zone rurale isolée affiche des prix de l'immobilier proches de ceux pratiqués dans le principal centre urbain du département est un phénomène assez rare (à titre de comparaison, le mètre carré se situe entre 800 et 900 € dans le bocage domfrontais, dans l'ouest du département) et constitue en général un marqueur de la nature touristique ou résidentielle du territoire en question. Mais d'autres indices confirment que le Perche ornais a acquis, depuis une vingtaine d'années, le statut d'espace de villégiature. L'arrivée d'une population francilienne aisée ayant acheté des résidences secondaires a ainsi favorisé le développement de toute une économie résidentielle et de loisirs centrée autour de l'aménagement et l'embellissement des propriétés, mais aussi de l'alimentation de qualité (les résidences secondaires étant fréquemment le cadre de séjours en famille ou entre amis au cours desquels les plaisirs de la table occupent une place importante). La cartographie des galeries d'art, des antiquaires, des architectes et des décorateurs d'intérieur, des chocolatiers et épiceries fines ainsi que des restaurants conseillés par le *Gault et Millau* fait clairement apparaître une densité significative de ces activités dans le sud-est du département, et singulièrement dans ce qu'on appelle le « triangle d'or » (Mortagne-Bellême-Rémalard).

Un numéro de *La Maison France 5*, diffusé le 19 avril 2019 et consacré au Perche[1], avait d'ailleurs bien mis en scène ce type d'activités, l'émission se déroulant en compagnie d'un architecte d'intérieur, du gérant du Country Lodge, un « hôtel de campagne » proposant des séjours dans des maisons en bois, et d'une ancienne publicitaire et communicante parisienne reconvertie en animatrice de *concept store* associant brocante et salon de thé. Les « Parisiens », comme on les appelle, se fournissent dans ces magasins ou chez des producteurs locaux (qui trouvent auprès de ce public un débouché lucratif), mais également dans les supermarchés de la région qui ont adapté leur offre en conséquence. Si la majorité

1. Le fait que ce territoire a servi de cadre à cette émission constitue un indice supplémentaire de sa cote et de son statut d'espace de villégiature.

des linéaires présentent des produits destinés à une clientèle autochtone au niveau de vie modeste, on y trouve également des produits haut de gamme (notamment dans les rayons vins et spiritueux ou épicerie fine) adaptés aux goûts et moyens des propriétaires des résidences secondaires. L'observation des parkings des supermarchés de la région le samedi confirme la coexistence de ces deux publics. Les Dacia, Clio, Kangoo immatriculées 61 côtoient les Audi, BMW, Porsche ou gros SUV, ou bien, dans un autre registre, les Austin Mini, tous estampillés 75, 78 ou 92. À l'automne, ce public de « Parisiens » en bottes Aigle et duffel-coat se repère aussi dans les allées du petit marché de Mortagne-au-Perche[1].

L'implantation de certains commerces et activités dans le département de l'Orne

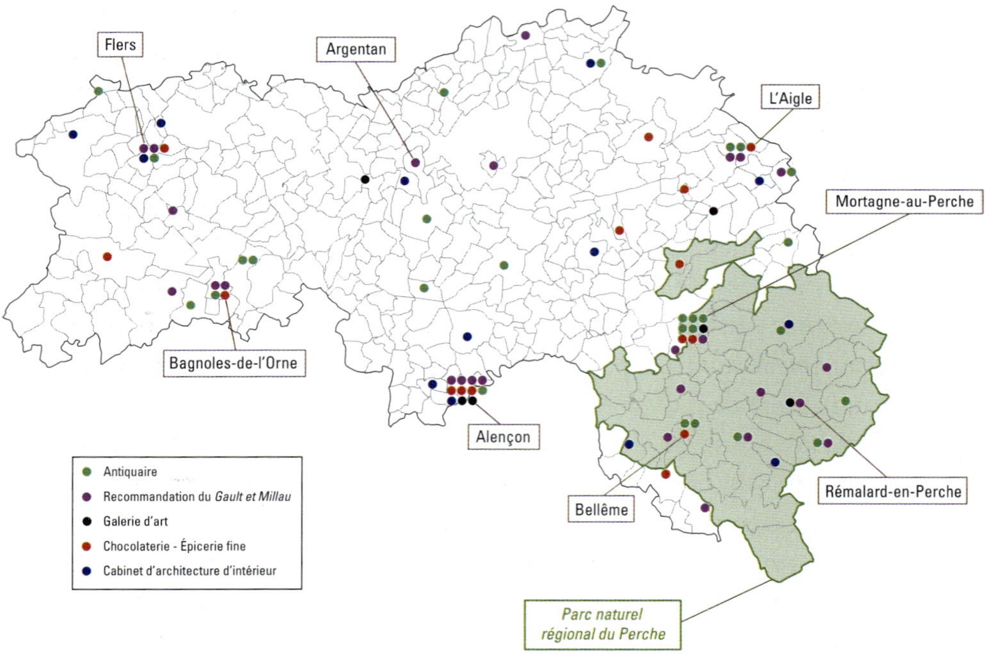

1. Leur présence se lit également à travers l'évolution de la composition des étals du marché de Tourouvre, à quelques kilomètres de là, comme le constate avec truculence un habitant de longue date qui confiait à un proche : « Il y a dix ans, le vendredi chez la poissonnière, il y avait un peu de colin, deux ou trois maquereaux et de la sardine, maintenant c'est homards, soles et bars de ligne ! » Tourouvre, commune de 3 200 habitants, compte 200 résidences secondaires – soit autant que de logements sociaux.

Si la population locale rit sous cape à la vue de ces familles arborant les emblèmes d'un style néo-rural chic et jouant les *gentlemen farmers*, force est de constater qu'elles tiennent un rôle majeur dans l'économie de ce territoire. Le marché de Mortagne, jadis peu fréquenté, connaît une telle affluence qu'il est de plus en plus difficile de se garer à proximité. RTT aidant, les fins de semaine de cette clientèle « parisienne » débutent le vendredi pour finir le lundi. Ainsi, bon nombre de communes du Perche ne s'animent vraiment que pendant ces longs week-ends au cours desquels les commerçants font l'essentiel de leur chiffre d'affaires. Les artisans et entrepreneurs du bâtiment ne sont pas en reste. Mortagne-au-Perche compte ainsi un pisciniste prospère qui installe et entretient spas, piscines et jacuzzis dans de nombreuses propriétés. De la même façon, les donneurs d'ordre publics (communes et office HLM) ont constaté que toute une partie des professionnels du bâtiment ne prenaient plus la peine de répondre à leurs appels d'offres (pourtant habituellement très courus par les entreprises locales) car les travaux à exécuter pour le compte des propriétaires de résidence secondaire s'avèrent bien plus rentables – et suffisamment récurrents – pour remplir leur carnet de commandes…

Si Mortagne-au-Perche, avec sa vieille ville – ses antiquaires, ses petits restaurants et ses galeries d'art –, fait figure de capitale du Perche, la commune de La Perrière en constitue un *hot spot* particulièrement prisé. L'histoire de ce village est d'ailleurs emblématique des processus ayant conduit à la gentrification touristique d'anciens espaces agricoles et/ou industriels.

Pendant toute une partie du XXe siècle, ce village vit au rythme d'une usine de construction de maisons préfabriquées qui employa jusqu'à 700 personnes avant de fermer ses portes en 1989. Comme beaucoup de communes rurales frappées par la disparition du tissu industriel local (on mesure avec ce nouvel exemple comment l'industrie a irrigué jusqu'à la fin des années 1980 toute une partie du territoire éloigné des grands centres urbains), La Perrière aurait pu voir sa vitalité décliner. Mais l'installation dans ses parages de quelques figures emblématiques a conféré au village un rayonnement médiatique et touristique lui permettant d'enclencher progressivement un nouveau cercle vertueux. Ainsi, en 1992, l'écrivain Julien Cendres et deux amis rachètent l'ancienne maison du boucher de La Perrière et y créent

La Maison d'Horbé, à la fois restaurant, salon de thé et brocante chic[1]. Ce lieu fera l'objet d'articles réguliers dans les magazines et les revues spécialisés en art de vivre et décoration. C'est par l'entremise de ces précurseurs que la styliste Chantal Thomass[2], une femme dotée d'une forte visibilité médiatique, s'installera pendant quelques années dans le village et y créera un atelier conservatoire du filet, technique de dentelle locale (nous ne sommes pas loin d'Alençon, haut lieu de la dentellerie). La vocation culturelle et artistique du lieu sera confirmée en 1995 par la création d'un événement intitulé « Le Marché de l'art », au cours duquel des milliers de personnes viennent désormais, l'espace d'un week-end, découvrir des œuvres d'art exposées dans le jardin de nombreux habitants du village.

De fil en aiguille, la notoriété et la cote de La Perrière ont grimpé, attirant les acheteurs de résidences secondaires dont une partie s'est ensuite sédentarisée. La commune compte désormais près de 300 habitants, dont la moitié n'en seraient pas originaires. Cet afflux de population a revivifié la démographie locale mais également le bâti, les nouveaux propriétaires disposant de moyens financiers suffisants pour rénover et embellir leur demeure.

L'effet PNR

Julien Cendres n'a pas seulement œuvré en faveur du rayonnement culturel et touristique de ce territoire. Il a également participé, avec d'autres acteurs locaux, à la création en 1998 du Parc naturel régional du Perche. Or, cet outil d'aménagement du territoire s'est révélé très utile pour lutter contre la désertification rurale. Mais l'existence d'un PNR a également participé, d'une certaine manière, au processus de gentrification rurale ou de *greentrification*, pour reprendre une expression utilisée par les géographes britanniques.

Comme le rappelle Didier Desponds dans le cas du Vexin français, la création d'un PNR a pour vocation de limiter les nouvelles constructions, maîtriser la croissance démographique, préserver les paysages

1. Cf. Nathalie Alonso, « Attention, village bobo ! », *L'Express*, 23 octobre 2012.
2. Chantal Thomass a depuis lors quitté La Perrière pour acheter l'ancien presbytère de Mortagne-au-Perche.

et soutenir l'activité agricole[1]. Associé aux plans locaux d'urbanisme (PLU) et à l'action d'associations de défense du patrimoine local (dans lesquelles les néo-résidents sont souvent nombreux), le règlement des PNR constitue un outil efficace pour bloquer certains projets et préserver la qualité esthétique et paysagère des lieux que les nouveaux habitants ont contribué à embellir et à aménager selon leurs goûts. Au-delà des moyens juridiques offerts par la création d'un PNR comme celui du Perche, un tel classement valorise symboliquement le territoire, il en renforce la désirabilité sur le plan patrimonial.

Le Perche, futur quartier de coworking *parisien ?*

Les qualités environnementales du Perche ornais (densité de population peu élevée, faible pollution atmosphérique), couplées à sa relative proximité de la région parisienne et à l'existence de nombreuses résidences secondaires, ont fait de ce territoire une zone de repli particulièrement prisée lors de l'épidémie de Covid-19. De très nombreux Franciliens sont venus y passer le confinement. On estime que 15 000 personnes se seraient ainsi « réfugiées » dans le département, dont 13 000 dans le Perche[2], soit un volume de population très important pour un petit territoire peu peuplé.

Le Perche ornais a manifestement constitué un havre de sécurité et de villégiature pour bon nombre de « Parisiens » en exil, notamment ceux qui travaillent dans l'univers des médias, l'émission *C Politique* sur France 5, par exemple, ayant été présentée pendant toute la durée du premier confinement depuis la mairie de Rémalard, commune située en plein cœur de cette région (et où s'était repliée une partie de l'équipe de production). Cet afflux de population ne s'est pas produit sans tensions ni reproches. Ainsi, quand Jean-Claude Lenoir, personnalité emblématique du territoire[3], a été gravement atteint par le Covid-19, la rumeur publique locale a attribué la responsabilité de

1. Cf. Didier Desponds, « Les impacts d'un parc naturel régional (PNR) sur les évolutions socio-démographiques de son espace rural : le cas du Vexin français », in *Norois*, 2007/1, n° 202, pp. 47-60.

2. Cf. *Le Figaro Magazine* du 23 octobre 2020.

3. Ancien député et sénateur, et toujours président de l'intercommunalité du pays de Mortagne-au-Perche.

la contamination du notable aux très nombreux « Parisiens » ayant afflué « chez nous en important leur virus ».

À l'issue du confinement, les agences immobilières locales ont été assaillies par des demandes de Franciliens à la recherche d'un pied-à-terre. Le Covid-19 a manifestement remis au goût du jour la maison de campagne, qui était un peu passée de mode. Mais de plus en plus, pour les ménages qui en ont les moyens, la résidence secondaire se pense sur le mode de la bi-résidentialité. La maison de campagne n'est plus seulement le lieu où l'on passe ses week-ends et une partie de ses vacances, mais l'endroit où l'on va vivre une partie du temps et travailler – notamment grâce à l'essor du télétravail, lui aussi accéléré par l'expérience du confinement. Cette démarche engage des publics, qui, d'une part, peuvent télétravailler, mais qui jouissent par ailleurs de moyens financiers suffisants pour acquérir un bien à la campagne en plus de leur logement dans l'agglomération parisienne. Grâce à sa connexion à Paris – et à Internet –, le Perche a joué les précurseurs auprès de cette population de travailleurs indépendants qualifiés (consultants, créatifs) apparus avec l'économie numérique au tournant du millénaire.

Consultant et journaliste, Xavier de Mazenod est ainsi à l'origine du premier tiers-lieu et espace de *coworking* rural de France, L'Écloserie numérique, ouvert en 2009 dans l'ancienne école de Boitron, un village ornais situé à la frontière du Parc naturel du Perche, entre Argentan et Alençon. Tourné vers la Normandie, le territoire est accessible depuis la gare de Surdon sur la ligne Paris-Granville, qui passe plus au nord que celle qui dessert les communes-stars du Perche sur la ligne Paris-Le Mans. Moins coté que « le Perche parisien », il en partage néanmoins certains atouts. Le département, par exemple, a été équipé précocement en haut débit (Wimax). Xavier de Mazenod et sa femme se sont fixés dans l'Orne en raison aussi de la proximité de Paris en train, le trajet permettant de travailler pendant le déplacement. Le couple avait envisagé d'autres destinations : Drôme, Lozère ou Ardèche, mais ils avaient renoncé en raison de la distance de Paris. Un développeur ou un graphiste disposant d'un bon carnet d'adresses peuvent se permettre d'installer leur lieu de production à distance de leur réseau de clients, ne faisant le voyage à Paris que deux ou trois fois par an. Dans les métiers de « présentiel » à forte dimension commerciale, comme les consultants, il est périlleux de trop s'éloigner d'une métropole. À cheval entre le pendulaire, qui effectue les trajets domicile-travail quotidiennement, et le pur néo-rural tourné vers l'économie du territoire d'adoption (qui a rompu les liens avec la métropole et ne s'y rend qu'à titre exceptionnel), le travailleur indépendant de l'Orne peut bénéficier du meilleur des deux mondes.

Fondateur du site de référence sur les tiers-lieux et la ruralité « Ze Village », Xavier de Mazenod décrit ainsi les occupants de l'espace de travail partagé qu'il a fondé dans les années 2000 : « Quelques *geeks* parisiens néo-ruraux comme moi, un ou deux journalistes locaux qui gravitent autour du lieu, deux ou trois agriculteurs du coin, des locaux qui viennent réparer leurs objets dans la partie repair café. » L'espace de *coworking* de Boitron a également accueilli la première antenne rurale de l'école de code Simplon. Comme beaucoup d'anciens citadins, le fondateur de « Ze Village » et de l'espace de *coworking* de Boitron tient un gîte attenant à sa maison située un peu à l'extérieur du village. Durant le confinement, il a vu arriver les Parisiens en quête de tranquillité, et nous confiait en 2020 que ces confinés de court terme allaient peut-être « basculer » et rechercher un bien immobilier pour s'y installer à l'année. La carte de la néo-ruralité se tisse ainsi au fil des réseaux d'interconnaissance et des échanges informels à propos des lieux où il fait bon vivre, les premiers arrivés attirant les suivants.

À l'aune de l'exemple ornais, on peut se demander si tous les territoires ruraux parviendront à bénéficier de cet engouement et de la redistribution des cartes engendrée par la crise du Covid-19. On rappellera d'abord que le public en question est limité numériquement, et qu'il ne pourra donc pas essaimer partout en France. Second bémol, ce modèle d'aménagement du territoire haut de gamme touchera prioritairement les zones rapidement accessibles depuis le cœur des grandes métropoles (si possible en train, mode de transport permettant de travailler) et disposant d'une connexion Internet à haut débit. Cet impératif n'a pas échappé à Christophe de Balorre, président du Conseil départemental de l'Orne, qui déclarait :

> « Nous n'avons pas réussi à faire arrêter le TGV chez nous, mais nous ne louperons pas ce TGV du XXIe siècle qu'est la fibre optique, condition indispensable de l'installation des Franciliens dans notre département[1]. »

Au regard de ces paramètres liés à la présence de réseaux d'infrastructures performantes, la liste des territoires éligibles à la gentrification rurale se réduit déjà sensiblement. Mais un autre critère implacable domine tout autant le processus de la lutte des places : celui de la qualité esthétique et paysagère (et de plus en plus environnementale) du lieu d'implantation. Aux yeux de ce public susceptible de travailler où il le souhaite, seules les régions offrant un cadre de vie agréable seront dignes d'être élues.

1. In *Le Figaro Magazine*, 23 octobre 2020.

CHAPITRE 2

La banlieue entre boboïsation et ghettoïsation

1. Pantin ou le prolongement du front de gentrification parisien

Quittons maintenant l'enceinte et les rivages de la France « triple A » pour nous aventurer du côté des territoires *bis*. Il ne s'agit pas encore des terres de relégation, mais plutôt des lots de consolation à l'intention de cette fraction de la population qui ne peut concourir en première division. En raison de la hausse historique de l'immobilier, une règle prévaut dans la France d'après : les générations montantes qui espèrent conserver un niveau de vie comparable à celui dans lequel elles ont grandi doivent se tourner vers la « commune d'après » (par rapport à celle à laquelle elles auraient pu prétendre une génération plus tôt). Peu de monde est épargné par ce phénomène de déclassement territorial, de sorte que le repli de chaque catégorie sociale a des conséquences sur celle qui est située juste au-dessous d'elle (ou juste à côté spatialement). Autour des grandes agglomérations, il faut parfois enjamber les premières couronnes historiques de périurbanisation et s'éloigner de dix à vingt kilomètres supplémentaires, au niveau de la sortie suivante d'autoroute. Sur le littoral, le report se fait vers les communes de l'arrière-pays, à une demi-heure ou plus de la mer. Près des stations de ski, le même mouvement s'opère en direction des agglomérations moins courues situées dans les vallées. Partout le processus est identique : les emplacements de catégorie « triple A » étant difficilement accessibles aux non-héritiers, les ménages se rabattent vers les communes de second choix, et ainsi de suite[1].

1. « La diffusion des diplômes allant de pair avec une situation géographique résidentielle pour l'essentiel bloquée, les jeunes adultes mieux diplômés doivent s'attendre à de fortes désillusions sociales s'ils croient en une correspondance stricte, invariable depuis la

D'une certaine façon, le déménagement à Bordeaux de ménages aisés de la région parisienne est une conséquence de ce ruissellement du sommet de la pyramide immobilière française, et, comme nous l'avons vu, les conséquences du phénomène se répliquent en cascade sur les territoires environnants, les ménages modestes s'établissant de plus en plus loin de l'écrin bordelais. Au sein des métropoles, où la compétition pour les places fait rage, les centres historiques et les banlieues bourgeoises étant devenus la chasse gardée des hauts patrimoines, ce mouvement de report s'est fixé dans un premier temps sur les quartiers populaires de faubourg (La Croix-Rousse à Lyon, Krutenau à Strasbourg, le Nord-Est parisien) puis sur la proche banlieue anciennement ouvrière (comme à Wazemmes, en bordure du vieux Lille). En raison de l'image très négative des grands ensembles qui jouxtent les centres-villes historiques, ce phénomène de gentrification ne s'est produit que dans une poignée de quartiers des agglomérations où le marché immobilier est le plus tendu, et uniquement dans la configuration où il existe un véritable intérêt à se maintenir près du centre du point de vue de l'emploi et de la qualité de la vie sociale et culturelle. L'intérêt émergent pour ces espaces jadis snobés se déclenche souvent à la faveur de la rénovation d'un quartier, de l'arrivée de nouveaux équipements ou du prolongement d'une ligne de tramway ou de métro. Le renouvellement urbain s'accompagne alors de tentatives de rehaussement d'image des banlieues concernées. Dans la métropole lyonnaise, le quartier du Carré de Soie, situé à la frontière entre Villeurbanne et Vaulx-en-Velin, a connu une telle évolution d'image et de niveau de l'immobilier. Mais nulle part ce processus n'est plus flagrant que dans les communes de l'ancienne ceinture ouvrière et populaire limitrophes de Paris.

Département emblème de la banlieue, charriant par son nom même un grand nombre de stéréotypes, la Seine-Saint-Denis est un territoire de plus en plus tiraillé entre des dynamiques contraires : d'une part, la gentrification de sa portion raccordée à Paris par le métro[1]

---

génération de leurs parents, entre diplôme et prestige résidentiel », écrit à juste titre Louis Chauvel dans *La Spirale du déclassement. Essai sur la société des illusions*, Paris, Seuil, 2016.

1. Le journaliste Olivier Razemon note que la petite couronne parisienne se « grand-parise », au sens où les 3,5 millions d'habitants peuplant Paris et sa banlieue immédiate constituent un ensemble de plus en plus cohérent dont la population et les modes de vie

et, d'autre part, la spécialisation de ses communes plus excentrées, où domine le parc de logements collectif et social, dans l'accueil des vagues d'immigration. Se promener dans ce vaste territoire permet de ressentir une opposition assez marquée entre deux atmosphères[1]. Dans la Seine-Saint-Denis de la gentrification, les ménages de Blancs originaires de Paris ont refait une apparition remarquée, d'autant que cette mixité ethnique et sociale est souvent ardemment encouragée par les municipalités. Les grues sont omniprésentes, témoins de la pression immobilière à l'œuvre. Si les gentrifieurs historiques ont acheté d'agréables maisons meulières ou ont transformé certains quartiers de fabriques et d'ateliers en lofts[2], les nouveaux arrivants des années 2010-2020 se contentent généralement de programmes immobiliers neufs sans grand charme, qu'érigent à une cadence impressionnante les Bouygues, Nexity et autres géants de la promotion immobilière. Les centres commerçants de ces communes limitrophes (Les Lilas, Le Pré-Saint-Gervais, Pantin, Montreuil) ressemblent de plus en plus à des extensions de l'Est parisien, dont la sociologie et le style de vie imprègnent ces banlieues proches. Bistrots gastronomiques, trattorias, boulangers-traiteurs, cavistes, ateliers d'artistes, *fablabs* et espaces de *coworking* : l'écosystème artisanal, créatif et culturel vise à séduire prioritairement la population nouvellement installée. Pour autant, il ne s'agit souvent que de poches de bien-vivre et d'hédonisme urbain au cœur de territoires qui demeurent marqués par la précarité et par la présence de logements sociaux parfois majoritaires. De même, les nouveaux commerces de bouche se repèrent d'autant mieux qu'ils émergent au sein d'un paysage où kebabs et restaurants asiatiques bon marché dominent.

s'uniformisent (*Les Parisiens, une obsession française*, Paris, Éditions Rue de l'Échiquier, 2021).

1. À l'instar de la notion d'ambiance, celle d'atmosphère nous paraît stimulante pour rendre compte de l'expérience quotidienne de l'usager d'un quartier. Mêlant le paysage naturel et bâti, le climat, les sonorités, l'attitude et le look des passants, le standing des commerces, les atmosphères et les ambiances sont de l'ordre de la subjectivité et de l'impalpable. Elles n'en déterminent pas moins la réputation d'un lieu et l'état d'esprit des habitants ou des visiteurs qui le fréquentent.

2. La sociologue Anaïs Collet a finement décrit ce processus dans le Bas-Montreuil, quartier associé aux professions intellectuelles et artistiques depuis les années 2000, dans *Rester bourgeois. Les quartiers populaires, nouveaux chantiers de la distinction*, Paris, La Découverte, 2015.

À Pantin, les rives du canal de l'Ourcq, prolongement du canal Saint-Martin qui fut l'épicentre de la gentrification du Nord-Est parisien dans les années 1990-2000, ont servi de brèche où s'est engouffré un front de gentrification plus récent. Les berges sont la scène sur laquelle ses marqueurs se déploient avec le plus d'évidence. Les restaurants se sont installés de part et d'autre du canal, tout comme les nouvelles guinguettes, les friches culturelles, potagers urbains et autres *biergarten* à la berlinoise, que l'on repère à leurs guirlandes de loupiotes multicolores et à leur population de jeunes amateurs de bières IPA, baskets aux pieds et *tote bag* sur l'épaule. À la belle saison, des péniches où prendre le thé ou l'apéro accueillent les couples, les familles et des groupes d'étudiants parisiens ou nouvellement installés en banlieue. Durant le week-end, les adeptes de *running* signalent la présence d'une population de cadres et de professions culturelles portés vers une pratique sportive inspirée du mode de vie *yuppie* américain.

Signe d'un virage économique assez récent qui s'est précisé dans les premières décennies du XXIe siècle, les installations festives du canal de l'Ourcq jouxtent ou font face à des vestiges de l'ère industrielle, à l'époque où la voie d'eau était utilisée pour transformer et acheminer des matériaux de construction. Certains équipements sont toujours en activité : blanchisserie industrielle Elis, cimenterie Lafarge, centre de maintenance SNCF. Banlieue jouxtant la capitale, Pantin lui a longtemps servi de débarras et d'entrepôt ; elle accueille d'ailleurs l'un de ses cimetières extra-muros. Ce passé industriel aura été une aubaine. Le réemploi foncier comme symbolique d'une partie du patrimoine ouvrier du XIXe siècle et du début du XXe, qui bénéficie d'une bonne patine historique et d'un certain cachet architectural, a favorisé la reconversion pantinoise. De nombreux bâtiments érigés au temps de cette première révolution industrielle sont d'ailleurs aujourd'hui classés[1].

Manufactures, briqueteries, fonderies sont ainsi investies par les artistes, créatifs et autres entrepreneurs qui intègrent la fonction initiale des bâtiments à leur image de marque. La galerie Thaddaeus Ropac, très réputée dans le monde de l'art contemporain, est installée dans les murs d'une ancienne chaudronnerie. La reconversion des friches

1. Antoine Lorgnier, « Tendance : Pantin s'impose comme le Brooklyn parisien », *IDEAT*, 21 novembre 2019.

aux abords du canal de l'Ourcq ne s'est cependant pas limitée à la culture ou à l'événementiel : plusieurs sièges ou campus d'entreprises de la mode ou du tertiaire supérieur y ont pris leurs quartiers dans des immeubles industriels rénovés et magnifiés. On mentionnera ici le siège des opérations de sécurité de BNP Paribas installé dans les anciens Grands Moulins, bâtiment des années 1880 rénové, ainsi que l'agence de publicité BETC, qui a fait de son déménagement du Xe arrondissement de Paris vers l'immeuble iconique des anciens Magasins Généraux, toujours en bordure du canal, une opération de communication vantant les atouts du Grand Paris[1]. On constate, depuis le milieu de la décennie 2010, la mise en chantier de lieux hybrides qui intègrent immobilier d'entreprise (bureaux, espaces de *coworking*, campus), ambition culturelle (tiers-lieux, scènes, lieux d'expositions et de rencontres) et volet restauration (voire hôtellerie). Les noms donnés à ces projets – Les Grandes Serres, Les Magasins Généraux – disent bien l'ambition pluridisciplinaire[2]. À noter que la carte des lieux de vie, de travail et de loisirs fréquentés par les néo-Pantinois met bien en évidence la nouvelle centralité du canal.

La transformation du tissu urbain pantinois s'est accompagnée d'un renversement d'image de la commune, dont l'affiliation symbolique à la banlieue a laissé place à des comparaisons plus flatteuses avec Paris et plus encore avec l'arrondissement new-yorkais de Brooklyn. Desservant Manhattan par le métro, ce dernier a en effet connu une véritable métamorphose sous l'afflux d'habitants qui quittaient les quartiers plus centraux faute de pouvoir s'y loger, et cette évolution démographique s'est traduite par un repositionnement d'image qui a, à son tour, attiré de nouveaux arrivants.

C'est grâce à la reconversion de vastes friches industrielles que l'arrondissement de Brooklyn a développé un style de vie à part ainsi qu'une véritable marque urbaine alternative, le *made in Brooklyn*. Rattachée à

1. On mesure le chemin parcouru et l'évolution de l'image de Pantin en rappelant qu'à la fin des années 1950, les mêmes Grands Moulins faisaient plusieurs apparitions dans le court-métrage de Maurice Pialat, *L'amour existe*, ode mélancolique à la vie banlieusarde grise et ennuyeuse que partageaient alors des millions de Franciliens.

2. Le roman de Celia Levi, *La Tannerie*, se déroule dans une institution culturelle fictive de Pantin, installée dans une ancienne usine de transformation du cuir dont la « grande halle » et les salles de machines, maintenues sur le site, deviennent des espaces d'expositions, de festivals, de défilés de mode ou de performances (Celia Levi, *La Tannerie*, Auch, Tristram, 2020).

l'image internationale de New York, cette nouvelle marque urbaine est fondée sur une certaine idée de l'authenticité qui se décline en mode vestimentaire, style artistique, et même en... bière artisanale. En 2013, un article du *New York Times* vantant la mixité de la banlieue parisienne en la comparant à Brooklyn a installé cette parenté[1] qui a l'avantage d'éloigner encore Pantin, notamment, des stéréotypes moins vendeurs associés au département de la Seine-Saint-Denis.

Signe de la « brooklynisation » du tissu économique et de la sociologie de Pantin, l'implantation de micro-brasseries dans certains locaux industriels du XIXe siècle, bien intégrés au tissu urbain et possédant parfois une cour – ce qui leur permet d'être à la fois des unités de production et des lieux de consommation. Ces micro-brasseries urbaines s'inspirent du format historique de la guinguette francilienne, qu'elles hybrident avec une esthétique importée de la culture *craft beer* américaine et un format proche de celui du *biergarten* allemand. Ce dernier, très populaire chez les jeunes Parisiens, s'éloigne des codes du bar à la française, et même du pub anglais, en ce qu'ils sont des espaces clos. Le *biergarten* est comme son nom l'indique (*garten* signifie « jardin » en allemand) un espace extérieur où s'installe une ambiance plus facilement détendue et informelle que dans un débit de boissons traditionnel. Les micro-brasseries de l'Est parisien et de la Seine-Saint-Denis limitrophes de Paris témoignent ainsi tout à la fois du dynamisme entrepreneurial qui s'est emparé d'une partie du territoire, de la reconversion harmonieuse de locaux et de secteurs industriels à l'abandon, et de la présence d'une population de gentrifieurs qui ont fait de ces espaces des lieux de sociabilité correspondant à un nouvel idéal culturel (proximité, localisme, artisanat). Un art de vivre « alter-bourgeois » s'invente ainsi à quelques kilomètres de la capitale, jugée trop chère mais également trop étriquée, guindée et conformiste aux yeux des jeunes ménages qui font parfois de nécessité vertu en s'investissant dans leur nouvelle vie banlieusarde.

Situés à proximité immédiate de Paris et bien desservis par le métro, ces quartiers pantinois comptent aussi leur(s) point(s) de *deal*. Implantés dans des cités faisant figure d'îlots non gentrifiés, ils constituent un élément désormais incontournable du paysage urbain et banlieusard.

---

1. Mira Kamdar, « The Other Paris. Beyond the Boulevards », *The New York Times*, 9 novembre 2013.

Les lieux de travail, de loisirs et de vie qui ont émergé dans les années 2010 à Pantin

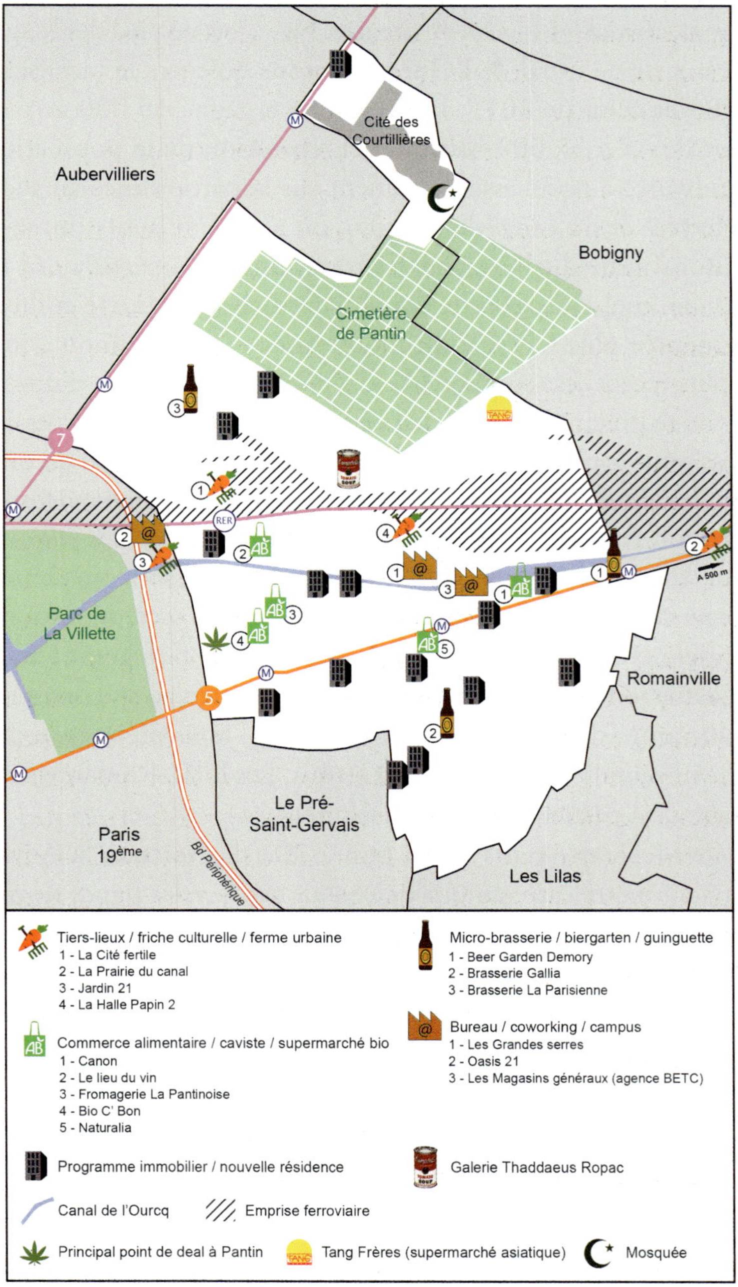

La brooklynisation de Pantin se traduit encore par le développement de programmes immobiliers qui jouent de ce cousinage urbanistique, jusqu'à donner aux immeubles et résidences des noms anglais qui « sonnent » Brooklyn – ainsi du quartier New Port au pied des Magasins Généraux sur le canal de l'Ourcq. Notons qu'entre le recensement de 1990 et celui de 2017, la commune a gagné 10 000 arrivants, passant de 47 à 57 000 habitants. L'évolution de la population et de l'ambiance a porté essentiellement sur la partie située au sud des voies ferrées et du canal de l'Ourcq, où alternent petits immeubles et maisons individuelles dans des rues calmes. La partie nord de la commune, enclavée par cette coupure ferroviaire, routière et fluviale, est demeurée plus à l'écart du mouvement. Son patrimoine industriel, plus récent, est composé d'entrepôts en tôle au sein d'une zone d'activité se prêtant moins au jeu de la reconversion architecturale, en tout cas pour le moment. C'est aussi dans cette partie nord qu'ont été édifiées les Courtillières, l'un des premiers grands ensembles iconiques de la région parisienne, repérable à sa forme de serpentin, et qui joue comme ailleurs en banlieue une fonction repoussoir qui freine ou détourne la gentrification à l'œuvre dans d'autres secteurs[1]. Au nord, la frontière avec des villes comme Aubervilliers et Bobigny a tendance à bloquer le mouvement de gentrification, alors qu'au sud on retrouve les communes de la « bonne » Seine-Saint-Denis plébiscitée par le marché immobilier (Le Pré-Saint-Gervais, Les Lilas, Romainville), un territoire déjà partiellement « parisianisé ».

Le site MeilleursAgents a eu la bonne idée de présenter la moyenne des prix au mètre carré autour de chaque station des lignes de métro et de RER parisiens. La ligne 5, qui depuis la place d'Italie, Bastille puis République dessert les gares de l'Est et du Nord jusqu'à son terminus de Bobigny, traverse la commune de Pantin. Après une légère décote en deçà des 10 000 €/m² (moyenne parisienne) à mesure qu'on s'éloigne du cœur du XXe arrondissement (stations Jaurès, Laumière, Ourcq), la ligne franchit le périphérique pour descendre sous la barre des 7 000 €/m². La station Hoche, située à proximité du triangle

1. Comme on peut le voir sur la carte, c'est aussi dans cette partie excentrée de la ville qu'est située la mosquée de Pantin, qui fut fermée à la suite de l'assassinat de Samuel Paty.

d'or pantinois (selon l'expression flatteuse des agents immobiliers), affiche un prix de 6 450 €/m². Ce prix place cette commune populaire où l'immigration est importante à un niveau bien supérieur à celui qu'occupent certaines communes du sud bourgeois de Paris, comme Saint-Rémy-lès-Chevreuse qui culmine à 3 600 €/m². Mais revenons à notre ligne 5. La station Raymond-Queneau, à cheval entre Pantin et Bobigny, affiche encore 5 665 €/m², et ce n'est qu'au cœur de Bobigny, station Pablo-Picasso, son terminus, que le prix s'effondre, se maintenant tout de même autour des 3 000 €/m². Marquée par l'architecture moderniste et les grands ensembles, la préfecture de Seine-Saint-Denis n'a pas connu le renversement d'image qui a mis Pantin, sa voisine, dans l'orbite du Grand Paris. De même, plus au nord, la station pantinoise située sur la ligne 7 qui jouxte Aubervilliers (Pantin – Quatre-Chemins, 4 241 €/m²) ne bénéficie pas d'un engouement immobilier comparable à celui que l'on constate sur la ligne 5.

Le prix du mètre carré autour des stations de la ligne 5 du métro

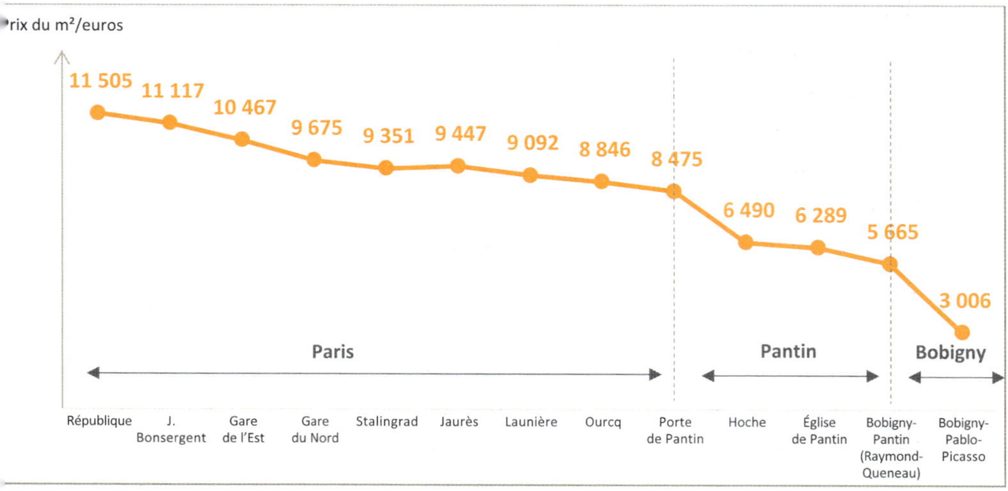

(Source : MeilleursAgents.com, consultation décembre 2020.)

Les bons morceaux de la banlieue, ou les territoires disputés de la mixité sociale

Les communes de banlieue ne voient généralement pas le nombre de leurs logements sociaux diminuer à mesure que progresse le processus de gentrification. Par ailleurs, les quotas imposés à l'occasion des constructions neuves assurent le maintien d'une mixité sociale réelle entre catégories d'immigration récente et de nouveaux habitants issus des villes-centres. La question de la gentrification dans les espaces les mieux valorisés de la banlieue est donc moins celle du remplacement d'une population par une autre que de leur coexistence. Une cohabitation que met en scène un film réalisé en 2018 par Michel Leclerc, *La Lutte des classes*. Une avocate et un musicien de rock, interprétés par Leïla Bekhti et Édouard Baer, forment un couple de parfaits bobos qui emménagent avec leurs enfants dans un pavillon ouvrier d'une commune de la banlieue parisienne et voient leurs idéaux politiques (de gauche) mis à mal lorsque la question de la « mixité sociale » – et en réalité, ethnique – à l'école s'invite dans leur quotidien et les met en face de leurs contradictions. L'action se déroule à Bagnolet, commune limitrophe de Paris et traversée par les mêmes dynamiques sociodémographiques que Pantin. Dans l'ancienne banlieue rouge de Paris, une population de primo-arrivants et d'enfants d'immigrés résidant dans les tours et barres de grands ensembles de logements sociaux côtoie, à quelques rues, des ménages de Parisiens fuyant une capitale devenue inaccessible aux classes moyennes supérieures elles-mêmes. La carte électorale de Bagnolet, où ont vécu pendant près de dix ans les coscénaristes, illustre bien ces lignes de fracture et la juxtaposition de groupes sociaux très différents. Ainsi, lors des élections européennes de 2019 (soit l'année suivant la sortie du film), le score de la liste d'Europe Écologie Les Verts oscillait entre 33,3 % dans le bureau n° 5, situé rue Paul-Bert, et… 9 % dans le bureau n° 6, rue Lénine, les deux bureaux n'étant distants que de quelques centaines de mètres.

Grand succès de l'année 1988, *La vie est un long fleuve tranquille* d'Étienne Chatiliez mettait déjà en scène une opposition entre bourgeois et prolétaires. Sauf qu'à l'époque, la question de la coexistence dans un même quartier ne se posait nullement, et celle de la diversité ethnique était reléguée au second plan. Pour faire se rencontrer la famille Le Quesnoy, archétype de la bourgeoisie catholique coincée, et la famille Groseille, des prolétaires habitant dans la cité populaire de la même commune du nord de la France, le réalisateur avait eu l'idée de la substitution d'enfants à la maternité, seul artifice narratif qui rendait plausible que des membres de deux familles aussi opposées l'une à l'autre dans l'espace social – et dans l'espace tout court – se croisent...

2. La Seine-Saint-Denis profonde, de la banlieue ouvrière au ghetto français

En dépassant la zone gentrifiée et en s'aventurant au-delà de la première Seine-Saint-Denis accessible par le métro, le promeneur parisien ressentira à quelques signes visuels, sonores, esthétiques le passage vers l'autre banlieue. L'éventail des commerces locaux est plus populaire : coiffeurs pour hommes bon marché, commerces alimentaires « ethniques » (indiens, asiatiques, africains), fast-foods (tacos, kebab), magasins de téléphonie mobile spécialisés dans les appels vers l'étranger, boulangeries à bas prix ou échoppes de poulet braisé... De temps à autre, des voitures noires à vitres fumées démarrent en trombe aux feux, des basses de hip-hop s'échappant à fort volume de l'habitacle. Le voile se fait plus visible, au point d'être majoritaire dans certaines rues ou au pied des ensembles résidentiels collectifs. Alors qu'elle fait débat et alimente bien des controverses, des « territoires perdus de la République » aux « territoires conquis de l'islamisme », l'islamisation d'une partie de la société locale est une réalité désormais bien établie et que confirment certains marqueurs du quotidien, les tenues vestimentaires comme le langage qui a incorporé des expressions liées à la pratique religieuse (ainsi du « *Inch' Allah* » qui donne son titre à une enquête menée par les journalistes du *Monde* Gérard Davet et Fabrice Lhomme[1], ou de l'expression « Sur le Coran » qui est devenue si prisée des collégiens). Nous sommes ici bien loin de l'ambiance « poussette Yoyo et vélo électrique » de la petite couronne gentrifiée, et sur la carte mentale que se construit l'habitant des centres-villes, la banlieue des

1. Gérard Davet et Fabrice Lhomme, *Inch' Allah. L'islamisation à visage découvert*, Paris, Fayard, 2018.

micro-brasseries cède le pas à celle des barbus. Le processus de gentrification a ses limites, d'autant qu'au-delà d'une certaine distance de la capitale, les relégués du marché immobilier parisien préfèrent déménager en bout de ligne de RER, si ce n'est dans une autre métropole raccordée au TGV, plutôt que de s'aventurer dans certains quartiers.

L'évolution de l'image de cette Seine-Saint-Denis profonde, passant de banlieue ouvrière à banlieue associée à l'immigration et marquée par l'islam, peut se détecter dans la manière dont les journalistes, essayistes et artistes en parlaient dans les années 1980. Ce retour en arrière sur ces années charnières permet de comprendre à quel moment la banlieue est devenue un repoussoir, qui occupe une position de point limite dans le marché immobilier urbain français.

En 1989, l'écrivain et éditeur François Maspero se lance, en compagnie de la photographe Anaïk Frantz, dans un étrange périple, le long des stations de la ligne B du RER au départ de l'aéroport de Roissy. Le reportage donnera lieu à la publication des *Passagers du Roissy-Express*, un livre qui adopte le style des récits de voyage en l'adaptant à l'exploration de ce qui constitue alors une vaste *terra incognita* pour l'intelligentsia parisienne, source de mystères autant que de fantasmes (« la vraie France profonde », vante la quatrième de couverture). À l'époque, la désindustrialisation a durement frappé la banlieue mais le processus est loin d'être achevé, même si la cité des 3000 à Aulnay-sous-Bois est déjà associée à la marginalité, à la pauvreté et au trafic de drogue. Construit en 1971, l'ensemble était prévu pour loger 16 000 personnes à côté de l'usine Citroën, qui devait en employer plus de 8 000. Il n'est pas jugé utile alors de raccorder le quartier aux transports, ni au reste de la ville, dans la mesure où l'emploi est à portée de marche : « On trouvait sur place tout l'environnement social nécessaire : crèches, écoles, dispensaires, salles de sport. Un vrai petit paradis », écrivent les auteurs des *Passagers du Roissy-Express.* Mais dans ces années de transition, rien ne s'est passé comme prévu. « La cité avait à peine eu le temps de naître que ce fut la crise. Dès 1975, Citroën débauchait. Et tous les autres : Ideal Standard à Aulnay mit la clef sous la porte : 2 960 travailleurs sans emploi d'un coup. En 1978-1979, Citroën supprima 1 132 emplois. Et continua les années suivantes. » À la fin des années 1980, le quartier a déjà connu deux plans de réhabilitation. Les habitants sont progressivement pris au piège de l'enfermement, et dès 1989, « si une grande partie de la population ne vote pas, puisqu'elle n'a pas la citoyenneté française [...] une autre partie, elle, se fait entendre. Et c'est ainsi qu'en 1988, le Parti communiste s'est rendu compte que dans certaines cités ouvrières on avait voté à 38 % pour le Front national[1] ».

Curiosité historique du point de vue du lecteur de 2021, l'électeur du « Front » se recrute alors en banlieue, comme dans cette partie sud d'Aulnay-sous-Bois qu'évoquent les auteurs, celle des pavillons qui « se sont embourgeoisés, c'est l'Aulnay blanc et bien-pensant qui vit à l'abri de ses clôtures et de ses féroces toutous, coincé entre Paris qu'il voit comme un monstre et les cités du nord inconnues et malfaisantes », décrit Maspero. Les chiens sont omniprésents dans les retranscriptions des notes de l'écrivain et de la photographe, qui insistent sur l'importance « d'adopter dans ces banlieues-là une manière particulière de marcher : et d'abord ne jamais longer de trop près les grilles », d'où les chiens « bondissent à l'improviste derrière les grillages et les murs »[2].

Trente ans après *Les Passagers du Roissy-Express,* la sociologue Marie-Hélène Bacqué marche dans les pas des auteurs pour écrire son *Retour à Roissy*[3]. Accompagnée elle aussi d'un photographe, elle parcourt une Seine-Saint-Denis multiculturelle où cohabitent les couches successives d'immigration (portugaise, maghrébine, subsaharienne, d'Europe de l'Est, asiatique, indienne) et où les Blancs sont dans l'ensemble absents, à l'exception de quelques vieux propriétaires de pavillon et de bobos fraîchement arrivés qui investissent le 93 par sauts de puce depuis le franchissement du périphérique – comme à Pantin. À l'aube de l'organisation des JO de 2024, et alors que le projet pharaonique du Grand Paris imprime sa marque sur le territoire, la sociologue rend compte d'un territoire en proie au doute existentiel, où dominent la nostalgie et la difficulté d'affirmer une identité de territoire. Les quartiers novateurs du Grand Paris sortent de terre, chaque municipalité espérant qu'ils permettront d'assurer la sacro-sainte mixité et de faire du Blanc-Mesnil une annexe du canal Saint-Martin ou du Bourget le

1. François Maspero, *Les Passagers du Roissy-Express*, Paris, Seuil, 1990.

2. Illustration parmi d'autres de la métamorphose qu'ont connue ces quartiers en une trentaine d'années, les bergers allemands des pavillons ont souvent laissé la place aux pitbulls et autres rottweilers des cités.

3. Marie-Hélène Bacqué, *Retour à Roissy. Un voyage sur le RER B*, photographies d'André Mérian, Paris, Seuil, 2019.

nouveau Pantin. Dans les catalogues d'agences immobilières, le pastiche néo-haussmannien vole ici la vedette à l'esthétique pseudo-Brooklyn. La dynamique du Grand Paris, chantier d'infrastructure, réforme institutionnelle de la région parisienne mais aussi projet symbole du renouveau de la banlieue, doit contribuer à rendre plus lisible l'image de cette Seine-Saint-Denis profonde. Sans, pour l'heure, susciter plus d'envie que de crainte, comme en témoignent les niveaux des prix de l'immobilier dans certaines communes…

CHAPITRE 3

La maison individuelle avec jardin, ou l'idéal « Plaza majoritaire »

1. Le pavillon et le lotissement, paysages de la France d'après

À partir des années 1970-1980, alors que l'image des banlieues amorce une lente dégradation qui s'étendra sur plusieurs décennies, un espace résidentiel bien particulier commence à être associé systématiquement aux classes moyennes, et son développement très rapide va bouleverser nos paysages. Il s'agit de la maison individuelle avec jardin située en lisière de ville ou du noyau villageois ancien, dans un « nouveau village » composé de petits lotissements. Adopté par un peu plus de la moitié des ménages français[1], le choix de la maison individuelle est en revanche systématiquement plébiscité dans les sondages par une écrasante majorité d'au moins deux tiers d'entre eux[2] : il est donc très nettement majoritaire, sinon dans les faits, au moins dans les têtes. La maison individuelle représente ainsi un véritable idéal résidentiel et structure une part très significative de l'espace urbanisé, et cela, dans toutes les régions françaises[3]. Dans la

1. 56 % du parc français est constitué de logements individuels, c'est-à-dire de maisons. Voir Céline Arnold, « Le parc de logements en France au 1er janvier 2017 », Paris, Insee, 7 décembre 2017.

2. Lorsqu'on leur montre des images des différents types d'habitations en leur demandant de dire leur préférence, les Français plébiscitent la maison individuelle à 87 % ; voir Julien Damon, « Les Français et l'habitat individuel : préférences révélées et déclarées », SociologieS, 21 février 2017 (en ligne).

3. Comme en témoignent, par exemple, les reportages consacrés à de nombreux faits divers ayant marqué l'actualité ces dernières années, ces témoignages constituant autant de plongées dans les paysages génériques de la France d'après. Meurtre de Laëtitia Perrais à La Bernerie-en-Retz en Loire-Atlantique en 2011, affaire Jonathann Daval à Gray en Haute-Saône (2017), assassinat de Monique Borrelli à Châteauneuf-le-Rouge (Bouches-du-Rhône) en 2020, ou encore disparition de Delphine Jubillar à Albi dans le Tarn (2020). Dans chacune de ces affaires, les photos et images des lieux du drame donnent à voir un paysage pavillonnaire et ses déclinaisons régionales.

hiérarchie résidentielle et paysagère, ces vastes territoires pavillonnaires occupent une place intermédiaire entre la France « triple A » et les banlieues reléguées. Si ces espaces sont eux-mêmes l'objet d'une hiérarchisation en termes de désirabilité, ils ont vu s'épanouir un mode de vie particulier.

Nous baptiserons ce mode de vie « Plaza majoritaire », clin d'œil à l'agent immobilier le plus célèbre de France, Stéphane Plaza, dont les émissions mettent en scène l'un des aspects les plus cruciaux de la vie des Français : la recherche, l'acquisition et l'embellissement de leur logement. Le fait que Stéphane Plaza ait décliné durant plus d'une décennie plusieurs concepts d'émissions ayant pour seul objet ce poste de dépense en dit long sur l'importance qu'il a acquise. Le modèle « Plaza majoritaire » intègre sous un même toit un ménage constitué d'un couple – recomposé ou non – avec enfant(s), propriétaire d'une maison avec terrain qu'il a achetée ou fait construire, et qui possède une ou deux automobiles. Notons dès à présent que si l'automobile est demeurée la référence commune aux habitants d'une maison individuelle, cet objet central de la sociologie des Français dans les années d'après-guerre a un peu perdu de son brio dans les mythologies contemporaines, au profit de la glorification de la culture du jardin et de la *déco* intérieure. À partir de ce *package* de départ commun, le modèle « Plaza majoritaire » se décline en autant de nuances qu'il existe de budgets et de projets de vie. Si elles sollicitent généralement peu de représentants des professions libérales (bourgeoises par excellence) ou des professions intellectuelles (qu'on associe aux bobos), les émissions de Stéphane Plaza sont en revanche assez représentatives du large spectre des tenants du modèle périurbain – propriétaire. Y figurent autant de couples de cadres du privé en quête d'une vaste demeure avec piscine à la périphérie des grandes agglomérations (Bordeaux, Lyon, Toulouse) que de ménages d'employés à la recherche d'un *sam'suffit*, petite maison de constructeur située dans un lotissement d'une aire urbaine de second rang[1].

1. De manière symptomatique, les différents concepts d'émissions de Stéphane Plaza reflètent l'inégale désirabilité des logements, mais surtout de leur localisation : alors que dans *Recherche appartement ou maison*, les candidats espèrent décrocher une maison au calme avec jardin dans une région ensoleillée (ou dynamique) ou un bel appartement dans le quartier recherché d'une grande agglomération, l'émission *Maison à vendre* aide de son côté des candidats dont le projet de changement de lieu de vie est entravé par leur incapacité à revendre leur logement à bon prix. Il s'agit principalement d'appartements

La localisation de l'habitat (distance à la grande ville la plus proche), le style de la maison (ancien ou neuf, traditionnel ou contemporain) et son standing (maison de pierre traditionnelle ou maison en parpaing aux murs recouverts d'un crépi couleur crème), le cadre environnant (isolé ou « diffus », mitoyen, en lotissement, verdoyant ou urbanisé et chaotique), la taille des parcelles sont autant de curseurs dont l'intensité varie en fonction des configurations, du mas provençal avec piscine entouré de vignes à la maison de catalogue jouxtant une zone commerciale à la périphérie d'une ville moyenne assoupie. L'éventail de prix pour accéder au modèle majoritaire va de 150 000 à 1 million d'euros et au-delà. Ménages modestes, bourgeois, banlieusards… peu de catégories sociales résistent à sa puissance d'attraction[1].

2. Des niveaux de vie différents mais une vision du monde commune

Bien que l'on trouve des maisons de ville dans les grandes agglomérations, on associe souvent la vie en maison individuelle à la campagne ainsi qu'à la géographie des villes moyennes : leurs centres-villes sont, à de rares exceptions touristiques près, généralement moins attractifs que leurs périphéries résidentielles. C'est d'ailleurs en dessous du seuil des 100 000 habitants qu'une agglomération voit la part des logements individuels devenir majoritaire[2]. S'il se confirme, le mouvement de rééquilibrage des populations urbaines vers des villes de taille intermédiaire, stimulé par le Covid-19, se confondra avec une persistance du modèle majoritaire.

Mis à part dans le rural isolé ou à la montagne, la vie en maison individuelle se déroule le plus souvent dans un quartier résidentiel, terme généralement préféré par les habitants et les professionnels de l'immobilier à celui de lotissement (dont la connotation est aujourd'hui péjorative). On reconnaît ces quartiers à leur implantation légèrement

dans des résidences semi-récentes ou de pavillons vieillots situés dans des communes de grande banlieue ou des villes moyennes peu attractives.

1. Un certain nombre de clips de rap ou de RnB ont pour cadre de spacieuses villas situées dans des lotissements résidentiels, signe que l'idéal et le rêve pavillonnaires ont aussi été adoptés dans les banlieues.

2. Céline Arnold, « Le parc de logements en France au 1er janvier 2017 », art. cit.

périphérique par rapport au centre-bourg et centre-ville, et à leurs voies qui se finissent par une boucle ou en cul-de-sac (modèle en « raquettes de tennis » ou en « arrêtes de poisson »), un système de voiries calqué sur le modèle américain qui leur donne un petit air exotique et a pour conséquence de les isoler des flux de circulation. Promoteurs et architectes rendent généralement hommage à la faune et à la flore locales, et célèbrent volontiers l'environnement champêtre du lotissement lorsque vient le moment de baptiser un programme immobilier : Les Clos des Merles, Les Domaines des Hêtres et Les Résidences des Pins parsèment ainsi le territoire périphérique français.

À côté du lotissement pavillonnaire standardisé des années 1980 à 2000, avec parcelles identiques, maisons de plain-pied à toit à deux ou quatre pentes, édifié sur un ancien champ de blé en bordure de rocade, on trouve depuis peu des « domaines résidentiels », « hameaux » et même « éco-quartiers » qui accueillent des « maisons contemporaines » et des « villas de standing » sur des parcelles d'un hectare. Ces programmes immobiliers incluent des prestations plus ou moins *premium* et peuvent aller jusqu'à la résidence fermée de luxe.

Zoomons sur la maison elle-même, terme qu'on préférera à celui de « pavillon », aujourd'hui employé pour disqualifier un mode de vie[1]. Le rêve majoritaire se présente sous une multiplicité de versions, autorisant les Français à se l'approprier en fonction de leur budget et de leurs envies, de la *McMansion* (une maison aux proportions démesurées et à l'architecture ornementale prisée des nouveaux riches américains) à la petite maison éco-construite à partir de matériaux locaux et durables, sans oublier le célèbre pavillon Bouygues ou Phénix, qui a lui-même effectué sa mue et ne ressemble plus forcément à son ancêtre des années 1970-1980. D'autres lui préfèrent la sobriété des lignes contemporaines, et les constructeurs ont intégré à leurs catalogues des modèles à toit-terrasse qui tranchent avec les préceptes de l'architecture néo-régionaliste. Ce goût pour le folklorique demeure néanmoins majoritaire, selon un partage du territoire qui voit le style néo-provençal

1. Dans le langage architectural, le pavillon désigne d'abord un édicule d'agrément situé dans un jardin. Il devient à l'ère industrielle un logement ouvrier modeste sous l'appellation de pavillon de banlieue jusqu'à la fin des Trente Glorieuses. Progressivement, cette association entre « banlieue » et « pavillon » va s'effacer, l'espace périurbain prenant le relais dans l'imaginaire collectif comme cadre de l'idéal pavillonnaire.

dominer dans le grand sud de la France (toit de tuiles courbes en forme de gouttière, crépis orangé, ocre, saumon, jaune moutarde...) tandis qu'une esthétique plus discrète l'emporte à l'ouest et au nord de la Loire (tuiles plates « ardoisées », enduits blancs ou en nuances de gris), sans oublier le style « chalet » des régions de montagne.

Peut-on, avec un tel écart de style, de niveau et de standing de vie parler d'une culture commune ? En raison de la variété des manières de décliner le modèle standard, un certain flou s'installe dès qu'il est question de rattacher les habitants de ce « tiers espace » à une catégorie sociale. Sont-ils des privilégiés ? Des bourgeois ? Des déclassés ? Des habitants de la France périphérique ? Des Gilets jaunes ? La multiplicité des thèses et des représentations associées au modèle majoritaire, parfois et même souvent contradictoires entre elles, provient justement du fait qu'il en existe plusieurs versions, et à des prix très variables.

L'étude des types de consommation révèle néanmoins l'existence d'une condition commune en dépit de toutes les variations dans les manières de s'approprier le modèle. Les habitants du modèle majoritaire ont en commun de ne pas pouvoir sortir de chez eux à pied, tout déplacement vers leur travail, leurs loisirs ou l'école de leurs enfants impliquant un trajet en voiture, sauf pour les habitants des maisons de ville. Si tout ce petit monde se ravitaille en périphérie, on trouve dans ces dernières tout l'éventail des formats et des gammes de commerce, des distributeurs d'entrée de gamme traditionnels (Leclerc) ou discount (Aldi, Lidl) aux hypermarchés classiques ou bio, en passant par les services de *drive*. L'engouement des périurbains pour l'enseigne Grand Frais, équivalent périphérique d'un Monoprix de centre-ville, est représentatif du segment haut de gamme tout comme, à l'opposé, le succès fulgurant du *discount* en est le visage *low cost*.

Par ailleurs, la vie sociale, festive et culturelle s'est reconfigurée autour de la contrainte automobile et explique que le quotidien majoritaire des Français soit de moins en moins associé à l'image d'Épinal de la place du village ou du quartier dense de centre-ville. Il est certes encore possible de se rendre en ville pour aller au restaurant ou au cinéma, mais la périphérie a développé une offre propre. À côté des zones d'activité commerciales, et souvent en leur sein, on trouve en périphérie toutes les gammes de restauration, depuis la chaîne de fast-food jusqu'au *steakhouse* avec piscine attenante en passant par la brasserie ou la pizzeria implantée en bord de route. Les années 2000 et 2010 ont vu la multiplication de ces petits ensembles commerciaux dont les boutiques sont disposées en rangée, qui s'apparentent aux *strip malls* américains et peuvent associer un artisan-boulanger, un primeur, un ou deux restaurateurs et quelques services (pharmacie, coiffeur/esthéticienne, auto-école, laverie), toujours avec emplacements de parking.

Enfin, le véhicule lui-même, ticket d'entrée indispensable pour intégrer le club « Plaza majoritaire », n'est pas le même partout. Les habitants des quartiers périurbains qui possèdent un SUV ne partagent pas grand-chose avec les Gilets jaunes qui roulent en utilitaire au diesel, les premiers dédaignant volontiers les seconds en dépit de leur condition périurbaine commune. Les uns votent d'ailleurs pour des partis de l'arc libéral et conservateur, quand les seconds privilégient les partis dits tribuniciens ou s'abstiennent.

En dépit de ces nuances, le modèle majoritaire repose sur une vision du monde commune qui fait passer la vie privée et domestique au premier plan. Autre trait commun à toutes les gammes de la vie périphérique, l'homogénéité sociale y est plus forte qu'ailleurs. On y vit entre Gilets jaunes, entre bourgeois ou entre membres des classes moyennes. C'est ici que la fracture avec la littérature urbanistique prend racine : alors que la ville se caractérise par sa mixité et par sa densité, le modèle Plaza tend au contraire à organiser une vie sociale riche mais centrée sur les cercles familiaux et amicaux dans le cadre du domicile – et du jardin. Comme le souligne l'urbaniste Philippe Genestier, les intellectuels et les professions à fort capital culturel ont tendance à faire de leur idée de la ville idéale une aspiration partagée par les autres groupes sociaux, « or ces condamnations ne perçoivent pas que la préférence pour le périurbain correspond aussi bien souvent à un choix de vie et exprime une réelle prédilection pour un type de socialité où l'on privilégie l'autonomie individuelle et les liens sociaux d'interconnaissance, plutôt que les liens anonymes et mercantilisés propres à la ville centre[1] ».

1. Philippe Genestier, « Gilets jaunes : une rupture culturelle autant que territoriale », *Télos*, 5 décembre 2018. Une version approfondie de cet article est parue dans la revue *Le Débat* de mars-avril 2019.

3. De la toupie de Mendras à la boule Weber, la culture du barbecue et du jardin

Tirées par la popularité de Stéphane Plaza et d'autres animateurs stars, les émissions de la chaîne M6 se sont spécialisées depuis une quinzaine d'années dans l'accompagnement et le *coaching* du quotidien des Français, au détriment de la *trash TV*, reléguée vers les chaînes câblées du groupe (W9). Dans la représentation des Français qu'offre la chaîne, les *coachs* décoration, les chefs cuisiniers et, bien entendu, les agents immobiliers s'adressent à des couples dynamiques d'actifs issus des classes moyennes et supérieures, qui ont pris la place des représentants des catégories populaires, *Marseillais* et autres *Anges de la téléréalité* aux tatouages proéminents, empêtrés dans leurs chassés-croisés amoureux et leur maîtrise approximative de la grammaire française. Conforme à cette image moyennisée voire embourgeoisée, M6 se fait le reflet du mode de vie majoritaire périurbain – périphérique – premiumisé au travers de son bouquet d'émissions.

Regarder M6 a pour effet de nous entourer d'un cocon, de nous donner le sentiment de vivre une histoire parallèle à celle de la France post-crise dans laquelle le quotidien est encore fait de petits dîners dans des intérieurs cosy, de voyages vers des destinations exotiques et de relooking de son intérieur. De même que les agents de Stéphane Plaza pratiquent le *home staging* pour donner au bien immobilier une valeur un peu supérieure à son prix de marché, M6 a en quelque sorte « home-stagé » les Français.

Le modèle d'aménagement et de décoration intérieure promu par Plaza et son équipe de décoratrices est ainsi celui des magazines et des logements des catégories supérieures du privé[1]. Plusieurs marqueurs forts en témoignent, comme la cuisine ouverte et son îlot central, devenu le

1. À côté des titres de presse spécialisés dans le jardinage ou le bricolage, la bonne santé du secteur des magazines de décoration, notamment dans le segment du haut de gamme, traduit l'obsession française pour le soin apporté à l'aménagement de son logement : *Maisons Côté Sud*, *Maisons Côté Ouest*, *Elle Décoration* ou *Marie Claire Maison* inspirent les classes supérieures et moyennes en présentant des maisons d'exception, souvent totalement hors de portée des moyens de leurs lecteurs. Dans le même ordre d'idées, toute une économie de l'amélioration et de la customisation de la maison s'épanouit dans les villes moyennes, comme en témoignent les publicités diffusées sur les ondes des radios commerciales pour les constructeurs de vérandas, de pergolas ou d'abris de piscine.

centre de gravité du foyer, le salon avec un – voire deux – canapés et le téléviseur écran plat, la chambre, volontiers améliorée et rebaptisée suite parentale, avec salle de bains privative, douche à l'italienne et, *running gag* des émissions de Stéphane Plaza, double vasque pour que chaque membre du couple dispose de son espace intime. Ce modèle contemporain valorise le *design* et un certain minimalisme (forte influence de l'esthétique scandinave via Ikea) et tourne résolument le dos à la tradition, aux meubles régionaux et aux matériaux anciens, recyclés sur le marché de l'authenticité et de la brocante pour « Parisiens » en quête d'une maison de campagne de cachet. Notons que ce modèle d'aménagement idéal est partagé par les possesseurs d'appartement, qui sont en France très nombreux (environ un habitant sur deux) mais dont le poids est symboliquement minoré précisément en raison de la puissance d'attraction de la vie en maison individuelle, qui donne le ton aux autres configurations de logement.

Glorifiant la culture et le marché de la décoration intérieure, M6 n'est pas pour autant indifférente aux questions de pouvoir d'achat des téléspectateurs. Ainsi, chaque été, le magazine *Capital* consacre un numéro spécial aux loisirs extérieurs des Français et traque les bons plans en la matière, reflétant la manière dont le modèle majoritaire se décline en différentes gammes d'expérience. Nous pouvons en juger par deux objets emblématiques de la culture d'extérieur en maison individuelle, le barbecue et la piscine.

Le premier a été rendu célèbre par Henri Mendras, prenant cet objet mythologique à témoin lorsqu'il entreprend de décrire le processus de moyennisation de la société tel qu'il s'est opéré du milieu des années 1960 au milieu des années 1980, lors de ce qu'il a nommé « la seconde révolution française[1] ». Mendras recourt à la métaphore de la toupie pour décrire la société française, toupie dont le ventre généreux accueillerait les membres d'une « constellation centrale » désormais majoritaire, celle des cadres et des professions intermédiaires à laquelle se seraient arrimées la majorité des catégories populaires, tandis que ses pointes ne réuniraient plus que de maigres contingents de riches au sommet et quelques marginaux tout en bas. Pour illustrer son propos, et montrer que le ventre de sa toupie est désormais le centre de gravité de la société,

1. Henri Mendras, *La Seconde Révolution française (1965-1984)*, Paris, Gallimard, 1988.

Mendras décrit la manière dont la culture du barbecue s'est diffusée dans tous les compartiments de la société française. Nous ne résistons pas au plaisir de citer ce passage, qui reste comme un morceau d'anthologie de la science des classes moyennes :

> « Du haut en bas de l'échelle sociale, le rite est le même : au bord de la piscine de la luxueuse villa de la Côte d'Azur comme dans le pavillon de banlieue, sur la pelouse de la résidence secondaire comme dans la cour de la ferme voisine. Le barbecue lui-même peut être riche ou élégant, bâti avec une cheminée ou en fer forgé, mais il peut aussi être bricolé dans une jante de camion. Ce qui illustre à la fois l'universalité du rite dans l'ensemble de la société et l'extraordinaire variété des façons de l'accomplir. »

Le diagnostic tient-il toujours trente ans plus tard ? Au cours des dernières décennies, l'engouement de nos compatriotes pour le barbecue ne s'est pas démenti, bien au contraire. Cette pratique culinaire, d'origine américaine, a été totalement intégrée au mode de vie tricolore[1]. Elle fait partie intégrante, au même titre que l'apéritif pris en terrasse en famille ou entre amis, des rituels de la vie en maison individuelle mais également des périodes de vacances, moment extrêmement investi et valorisé de la civilisation des loisirs. Surfant sur cette demande non démentie, les fabricants ont produit en masse des barbecues de différents types (au charbon de bois, au gaz ou électrique), de telle sorte que, par rapport à l'époque où Mendras s'était penché sur le sujet, le barbecue acheté dans le commerce s'est imposé en lieu et place des barbecues artisanaux, maçonnés ou faits maison. Sa diffusion s'en trouve accrue d'autant.

Dans le même temps, depuis une vingtaine d'années, ce marché, comme tant d'autres, a été le théâtre d'un processus général de « segmentation de l'offre », comme l'expliquait en 2002 la directrice générale de Somagic, leader sur le marché : « Le marché se scinde en deux. Depuis 1998, les importations de premiers prix ont augmenté, multipliant les opérations promotionnelles à 10 ou 15 € le barbecue. Parallèlement, le haut de gamme profite d'un nouvel attrait[2]. » Sur un marché hexagonal où les fabricants historiques et la grande distribution (qui écoulait

1. Illustration du puissant processus d'américanisation sur lequel nous reviendrons.
2. « Weber attaque un marché du barbecue en pleine mutation », *LSA*, 4 avril 2002.

70 % des barbecues vendus en France à la fin des années 1990) avaient massivement joué la carte des délocalisations pour proposer des produits très bon marché, un nouvel acteur, l'américain Weber, fit son entrée en 1999 en optant pour le haut de gamme en proposant des barbecues *design* de forme sphérique. Près de vingt ans plus tard, la greffe a pris et le pari semble gagné. Le célèbre modèle Kettle de Weber, en forme de boule coupée en deux, vendu autour de 400 €, est devenu un *must* de la vie en milieu périurbain. Les barbecues à gaz, qui empruntent leur forme aux pianos de cuisine, se vendent quant à eux à un prix qui dépasse allègrement le millier d'euros. La filiale française de Weber réalise ainsi un chiffre d'affaires annuel de près de 60 millions d'euros et est parvenue à imposer sa griffe. C'est que la stratégie marketing de Weber a rencontré les attentes d'une clientèle assez favorisée, sensible au charme de cette offre premium et disposée à débourser une somme importante pour s'offrir un barbecue de marque au *design* reconnaissable. À l'autre extrémité du spectre, il s'écoule chaque année des centaines de milliers de barbecues basiques ou *low cost* à quelques dizaines d'euros l'unité…

4. Du droit à la ville au droit à la piscine

Le barbecue n'est pas le seul marché à s'être spécialisé et segmenté pour répondre à une vaste gamme d'expériences et de budgets. Autour du barbecue comme rituel central s'organisent une multitude d'aménagements de la maison et de son terrain : cuisine d'extérieur, four à pizza, jacuzzi, sauna, *pool house*, trampoline (qui a remplacé la balançoire dans les jardins). Cet idéal d'une vie au grand air rassemble les tenants du modèle majoritaire. L'extérieur intègre un et souvent plusieurs salons de jardin, généralement installés sur une terrasse agrémentée d'arcades ou d'une pergola et accessibles depuis une baie vitrée. Se limitant pendant longtemps à une table et à des chaises d'extérieur en plastique blanc, cet espace a été progressivement enrichi avec la mode des tables en teck ou celle des salons de jardin en résine tressée. La vogue *New Age* asiatique est par ailleurs responsable de l'invasion de petits buddhas d'extérieur répartis aux quatre coins de la propriété, qui tendent à remplacer les traditionnels nains de jardin du pavillonnaire des années 1970-1990.

Marqueur de la culture périurbaine, le garage à porte coulissante latérale, basculante, sectionnelle complète le décor. Cette grange à voiture sert d'ailleurs la plupart du temps à entreposer les outils de jardin, les courses ou le mobilier au débarras, quand elle ne devient pas une pièce ou un studio à part entière. Cyprès, thuyas, simple mur de béton ou palissade en plastique forment une enceinte qui délimite la propriété. Les possesseurs de jardin doivent entretenir leurs haies mais également leur gazon, ce qui occasionne un autre poste budgétaire important : la tondeuse, pour laquelle les fabricants ont encore une fois élargi le champ des possibles, du mini-tracteur au robot de tonte qui suit un parcours préétabli de fils électriques enterrés à quelques centimètres sous terre. La toiture se pare de plus en plus fréquemment de panneaux solaires remplaçant l'antenne de télévision…

C'est depuis le midi de la France, aire géographique aux frontières très floues, dont les signes distinctifs et les codes visuels ont été fixés par les publicités et les magazines de décoration, que la culture de la vie en plein air s'est diffusée. En témoignent le succès fulgurant de l'esthétique méditerranéenne chic popularisée par *Maison Côté Sud* ou l'engouement pour l'olivier qui trône dans de très nombreux jardins, bien au-delà de son aire naturelle d'implantation. Si toutes les régions françaises ne bénéficient pas d'un même ensoleillement, toutes imitent le mode de vie tourné vers l'extérieur du grand sud de la France et des pays méditerranéens, ses coutumes gastronomiques et les rituels sociaux qui les accompagnent. Si l'adoption de ce mode de vie dépend grandement des aléas météorologiques, il est devenu un idéal partagé du nord au sud : « On pourrait presque manger dehors », résumait l'écrivain Philippe Delerm en 1997 dans son célèbre recueil de petits rituels du quotidien[1].

Alors que le barbecue illustre le fait qu'un marqueur populaire peut monter en gamme et séduire les catégories privilégiées à condition d'être acclimaté à leurs attentes, l'exemple d'un autre équipement totem de la maison individuelle, la piscine, témoigne du processus inverse, celui d'un marqueur élitiste qui se démocratise et se massifie en vertu d'un

1. Philippe Delerm, *La Première Gorgée de bière et autres plaisirs minuscules*, Paris, Gallimard, 1997.

processus descendant en direction de couches sociales qui en étaient éloignées historiquement.

Une ville moyenne à l'habitat pavillonnaire
Plan simplifié de Saint-Maximin-la-Sainte-Baume (Var)

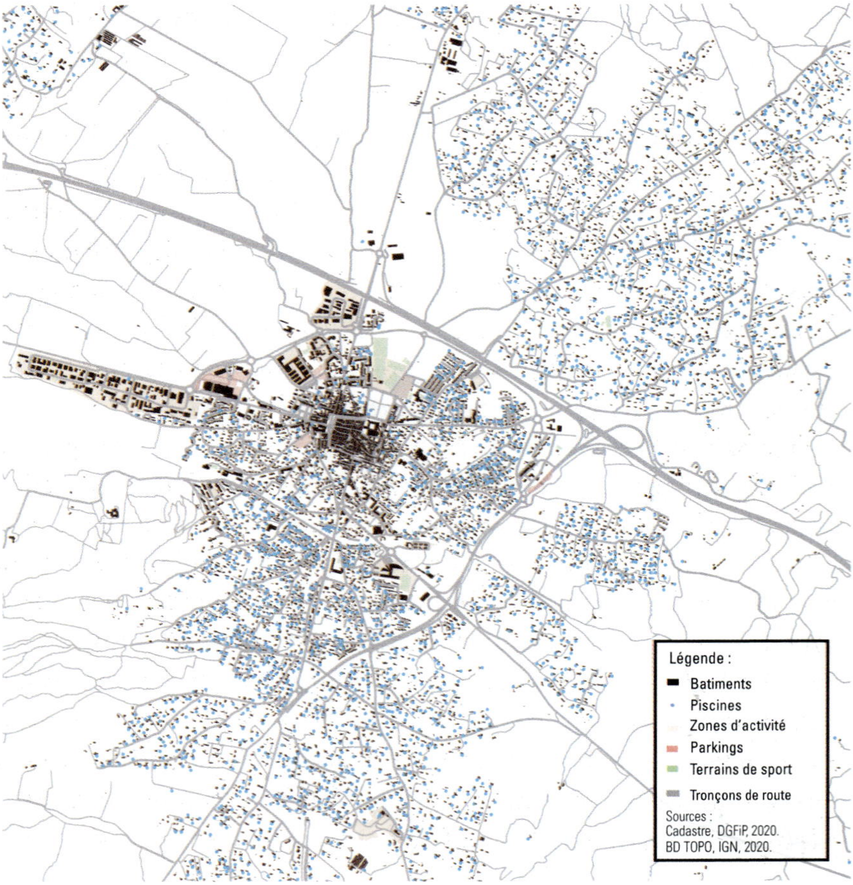

Toute vue aérienne sur Google Maps dans la moitié sud du pays ne laisse aucune place au doute : la tache bleu azur ou vert d'eau, rectangulaire ou en forme de haricot, est devenue la norme dans le jardin des maisons et des villas françaises. C'est ce que montre notre carte des logements et des piscines à Saint-Maximin-la-Sainte-Baume dans le Var, une ville moyenne de 16 000 habitants en Provence intérieure. Tout autour du centre historique et de sa basilique, l'impressionnant étalement pavillonnaire a donné naissance à des couronnes de maisons avec piscine, bien au-delà de la rocade qui entoure la vieille ville et de l'autoroute qui borde la bourgade au nord : la commune compte 5 600 maisons et 2 267 piscines, soit 4 piscines pour 10 maisons. L'automobiliste de passage qui emprunte la rocade repérera facilement les enseignes de constructeurs de maisons et de piscines installés le long de ce petit périphérique parsemé de ronds-points. On y observe d'autres éléments caractéristiques de la vie en périphérie : un détaillant de poteries de jardin, un bowling, un supermarché bio, un espace de jeux virtuels... et un temple évangélique. Saint-Maximin fait partie d'une famille de 54 communes françaises dont la croissance démographique a été particulièrement spectaculaire entre la fin des Trente Glorieuses et le début du XXIe siècle[1], gagnant 10 000 habitants supplémentaires entre les recensements de 1975 et de 2006. À ce titre, le géographe Laurent Chalard l'a qualifiée de « *boomburb* » à la française, terme inspiré des villes-champignons de la banlieue américaine (le terme est une contraction de « *boom* » et de « *suburb* », la banlieue).

Mais Saint-Maximin n'a rien d'un cas isolé. La carte suivante figure le stock des quelque 1,3 million de piscines déclarées en France[2]. Certains départements comme le Var, l'Hérault, la Haute-Garonne, le Vaucluse, le Gers, le Gard, le Lot[3] ou les Alpes-Maritimes présentent logiquement les plus forts taux de piscine pour 100 maisons. Dans toute la partie sud du pays se dessinent ainsi des atolls bleu cobalt, trahissant une forte densité de piscines dans les couronnes aisées ceinturant Bordeaux, Toulouse, Perpignan, Béziers, Montpellier, ou encore Fréjus et Aix-en-Provence. Cette dernière domine le classement avec un peu plus de 6 000 piscines, suivie de près par Toulouse et ses 5 736 bassins. En ratio de piscines par maison, les petites communes provençales et du Sud-Ouest aisées

1. Laurent Chalard, « Les communes périphériques à croissance spectaculaire, des *boomburbs* à la française ? », *Population & Avenir*, 2011/2, n° 702.

2. Les chiffres mentionnés dans les pages suivantes concernent les piscines privées déclarées au cadastre (DGFiP) fin 2020. Au total, la France ne compterait pas moins de 2 millions de piscines selon la Fédération des professionnels de la piscine, soit un bassin pour 33 habitants. Samuel Vivant, « Si, à 50 ans, tu n'as pas une piscine... », *Marianne*, 21 août 2020.

3. Dans le petit village de Douelle, où l'adduction d'eau ne fut installée qu'au lendemain de la Seconde Guerre mondiale et où l'on se baignait traditionnellement dans la rivière, comme le relate Jean Fourastié, on dénombre aujourd'hui 84 piscines. Un survol de la commune via Google Maps indique que la grande majorité de ces bassins sont situés dans les extensions modernes qui se sont développées autour du vieux noyau villageois.

présentent des chiffres impressionnants (on en dénombre ainsi 1 236 à La Ciotat), mais la culture de la piscine est tout aussi hégémonique autour des centres-villes appauvris et peu attractifs : 2 646 piscines à Béziers, 2 559 à Draguignan, 1 518 à Vitrolles. Dans les départements méditerranéens, les classes moyennes et supérieures ont déserté le cœur des villes moyennes, touchées par la pauvreté et où la population d'origine immigrée est nombreuse, et se sont fait construire pavillons et piscines en périphérie. En remontant vers le nord, la proportion de piscines demeure significative jusque dans la région lyonnaise. Il y a près de 40 000 bassins déclarés dans le département du Rhône, avec une nouvelle fois une forte densité de bleu cobalt autour de Lyon, notamment dans les très résidentiels Monts d'Or, à l'ouest de la métropole[1]. On en dénombre près de 28 000 en Isère, dont 153 dans la commune de Villefontaine évoquée plus haut. Peu de territoires sont en réalité restés à l'écart de la tendance : les deux départements alsaciens, le Haut-Rhin et le Bas-Rhin, sont recouverts de plus de 10 000 piscines chacun…

Cette passion de la piscine a permis à toute une filière française de prospérer sur un marché intérieur très dynamique. L'entreprise Piscines Desjoyaux, installée près de Saint-Étienne, est ainsi le numéro un mondial de la piscine enterrée. Une fois encore, derrière le modèle standard, l'éclectisme est de mise et la piscine se décline en plusieurs versions, du bassin enterré en coffrage de béton pour un budget d'environ 20 à 40 000 € à la piscine hors sol à monter soi-même qui avoisine les 5 000 €, jusqu'au segment *low cost* représenté par la piscine gonflable auto-portante. (Ces deux dernières catégories ne figurent pas dans l'inventaire des piscines déclarées, dont le nombre réel est donc bien supérieur aux chiffres officiels.) L'élargissement des gammes se double d'un approfondissement ; la piscine peut désormais être naturelle, c'est-à-dire à rebord semi-immergé dans le jardin et sans traitement de l'eau, ce qui a pour résultat de faire évoluer la couleur du bassin vers un vert pâle ou sombre en fonction du niveau de radicalité écologique de son propriétaire. Diffusion, élargissement et segmentation, nous retrouvons là le mécanisme fondamental de déclinaison à l'œuvre dans le modèle majoritaire.

1. De fortes densités très localisées de piscines signalent souvent une concentration de gros patrimoines. C'est le cas par exemple dans le Cher (grands domaines de chasse de Sologne) ou dans le Luberon.

Les piscines en France :
nombre de piscines pour 100 logements

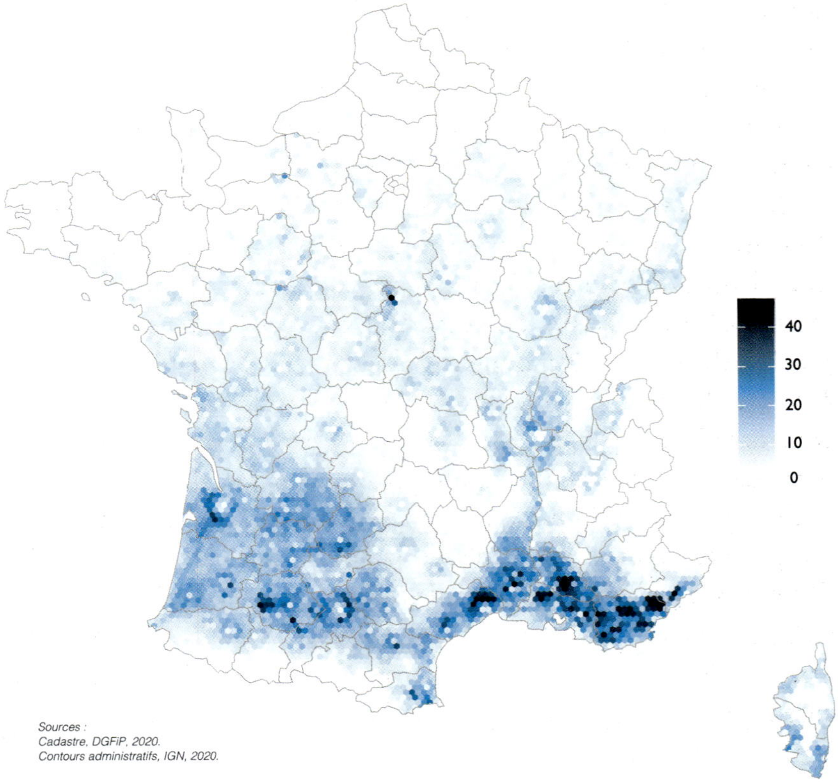

La fonction rafraîchissante du bassin a beau être d'un grand secours lors des épisodes de plus en plus fréquents de canicule, elle n'est pas l'unique raison de la place éminente qu'il occupe aux côtés de la cuisine d'été et du barbecue. Posséder une piscine, fût-elle de taille modeste, c'est l'assurance de pouvoir recevoir les membres de sa famille et ses amis dans le cadre d'une bulle protectrice. C'est pour cette raison que de nombreuses maisons en zone littorale font de la piscine un marqueur social, puisque cet équipement permet de contourner la piscine municipale mais aussi la plage dont le public est composé par définition d'une population qu'on ne choisit pas.

En d'autres termes, le mode de vie qui valorise la mixité et le *droit à la ville* apparaît de plus en plus comme l'exact opposé de la manière dont une partie des Français organise son quotidien et ses loisirs. Comme l'écrit le spécialiste du périurbain Éric Charmes, ces derniers plaident plutôt pour un *droit au village* et à un relatif entre-soi[1]. On pourrait même parler d'un droit à la piscine, qui donne la possibilité de sélectionner les participants à la *pool party*.

5. Une génération d'artistes issus de la France pavillonnaire

Les années 2010, âge d'or des romans de lotissement

De toutes les formes urbaines adoptées par la France d'après, la banlieue pavillonnaire ne sera que tardivement représentée et mise en scène dans les productions culturelles. Dès les années 1970-1980, le cinéma américain plante ses décors dans la *suburb* qui devient ainsi le paysage fictionnel par excellence, celui par exemple des films de Steven Spielberg. À cette époque, l'urbanisme américain a déjà fait de ce mode d'habiter une norme statistique et culturelle. Pour des raisons qui tiennent à la fois à un décalage temporel entre les grandes vagues de construction des lotissements (dès les années 1950 aux États-Unis, dans le dernier quart de siècle en France) et à la sociologie des élites françaises (la disqualification dont fera longtemps l'objet cet urbanisme de la part des milieux culturels dominants), la banlieue pavillonnaire *made in France* ne fera son apparition dans la vie culturelle que tardivement. Petit à petit, pourtant, la littérature, le cinéma, les productions audiovisuelles vont faire une place croissante à l'habitat périurbain et pavillonnaire, qui rejoint bientôt les grands ensembles de banlieue en termes de notoriété, et cela pour la même raison : toute une génération y a grandi, fixé des souvenirs, assimilé un style de vie et développé un imaginaire. Si la voie a été ouverte par des poètes de la modernité et des non-lieux comme Michel Houellebecq (né en 1956), qui se plaît à faire évoluer les personnages solitaires de ses romans dans les périphéries commerciales et les rayonnages de la grande distribution, c'est la génération d'après, celle qui est native du périurbain, qui va fixer cet imaginaire dans la culture française au début du XXIe siècle.

---

1. Éric Charmes, *La Revanche des villages. Essai sur la France périurbaine*, Paris, Seuil/La République des Idées, 2019.

Comme le résume l'écrivain et essayiste Aurélien Bellanger, lui-même enfant de la banlieue pavillonnaire francilienne, né en 1980, avec un sens aigu de la formule :

> « La zone d'habitat de la classe moyenne, en périphérie des villes, commence à se remplir de souvenirs d'enfance paradisiaques au pays des portiques, des trampolines, des arbres fruitiers et des salles de jeu en sous-sol. Les pavillons, cette dégénérescence terminale de l'urbanisme, se seraient-ils gentrifiés comme un vulgaire quartier populaire[1] ? »

Sa description du paysage pavillonnaire témoigne d'un véritable attachement à cette forme d'urbanisme dont il est contemporain.

Comme la majorité des membres de la génération pavillonnaire, l'architecte et artiste Camille Michel est né dans les années 1980. En 2019, dans le cadre d'un projet de résidence artistique, il retourne séjourner dans le lotissement de son enfance, le quartier des Douets en périphérie de Tours[2]. Dans un petit livret qui rend compte de cette expérience, l'auteur mêle souvenirs personnels, écrits ou photographies, documents d'archives provenant de l'époque de construction du lotissement (plans d'architecte, affiche promotionnelle de lancement du programme immobilier) et descriptions spatiales. Cette vision subjective et « poétique » entend rendre compte de « "l'intensité de vie" proposée au périurbain » sans recourir ni à la statistique ni au vocabulaire technique. Le livret dit l'esthétique du carrelage blanc au sol, des volets roulants, des haies de thuyas, des éléments qui ont fini par donner chair à un vocabulaire spécifique à ces quartiers. Les après-midi passés devant les émissions du *Club Dorothée*, la Super Nintendo et Mario, les guitares électriques et les skate-boards, la galerie marchande au bout du quartier, etc. Camille Michel évoque aussi, dans ses souvenirs, une enfance qu'il juge particulière, celle de toute une génération qu'on pourrait dire issue du pavillon, dans la mesure où contrairement à leurs parents qui ne se sont installés

1. « La France pavillonnaire », chronique d'Aurélien Bellanger, France Culture, 11 octobre 2017.
2. Camille Michel, « Je voulais que rien ne change. Poétique d'un architecte sur ses années pavillonnaires », *Carnets du Polau*, 2019.

dans des lotissements neufs qu'à l'âge adulte, ils n'ont connu que cet environnement-là, comme les jeunes « issus de l'immigration » n'ont connu que les « quartiers ».

Moins réceptif à la poésie de la banlieue, mais tout aussi sensible à son potentiel romanesque, Olivier Adam (né en 1974) raconte, dans *Les Lisières* (paru en 2012), la vie d'un écrivain parisien dépressif qui rend visite à ses parents dans l'énigmatique ville de V., la banlieue pavillonnaire qui l'a vu grandir, située dans une couronne excentrée de la région parisienne[1]. C'est au cœur de cette « litanie pavillonnaire » que le récit s'installe, sur les traces du passé du narrateur qui tente mollement – et avec réticence – de renouer avec ses origines.

À l'occasion d'une description consacrée à son ancien quartier parisien, dans lequel les quincailleries ont été « remplacées par des magasins de créateurs, des galeries de design, des restaurants branchés », le narrateur s'attable à une terrasse de café entre « un webmaster et deux publicistes, un critique littéraire et trois producteurs de télévision » et prend conscience du milieu social et culturel auquel il appartient désormais, qu'il juge à contre-courant de l'évolution majoritaire du pays : « Le centre était devenu la périphérie », note-t-il à propos de Paris, et il développe :

> « La périphérie était devenue le centre du pays, le cœur de la société, son lieu commun, sa réalité moyenne. Partout s'étendaient des zones intermédiaires, les banlieues n'en finissaient plus de grignoter les champs, au milieu des campagnes surgissaient d'improbables lotissements pavillonnaires. La périphérie progressait à l'horizontale, s'étendait à perte de vue, mangerait bientôt la totalité du territoire. Oui, cela ne faisait aucun doute, la périphérie était devenue le cœur. Un cœur muet, invisible, majoritaire mais oublié, délaissé, noyé dans sa propre masse, dont j'étais issu et que je perdais de vue peu à peu[2]. »

1. Oliver Adam, *Les Lisières*, Paris, Flammarion, 2012.
2. C'est la même expression qu'a choisie Jonathan Coe, écrivain britannique, en intitulant l'un de ses livres *Le Cœur de l'Angleterre* (Paris, Gallimard, 2019). Cet ouvrage, que la critique a qualifié de « roman du Brexit », a précisément pour cadre l'Angleterre pavillonnaire ; il met en scène le fossé culturel et idéologique grandissant entre les habitants de ces territoires et ceux des métropoles, et notamment du Grand Londres.

L'espace pavillonnaire va ainsi progressivement devenir un décor acceptable pour le roman français, indice de sa prise d'importance symbolique dans notre univers quotidien. À lire cette littérature, l'âge d'or pavillonnaire semble remonter aux années 1980 et 1990.

Prix Goncourt 2018, *Leurs enfants après eux*[1] de Nicolas Mathieu (né en 1978) est considéré comme l'un des chefs-d'œuvre issus de ce courant littéraire. Son personnage principal, Anthony, grandit dans un lotissement pavillonnaire bon marché. Ce récit d'adolescence, ancré dans la ville imaginaire d'Heillange, elle-même située dans une vallée industrielle lorraine, baigne dans la *pop culture* commerciale des années d'après, comme en témoignent les titres des différentes parties du roman, références à des chansons qui ont marqué toute une génération comme *Smells Like Teen Spirit* de Nirvana (1992) ou *You Could Be Mine* (1991), morceau de Guns N' Roses composé pour le film culte de cette décennie, *Terminator 2*.

Le cinéma français et la périphérie, entre **Desperate Housewives,** *Stephen King et le* **Groland**

Dans le cinéma et à la télévision, le rattrapage, ou plutôt la mise à jour de l'imaginaire français, s'amorce à partir des années 2000. Certaines fictions plantent leurs personnages dans une banlieue pavillonnaire tranquille et cossue, à l'image de *La Vie domestique* d'Isabelle Czajka (2013), adaptation en région parisienne d'un roman canadien consacré en 2006 à l'aliénation domestique que subissent les femmes au foyer. De même, *Dans la maison* de François Ozon (2012) est tourné dans un lotissement du Val d'Europe à Marne-la-Vallée, à proximité du parc Disneyland Paris. Maintes fois photographiée, cette « ville Disney » permet de situer l'action à la fois partout et nulle part, caractéristique commune aux romans de la banlieue parisienne cités plus haut. L'effet produit par le caractère générique du paysage est renforcé par le choix de faire des personnages des archétypes sociaux : dans le film d'Ozon, un jeune élève brillant mais cynique désigne la mère de son copain de classe sous l'appellation méprisante de « femme de la

1. Nicolas Mathieu, *Leurs enfants après eux*, Arles, Actes Sud, 2018.

classe moyenne », comme pour mieux marquer la petitesse du choix résidentiel pavillonnaire.

Certaines fictions ont tenté l'hybridation du film français intimiste et naturaliste et de l'esthétique de la science-fiction et du fantastique d'inspiration américaine, le tout sur fond de quartiers neufs type années 2000. La série télévisée *Les Revenants*, créée par Fabrice Gobert et diffusée sur Canal+ à partir de 2012[1], adopte ce genre hybride. Plus récemment, la série *Mytho* d'Anne Berest et du même Fabrice Gobert, diffusée sur Arte et Netflix en 2019, a joué sur l'étrangeté et la « nulle parité » propres au pavillonnaire francilien. Les scènes d'extérieur ont été tournées dans un lotissement de Lésigny et un lycée de Dammartin-en-Goële en Seine-et-Marne[2], département qui est devenu une sorte de décor US de proximité pour le cinéma français. Dans ces communes, la voirie en courbes douces qui s'achève en cul-de-sac confère un côté américain aux lotissements d'aujourd'hui.

Si la présence des périphéries urbaines à l'écran ne se confirme qu'à partir des années 2000, elle coïncide avec le début du déclin de son image sociale. Alors que les romans pavillonnaires sont souvent des flashbacks qui convoquent les souvenirs d'enfance de l'auteur – à l'époque où ces quartiers étaient associés à l'ascension sociale des ménages qui s'y installaient –, les films périurbains des années 2000 ont plutôt joué avec le côté repoussoir de *la France moche*, telle qu'elle a été théorisée en 2010 dans un numéro resté célèbre du magazine *Télérama*. Associé au vote FN lors de la campagne pour l'élection présidentielle de 2012, l'espace périurbain apparaît alors à l'écran comme l'habitat des beaufs et autres *white trash* à la française. Des films comme *Podium* (2001), adaptation du roman de Yann Moix consacré à la vie d'un sosie de Claude François dont la famille est logée

1. La série est elle-même inspirée du film *Les Revenants* réalisé par Robin Campillo en 2004, et qui jouait déjà sur le potentiel étrange et déstabilisant de cet urbanisme contemporain lorsqu'il est le lieu d'une intrigue faite de mystère et d'épouvante.

2. C'est également dans cette commune que s'est terminée la sanglante équipée des frères Kouachi en janvier 2015. Illustration tragique de la place centrale qu'occupent ces lotissements, ces quartiers pavillonnaires et ces zones commerciales et logistiques dans la France d'après, plusieurs des attentats commis depuis 2015 se sont déroulés dans ces types de lieux : décapitation d'un homme dans la zone d'activité de Saint-Quentin-Fallavier en Isère en juin 2015, assassinat d'un couple de policiers dans un lotissement de Magnanville (Yvelines) en juin 2016, attaque du Super U de Trèbes (Aude) en mars 2018, et meurtre de Samuel Paty devant son collège situé dans un quartier pavillonnaire de Conflans-Sainte-Honorine (Yvelines) en octobre 2020.

dans une maison-témoin, ou *Le Grand Soir* (2010) et *Effacer l'historique* (2020) du duo de *Groland* Benoît Delépine et Gustave Kervern portent quant à eux un regard acide sur cet univers tout en exprimant une forme de bienveillance et de compassion pour leurs habitants.

6. Le périurbain d'après : diversification, gentrification et relégation

Le modèle majoritaire de la maison individuelle a longtemps été associé à une norme stricte, qui semblait en réserver l'usage à la famille nucléaire (couple marié avec enfants). Or, si certaines catégories (les jeunes et les étudiants, les couples gays ou lesbiens, les personnes âgées, les célibataires) restent toujours plus nombreuses en ville, on observe, avec l'étendue du parc de maisons et de quartiers résidentiels, une diversification des manières de l'habiter.

Socialement composite, la périphérie l'est également de plus en plus sur le plan ethnique, s'écartant de ses racines idéologiques qui, du moins aux États-Unis, en avaient fait le refuge légal des seuls ménages blancs issus des classes moyennes et aisées, les familles noires en étant exclues au prétexte que leur présence aurait fait baisser la valeur des logements du quartier. C'est ainsi que les générations issues de l'immigration qui ont grandi dans les banlieues accèdent elles aussi progressivement au pavillonnaire. On le constate dans des communes d'habitat individuel dont les quartiers résidentiels jouxtent les cités de grands ensembles, comme par exemple à Villepinte aux confins de la Seine-Saint-Denis, mais aussi à distance plus importante des banlieues : dans le sud de l'Oise ou en Seine-et-Marne pour ce qui est de l'Île-de-France, ou dans des zones situées à une vingtaine de kilomètres des banlieues sensibles de Saint-Priest et Vénissieux, dans l'Est lyonnais. Enfin, la domination de la maison individuelle sur le marché immobilier dans les petites villes ou le rural explique que de nombreux représentants des professions intellectuelles et culturelles choisissent, à la retraite, ce mode d'habitat. Il n'est plus rare de croiser des enseignants ou des chercheurs *baby-boomers* retraités dans des quartiers résidentiels pavillonnaires.

Dans les premières couronnes périurbaines, les plus anciennes et les mieux situées car les plus proches des centres-villes, la lutte des places pourrait bien aboutir à un phénomène de gentrification. En effet, après le bâti rural de charme et l'habitat populaire ancien de ville, le pavillonnaire des décennies 1960 et 1970 connaît lui-même une envolée de son statut symbolique, ce qu'illustre bien la vague actuelle de photographies, de films, de documentaires, d'articles dans des revues pointues ou de comptes Instagram décalés qui lui rendent un hommage stylistique toujours plus appuyé. Des bobos en pavillon ? C'est déjà le cas dans les couronnes des grandes villes, car les constructions plus anciennes disposent de vastes terrains, ont bénéficié d'une architecture plus soignée et ont acquis un charme *vintage* dont la génération plus récente des pavillons de constructeurs reste exclue. De même que le vote vert en zone rurale signale la présence de néo-ruraux, le verdissement du vote de l'ancienne banlieue rouge parisienne révèle l'arrivée des ménages de diplômés de l'Est parisien qui s'installent dans les communes limitrophes de Pantin, Montreuil, Ivry, Les Lilas et au-delà, dans la deuxième couronne richement dotée en maisons meulières et en pavillons semi-récents.

Une fois encore, le processus fait suite à un mouvement entamé aux États-Unis, qui a vu le peuplement des premières couronnes des *suburbs*, banlieues traditionnellement blanches et acquises au Parti républicain, se diversifier sous l'effet de l'arrivée d'enfants de l'immigration asiatique et hispanique en ascension sociale, ainsi que de jeunes ménages de salariés du tertiaire supérieur, populations qui votent plus volontiers démocrate. En 2020, le vote en faveur de Joe Biden fut majoritaire dans ces premières couronnes, un renversement historique de la sociologie électorale américaine. Le trumpisme s'est alors retranché dans les zones périurbaines plus éloignées, les *exurbs*, à dominante rurale. De même en France, une périphérie plus éloignée des centres, vieillissante ou neuve mais d'entrée de gamme, est parfois associée à des « logements HLM à l'horizontal ». Les problèmes sociaux urbains (paupérisation, isolement, délinquance) s'y exportent depuis quelques années.

CHAPITRE 4

La campagne, une utopie de rechange ?

1. La nouvelle vague néo-rurale

La Drôme, capitale française de l'écologie ?

Le cas de la gentrification rurale du Perche illustre le besoin croissant des citadins de disposer d'une soupape champêtre à distance raisonnable de leur lieu de vie traditionnel (deux heures de transport maximum dans le cas parisien). Cette envie de vert entretient le dynamisme du marché de la résidence secondaire et de l'hôtellerie rurale. Cependant, certains citadins franchissent l'étape suivante en décidant de s'installer à la campagne et d'organiser leur vie professionnelle et familiale en conséquence.

Le regain d'intérêt notable pour l'espace rural est porté par l'indéniable puissance d'entraînement de l'écologie politique, système de pensée dont l'influence sur une partie des jeunes générations aboutit naturellement à privilégier une vie loin des zones denses et urbanisées. La distinction que nous avons établie entre le périurbain du modèle « Plaza majoritaire » et les territoires néo-ruraux que nous abordons maintenant peut sembler arbitraire, car bon nombre des communes qui accueillent la poursuite de l'étalement urbain sont précisément situées en zone rurale[1]. Mais cette césure est pourtant bien réelle et repose sur les imaginaires très distincts qui se fixent sur chaque type d'espace concerné et sur le mode de vie que l'on associe à chacun d'eux : la « campagne » est, dans le cas qui nous occupe, le lieu où il

1. Ce paradoxe est résumé par Éric Charmes, selon lequel les villages attractifs sur le plan démographique sont ceux qui entrent dans la sphère d'influence des grandes villes, dont ils deviennent dès lors des satellites périurbains (*La Revanche des villages*, *op. cit.*).

sera loisible de mener un projet de vie alternatif à l'agitation citadine, souvent en cohérence plus ou moins explicite avec un système de valeurs inspiré de l'écologie, valorisant le ralentissement du rythme de vie, le rapprochement avec la nature, l'authenticité des relations sociales et une prise de distance avec la société de consommation qui demeure au cœur du modèle « Plaza majoritaire ». Pour autant, il est vrai que les espaces de la France périurbaine et de la néo-ruralité ont de plus en plus tendance à s'intriquer l'un dans l'autre et leurs représentations à se percuter, comme l'illustre le cas de la Drôme.

Ce département semble aujourd'hui bien placé pour devenir l'une des capitales des candidats à l'exode urbain. La Drôme détient le record de France de la proportion de surface agricole consacrée au bio. Cette très forte empreinte de la filière bio se concentre pour l'essentiel dans la partie centrale et orientale du département, dans la région de Die et de Crest notamment. Ce tropisme bio et écolo s'est précisé avec l'arrivée, depuis les années 1970, de la première vague de néo-ruraux adeptes d'une forme de retour à la terre et à la nature. Mais depuis quelques années, une nouvelle vague néo-rurale a renouvelé en profondeur le territoire[1].

À l'est de Valence, la vallée de la Drôme a la réputation d'attirer ces candidats à un mode de vie alternatif et écologique. Situé entre Die et Crest, le village de Saillans est devenu un symbole de la démocratie participative lorsqu'une liste citoyenne y a remporté les élections municipales en 2014, provoquant une avalanche d'articles et d'analyses fonctionnant comme un aimant à néo-ruraux[2]. Dans cette commune de 1 200 habitants, le dynamisme économique et culturel tranche avec le déclin observé dans des territoires ruraux moins attractifs. Plusieurs

1. Dans certaines régions rurales du sud de la France, on assiste à une sédimentation des générations de néo-ruraux. Dans plusieurs vallées des Pyrénées-Orientales ou de l'Ariège, dans les Corbières, sur le Larzac, dans les Cévennes, en Ardèche, dans les Alpes du Sud et une partie de la Drôme, certains des babas cools arrivés dans les années 1970 sont restés et ont fondé des familles. Ils ont été rejoints dans les années 1990-2000 par ceux qu'on appelle parfois localement les « Mates » (herbes folles en catalan), mi-hippies, mi-marginaux, pour qui la misère est moins dure au soleil. Les militants « décroissants » de la génération des *millennials*, derniers arrivés, constituent ainsi, dans ces territoires particuliers, une troisième vague de « néo-ruraux ».

2. La liste victorieuse a depuis été battue par des opposants au profil plus traditionnel aux élections de 2020.

cafés et restaurants sont ouverts à l'année ainsi qu'une librairie. Le village dispose même d'un espace de *coworking* associatif, signe de la présence de membres des professions créatives ou culturelles. Alors que Biarritz séduit les milieux de la mode, des médias et les influenceurs d'Instagram, une partie de la Drôme s'est spécialisée dans l'accueil des professions intellectuelles (écrivains, chercheurs, éditeurs) et de militants proches des mouvances écologistes. Dans un article du *Monde* consacré à la nouvelle génération de penseurs français, le territoire est décrit comme « un cluster écopolitique[1] » où résident plusieurs penseurs en vue de cette mouvance, parmi lesquels l'inspirateur de la collapsologie Pablo Servigne, installé à Die. « Profitant de la proximité avec Lyon, poursuit l'article, les nouveaux écosophes peuvent donner leurs cours à l'université, vivre pleinement leur urbanité et habiter dans un isolement peuplé (d'arbres, de plantes, d'insectes, de mammifères sauvages ou d'oiseaux et de tous les liens sociaux qui se tissent avec les éleveurs, maraîchers, agriculteurs, mais aussi les intellectuels et activistes écrivains de ces régions en transition). » On constate une fois de plus le rôle que jouent les réseaux d'affinité culturelle et sociale et l'histoire des lieux dans la construction et l'entretien de l'image de marque des territoires.

La fatigue urbaine des millennials

Bien entendu, la Drôme n'est pas la seule terre d'élection des néo-ruraux. Installée dans le village de Sixt-sur-Aff (Ille-et-Vilaine) où elle a créé avec son compagnon L'Amante Verte, une ferme bio de plantes aromatiques et médicinales doublée d'un café-librairie, Claire Desmares-Poirrier a publié *Exode urbain, Manifeste pour une ruralité positive*[2], qui a connu un certain retentissement en pleine crise de l'urbanité liée à la première vague de Covid-19. Au-delà du témoignage et du retour d'expérience sur la vie à la campagne, l'auteure y théorise la lassitude urbaine qui se diffuse au sein de sa génération, où même les classes favorisées et diplômées, lutte des places oblige, sont confrontées aux difficultés de se loger et à la dureté de la vie quotidienne dans les

1. Nicolas Truong, « Le tournant écopolitique de la pensée française », *Le Monde*, 2 août 2020.

2. Claire Desmares-Poirrier, *Exode urbain. Manifeste pour une ruralité positive*, Mens, Éditions Terre Vivante, 2020.

métropoles. Face aux impasses du mode de vie urbain et à l'impossibilité d'y mener une vie agréable, les jeunes générations de militants ont opéré un grand virage pastoral, le village et la ruralité redevenant des utopies de substitution à la condition métropolitaine, désormais associée par les courants de la pensée critique radicale aux méfaits du capitalisme mondialisé (inégalités, ségrégation, consumérisme, pollution). Notons, de manière peut-être plus cynique, que la génération qui a grandi dans la France des années 2000 se heurte également aux limites de la gentrification urbaine : les morceaux encore disponibles sont constitués de zones trop éloignées, trop mal desservies, trop peu sécurisantes ou dotées d'écoles de mauvaise réputation. Face à l'impasse résidentielle urbaine, les villes de second rang et la campagne font figure d'espace échappatoire, un « appel des marges » depuis lesquelles réinventer une contre-société[1].

Des Drôme bis *sur tout le territoire*

Situé au sud de Grenoble et entouré de massifs (Vercors, Dévoluy, Taillefer), le plateau du Trièves dans l'Isère communique avec la Drôme par un col qui le relie au Diois. Le territoire partage également l'atmosphère militante et la sensibilité écologique de la Drôme : la proximité entre les deux vallées et avec Grenoble, ville écolo à une heure de train ou de voiture, explique le statut de Drôme *bis* acquis par le Trièves. Sous l'impulsion des néo-ruraux investis dans la vie locale, ce territoire peu dense peuplé de 10 000 habitants compte des associations en lien avec l'écologie et l'entraide, plusieurs bistrots, une librairie, deux théâtres et même deux écoles alternatives (Montessori et Steiner).

Comme le raconte le journaliste Vincent Grimault dans son enquête sur « la renaissance des campagnes »[2], des Hollandais se sont installés dans le haut de la vallée de la Drôme (le Diois) dès les années 1970 pour y cultiver plantes aromatiques et médicinales, inaugurant une tradition qui a depuis attiré plusieurs générations. Dans le même ordre d'idées, la maison d'édition Terre Vivante, créée en 1980, pionnière

1. Léonard Naraych, « L'appel des marges », 12 février 2020. Consultable sur le blog de l'auteur.

2. Vincent Grimault, *La Renaissance des campagnes. Enquête dans une France qui se réinvente*, Paris, Seuil, 2020.

du jardinage bio, de l'écologie et de l'alimentation, a quitté Paris pour s'installer en plein Trièves en 1994. Implanté dans un domaine boisé à côté du village de Mens, le centre écologique Terre Vivante abrite les bureaux de la maison d'édition, mais également un restaurant et un lieu d'hébergement autour de petites parcelles expérimentales sur lesquelles les techniques de jardinage enseignées dans ses livres et ses magazines sont testées en permanence. Le centre organise formations, stages et visites scolaires autour de ses activités. Ouverts au public, les jardins sont devenus une attraction pour les vacanciers. Dans cette vallée rurale, Terre Vivante est aujourd'hui l'un des premiers employeurs locaux. La présence de certaines locomotives peut ainsi marquer un territoire : c'est le cas dans la vallée de la Drôme, où plusieurs associations nationales ont établi leur siège, comme Terre de Liens, qui aide les paysans qui s'installent à accéder à la terre.

Loin des prix pratiqués dans la vallée du Grésivaudan, sur les pentes de la Chartreuse à l'est de Grenoble, où résident les ingénieurs et les cadres qui travaillent dans les laboratoires pharmaceutiques et l'électronique de pointe, le Trièves fait figure de marché de report pour une jeune génération de néo-ruraux. C'est pourquoi les Grenoblois sont de plus en plus nombreux à s'y établir, et qu'il commence à être difficile d'y trouver une maison à la location ou à l'achat. Le territoire a la particularité d'être relié à la capitale des Alpes par une autoroute (l'A51) qui n'a jamais été achevée, de sorte qu'elle s'arrête au niveau de l'entrée du Trièves. Cet effet de sortie d'autoroute est nettement perceptible sur les niveaux de l'immobilier : le prix des maisons avoisine les 2 500 €/m^2 dans les communes les plus accessibles depuis l'autoroute, bordées de surcroît par le lac du Monteynard, pour décliner par la suite rapidement dans les communes plus éloignées de l'axe routier. Ainsi, même dans les espaces irrigués par la néo-ruralité s'impose un principe de hiérarchisation des territoires.

2. Écolieux, « oasis » : les nouvelles communautés inspirées par l'écologie

Les termes d'écovillage, d'écolieu ou d'écohameau désignent des projets de lieux intégrés, réunissant les candidats qui poussent un cran plus loin la démarche de mise à distance d'avec la société de consommation. Les piliers communs à la plupart de ces initiatives sont, d'une part, leur dimension écologique (construction ou rénovation des logements avec des matériaux locaux et peu transformés, utilisation d'énergies renouvelables, recours à la permaculture pour atteindre l'autonomie alimentaire), et, d'autre part, la qualité des liens sociaux (pratique de la démocratie participative, mutualisation de certains espaces de vie). L'impulsion a été donnée par l'agronome et penseur de l'écologie Pierre Rabhi dans un manifeste qui appelait, en 1997, à « construire des regroupements géographiques d'unités de vie (terrain et habitat) fondées sur la terre nourricière et les échanges favorables à la reconstruction du lien social[1] ». Si les écolieux sont souvent associés à des communautés hippies dans l'imaginaire collectif, ils se démarquent de leurs prédécesseurs par une plus grande autonomie accordée aux participants et à leurs familles, signe que l'individualisme s'est répandu aussi du côté des tenants d'un modèle alternatif de société. Autre évolution : babas cools, zonards, routards et « punks à chiens » laissent progressivement la place à des profils plus éduqués et mieux insérés socialement : beaucoup d'ingénieurs, de cadres, d'enseignants, et plus généralement les représentants de l'« alter-élite » sont particulièrement attirés par ce mode de vie[2]. Les écolieux réunissent généralement plusieurs familles qui se cooptent par interconnaissance ou sur Internet, aboutissant à un peuplement relativement homogène idéologiquement, sinon socialement. Ils sont en quelque sorte les lotissements de la mouvance écologiste décroissante. Par ailleurs, ces lieux ne fonctionnent pas en autarcie totale et peuvent accueillir ponctuellement un public extérieur dans le cadre d'ateliers ou de formations en lien avec l'écologie, la quête de sens, le bien-être, ou d'une expérience de *coworking* ou d'hébergement touristique (en chambre d'hôtes ou dans des constructions insolites de type roulotte, yourte, *tiny house*, etc.).

Un recensement assez précis et évolutif de ces oasis est tenu à jour par le mouvement Colibris fondé par Pierre Rabhi et l'écrivain et

1. Nicolas Truong, « La France des oasis. Voyage dans la France des utopistes », *Le Monde*, 17 août 2020. À propos des lieux de vie alternatifs, lire également : Éric Dupin, *Les Défricheurs*, Paris, La Découverte, 2014.

2. Jean-Laurent Cassely et Monique Dagnaud, *Génération surdiplômée. Les 20 % qui transforment la France*, Paris, Odile Jacob, 2021.

réalisateur Cyril Dion. Disponible en ligne et régulièrement actualisée[1], cette cartographie mentionne environ 600 écolieux répartis sur le territoire français, dont la moitié sont déjà en activité, l'autre moitié concernant des projets à l'étude ou dont les travaux ont seulement commencé. En l'espace de deux décennies, le territoire national a donc été couvert, avec une prédominance du grand Sud et de l'Ouest. De par leur ambition écologique et alimentaire, et pour des raisons qui tiennent au coût du foncier, les oasis s'établissent le plus souvent dans l'espace rural situé hors de l'influence des métropoles, ce qui n'empêche pas certains projets de voir le jour en ville dense, dans des banlieues de grands ensembles ou dans le périurbain, témoignant du succès de l'agriculture urbaine. Si certains projets font l'objet d'une construction avec des matériaux et selon des méthodes écologiques, donnant naissance à des écoquartiers ou à des écohameaux créés de toutes pièces, d'autres investissent le tissu existant dont ils opèrent la reconversion : ancien château dans le Puy-de-Dôme, en Bourgogne ou en Savoie, ancienne usine ardéchoise de fil de soie, ancien couvent en Bretagne, ancien centre de vacances des PTT, ancien domaine agricole, hameau abandonné, etc. Bien que les Colibris forment la première « franchise » d'écolieux de France, d'autres initiatives se développent, comme La Suite du Monde, dont l'objectif est d'acheter des terres agricoles pour y ériger des « Communes Imaginées », c'est-à-dire des « coopératives locales autogérées » en Bretagne, dans le Périgord, dans la Drôme ou dans le quart nord-est de la France[2].

---

1. www.basededonnees-habitatparticipatif-oasis.fr.

2. L'élan vers les oasis et les utopies concrètes est tel qu'il a donné lieu à l'émergence de véritables leaders d'opinion. Outre les penseurs déjà évoqués comme Pablo Servigne, le fondateur de la collapsologie, et Cyril Dion, auteur avec Mélanie Laurent du documentaire *Demain* (2015), plusieurs candidats à l'autonomie ont publié des témoignages écrits ou filmés pour documenter leur épopée écologique. Citons notamment *Oser quitter la ville ! De citadin à néo-autonomiste, comment j'ai composté mon ancienne vie* de Brian Ejarque (Paris, Éditions Ulmer, 2021), un citadin qui a quitté Paris pour s'installer dans une maison isolée en Occitanie, ou Jonathan Attias, qui, dans son témoignage *Désobéissance fertile* (Paris, Payot, 2021), raconte qu'il a tiré un trait sur sa vie de cadre pour emménager avec sa compagne dans une maison construite en terre et en paille en pleine nature corrézienne.

3. Vers une « luberonisation » des campagnes alternatives ?

Les territoires néo-ruraux, et notamment ceux de la Drôme, présentent un visage plus bourgeois, propret et « instagrammable » lorsqu'on se dirige vers la partie provençale au sud du département. Vignes, oliviers, lavande et ensoleillement témoignent de cette proximité géologique et météorologique. Dans les localités de la Drôme provençale, les rues commerçantes accueillent ateliers de céramistes et agences immobilières, lesquelles proposent des biens « de charme », « authentiques » ou « de cachet » en vieille pierre, dans le cœur des villages ou plus isolés, au fil d'annonces qui portent parfois la mention « Idéal projet chambre d'hôtes ». Nous retrouvons dans ces territoires des ambiances proches de celle du Perche. Cette Drôme chic est perçue comme un marché de report par rapport aux Baronnies provençales voisines. C'est ainsi que l'intérêt d'une clientèle aisée et *people* pour la Drôme a succédé à l'engouement pour la Provence, illustrant une fois de plus le phénomène de déplacement de la frontière de la désirabilité et le renouvellement des modes territoriales. Jusqu'aux années 1990, et en dépit d'une première vague d'installation de néo-ruraux, l'image de la Drôme est essentiellement associée aux bouchons sur l'autoroute A7 que subissent les Français de la moitié nord du pays venus passer leurs vacances sur les littoraux, ou au site nucléaire de Tricastin près de Pierrelatte. En 2004, le réalisateur Patrice Leconte « se disait infichu de situer la Drôme sur la carte[1] ». Il y a, depuis, acquis une résidence secondaire, bientôt imité par de nombreux artistes et intellectuels.

Située entre Baronnies provençales au sud et vallée de la Drôme au nord, la commune de Saoû est elle aussi devenue un lieu de villégiature très couru en été. « Les pizzas du camion sont faites au pesto d'ortie et à la spiruline », signature écologique propre à la Drôme néo-rurale, nous précise un habitué des lieux. Estivants et néo-ruraux se regroupent à l'heure de l'apéro dans la vaste cour de la brasserie artisanale locale, Markus. L'épicerie propose des produits locaux et entrepose romans et essais du moment en vitrine. Le village bénéficie

1. Magazine *Drôme Loisirs*, 2004.

d'aménités exceptionnelles, comme la présence de la Biovallée[1] et d'une rivière, d'une forêt qui fait partie des plus beaux sites drômois, d'une gare TGV à moins d'une heure qui connecte le territoire à la vallée du Rhône. Quant à la mer, elle est à deux heures de transport. Forte de sa situation géographique, Saoû a multiplié les signaux qui l'ont fait connaître de la bourgeoisie lyonnaise, valentinoise et parisienne : un festival Mozart en été, une Fête du picodon (le fromage local) devenue incontournable, un restaurant réputé. L'ancien maire du village, Henry Fuoc, journaliste sur RMC, a su communiquer dans les années 1980 sur l'image de Saoû et associer des parrains prestigieux à la Fête du picodon, comme l'acteur Michel Galabru, l'animateur Jean-Pierre Foucault ou encore Charles Hernu, ancien ministre de la Défense sous le premier septennat de François Mitterrand.

Parallèlement, Saoû a attiré, comme de nombreux villages drômois, plusieurs vagues de néo-ruraux : une première génération de hippies descendue en Combi Volkswagen pour créer des communautés dans les années 1970, bientôt rejoints par des néo-villageois tout aussi désargentés dans les années 1980 et 1990. Depuis quelques années, de nouveaux arrivants plus aisés leur ont succédé, cherchant une résidence secondaire ou à s'établir dans le village. Sur place, les habitants notent un emballement immobilier : les maisons de village et celles qui sont situées dans les lotissements à l'entrée ont vu leurs prix doubler et parfois tripler depuis les années 2000. Le phénomène a encore été accéléré par l'effet Covid-19, et des agents immobiliers se voient remettre des mandats de recherche sans plafond financier. Le seuil du million d'euros n'est plus tabou. « Depuis longtemps, le Sud et le littoral saturent et la tension immobilière remonte jusque chez nous », raconte un habitant, qui résume le dilemme auquel les propriétaires sont confrontés : « Il y a de gros coups immobiliers à faire sur une logique de court terme, mais cela se fait au détriment de nos enfants, qui ne pourront plus devenir propriétaires. » Un autre habitant originaire de la Drôme, et qui y revient régulièrement, rapporte qu'il a senti l'ambiance de la commune changer sous l'influence des néo-ruraux, rapprochant les évolutions de Saoû de celles qui ont touché, une génération plus tôt, certains villages du Luberon. La fête estivale du picodon, qui était originellement

1. Regroupement de structures intercommunales engagées dans la transition écologique.

un rassemblement *people* et populaire, a modifié sa programmation quand les néo-ruraux s'y sont investis, mettant en place tri sélectif des déchets, marché de créateurs ou espace bio[1]. Les anciens lui préfèrent parfois la fête des pompiers. Pour autant, la hausse rapide de l'immobilier redistribue parfois les cartes en zone rurale et ne se limite pas à une opposition entre anciens et néos : les autochtones, qui possèdent généralement le plus de biens et de foncier, peuvent avoir plus intérêt à l'arrivée de néo-ruraux plus aisés que ceux de la première vague.

À l'image de ce village de charme de la Drôme, la campagne française est désormais constellée, à côté de zones agricoles plus ou moins bien portantes, de petites enclaves du bien-vivre et du bien-manger, qui constituent un réseau d'adresses répertoriées par les guides gastronomiques et les magazines de mode et d'art de vivre. Créées par des membres de la génération *millennial* nourrie d'esthétique Instagram, ces versions repensées et mises à jour de l'auberge, de la maison de campagne ou de la pension de famille donnent un coup de fouet au tourisme rural, jusqu'alors dominé par la génération des *babyboomers*, nombreux à avoir cédé au « syndrome de la chambre d'hôtes » comme en témoigne la profusion d'offres du label historique Gîtes de France.

Conséquence du double élan champêtre et écologique qui touche jusqu'à l'hôtellerie de luxe, plusieurs chefs réputés ont eux aussi cédé à l'appel de l'exode urbain[2]. Originaire du Vercors, Christophe Aribert a ainsi rénové une bâtisse du XIXe siècle à Uriage-les-Bains avec des matériaux écologiques, transformant « ces ruines de l'âge d'or thermal en un havre contemporain et éco-responsable[3] » : la Maison Aribert abrite un restaurant gastronomique de cuisine végétale, dont les plantes aromatiques sont cultivées en permaculture dans le potager du site, des chambres et un cabinet de thérapies naturelles proposant yoga, kinésiologie et massages ayurvédiques. L'équipe à l'origine du Septime, restaurant parisien le plus primé et le plus célèbre de la vague *foodie*, a

1. Jean-Baptiste Montard, « Histoire de la fête », sur le site de la Fête du picodon.
2. « Demain, l'exode urbain des grandes toques ? », newsletter Pomélo, n° 23, 26 mai 2020.
3. François-Régis Gaudry, « Gastronomie : le pari vert du chef Christophe Aribert », *L'Express*, 9 mars 2019.

lancé de son côté l'hôtel-restaurant « D'une île », havre gastronomique et rural-chic au cœur du Parc naturel du Perche...

4. Le pavillon, la yourte et le mas

Si en Drôme comme ailleurs le bâti ancien, dit authentique, de charme ou de caractère, situé dans les villages et hameaux ou plus isolé dans le cas des fermes restaurées ou des maisons bourgeoises, attire les résidents secondaires et les candidats au changement de vie, on remarque en entrée de village des quartiers résidentiels récents de maisons de constructeur, parfois de petits immeubles, où résident des habitants de lignée plus ancienne. Ainsi, le partage immobilier s'opère en fonction de l'ancienneté de la pierre, les néo-Drômois l'aimant ancienne, quand les résidents permanents autochtones lui préfèrent le neuf, pour des raisons qui ne tiennent pas uniquement au prix des biens disponibles à l'achat. En étudiant les annonces des agences immobilières locales, on constate que certaines « villas » contemporaines, qui n'ont pas le cachet de l'ancien mais sont souvent équipées d'une piscine, sont vendues à un prix supérieur à celui des maisons traditionnelles ou des corps de ferme à restaurer, qui exigent de l'énergie et un goût pour la restauration et la modernisation de l'ancien. Pour le résumer d'une formule, désormais le pavillon et le mas[1] cohabitent dans les territoires ruraux les plus attractifs. Sans oublier la présence de plus en plus remarquée des alternatives néo-rurales communautaires, auxquelles on associera la yourte, habitat emblématique de la vie en autonomie et en harmonie avec la nature, ou encore la *tiny house*, incarnation architecturale plus récente d'un même idéal. Dans un même rayon de quelques kilomètres peuvent ainsi coexister un ménage qui a fait construire une maison neuve et dont les adultes effectuent des trajets quotidiens en voiture pour se rendre sur leur lieu de travail dans la ville la plus proche, un couple de retraités ou d'actifs installés dans une demeure ancienne restaurée et dont l'activité peut mêler profession intellectuelle en télétravail et activité d'économie résidentielle (chambre d'hôtes, commerce, cours de yoga) et un écolieu installé dans une vaste maison entourée d'un domaine dans lequel habitat léger, yourte, roulotte, *tiny house* ont

1. La longère ou la ferme de caractère restaurée dans le nord du pays.

été installés par les membres de l'oasis au gré des arrivées. Tous ces individus, ménages et communautés sont susceptibles de croiser l'agriculteur en bio ou en conventionnel voisin dont les parcelles jouxtent leurs propriétés, mais aussi l'artisan en bâtiment dont la camionnette ou l'utilitaire est garé devant son lieu de résidence, de vivre à quinze minutes d'un centre commercial de périphérie et à quelques kilomètres d'un quartier de logements collectifs mal raccordé au village. Rien n'empêchera alors les participants à un stage de retraite holistique de tomber nez à nez avec un habitant de lotissement parti promener son chien, l'hypnotiseur de s'installer au cœur du village en face de la pizzeria ou du kebab, et la salle de yoga de s'implanter en bordure de la zone d'activité commerciale de la ville moyenne la plus proche. Une formation survivaliste en forêt pourra tout aussi bien se dérouler à quelques encablures d'une résidence de tourisme écologique avec spa naturel ou côtoyer une ancienne abbaye transformée en espace de *coworking*. La France d'après est bien le territoire de l'hybridation des styles et des façons de vivre.

Adjoint au maire de Châtillon-en-Diois dans la vallée de la Drôme, Bernard Ravet présente un tableau de ce type dans son récit du quotidien d'un élu rural[1]. Il identifie « quatre populations qui coexistent à Châtillon ». Les « locaux », habitants historiques, qui résident majoritairement dans des bâtiments récents situés en bas du village ou dans l'incontournable lotissement à l'entrée de la commune. Les néo-ruraux, arrivés à partir des années 1970 et rejoints depuis par un flot ininterrompu de nouveaux candidats à la vie alternative, comme après l'évacuation de la ZAD de Notre-Dame-des-Landes. Certains habitent « dans des yourtes, des tipis, des maisons en bois ». Troisième population, celle des résidents secondaires qui, depuis l'après-guerre, ont retapé les maisons médiévales des ruelles alors à l'abandon et les ont transformées en « petits palais ». Enfin, les touristes qui peuplent les trois campings situés le long de la rivière en période estivale. Si « ces populations se mêlent rarement », Bernard Ravet explique que « sans elles, Châtillon serait un village fantôme ». Il a conservé son école, des commerces, une agence postale, des cafés, des restaurants, un hôtel et même quelques boutiques artisanales – « une créatrice de chocolat qui

1. Bernard Ravet, *Les Galériens de la République*, Paris, Calmann-Lévy, 2020.

travaille le cacao à froid, un revendeur de jus de fruits naturels, un club de tricot, quelques ateliers d'artistes… ».

Notons que la période est propice à une certaine forme de chassé-croisé utopique. Alors que, d'un côté, de plus en plus de citadins rêvent de quitter leur *open space* et se projettent dans un environnement bucolique qui se plierait à leur vision du monde, nombre d'habitants des campagnes cherchent encore à accéder au « confort moderne » qu'offre la maison individuelle neuve avec jardin, calquant leur consommation alimentaire et leurs références culturelles sur le modèle qui a façonné la modernité urbaine (grande distribution, télévision). Lieu refuge, la ruralité se fait alors également terre de conflits entre une population néo-rurale acquise aux thèses écologistes, les partisans du modèle pavillonnaire pendulaire et les représentants d'une ruralité plus conventionnelle et conservatrice, comme en témoignent les conflits récurrents autour de l'élevage, de la chasse et de toutes les activités pastorales et rurales. À Saoû, un habitué du village nous a raconté qu'un acteur célèbre, visitant les propriétés à vendre autour du village, s'était inquiété de savoir si les agriculteurs voisins utilisaient des pesticides… Cet épandage a d'ailleurs cristallisé les tensions. Dans le sillage de la commune de Langouët en Bretagne, l'ancien maire de Saoû a pris en 2019 le premier arrêté anti-pesticides de la Drôme, interdisant aux agriculteurs l'épandage à moins de 150 mètres des habitations. Soutenu par de nombreux habitants qui subissaient ces nuisances à la limite du jardin où jouent leurs enfants et se plaignaient d'irritations et de nausées, l'arrêté a provoqué une manifestation d'agriculteurs dans le village (l'arrêté a finalement été invalidé par la justice). Lieu de rechange des utopies urbaines, la campagne sera aussi demain le théâtre d'une confrontation entre différentes manières de l'habiter.

CHAPITRE 5

La carte et les paysages : une nouvelle esthétique du territoire

1. Le paysage français d'après, entre palimpseste et kaléidoscope

Si l'on peut entreprendre de typologiser les espaces selon leur degré de désirabilité, force est de constater qu'en termes de paysage, les lignes de partage sont souvent de plus en plus brouillées avec une forte intrication des types de construction et des esthétiques qui y sont associées. Sur le plan architectural, toute une partie du territoire national est concernée par l'un ou l'autre (et souvent par les deux concomitamment) des syndromes suivants : celui du kaléidoscope et celui du palimpseste. Le premier consiste en une juxtaposition et une imbrication, sur des espaces de dimensions variables, de constructions de différents styles ou époques, selon une logique d'ensemble plus ou moins poussée et cohérente. Le second est la pure résultante de la sédimentation de plusieurs strates architecturales, à l'image du parchemin dont l'écriture initiale avait été grattée ou lavée pour faire place à un nouveau texte. Ces deux métaphores nous semblent particulièrement utiles à qui s'attache à décrire la réalité paysagère de nombreux territoires de la France d'après.

Le modèle du kaléidoscope s'applique à une multitude de villes et villages comme par exemple à Criquebeuf-en-Caux (400 habitants), petite commune cauchoise située à quelques kilomètres d'Yport et de Fécamp. Construit sur une plaine au-dessus des falaises et non en bord de mer, le village n'est pas considéré comme une étape touristique en dépit de son bâti traditionnel (église, vieux village). Ici, la pierre noble et l'architecture bourgeoise de villégiature du XIXe que l'on trouve par exemple à Yport font place au style pavillonnaire néo-normand :

maisons de plain-pied, crépi blanc cassé, toitures en ardoise parsemant des lotissements au nom évocateur, comme celui des Rivages, bordés de haies de thuyas et affublés d'une signalétique et d'un mobilier urbain récents et standardisés. Alors que les activités productives (agricoles notamment) ont perduré, l'employé résidant en pavillon jouxte l'agriculteur en conventionnel, bien loin de l'univers essentiellement récréatif et culturel d'Yport tout proche. Les tissus imbriqués de maisons et fermes plus anciennes, d'une part, de pavillonnaire fin du xxe, d'autre part, donnent au village un caractère très particulier. La salle polyvalente de construction récente trône au cœur du lotissement, comme une église. On peinera à y croiser quelque citadin de passage, et le profil des habitants du lieu est plutôt celui de « *Somewhere* »[1] des environs, dans une logique de périurbanisation plutôt que de néo-ruralité ou de villégiature. À Criquebeuf, on vit et on travaille au pays, alors qu'à Yport on prend des vacances ou un week-end loin de Paris.

Le kaléidoscope présente parfois les contours d'une forme nettement plus régulière à l'échelle d'une commune comme a pu le constater l'écrivain Sylvain Tesson à l'issue d'un vaste périple à pied dans la France périphérique :

> « Il y aurait eu un tableau à dresser, des cercles concentriques à brosser après une marche pareille. Dans les bourgs du guide Michelin, le centre-ville était charmant, l'église restaurée et une librairie s'inaugurait parfois devant le salon de thé. Woody Allen aurait pu tourner son film habituel. Ses acteurs auraient trouvé que *la province est une fête* et que le débarquement avait valu la peine. Venait le deuxième cercle : le quartier pavillonnaire. Un monsieur y tondait sa pelouse en pyjama. Il avait fini de laver sa voiture [...]. Le troisième cercle apparaissait, commercial. Le parking était plein, le supermarché jamais fermé, les promotions permanentes sur le jarret. Plus loin, un rond-point distribuait les points cardinaux et l'on gagnait les champs, les hangars à machine et des bois où les sangliers attendaient l'ouverture de la chasse[2]. »

1. Pour reprendre une typologie (établie par David Goodhart) sur laquelle nous reviendrons dans la dernière partie. Cf. David Goodhart, *Les Deux Clans*, Paris, Les Arènes, 2019.
2. Sylvain Tesson, *Sur les chemins noirs* (2016), Paris, Gallimard, coll. « Folio », 2019, pp. 148-149.

2. Après-guerre, pavillonnaire, bande littorale : la sédimentation des couches architecturales

L'analyse des données de l'Insee sur le parc immobilier français permet d'opérer une coupe géologique et de mettre au jour les différentes strates architecturales qui se sont progressivement empilées sur notre territoire et dont la cohabitation confère à bien des paysages contemporains une physionomie de kaléidoscope et/ou de palimpseste. La superposition est loin d'être homogène car chaque couche architecturale (définie, pour simplifier le propos, selon la période de construction du bâtiment) présente une géographie particulière, comme le montre la succession de cartes suivante.

Dans le parc immobilier actuel, les logements construits avant 1919 demeurent majoritaires dans la France la plus rurale et la plus isolée. On voit ainsi apparaître en foncé, sur la première carte, une « diagonale du vide » courant de la Haute-Marne à la Creuse, mais aussi le bocage normand, la Thiérache, ou encore les zones de montagne les moins dynamiques : sud du Massif central, Ardèche, Causses, Vercors, Pyrénées centrales et l'intérieur de la Corse. Dans ces territoires économiquement et démographiquement atones depuis des décennies, on vit dans un bâti ancien et l'on n'a pas eu besoin de procéder à des constructions massives.

La deuxième carte, consacrée aux constructions réalisées entre 1919 et 1945, est particulièrement intéressante. Elle porte en effet, et de manière saisissante, les stigmates de l'histoire puisque s'y dessine en foncé – et de manière quasi parfaite – le tracé de la ligne de front pendant la Grande Guerre. De l'Artois à Verdun, en passant par la Somme, l'Aisne, les Ardennes et la Meuse, quatre années d'affrontements dans les tranchées et de pilonnages intensifs d'artillerie ont totalement détruit des régions qu'il a fallu reconstruire *ex nihilo* après la guerre. Dans ces régions, économiquement périphériques, l'effort massif de reconstruction s'observe encore aujourd'hui et les bâtiments datant d'après 14-18 constituent une part majoritaire du parc immobilier local. D'autres territoires apparaissent dans un orangé plus pâle sur cette carte. Il s'agit de zones où la population agricole demeurait importante à l'époque, et que l'exode rural frappait peu, fixant sur place de nombreuses familles qu'il fallait loger. Dans un Massif central élargi à ses marges, en Basse-Normandie, dans le Centre-Bretagne, les Mauges, les Landes, mais aussi l'Ariège, l'Aude, l'Hérault et les Pyrénées-Orientales, on continua de construire dans les campagnes pendant l'entre-deux-guerres[1].

La troisième carte renvoie à la période des Trente Glorieuses (1946-1970). Elle fait spectaculairement apparaître l'armature urbaine du pays. Les nombreux points qui la constellent correspondent aux préfectures et sous-préfectures, dans lesquelles on construisit massivement des logements (en habitat collectif mais pas seulement) pour répondre à une forte demande alimentée par la croissance démographique (années du *baby-boom*), l'exode rural et l'arrivée de populations (pieds-noirs puis début de l'immigration). L'importance de cette couche architecturale datant des Trente Glorieuses est localement plus marquée encore dans des villes qui ont été durement meurtries par les bombardements et les combats de la Libération : Le Havre, Caen, Saint-Lô, Cherbourg, Brest, Lorient, Saint-Nazaire ou Royan.

La carte suivante illustre le phénomène de périurbanisation et d'étalement urbain qui a marqué les décennies 1970-1990. Tout autour des villes qui ressortaient sur la carte précédente se dessinent des auréoles plus ou moins étendues qui correspondent aux développements de zones pavillonnaires ou d'habitats collectifs de lointaines banlieues. Le phénomène est particulièrement marqué dans la grande couronne francilienne : dans l'Essonne, le Val-d'Oise, les Yvelines, la Seine-et-Marne, mais également dans le sud de l'Oise et dans toute une partie de l'Eure, de l'Eure-et-Loir, dans le Loiret et dans le nord de l'Yonne, soit autant de territoires qui virent arriver en masse des populations « pendulaires », travaillant dans le cœur de l'agglomération parisienne mais aspirant à « habiter à la campagne ». Le même phénomène s'observe autour de la plupart des villes françaises, avec une intensité variable et une ampleur plus marquée dans les premières couronnes et moins intense dans le périurbain plus éloigné. À cette époque, d'autres territoires ont été touchés par ce phénomène d'urbanisation, à l'occasion plus soutenu que dans les couronnes périurbaines. Il s'agit des stations

1. L'exode rural tardif cumula sans doute aussi ses effets, dans les quatre derniers départements cités à l'arrivée de plusieurs centaines de milliers de républicains espagnols qui firent souche assez rapidement.

Part des logements construits selon chaque période

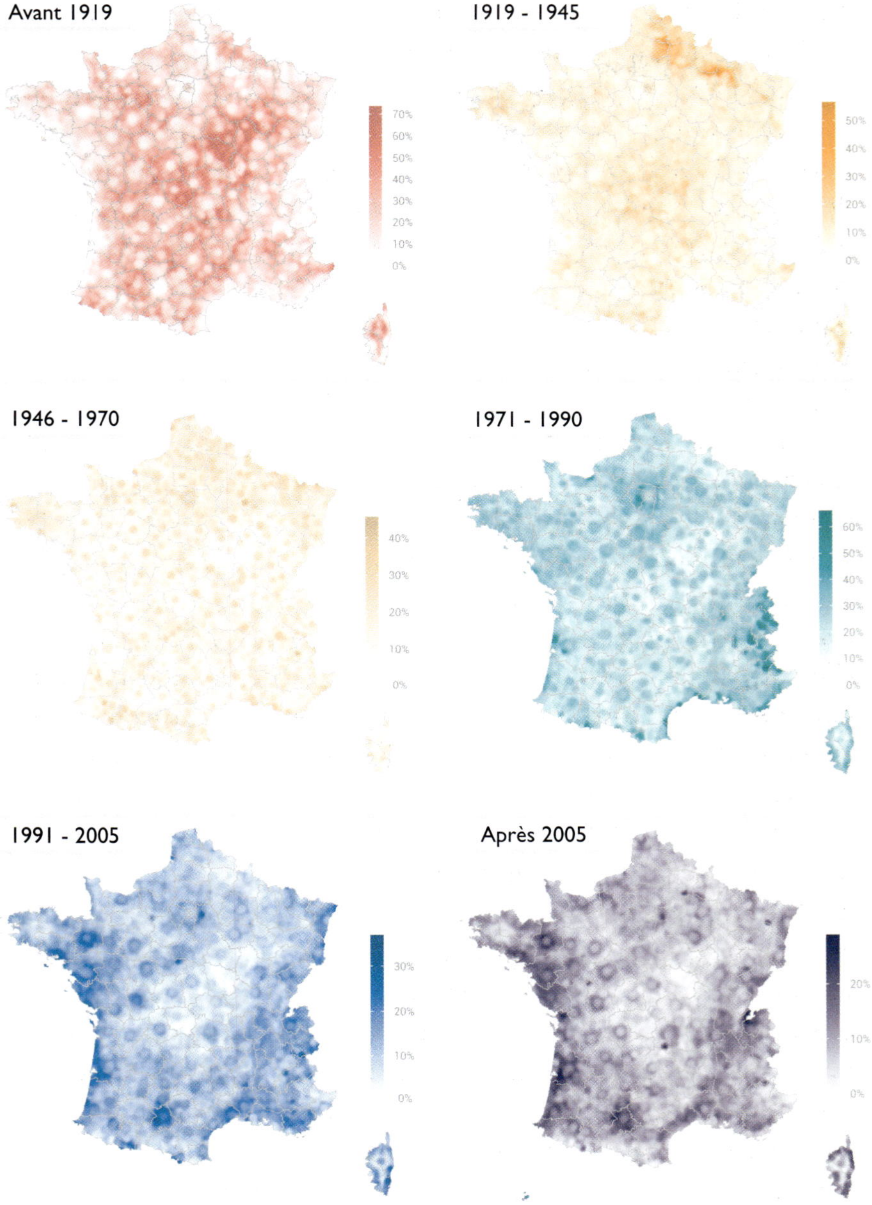

Sources : Recensement de la population 2017, Insee. Contours administratifs, IGN, 2020.

Lecture : plus la teinte d'une zone est foncée, plus la part des logements de la période concernée est importante dans le stock de logements de cette zone. Par exemple, sur la première carte en rouge, la zone qui correspond au nord de la diagonale du vide est très foncée parce que la part des logements construits avant 1919 y est majoritaire. Sur la dernière carte de couleur bleu marine, la côte atlantique est très foncée car les logements construits après 2005 y sont nombreux.

de montagne (principalement dans l'arc alpin et dans une moindre mesure dans les Pyrénées) et des littoraux : le long de la Méditerranée (Corse comprise), la côte landaise et girondine, le littoral vendéen, bigouden et du Calvados. Tous ces territoires ayant bénéficié d'une « mise en désir », pour reprendre l'expression de Jean Viard, ont vu se développer un important parc immobilier destiné à accueillir des touristes, mais aussi, progressivement, des retraités et des actifs séduits par la qualité de vie en bord de mer et dans une moindre mesure en station de montagne.

Au cours des deux décennies suivantes (1991-2005), le phénomène général de périurbanisation s'est poursuivi, mais à un rythme moins soutenu. L'intensité des constructions a diminué, mais des territoires de plus en plus éloignés des centres urbains ont vu pousser des constructions neuves permettant à des ménages modestes de « faire construire » et d'accéder ainsi à la propriété. Très dépendant de la voiture, ce public composera le gros des troupes des Gilets jaunes quelques années plus tard.

Si, dans l'ensemble, la vague de la périurbanisation a perdu de sa force et s'est éloignée du cœur des villes, certains espaces n'ont pas connu de pause sur le front de l'artificialisation des sols. Au tournant des années 2000, on a ainsi continué à construire beaucoup de logements dans certaines zones dont l'attractivité ne s'est pas démentie. C'est le cas des grandes métropoles : Rennes, Nantes, Bordeaux, Toulouse, Montpellier, Marseille, Lyon et Strasbourg[1]. En Alsace, au rayonnement strasbourgeois est venu s'ajouter un « effet frontaliers », la présence de travailleurs frontaliers très bien rémunérés en Allemagne et en Suisse entretenant le marché de la construction. On observe le même phénomène à la frontière du Luxembourg et en bordure de l'agglomération genevoise. Autres territoires jouissant d'une forte attractivité persistante, les espaces touristiques séduisant toujours davantage une population soucieuse de s'y installer à l'année. C'est le cas sur les littoraux au climat clément : Var, sud de la Corse, côtes aquitaine et vendéenne ou golfe du Morbihan. En région parisienne, un « effet Disney »

1. Bien que de taille plus modeste, on observe un phénomène similaire autour de Poitiers, ville universitaire bénéficiant d'une desserte TGV très régulière.

s'observe avec une forte activité de construction dans la zone de Marne-la-Vallée[1].

La dernière carte de la planche présente un aspect plus clairsemé car elle porte sur une période plus réduite : elle prend en considération la part du parc immobilier sortie de terre depuis 2006. La façade atlantique apparaît néanmoins toujours en foncé, témoignant d'une poursuite de l'urbanisation à proximité immédiate des côtes. Même dynamique dans les couronnes éloignées de Nantes, Rennes, Bordeaux et Toulouse, des anneaux foncés renseignant sur le déplacement inexorable du front de périurbanisation autour de ces métropoles ainsi qu'en bordure du lac Léman (en lien avec l'attractivité de la conurbation genevoise). L'artificialisation des sols et les constructions perdurent également, mais de manière moins intense, dans les zones rétro-littorales (bande de 20 à 30 kilomètres à l'intérieur des terres) sur toutes les côtes du pays. C'est le cas également dans la vallée du Rhône, dans la majeure partie de l'ancienne région Rhône-Alpes, aux marges de la métropole francilienne et de certaines agglomérations (Le Mans, Tours, Angers, Poitiers, Angoulême, Dijon, etc.).

3. Esquisse d'une cartographie des couches esthétiques dominantes

Dans chaque territoire communal coexistent donc, dans des proportions variables, différentes couches architecturales conférant à nos paysages l'aspect d'un kaléidoscope ou d'un palimpseste en fonction de l'agencement local de ces strates. Toutefois, en fonction du poids de l'histoire et des dynamiques économique et démographique très différentes qui ont affecté nos régions au cours des décennies passées, bon nombre d'espaces affichent un style esthétique « majoritaire ». La carte de synthèse suivante représente la période de construction dominante des logements dans chaque territoire.

1. On distingue également un foyer d'urbanisation récente, mais de taille beaucoup plus restreinte, dans la région de Saint-Aignan, dans le Loir-et-Cher, dû à l'attractivité économique et touristique du ZooParc de Beauval.

Période de construction majoritaire des logements

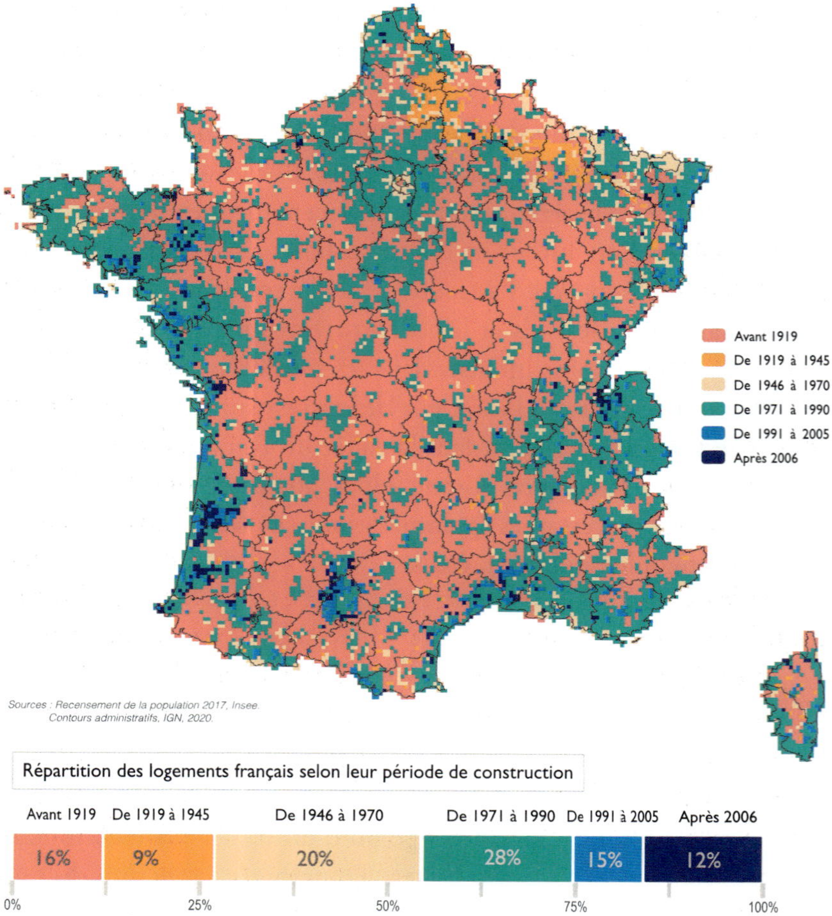

Sur cette carte, l'armature urbaine se lit à travers une constellation de petits points beiges, indiquant que la trame du bâti de la majeure partie de nos villes date des Trente Glorieuses. De vieux centres historiques occupent souvent le cœur de nos villes, mais leur périmètre est très restreint et la dominante architecturale qui s'impose finalement est celle des années 1950-1970. Si les points beiges sont de petites tailles (à l'exception de l'agglomération parisienne), il ne faut pas oublier que la densité de logements y est très importante et qu'y résident des millions de Français sur des périmètres restreints. Autour de ces îlots beiges se déploient systématiquement des lagons bleu-vert qui correspondent aux couronnes pavillonnaires construites entre 1971 et 1990. La superficie de ces lagons est plus ou moins étendue en fonction de l'ampleur du phénomène de périurbanisation qu'ont connu ces villes. Dans certains territoires, l'étalement urbain s'est poursuivi à un rythme soutenu après 1990, ce qui se matérialise par des taches bleu clair et foncé sur la carte. Autour de Rennes, de Vannes, de Nantes, La Rochelle, Bordeaux, Pau, Toulouse, Montpellier, Nîmes et Genève (qui irradie en territoire français), le front d'artificialisation des sols continue de se déployer. La puissance de ce phénomène a abouti, dans certains cas, à ce que le lagon périurbain d'une métropole en expansion fasse sa jonction avec celui d'une ville moyenne située à plusieurs dizaines de kilomètres. C'est le cas avec Toulouse et Montauban, Nantes et Cholet, Montpellier et Nîmes, ou encore Bordeaux et Arcachon. Dans ce dernier cas, ce phénomène se combine avec la poursuite de l'urbanisation le long des côtes.

Sur de vastes étendues, le modèle architectural des années 1970-1990 apparaît donc comme dominant sans pour autant être hégémonique, les strates plus anciennes, bien que minoritaires, étant également présentes. Ce modèle esthétique et culturel (au travers du mode de vie qui l'accompagne), que l'on a qualifié de « Plaza majoritaire », se décline certes en variantes régionales, mais il s'est imposé partout dans la France démographiquement la plus dynamique. C'est le cas dans toutes les couronnes périurbaines, mais aussi le long d'axes particulièrement structurants. Ainsi, un automobiliste qui partirait d'Hendaye, à la frontière espagnole, et qui longerait les côtes françaises pourrait rouler jusqu'à Dinard en ne traversant que des communes dans lesquelles l'immobilier a majoritairement été construit dans les deux décennies qui ont succédé aux Trente Glorieuses. Un autre couloir spatio-temporel du même type peut être parcouru entre Cerbère (au sud de Perpignan, à la frontière espagnole) jusqu'à Menton. Ce couloir d'urbanisation issu des années 1970-1990 présente un embranchement dans la basse vallée du Rhône, qui permet de remonter, le long d'un étroit corridor dans la Drôme, jusqu'à la conurbation lyonnaise en demeurant dans la même esthétique urbanistique – modulée, bien sûr, par quelques variantes régionales. Plus au nord, un couloir plus large est dominé par la même couche urbanistique le long de la vallée de la Seine, de Fontainebleau jusqu'au Havre avec en son cœur l'agglomération parisienne (à l'urbanisme un peu plus ancien).

À partir des années 2000, élus et urbanistes défendent la « densification » du bâti pour lutter contre l'étalement urbain. Ce revirement a pour conséquence de faire sortir de terre toute une génération de petits immeubles et de résidences dans les villes, leurs banlieues et les villages dynamiques. Alors que l'héritage des résidences des années 1970 et du pavillonnaire plus récent est dans toutes les têtes, cette couche architecturale imprime progressivement sa marque sur les environnements urbains. Dans les quartiers de gares du futur Grand Paris, autour de Bordeaux et de toutes les villes attractives, éco-quartiers, îlots urbains, résidences senior et autres ZAC alliant logements, commerces et bureaux se sont multipliés, adoptant souvent un même style d'inspiration moderniste, cubique et végétalisé.

À l'écart des axes de circulation et d'échanges, des littoraux et des couronnes périurbaines, grandes ou petites, on pénètre dans d'autres univers esthétiques régionaux, où le bâti d'avant la Première Guerre mondiale domine. Il s'agit de la France rurale et périphérique, qui, architecturalement parlant, est globalement demeurée ce qu'elle était. Elle ressort en rose sur la carte et couvre une très vaste surface (mais peu densément peuplée) de la Lorraine à l'Ariège et au Béarn, mais aussi du Cotentin au Mercantour, le long d'une seconde « diagonale du vide » moins souvent évoquée que la première. Ces territoires à vocation historiquement agricole sont aujourd'hui peu dynamiques sur les plans économique et démographique. Il existe toutefois de nombreuses exceptions à la règle, certains étant parvenus à mettre en valeur leur patrimoine architectural et paysager. Cette élévation de leur rang dans l'échelle de la désirabilité territoriale leur a permis de se reconvertir dans l'économie touristique. C'est notamment le cas dans la moitié sud du pays, comme en témoigne par exemple la carte des plus beaux villages de France.

Enfin, si bon nombre de territoires ruraux se caractérisent par une certaine stabilité de leur parc de logements du fait de l'absence de dynamiques économique et démographique, certains territoires du nord-est de la France ont également été « fossilisés » sur le plan des paysages et de l'urbanisme. À cette différence près que, dans la France rurale, l'essentiel du bâti remonte à avant 1919[1] alors qu'il date

1. Voire à l'entre-deux guerres pour les territoires qui se situaient sur la ligne de front.

Localisation des 159 plus beaux villages de France

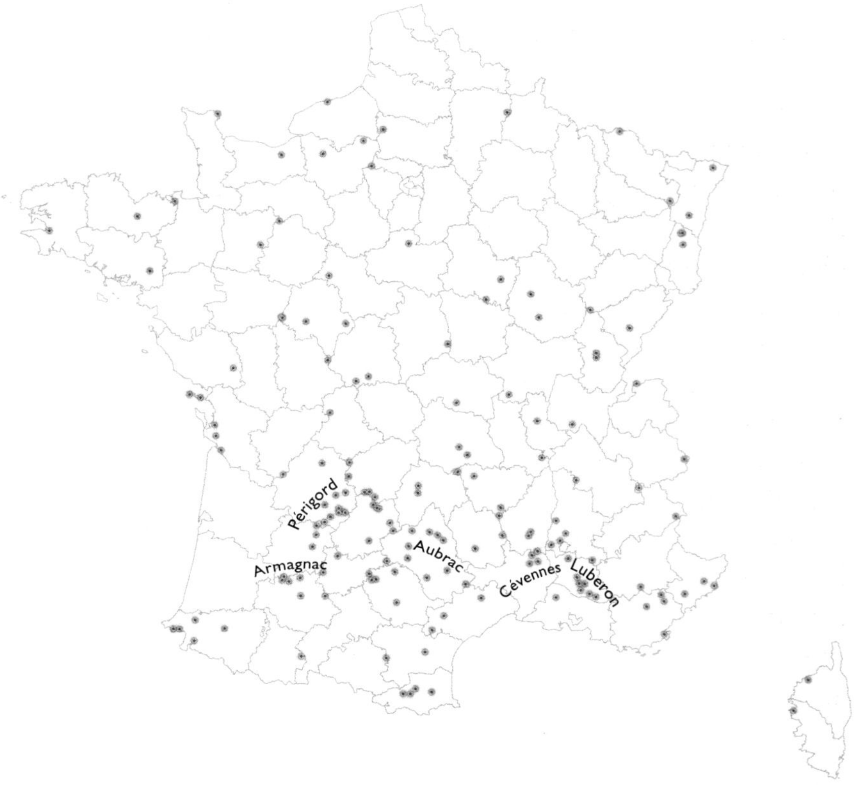

Sources : Association Les Plus Beaux Villages de France.
Contours administratifs IGN, 2020.

majoritairement des années 1950 et 1960 dans des régions comme le Valenciennois, la vallée de la Meuse dans les Ardennes, les vallées de la Moselle et de la Fensch ou le bassin de Forbach dans le département de la Moselle. Dans ces zones, ce n'est pas l'exode rural et la déprise agricole qui ont frappé, mais la disparition des industries lourdes survenue au début des années 1970. Elle y a stoppé net tout développement économique et démographique, vitrifiant au passage ces paysages urbains et les laissant en l'état. Si certains aménagements et autres entreprises de requalification urbaine ont été amorcés, les lignes de force et la physionomie générale des paysages sont restées celles d'avant l'arrêt des mines et des usines. À l'instar de l'historien

Nicolas Offenstadt[1] arpentant les Länder de l'Est à la recherche des vestiges d'une société (édifiée par le régime de la RDA) qui n'existe plus, traverser ces régions renvoie le voyageur aux signes et paysages d'un monde englouti, celui de la mine et de la grande industrie.

4. La France comme safari-photo

L'empilement plus ou moins harmonieux de strates de constructions successives a été immortalisé par une première génération de photographes sensibles au paysage contemporain. En 1984, l'administration en charge de l'aménagement du territoire, la Datar, décide de faire appel à eux pour documenter les transformations induites par le boom des Trente Glorieuses. Des photographes consacrés, comme Raymond Depardon et Robert Doisneau, ainsi que de nombreux jeunes artistes prometteurs sillonnent alors le pays avec comme consigne de « représenter le paysage français des années 1980 ». Leurs travaux se focaliseront sur les couches architecturales évoquées plus haut : villes reconstruites dans l'après-guerre, banlieues de grands ensembles et premières couronnes périurbaines, couloirs urbanisés le long de la façade atlantique et du littoral méditerranéen, infrastructures de transport et d'énergie, installations industrielles, immeubles de bureaux, villages demeurés tels quels après l'exode rural, sans oublier les stations balnéaires et de sports d'hiver, empreintes de l'avènement de la civilisation des loisirs. L'exposition organisée à la BnF en 2018 à partir des archives de la mission de la Datar a connu un certain succès[2].

Dans les années 1980 à 2010, des photographes fascinés par la standardisation du paysage ont poursuivi ce travail d'archéologie de la France contemporaine : « Peu importe qu'il s'agisse du Gers, de la banlieue parisienne ou marseillaise, de telle ou telle station de montagne ou de bord de mer », lit-on dans la présentation d'un ensemble de photographies du paysage français, *Hexagone*, de Jürgen Nefzger, instantanés saisis au cœur de ces années souvent « indatables », entre 1995 et 2005[3]. Pour le photographe, habiter dans ce *paysage fabriqué*

1. Nicolas Offenstadt, *Le Pays disparu. Sur les traces de la RDA*, Paris, Stock, 2018.
2. *Paysages français, Une aventure photographique, 1984-2017.*
3. Jürgen Nefzger, *Hexagone*, t. 1 : *Le Paysage fabriqué*, t. 2 : *Le Paysage consommé*, Cunlhat, Fûdo Éditions, 2006. Le texte de présentation est de Jean-Marie Baldner.

et ce *paysage consommé*, sous-titres des deux tomes de clichés consacrés à la France urbaine, c'est « chemine[r] d'habitats nouveaux en centres commerciaux, de stations balnéaires en quartiers de plein air, de parcs de loisirs en zones d'activité ». C'est à la même époque, au début des années 1990, que l'ethnologue Marc Augé, qui applique sa discipline à la modernité occidentale, invente le terme de « non-lieux » pour désigner grandes surfaces, autoroutes, aéroports, chaînes hôtelières, villages de vacances et autres lieux dédiés aux nouvelles fonctions économiques et sociales : la circulation, la consommation et la communication[1]. Ces non-lieux seront – et sont encore – abondamment photographiés de nos jours.

Parmi les projets d'archéologie visuelle du paysage français, une initiative se détache par l'ampleur de son ambition, celle du photographe Éric Tabuchi et de l'artiste Nelly Monier. Le duo a entrepris en 2017 un tour de France des régions naturelles, petites entités géographiques, physiques et culturelles qui ont précédé le découpage du territoire en circonscriptions administratives. Leur projet d'*Atlas des régions naturelles* ambitionne de réaliser 25 photos de « l'architecture vernaculaire française » présente sur le territoire de chacun des 450 petits pays identifiés, soit un total d'environ 12 000 clichés réunis à l'issue d'un voyage prévu pour durer une décennie. Le public peut suivre sur le site du projet[2] – et via divers réseaux sociaux – les étapes de ce fascinant relevé exhaustif de la France d'après. Le charme de ces photos naît du décalage entre les vues présentées de ces régions naturelles et la réalité d'une société postindustrielle et de consommation qui en a profondément modifié l'environnement – sans pour autant, donc, en effacer toutes les spécificités. Les photos d'Éric Tabuchi s'attachent aux effets de superposition d'une nature, d'un climat et d'un terroir donnés avec des constructions humaines en activité, abandonnées ou reconverties : salle des fêtes, foyer rural, centre des impôts ou établissement scolaire conçus par un architecte brutaliste, enseigne-objet kitsch, siège de PME à la façade monumentale de verre et d'acier, hangar désaffecté, zone d'activité oubliée, œuvre d'art d'autoroute ou de rond-point plus

1. Marc Augé, *Non-Lieux. Introduction à une anthropologie de la surmodernité*, Paris, Seuil, 1992.
2. www.archive-arn.fr.

ou moins inspirée, vestige industriel, château d'eau, petite barre rose pâle d'habitat collectif à l'entrée d'une ville secondaire, etc. En cadrage frontal, très prisé du photographe, défilent les générations de pavillons de styles régionalistes ou syncrétiques variés, capturés aux quatre coins du pays, véritable catalogue des utopies résidentielles françaises. Détour obligatoire pour tout amateur de photographies de paysage, d'urbanisme et de nature morte, le site des archives de l'*Atlas des régions naturelles* propose un outil très poussé de sélection multicritère des images : type de paysage (littoral, bocage, bois et forêts, moyenne montagne, etc.), fonction (résidentiel, commercial, religieux, etc.) ou encore datation correspondant aux couches esthétiques susmentionnées : avant la Première Guerre mondiale, 1914-1945, Trente Glorieuses et époque contemporaine.

Il semble ainsi qu'une vaste partie du territoire français soit devenue, pour les producteurs d'images, de culture et d'idées un espace chargé de poésie et de mystère. Les photographes des nouvelles topographies hexagonales affectionnent particulièrement la France vitrifiée, bloquée dans un passé difficilement datable : restaurants de bord de route, commerces de détail dont les enseignes ont conservé des typographies démodées, dancings abandonnés, atmosphères fantomatiques à la David Lynch et autres clins d'œil aux paysages américains fantasmés dont sont imprégnées ces générations et qui ont inspiré leur esthétique. Ils ont donné naissance à un style à la croisée des influences de la photographie américaine et du patrimoine français : une « *americana* » hexagonale.

Americana est d'ailleurs le titre d'une série de photographies du duo d'artistes Demi Tour de France, composé de Marie Bouthier et Anouck Lemarquis, qui parcourt la France à bord d'une Opel Zafira et rend hommage à cette esthétique des bords de route[1]. Les restaurants routiers, situés sur des axes secondaires et éloignés des hauts lieux de la gastronomie branchée, font eux aussi l'objet d'un regain d'intérêt graphique. En raison d'une résonance américaine prononcée, la route est devenue elle-même un sujet prisé de la photographie contemporaine. En plein confinement de mars 2020, le photographe Mathias Depardon propose au quotidien *Libération* une série de photos le long

1. https://demitourdefrance.fr.

de la Nationale 7, alors aussi déserte que l'ensemble du pays[1]. « La Nationale 7, qui fut la route des vacances, a perdu de son glamour, constate le photographe dans son avant-propos, elle a subi diverses formes de déclassement. On longe des zones de grandes surfaces, des aires commerciales, des champs, des ronds-points par milliers – cette passion et spécificité française. » Le journal note que le photographe, qui a longtemps travaillé sur la Turquie où il fut un temps emprisonné, devait se trouver en Irak au moment du confinement. Comme une manière de souligner que la France de l'intérieur serait devenue une terre exotique aux yeux du public urbain cultivé ?

Région mal aimée et souffrant de carence identitaire, l'Île-de-France inspire paradoxalement une riche production visuelle et paysagère. L'effet patchwork, très présent dans les régions urbaines du fait de la concentration des strates historiques de construction (grands ensembles, villes nouvelles, écoquartiers, etc.), a été bien capté par les artistes-marcheurs qui ont créé des sentiers de randonnée métropolitains, dont le tracé emprunte autant les espaces naturels que ces couches sédimentées du patrimoine bâti. À l'image du travail des photographes, les reconnaissances effectuées par les artistes randonneurs contribuent à façonner des représentations et à construire un récit des territoires explorés. Parmi d'autres initiatives remarquables, certains projets s'attachent à documenter telle portion de l'espace-temps francilien en particulier. On se souvient, par exemple, qu'au tournant des années 1970-1980 ont été érigées les « villes nouvelles » de la région parisienne, dont la construction s'est poursuivie jusque dans les années 2000 pour certaines d'entre elles. Parce qu'ils ont fourni aux architectes un terrain de jeu sans équivalent, ces projets urbains constituent des traces archéologiques particulièrement pures. Les projets monumentaux de l'architecte espagnol Ricardo Bofill à Noisy-le-Grand (les Espaces d'Abraxas), à Saint-Quentin-en-Yvelines (les Arcades du Lac) ou à Montpellier (le quartier Antigone) sont en quelque sorte la signature architecturale des années 1980-1990. Ses œuvres de style « postmoderne », qui entendaient renouer avec la tradition classique, évoquent le « souvenir d'un futur » désormais derrière nous, titre d'une série du

1. Julien Gester et Mathias Depardon, « Nationale 7, voyage aux confins de la France », *Libération*, 24 avril 2020.

photographe Laurent Kronental dans ces espaces figés dans le temps[1]. Les abords du parc Disneyland Paris, dans le secteur le plus récent de Marne-la-Vallée, le Val d'Europe, sont eux aussi abondamment photographiés. Déployant une architecture de pastiche haussmannienne et pavillonnaire, le Val d'Europe témoigne du passage à l'an 2000. Son urbanisme relève d'une utopie provinciale qui tiendrait la banlieue parisienne et ses symboles (grands ensembles et quartiers de concours d'architectes) à bonne distance esthétique et spatiale[2]. Le photographe allemand Christoph Sillem a immortalisé l'atmosphère hyperréelle qui règne sur cette portion du territoire – qui trouve sa traduction sur notre carte des couches architecturales dominantes (point bleu clair à l'est de Paris sur la carte de synthèse, correspondant à la période 1990-2006). L'artiste décrit les quartiers résidentiels du Val d'Europe comme « une réplique façon *Truman Show* d'un village français[3] » traditionnel réinterprété par un Américain qui travaillerait chez Disney. Ce style a été amplement imité par les promoteurs du Grand Paris qui construisent, depuis les années 2010, des résidences d'inspiration haussmannienne ou néo-classique. Sur l'*Atlas des régions naturelles* évoqué plus haut, l'internaute qui promène le curseur de sa souris du côté de la région naturelle de la Brie verra apparaître des photos du parc Disneyland Paris ou des programmes de logements du Val d'Europe, comme si le château de la princesse le disputait au fromage dans la représentation du territoire, témoignant une fois encore du double effet de palimpseste et de kaléidoscope qui rend si bien compte des nouveaux paysages français.

1. www.laurentkronental.com.

2. Hacène Belmessous, *Le Nouveau Bonheur français ou le monde selon Disney*, Nantes, L'Atalante, 2009.

3. Citation et séries de photos, *A World Around Disney*, 1 et 2, sur le site du photographe, www.christophsillem.com.

TROISIÈME PARTIE

De la moyennisation à la polarisation des styles de vie

Après nous être intéressés aux conséquences générales des métamorphoses de l'économie contemporaine et à la transformation des paysages, il faut nous arrêter maintenant sur les transformations sociales qui sont intervenues au cours des dernières décennies. Avant de dresser une galerie de portraits, donnant à voir l'émergence de certains métiers et groupes sociaux mais aussi les nouveaux visages des diverses corporations dans la France d'après, nous proposons d'abord, dans cette troisième partie, de rendre compte du mouvement général et de la tectonique des plaques à l'œuvre. Avons-nous assisté à un processus de convergence et de moyennisation de la société française, ou au contraire à un mouvement de polarisation ?

Deux points de méthode pour commencer.

Pour tenter de répondre à cette question majeure, qui divise tant économistes et sociologues[1], nous porterons notre attention sur le corps central de la société, puisque c'est en son sein que les indices d'une moyennisation ou d'une polarisation sont mécaniquement les plus manifestes. Second parti pris méthodologique, notre approche privilégiera l'analyse de la consommation et des loisirs, dans la mesure où ces deux dimensions occupent une place centrale dans nos modes de vie, mais aussi de plus en plus dans l'idée (et les représentations

1. Les lecteurs qui souhaiteraient plonger dans les controverses qui opposent les chercheurs autour de la question de l'évolution des classes moyennes peuvent se référer à l'ouvrage de Julien Damon, *Les Classes moyennes*, Paris, PUF, 2013, à ceux de Louis Chauvel, en particulier *La Spirale du déclassement. Essai sur la société des illusions*, *op. cit.*, et d'Éric Maurin, notamment *La Peur du déclassement. Une sociologie des récessions*, Paris, Seuil/La République des Idées, 2009. Dans *La Révolution matérielle. Une histoire de la consommation, France XIXe-XXIe siècle* (Paris, Flammarion, 2018), Jean-Claude Daumas analyse quant à lui l'évolution des définitions des classes moyennes sous l'angle des pratiques de consommation et des modes de vie.

qui s'ensuivent) que les individus se font de la place qui est la leur dans la société. Si le niveau de revenu et la profession continuent bien entendu d'être des marqueurs très importants, de plus en plus de gens se définissent socialement par des styles de vie liés à leur consommation et par les magasins et les enseignes qu'ils fréquentent, comme en témoignent par exemple ces propos recueillis par une journaliste des *Échos* dans le cadre d'un reportage sur l'état de la société française un an après le déclenchement de la crise des Gilets jaunes, enquête réalisée dans la ville moyenne de Soissons, dans l'Aisne : « Avant, je pouvais me permettre Intermarché. Depuis deux ans, je ne vais plus que chez Lidl » (Aurélie, coiffeuse[1]) ; « Je suis de la classe moyenne, nous ne sommes pas les plus à plaindre mais notre situation se détériore. On travaille toujours plus, on donne beaucoup, mais on ne s'en sort pas mieux. Le premier des arbitrages c'est d'avoir dû passer de Leclerc à Lidl » (Linda, conseillère clientèle).

Opter pour une approche centrée sur les styles de vie et les pratiques de consommation, outre que cette façon de procéder fait écho à la grille de lecture spontanément utilisée par une grande partie de la population, permet de rendre plus tangible et concret le mouvement général des plaques tectoniques au sein de la société française. Pour ce faire, nous mobiliserons données statistiques, séries historiques – mais aussi des éclairages ponctuels sur certains objets ou lieux iconiques de la consommation : de l'automobile au *hard discount* en passant par les sports d'hiver et l'électroménager.

Pour une kyrielle d'auteurs et d'éditorialistes influents qui ont popularisé le thème du déclin des classes moyennes occidentales, « *Average is over* », comme le dit l'économiste américain Tyler Cowen[2] : « La moyenne, c'est terminé. » D'autres sociologues rétorquent que les classes moyennes existeront toujours sur le plan statistique puisqu'elles occupent, par définition, le « milieu » de la distribution des revenus et des catégories socioprofessionnelles (d'où l'expression de « *middle class* », littéralement « classes du milieu »). Pour les tenants de cette thèse, la

1. Isabelle Ficek, « Un an après, le malaise persistant de la "France discount" », *Les Échos*, 14 novembre 2019.

2. Tyler Cowen, *Average Is Over. Powering America Beyond the Age of the Great Stagnation*, New York, Dutton, 2013.

généralisation du « confort moderne » à une majorité d'Occidentaux – de la possession d'une automobile (puis de deux) à celle d'un grand nombre de biens d'équipement, électroménagers au cours des Trente Glorieuses, puis électroniques lors des dernières décennies – plaide même en faveur d'une extension du domaine de la moyennisation.

Nous pensons pour notre part que si les classes moyennes n'ont pas disparu, nous assistons depuis plusieurs décennies à un processus de bipolarisation à la fois par le haut et par le bas. Cet effet de « sablier » est très clairement perceptible dans l'univers de la consommation et des loisirs avec, d'une part, la premiumisation des offres destinées aux classes moyennes supérieures, et, d'autre part, l'apparition d'un second marché et d'une « économie de la débrouille », illustrant le désarrimage progressif du bas des classes moyennes. Enfin, il apparaît qu'une double différenciation se produit sur le plan culturel (attrait pour la consommation alternative) et territorial (spécialisation des espaces de consommation), induisant une démoyennisation « latérale » et l'éclatement des référentiels et des lieux de consommation.

CHAPITRE 1

La démoyennisation par le haut : la *premiumisation* des vacances

1. La montée en gamme estivale : du camping au village de vacances cinq étoiles

Pour les classes moyennes et populaires, certains marqueurs de statut hérités des Trente Glorieuses, comme les vacances d'été et les sports d'hiver, ont vu leur coût d'accès s'envoler. Dans tout le secteur du tourisme, et notamment dans les villages de vacances et les campings (rebaptisés « hôtellerie de plein air »), la tendance de fond est celle de la montée en gamme.

Selon une note publiée par l'Insee en 2017[1], les campings ont effectivement connu une transformation profonde caractérisée par le remplacement des terrains nus (où l'on peut installer tentes et caravanes) par des implantations de bungalows plus onéreux (+ 20 % en 6 ans), conduisant à un parc aujourd'hui composé pour près de 30 % de bungalows et de mobile homes. Ce phénomène s'accompagne de la montée en gamme des campings en question, qui aboutit à ce que les campings 4-5 étoiles (34 %) et 3 étoiles (34 %) dominent le marché (18 % pour les 2 étoiles et 14 % pour les 1 étoile). Cette tendance incite les professionnels à accroître les services et activités proposés (piscines, animations, cours de sports, etc.) afin de séduire une nouvelle clientèle plus aisée et disposée à séjourner dans une « hôtellerie de plein air » qui n'a plus grand-chose à voir avec le Camping des Flots Bleus popularisé au cinéma par Franck Dubosc…

Mais si l'offre de services, la qualité de l'hébergement et les activités proposées ont été sensiblement « upgradés », les tarifs ont inévitablement été réévalués en conséquence. Une évolution qui a fait des campings,

1. « Les campings : un confort accru, une fréquentation en hausse », Insee, mai 2017.

qui constituaient traditionnellement le type d'hébergement le plus prisé des milieux populaires et du bas de la classe moyenne, un mode de loisirs moins accessible à cette clientèle.

Cette logique de montée en gamme touche d'autres piliers de l'offre touristique populaire. C'est ainsi que le groupe VVF (Villages Vacances Familles), aux origines associatives, historiquement spécialisé dans le tourisme social et dirigé à sa création en 1959 par l'ancien secrétaire général de la CFDT Edmond Maire, est partiellement devenu, à la suite de sa privatisation en 2001, « Belambra Clubs ». S'il subsiste bien encore quelques Villages VVF, les sites les plus importants ont été transformés en clubs et entièrement rénovés. Il s'en est aussitôt suivi une hausse des tarifs de 15 %. Le but premier n'est plus, désormais, de favoriser le départ en vacances du plus grand nombre, conformément à la vocation historique du groupe VVF, mais de diversifier la clientèle et d'accueillir les cadres qui ne peuvent plus s'offrir le Club Med – lui-même repositionné sur le luxe –, les touristes étrangers et la clientèle d'affaires. C'est ainsi que, dès 2010, « Belambra Clubs » affichait son objectif de réaliser de 25 à 30 % de son chiffre d'affaires avec la clientèle dite « MICE », c'est-à-dire « Meetings, Incentives, Conventions & Events », conçue comme le nouvel eldorado de l'industrie touristique.

D'autres groupes du tourisme social ont suivi le même chemin que VVF. Créé en 1949, le premier réseau de villages vacances, « Cap France », a ainsi pris lui aussi le virage de la montée en gamme, proposant en 2019 trois nouvelles offres : « Authentique », « Avantage » et « Exception ». « Azureva Vacances », anciennement Vacances-PTT, dont la vocation à sa création était de donner aux agents de la Poste les moins bien rémunérés la possibilité de partir en vacances, ou encore le groupe « Cap'Vacances », ont également adopté cette stratégie de montée en gamme : d'une part, pour répondre aux attentes d'une clientèle plus exigeante au sein d'un secteur toujours plus concurrentiel, et, d'autre part, pour dégager de la marge sur certains segments de clientèle et assurer ainsi la viabilité de leurs structures.

Ces transformations conjointes, qu'il s'agisse du camping ou du tourisme social, ont contribué à réduire l'offre accessible aux catégories populaires, et ces barrières ont inévitablement nourri un sentiment de déclassement auprès de populations qui n'aspirent pas moins que les autres à profiter de leurs congés. Dans une société où le tourisme et les loisirs occupent désormais une place centrale, ce déclassement dans l'accès à certains formats de vacances engendre bien sûr frustration et ressentiment.

2. Des *Bronzés* au chalet-spa d'altitude : la bipolarisation des stations de ski

En dépit de cette hausse généralisée des prestations et des tarifs d'accès dans les structures accueillant traditionnellement les classes moyennes et populaires, les vacances d'été sont restées, dans l'imaginaire collectif, celles que prennent tous les Français – ou en tout cas une majorité d'entre eux (plus de six Français sur dix partant en vacances l'été). Historiquement plus sélectif, l'univers du ski et du tourisme de montagne a connu des évolutions plus marquées que celles que nous venons de décrire. Une partie des stations s'est envolée vers les sommets du luxe, se tournant vers les hauts revenus et la clientèle internationale, alors que celles qui souffrent d'un enneigement plus aléatoire et d'une offre de logements datée s'interrogent sur l'avenir de leur modèle. Une bipolarisation qui prend le contrepied de plusieurs décennies de démocratisation des sports d'hiver.

Lorsque le gouvernement français lance son Plan neige en 1964, le volontarisme des Trente Glorieuses est à son apogée. Alors que les stations balnéaires du littoral languedocien, comme La Grande-Motte, sont conçues à la même époque, et également sous l'impulsion de l'État, pour retenir et accueillir les flux de vacanciers français qui partaient jusqu'alors en Espagne, des stations de ski dites « intégrées » ou de « troisième génération » sont projetées dans les massifs, avec le double objectif de permettre aux Français des classes moyennes de partir aux sports d'hiver et d'offrir un débouché économique aux habitants des montagnes et des vallées. Si le ski n'a jamais été véritablement populaire, les années 1960 à 1980 ont plutôt coïncidé avec sa massification. En témoigne la conception des stations : pensées comme des villes nouvelles en altitude, d'où leur parenté esthétique avec les quartiers de banlieue qui sortent de terre à la même période, elles se veulent avant tout fonctionnelles et entièrement tournées vers la pratique du ski. Dans ces villes dédiées au loisir, le vacancier se déplace à pied, sa voiture est entreposée dans un parking situé en contrebas de la station. Les immeubles qui portent des noms de faune ou de flore locales sont orientés face au domaine skiable, le front de neige, alors que des galeries marchandes en rez-de-chaussée abritent les loueurs de matériel, les supérettes et les restaurants de spécialités montagnardes. Cet urbanisme moderniste dûment planifié, souvent l'œuvre d'un promoteur unique, fait la part belle au logement collectif. Il correspond à une approche massive et cadencée des migrations saisonnières, que renforce le découpage des territoires en zones de vacances. Le charme comme les limites de cette forme de tourisme standardisé seront retranscrits et parodiés à la perfection dans un film qui deviendra culte pour plusieurs générations d'amateurs de montagne et de vin chaud : *Les Bronzés font du ski*, sorti en 1979.

L'atmosphère en station a depuis bien changé : le modèle des usines à ski des années 1970-1980 a été remis en question sur le plan esthétique, au profit de la vogue du tourisme naturel et authentique qui inspire un style de vacances fort éloignées de l'esprit des pionniers de l'or blanc… Il n'est pas anodin que *Les Bronzés* aient été tournés à Val d'Isère, dans le massif de la Vanoise, bien que le nom de la station n'apparaisse jamais à l'écran. Or, modèle de la station intégrée des années 1970, Val d'Isère a connu une évolution très nette vers le haut de gamme – et même le luxe. Un article du magazine *Challenges* résume ainsi le nouveau visage que prend la station à partir des années 1980[1] :

> « Un vrai-faux village alpin a vu le jour, construit en béton recouvert de pierre et de bois et coiffé des traditionnels toits en lauze. À partir de la décennie suivante, tout le centre a été rénové sur le même modèle. À l'exception de quelques immeubles brutalistes […]. Val d'Isère ressemble plus que jamais à l'image que se font les étrangers d'un village de montagne authentique. »

Comme Val d'Isère, les stations les mieux situées ont entrepris d'améliorer leurs infrastructures et leur offre de logements afin d'être en mesure de concourir dans le segment des grandes destinations prisées

1. Bertrand Fraysse, « L'ascension vers les sommets de Val d'Isère », *Challenges*, 8 mars 2020.

de la clientèle internationale[1]. Un certain parallélisme s'observe entre l'altitude d'une station, qui vaut garantie d'enneigement, et l'envolée de l'immobilier dans ces années de transition, qui voient la question du réchauffement climatique s'immiscer dans l'équation touristique d'origine. L'une des manifestations les plus visibles de cette montée en gamme est l'arrivée de l'hôtellerie de luxe, des résidences de tourisme, clubs de vacances et autres villages *resorts* intégrés de haut standing. Val d'Isère comptait ainsi, au début de l'année 2021, huit hôtels cinq étoiles et quatre restaurants étoilés au Michelin. Les fondues savoyardes pseudo-authentiques, les croque-monsieur trop chers ou la « crêpe façon Gigi » servie par Marie-Anne Chazel dans *Les Bronzés*, qui composaient l'imaginaire de la montagne une génération plus tôt, ont fait place à un monde de restaurants étoilés, de spas haut de gamme et de chalets à plusieurs millions d'euros. Trônant dans le top 3 des stations les plus chères de France, Val d'Isère est souvent comparée aujourd'hui par les professionnels de l'immobilier au XVIe arrondissement de Paris, dont elle constitue un prolongement hivernal : en 2021, le prix moyen pour un appartement s'y établissait à 11 500 €/m^2. Un niveau comparable à celui d'un appartement parisien, donc, alors qu'il faut monter jusqu'à 17 000 €/m^2 environ pour s'offrir un chalet[2]…

De même qu'au début des années 1970 la France rompt avec les tours et les barres des cités de banlieue au profit des lotissements de maisons individuelles, jugés plus conformes aux aspirations des habitants, l'État aménageur et ses promoteurs abandonnent le style HLM d'altitude dans les années 1980, et le marché promeut alors le retour au chalet alpin, ce

1. Un autre univers, celui des grands crus de Bordeaux et de Bourgogne, a connu une évolution similaire. Ce marché, lui aussi réservé historiquement à une clientèle aisée, a également vu son fonctionnement et son équilibre être profondément transformés sous l'effet de l'internationalisation de la demande. Avec l'émergence d'acheteurs asiatiques, russes et anglo-saxons disposant de très gros budgets, les prix des bouteilles des châteaux et des crus les plus prestigieux se sont littéralement envolés, les rendant désormais totalement inabordables à une clientèle de la moyenne bourgeoisie tricolore, qui a dû se rabattre sur les seconds vins des grands domaines ou sur des appellations moins cotées et moins soumises à la demande internationale. À titre d'illustration, cette anecdote : en 2011, un médecin généraliste devait réaliser 7 consultations pour pouvoir s'offrir une bouteille de puligny-montrachet 1er cru « Les Combettes » du très réputé domaine Leflaive. Bien que le tarif de la consultation ait augmenté depuis, il lui fallait voir 14 patients en 2019 pour se payer une bouteille du même cru…

2. Dossier consacré à l'immobilier de montagne, supplément Patrimoine, *Les Échos*, 21 et 22 février 2020.

pavillon des cimes, construit comme son homologue des plaines dans un style néo-régional tournant ostensiblement le dos à la parenthèse moderniste. Mais, si le *modèle Plaza* de la maison individuelle s'est adressé, tout à la fois, aux classes aisées, moyennes et populaires, le chalet néo-régional restera un bien d'exception apparenté au marché de l'immobilier de luxe en raison de la rareté du foncier en altitude.

Prix de l'immobilier et vote Fillon au premier tour de l'élection présidentielle de 2017 dans la haute vallée de la Tarentaise

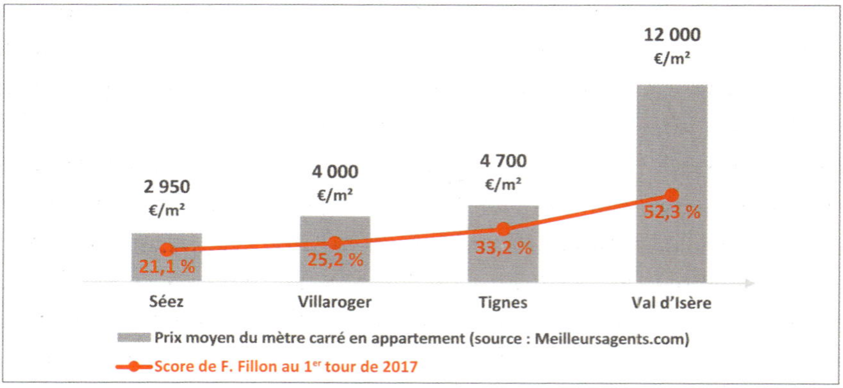

À rebours de cette sophistication esthétique et paysagère, de nombreuses stations gèrent difficilement l'héritage urbanistique du boom du ski « pour tous » : les tours et barres d'immeubles composées de T2 spartiates et autres studios cabine, sans charme et exigus, achetés comme résidence secondaire par de petits propriétaires dans les années 1970-1980, sont à l'origine du phénomène des « lits froids », véritables friches résidentielles en altitude – il s'agit, dans le vocabulaire des professionnels du tourisme, de lits utilisés moins de 3 à 5 semaines par an et qui se sont multipliés avec l'obsolescence des constructions. Tignes, station voisine de Val d'Isère, mais plus marquée par l'aspect moderniste de son parc de logements collectifs, propose ainsi des tarifs deux fois et demie moins élevés que sa très huppée voisine, autour de 4 700 € du mètre carré pour un appartement. La lutte des places se déroule aussi dans nos montagnes. L'altitude et la qualité architecturale des lieux y déterminent, de manière implacable, les prix de l'immobilier, qui conditionnent à leur tour la sociologie locale... et les comportements électoraux. Le prix au mètre carré et le vote Fillon au premier tour de l'élection présidentielle de 2017 augmentent ainsi spectaculairement à mesure que l'on remonte la haute vallée de la Tarentaise depuis la commune de Séez (900 mètres d'altitude) jusqu'à Val d'Isère, située à 1 850 mètres d'altitude.

Achevons notre balade en montagne avec une station située au nord de Val d'Isère, toujours dans la vallée de la Tarentaise, et dont l'histoire condense les évolutions à l'œuvre dans le monde du tourisme hivernal : Les Arcs. Inauguré à l'hiver 1968, le premier site des Arcs 1600[1] avait été conçu par un promoteur et polytechnicien, Roger Godino, en collaboration avec l'architecte et designeuse Charlotte Perriand, élève du Corbusier, qui dessinait des immeubles élégants selon les principes modernistes alors en vigueur. Au centre de la station trônait la Coupole, auditorium prévu pour accueillir des événements culturels et dont la charpente inspirera le logo des Arcs. Les expérimentations esthétiques et urbanistiques menées dans ce laboratoire en plein air à 1 600 mètres d'altitude seront prolongées plus en hauteur, aux Arcs 1800 puis 2000, deux autres sites construits par la même équipe de pionniers tout au long des années 1970 et 1980. La liaison avec Bourg-Saint-Maurice, dans la vallée, sera assurée par un funiculaire à partir de 1989, faisant des Arcs la seule station des Alpes accessible depuis Paris par le rail... Loin d'être bon marché, Les Arcs avaient néanmoins été conçus selon un principe de démocratisation de la montagne qui irriguait les projets de stations des années 1960-1980, avec en ligne de mire l'idéal d'un *design* qui profite à tous. Mais au cours des années 2000, la société canadienne d'immobilier de tourisme Intrawest lança la construction d'« Arc 1950 Le Village », un nouveau complexe qui, comme son nom l'indique, puisait son inspiration dans l'architecture traditionnelle de montagne.

Comme dans d'autres stations cotées, l'aménagement tourne ici le dos aux grands ensembles et favorise une « authenticité » qui va de pair avec une hausse des prestations et des prix. Les établissements de ce simili-village ont ensuite été rachetés par le groupe Pierre & Vacances, qui y propose aujourd'hui une résidence de sa marque « premium »

1. Ce chiffre renvoyant à l'altitude de la station.

lancée à la fin des années 2000 avec spa, piscines intérieure et extérieure, prestations hôtelières haut de gamme. Quant au Club Med, présent depuis 1979 aux Arcs, il a suivi la même trajectoire vers les cimes de l'hébergement de luxe. En 2018, il inaugurait un nouveau *resort* aux Arcs 1800, Les Arcs Panorama, présenté comme une destination « résolument haut de gamme, global et "happy digital", s'adressant à une clientèle française et internationale[1] ».

Ainsi, les espaces de montagne expérimentent les mêmes logiques que celles de l'urbanisme de plaine où centres commerciaux, immeubles de bureaux, lotissements de maisons individuelles et quartiers de logements collectifs sont, à des degrés divers, atteints par l'obsolescence, incitant le marché à reconstruire du neuf parfois sur la parcelle d'à côté. À cette différence près qu'en montagne, la rareté du foncier génère une hystérisation des tendances. Comme cela a été observé dans de nombreux secteurs de l'économie et des modes de vie, la crise sanitaire et économique déclenchée par l'épidémie de Covid-19 en 2020 a révélé et accéléré les dynamiques déjà à l'œuvre. Ainsi, alors que les prix dans les stations du top 3 (Val d'Isère, Megève, Courchevel) continuaient de tutoyer des sommets, une baisse significative se produisit dans les stations confrontées à une crise de leur modèle : Les Arcs et Tignes subissaient une perte d'environ 10 % en un an selon les estimations du site immobilier Seloger.com[2]. Les chutes les plus vertigineuses d'attractivité, mesurées par le relâchement de la tension immobilière (le rapport entre le nombre d'acheteurs et le nombre de vendeurs), concernaient des stations intégrées conçues selon le modèle de l'urbanisme des Trente Glorieuses : Tignes, l'Alpe d'Huez ou Val Thorens, précisément celles qui avaient déjà été atteintes par le phénomène des lits froids une décennie avant la survenue du Covid.

« Le ski n'est plus aujourd'hui un indicateur d'ascension sociale comme dans les années 1960-1970 », notait en 2008 le géographe Philippe Bourdeau, ajoutant que « les sports d'hiver font de plus en

1. *Les Arcs depuis 1968, 50 ans d'aventures*, publication des Arcs célébrant les cinquante ans de la station.
2. Xavier Beaunieux, « Ski : ces stations de sports d'hiver où c'est le moment d'acheter ! », *SeLoger*, 18 janvier 2021.

plus figure de "niche" touristique élitiste, réservée à une clientèle internationale ou à des skieurs de proximité[1] ». Alors même que ce rituel n'a jamais concerné qu'un gros quart de la population à son apogée, il a profondément marqué une époque, jusqu'à se confondre avec les Trente Glorieuses dont il constitue une partie du patrimoine immatériel. Bien qu'inégalitaire, la société française était alors engagée dans un processus de rattrapage en vertu duquel ceux d'en bas – ou plutôt du milieu – pouvaient espérer rejoindre le restaurant d'altitude et se faire une place sur le télésiège à l'échelle d'une vie. L'histoire récente des stations semble curieusement évoluer parallèlement à la courbe des inégalités de l'économiste Thomas Piketty. Selon l'auteur du *Capital au XXIe siècle*, la part de la richesse concentrée entre les mains d'une minuscule élite jusqu'à la Première Guerre mondiale a été progressivement redistribuée vers une vaste classe moyenne, mouvement de rééquilibrage qui a culminé au cours des Trente Glorieuses avant de s'infléchir, témoignant d'une remontée des inégalités à partir des années 1980. D'abord lieux de villégiature de l'aristocratie et des élites financières (la popularité de Chamonix est associée à l'histoire des Rothschild), les stations se démocratisent avec la production massive de logements à partir des années 1960. Puis, depuis le début du XXIe siècle, un mouvement d'effritement de la classe des skieurs s'observe, et la fréquentation en famille des méga-stations alpines redevient un marqueur économique très fort d'appartenance, non plus au 1 %[2], mais aux 5 à 10 % de catégories très supérieures qui peuvent encore se l'offrir.

Alors qu'une poignée de stations, essentiellement dans les Alpes du Nord, se sont insérées dans la concurrence internationale et ciblent la clientèle la plus haut de gamme à coups de millions injectés dans les usines à neige artificielle, les télésièges débrayables et les hôtels-spas néo-traditionnels, les petites se réinventent en station de tourisme alternatif et « familial », faisant de nécessité vertu face à la pénurie de neige. Ces stations restent fréquentées par une clientèle régionale et familiale – toulousaine ou bordelaise dans les Pyrénées, marseillaise ou niçoise dans les Alpes du Sud –, et se tiennent tant bien que mal

1. Philippe Bourdeau, « De l'après-ski à l'après-tourisme, une figure de transition pour les Alpes ? », *Revue de géographie alpine*, 97-3, 2009.

2. Les ultra-riches ont leurs propres stations, comme Courchevel ou Méribel.

en marge du mouvement de montée en gamme décrit précédemment. Dans certaines petites stations, le taux de remplissage très satisfaisant de l'hiver 2020-2021, alors même que les remontées mécaniques étaient fermées en raison du Covid-19, indique que les espaces de moyenne montagne ont encore un avenir dans le monde d'après(-ski).

Alors que les stations les plus élevées montaient en gamme et ciblaient une clientèle premium, leurs homologues moins bien dotées par la géographie se sont spécialisées dans l'accueil d'un public moins aisé, devenant ainsi un marché de report. Au cours des dernières décennies, la consommation alimentaire et la filière automobile, piliers majeurs de l'économie de la France d'après avec le tourisme et les loisirs, ont elles aussi été marquées par le même processus.

CHAPITRE 2

La démoyennisation par le bas : la France du *discount*, de l'occasion et de la débrouille

1. Convergence matérielle ou élévation permanente du seuil de moyennisation ?

À première vue, le mode de vie et les pratiques de consommation associés aux classes moyennes n'ont jamais concerné autant d'individus en France. Les classes moyennes sont souvent définies par leur capacité à accéder aux biens et services de ce qu'il est convenu d'appeler la société de consommation. Or, au cours des dernières décennies, le taux d'équipement des foyers français en produits électroménagers a considérablement augmenté. Si le taux de possesseurs d'un lave-linge était déjà de près de huit ménages sur dix en 1980, il atteint désormais 96 %. Ce taux est quasiment identique pour le congélateur : cet équipement ménager, qui ne bénéficiait qu'à un peu plus d'un quart de la population en 1980, s'est totalement démocratisé. Le phénomène est plus spectaculaire encore pour les fours à micro-ondes, dont disposaient seulement 4 % de foyers avant-gardistes ou aisés en 1980 et qui trône aujourd'hui dans 89 % des cuisines françaises.

L'équipement en lave-vaisselle a lui aussi connu une hausse très substantielle, puisque nous sommes passés de 17 % de possesseurs en 1980 à 61 % aujourd'hui. Certaines contraintes techniques (taille des cuisines en appartement et nécessité d'une évacuation d'eau) expliquent sans doute pourquoi le taux d'équipement en lave-vaisselle n'a pas atteint celui des autres appareils électroménagers précédemment évoqués.

1980-2018 : Évolution du taux de possession de certains appareils électroménagers

Équipements	**1980**	**1990**	**2007**	**2018**
Lave-linge	79 %	88 %	95 %	96 %
Congélateur	27 %	44 %	62 %	93 %
Lave-vaisselle	17 %	32 %	54 %	61 %
Four micro-ondes	4 %	20 %	85 %	89 %

(Source : Gifam.)

Dans une célèbre chanson, *La Complainte du progrès*, Boris Vian se moquait de la course à l'équipement électroménager qui avait saisi les foyers français dans les années 1950. Or, le processus qui s'est enclenché à cette époque ne s'est plus arrêté depuis. Ainsi, non seulement l'écrasante majorité des Français s'est dotée de l'électroménager de base (lave-linge, congélateur, micro-ondes, etc.), mais l'électronique grand public s'est également banalisée. Selon l'Insee, en 2019, 95 % des ménages disposaient d'un téléviseur couleur et d'un téléphone portable, 85 % d'une connexion à Internet et 82 % d'un ordinateur, ces deux derniers taux ayant dû encore augmenter à l'issue des périodes de confinement liées à l'épidémie de Covid-19.

Chaque décennie voit ainsi naître ses nouveaux objets fétiches ou « tendances », qui se diffusent à une vitesse plus ou moins rapide dans la société, selon un principe d'imitation sociale actionné par la publicité et désormais les réseaux sociaux, mais aussi par l'arrivée sur le marché d'offres plus accessibles que les marques premium qui ont lancé la tendance. Un bref coup d'œil sur l'équipement des cuisines de nos compatriotes permet de retracer les derniers épisodes de ce processus d'accumulation ininterrompue.

En 2004, seuls 8 % des Français disposaient d'une cafetière à dosettes ou à capsules, ils étaient 28 % à en posséder une en 2010. 63 % des foyers en sont désormais équipés selon l'Ifop. Plus élitiste, la machine à expresso est également sur une trajectoire ascendante : 13 % de possesseurs en 2010, 24 % en 2021. En hommage à Boris Vian, nous poursuivrons cet inventaire par le presse-agrume électrique ou la centrifugeuse (taux de possesseurs : 21 % en 2010 et 37 % en 2021) et les blenders, produit-star de la décennie 2010-2020, dont le taux de présence dans les cuisines françaises est passé de 14 % à 49 % en dix ans. Dernière venue dans les étagères, la tireuse à bière, qui trône déjà dans 9 % des foyers français et qui devrait trouver à progresser dans la France pavillonnaire (déjà 13 % de possesseurs dans les communes rurales et les villes de moins de 100 000 habitants, contre 5 % dans les métropoles) car elle fait partie intégrante du style de vie « Plaza majoritaire »[1].

2. *Hard discount*, Gifi, Dacia : la mise en place d'un marché secondaire

En dépit de cette convergence matérielle et de ces taux d'équipement et de possession en hausse constante, les classes populaires et une partie des classes moyennes ne peuvent plus suivre et se trouvent dans l'impossibilité d'élargir l'assiette de la consommation en l'absence de croissance du revenu. Par ailleurs, sous l'effet des évolutions du salariat (temps partiel, emplois précaires) et des transformations sociétales (augmentation du nombre de divorces) survenues depuis la fin des années 1980, les comportements de consommation se sont fragmentés. Le marché s'est adapté pour tenter de répondre à l'émergence d'un segment de la population qui accédait plus difficilement aux grandes surfaces traditionnelles. Progressivement, de nouveaux acteurs sont apparus sur le marché et des filières se sont structurées pour occuper ce créneau en développement. Dans l'univers de la grande consommation comme dans le secteur de l'automobile s'est ainsi mis en place ce que l'on pourrait appeler un « marché secondaire ». De la même manière que le réseau routier comporte des axes principaux (autoroutes et routes nationales) et des axes secondaires, fréquentés par un public moins nombreux et souvent plus modeste (les autoroutes étant payantes), de nombreux marchés sont

1. Le marketing a inventé dans les années 2000 l'expression de « *hometainment* », contraction d'« *entertainment* » (le loisir) et de « *home* » (la maison) pour désigner la tendance qui consiste à proposer des équipements de qualité professionnelle aux particuliers à domicile, comme le *home cinema* ou les machines à expresso. Depuis peu, ce *hometainment* s'étend à des services à la personne rendus à domicile ou en numérique, qu'il s'agisse du coach sportif ou du chef cuisinier particulier. Les services de coaching se sont d'ailleurs démocratisés au cours de la dernière décennie.

aujourd'hui segmentés entre un circuit principal de distribution (visant la clientèle *mainstream*) et un marché secondaire (visant une clientèle à moindre pouvoir d'achat). Ce parallèle entre le marché de la consommation et le réseau routier n'est pas seulement métaphorique. Un lien existe entre les deux univers : la France du *hard discount*, des bons plans et des vide-greniers est également celle qui privilégie les routes secondaires, pratique les « cars Macron » ou Blablacar plutôt que le TGV.

Au pays des hypermarchés, le **hard discount** *a trouvé son public*

Dans l'univers de la consommation, l'apparition puis l'essor du *hard discount* a constitué l'un des symptômes majeurs de cette fragmentation du marché et du décrochage d'une partie de la population vis-à-vis du sacro-saint modèle de l'hyper ou du supermarché traditionnels. Ces points de vente ultra-dominants drainant l'essentiel des consommateurs sont devenus trop chers et plus difficilement accessibles à certains segments de la population. S'engouffrant dans la brèche, Aldi a ouvert son premier magasin en France en 1988[1], suivi quelques mois plus tard par Lidl. La même année, on s'en souvient, Henri Mendras publiait *La Seconde Révolution française*, déjà cité, essai dans lequel il relatait l'arrimage de ce qu'il appelait la « constellation populaire » à la « constellation centrale », aboutissant, durant les Trente Glorieuses, à un vaste mouvement de « moyennisation » de la société. Par un effet de télescopage dont l'histoire a le secret, il est rétrospectivement cocasse d'observer que la sortie du livre décrivant ce phénomène coïncide avec la manifestation des prémices du processus inverse, l'apparition du *hard discount* étant l'un des premiers symptômes de la « démoyennisation » ou du désarrimage du bas de la classe moyenne et d'une partie des catégories populaires du mode de vie majoritaire.

Aldi compte aujourd'hui 900 magasins en France, et Lidl 1 500. En 2018, le secteur du *hard discount* pesait environ 10 % des achats réalisés dans la grande distribution. Si le *hard discount* a marqué le pas ces dernières années (il a culminé à 13 ou 14 % des parts de marché au

1. Le premier magasin Aldi sera ouvert dans le Nord, à Croix. Le fait que cette commune soit le fief historique de la famille Mulliez n'est sans doute pas complètement un hasard. En venant sur les terres des fondateurs d'Auchan, le *hard discounter* allemand venait défier les représentants emblématiques de la grande distribution traditionnelle.

début des années 2010), c'est notamment parce qu'il est concurrencé par le développement des soldeurs, des faillitaires et autres enseignes à petits prix. Comme on l'a vu, le *hard discount* s'est implanté dans le paysage français à la fin des années 1980. Ses concurrents indirects sont montés en puissance un peu plus tard. Il en va ainsi, par exemple, de l'enseigne de distribution à petits prix pour la famille et la maison Gifi. Créée en 1981, celle-ci va connaître un véritable décollage à partir des années 2000, passant, dans l'Hexagone, de 100 magasins en 1998 à 427 en 2016. L'année suivante, l'enseigne réalisera une opération de croissance externe importante en rachetant La Foir'Fouille, chaîne très populaire.

Évolution du nombre de magasins Gifi en France

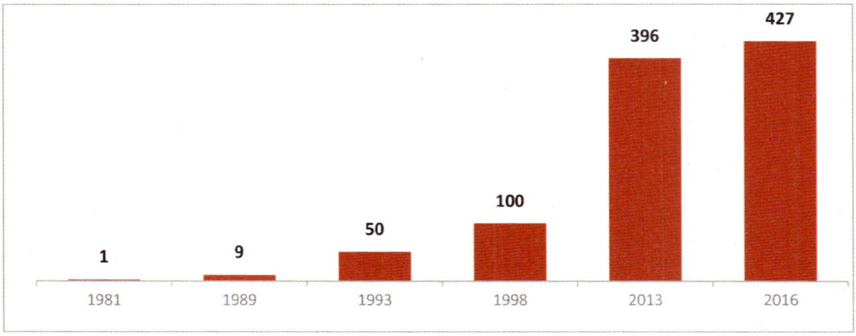

La fin des années 1990 et le début des années 2000 sont également marquées par l'apparition ou l'essor d'autres enseignes plus ou moins concurrentes[1]. StoKomani développe son réseau de détail à partir de 1995[2]. Cash Converters, spécialisé dans le dépôt-vente, ouvre un premier magasin en France en 1994, à Vitrolles, puis se déploie sur le territoire : l'enseigne comptait 100 magasins en 2014. Enfin, c'est en 2000 que le déstockeur Noz reprend les magasins Mondia Mode et multiplie les points de vente. Parallèlement à l'émergence du *hard discount* et avec quelques années de retard, la multiplication des magasins relevant du

1. D'autres secteurs d'activité voient émerger une offre *low cost* à la même époque. La chaîne de coiffure à petits prix Tchip est ainsi lancée en 1996. Elle compte aujourd'hui près de 500 salons.

2. C'est également en 1995 que la chaîne Le Faillitaire sera créée.

dépôt-vente, du déstockage et des petits prix constitue un autre indice manifeste de la fin de la moyennisation et de la sortie d'une partie des catégories populaires du modèle de consommation structuré et dominé historiquement par la grande distribution.

À la même époque, le secteur de la grande distribution a, par ailleurs, lui-même adapté son offre pour tenir compte des nouveaux arbitrages des consommateurs et des tensions croissantes sur le pouvoir d'achat de toute une partie de sa clientèle. Entre le milieu des années 1990 et la fin des années 2000, les MDD (marques de distributeurs), c'est-à-dire des produits fabriqués par des industriels pour répondre à un cahier des charges défini par les enseignes et imitant à moindre coût les produits des marques traditionnelles, ont connu une croissance très importante comme on peut le constater sur le tableau suivant[1].

Évolution des parts de marché en valeur des MDD par famille de produits (en %)

	1994	**1999**	**2005**	**2007**
Surgelés	24,5	31,3	41,1	48,9
Crèmerie	21,2	23,3	29,7	32,1
Épicerie	16,3	18,7	20,8	23,5
Entretien	10,9	13,9	20,2	21,4

(Source : AC Nielsen.)

Ce développement des MDD s'explique notamment par la volonté de la grande distribution de répondre aux *hard discounters* sur le terrain des prix. Mais ce faisant, l'engouement pour ce type de produits, au moment même où le *hard discount* et les enseignes de déstockage et de petits prix montaient en puissance en France, constitue une autre manifestation de l'émergence d'un second marché de la consommation pour répondre au phénomène de « démoyennisation » et de désarrimage d'une partie des catégories populaires et du bas de la classe moyenne.

1. Cf. Crédoc, « Le développement des marques de distributeurs et les stratégies des industriels de l'alimentaire », *Cahier de recherche* n° 242, décembre 2007.

« Another one buys the Duster[1] » : *retour sur le succès foudroyant de Dacia dans l'Hexagone*

Le secteur automobile fournit, avec l'exemple de Dacia, une autre illustration des mêmes processus. Cette marque roumaine, rachetée et modernisée par Renault, avait initialement été pensée par les stratèges du groupe au losange comme une arme de conquête des marchés émergents. Or, ces véhicules rustiques et bon marché ont également connu un succès foudroyant… sur le marché tricolore. Introduite discrètement en France en juin 2005[2], la Logan (premier modèle de la marque Dacia), commercialisée à moins de 8 000 €, va rapidement entrer en concurrence avec le marché de l'occasion, puis répondre à une demande grandissante sur le marché du neuf. De 10 000 exemplaires en 2005, ses ventes vont passer à 19 000 en 2006 puis à plus de 32 000 en 2007. Sous l'effet du lancement successif de deux nouveaux modèles, la Sandero en 2008 et le Duster en 2009, le nombre d'exemplaires vendus par la marque Dacia aura connu une croissance exponentielle dans les années 2008-2010, comme le montre le graphique suivant.

Les ventes se sont tassées en 2011-2012, sous l'effet du reflux de l'ensemble du marché automobile français consécutif à la crise économique. Mais fin 2012, Dacia a lancé sa nouvelle Sandero ainsi qu'une version relookée du Duster. Cette stratégie a porté ses fruits et les ventes sont reparties de l'avant pour culminer à 141 586 exemplaires en 2018. En 2019, Dacia est devenue la troisième marque sur le marché des particuliers en France, et la Sandero le modèle le plus vendu ! De 2005 à 2018, ce sont au total 1 million d'unités qui auront été écoulées en France par Dacia, dont la vocation initiale était pourtant

1. Slogan d'une célèbre publicité à propos du Duster.

2. Les premiers exemplaires seront commercialisés par un concessionnaire de Dunkerque, agglomération abritant une population modeste. Il est intéressant de noter que les enseignes se positionnant sur ce marché secondaire ont choisi comme première implantation des territoires où la démoyennisation a été la plus précoce. Lidl a inauguré son premier magasin en 1989 à Sarreguemines, en Moselle. Le premier magasin de l'enseigne Action, proposant des produits non alimentaires à bas prix, a, quant à lui, été ouvert en 2012 à Courrières, dans le bassin minier du Pas-de-Calais. En 2019, la nouvelle chaîne discount Supeco, filiale de Carrefour, déployait sa première grappe de magasins dans le Nord-Pas-de-Calais, avec des établissements à Valenciennes, Onnaing, Saint-Martin-lez-Tatinghem, Noyelles-Godault, Outreau et Hazebrouck.

Évolution des ventes annuelles de la marque Dacia en France

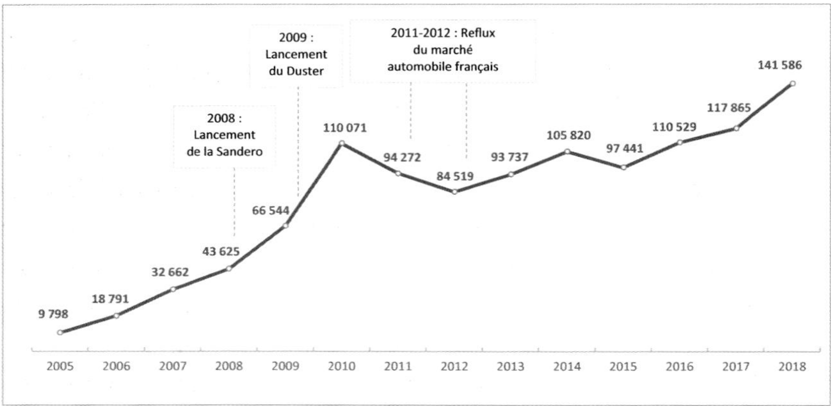

de conquérir les marchés émergents en Europe de l'Est et sur d'autres continents… Si ce succès inattendu traduit sans conteste une évolution du rapport à l'automobile dans tout un segment de la population – aux yeux duquel la voiture est devenue un objet utilitaire et moins chargé symboliquement –, il constitue également un indice supplémentaire de la « démoyennisation » et de l'apparition d'une offre calibrée (à l'instar du *hard discount*) en direction des catégories populaires et de la frange inférieure des classes moyennes. Alors que ces dernières étaient généralement contraintes de se rabattre sur le marché de l'occasion, Dacia leur a donné la possibilité d'acheter du neuf avec des modèles adaptés à leur budget. Cette stratégie marketing aura été pleinement assumée par la marque, dont l'un des slogans publicitaires en 2020 était précisément : « Dacia, depuis 15 ans, nous rendons le plaisir du neuf accessible. »

L'industrie automobile a été le secteur économique qui a incarné et appliqué de manière la plus aboutie les principes du fordisme durant les Trente Glorieuses. Ce modèle, combinant les méthodes de production tayloristes et une politique sociale et salariale relativement généreuse, avait été l'un des principaux instruments de l'arrimage des catégories populaires au corps central de la société en permettant aux ouvriers et aux employés d'accéder à la société de consommation. La régie Renault aura été l'un des acteurs emblématiques de cette stratégie durant des décennies. Or, le développement et le succès de la gamme Dacia, avec ses véhicules produits en Roumanie, montrent bien que nous avons changé radicalement d'époque et de modèle. Par un effet de cercle vicieux, l'industrie automobile française, au premier rang de laquelle Renault, a massivement délocalisé sa production pour proposer des voitures bon marché, voitures adaptées aux moyens d'un public qui ne bénéficie plus du modèle fordiste, modèle économique et social qui a précisément disparu sous l'effet de la désindustrialisation accélérée par les délocalisations... Plus globalement, tout le secteur des transports s'est adapté à cette nouvelle donne marquée par la démoyennisation. En 2006, le site de covoiturage à moindre coût Blablacar voyait le jour. Sept ans plus tard, la SNCF lançait son offre *low cost* Ouigo, et en 2015, Emmanuel Macron, alors ministre de l'Économie, faisait voter une loi autorisant le développement des lignes de bus sur de longues distances, créant une nouvelle offre de transport bon marché.

3. Micro-entrepreneurs, crédit conso, « gratte-grattes » et chasse aux promos : l'essor de « l'économie de la débrouille »

Les milieux populaires et le bas de la classe moyenne s'installent désormais, par choix autant que par nécessité, en marge du mode de consommation structuré et contrôlé par les enseignes de la grande distribution. Depuis quinze ou vingt ans se met ainsi en place ce que l'on pourrait appeler une « économie de la débrouille ». Cette expression recouvre à la fois l'économie informelle plus ou moins légale (travail au noir) mais également, et bien plus massivement, l'achat-vente entre particuliers, qu'illustrent spectaculairement la réussite du site Le Bon Coin ou l'engouement pour les vide-greniers et les brocantes partout sur le territoire. Soucieux d'optimiser leurs dépenses et aussi parfois de se soustraire à des intermédiaires considérés comme « parasites », des millions de Français pratiquent régulièrement une forme de quasi-troc ou de vente et d'achat à prix modique sur tout type d'objets et de produits. Ainsi les jouets, les vêtements pour enfants et le matériel de puériculture, par exemple, se vendent massivement dans les vide-greniers et sur Le Bon Coin. En économisant sur différents postes de dépense, les ménages les plus modestes essayent de tenir leur budget à l'équilibre, quand une partie des catégories populaires et des classes moyennes peuvent consacrer l'argent ainsi économisé à des achats « statutaires » ou « valorisants » (smartphone, accessoires de mode, vêtements, etc.) qui leur seraient sinon difficilement accessibles. « L'économie de la débrouille » s'apparente donc à une forme de survie pour les ménages les plus pauvres et à une stratégie d'arbitrage dans l'allocation des ressources et de recherche de marges de manœuvre complémentaires pour toute une partie des classes moyennes et populaires. Un site comme Le Bon Coin constitue un élément central de cette économie de la débrouille. Lancée en 2006, cette plateforme de vente entre particuliers a en effet connu un succès spectaculaire. En 2010, quatre ans seulement après son lancement, il affichait ainsi déjà 10,7 millions de visiteurs uniques par mois, pour atteindre 17 millions en 2016 et 28 millions en 2019.

Selon Fernand Braudel, l'activité économique s'organise en trois niveaux distincts. Au premier étage, celui de l'économie primaire ou « infra-économie », on pratique l'auto-suffisance et le troc, principaux constituants de ce que l'historien nommait la « civilisation matérielle ». L'économie de marché avec ses commerçants, ses boutiques et ses ateliers constitue le second étage, le grand commerce international avec ses firmes puissantes et ses riches négociants composant la dernière strate, que Braudel associait au capitalisme. Pour reprendre la terminologie braudélienne, l'émergence d'un marché secondaire autour du *low cost* et du *hard discount* s'apparente à une segmentation et une spécialisation de l'économie de marché visant à répondre aux besoins d'une certaine clientèle. « L'économie de la débrouille » se situe, elle, en revanche, et toujours par référence aux termes braudéliens, « au-dessous du marché ». Alors que le développement de l'économie de marché et sa domination grandissante sur la sphère des activités économiques avaient été portés, depuis la fin de la Seconde Guerre mondiale, par des facteurs structurants comme l'exode rural (la civilisation paysanne ayant été le cadre par excellence de l'auto-consommation et du troc), la montée en puissance de la grande distribution, la bancarisation des flux monétaires et l'avènement du salariat comme statut de référence (le monde des indépendants ayant historiquement pratiqué une économie de troc et d'échanges informels), la vitalité retrouvée de cette « infra-économie » dans la France d'après surprendrait sans doute le grand historien qui y verrait peut-être un signe d'évolution en profondeur de notre société et du métabolisme de notre économie.

Le développement de l'auto-entrepreneuriat comme complément et palliatif au salariat

Parallèlement à l'essor des pratiques d'achat-vente entre particuliers via Le Bon Coin ou lors de vide-greniers et autres braderies, le recours au statut d'auto-entrepreneur constitue, par certains aspects, un autre visage de la mise en place d'une « économie de la débrouille » dans notre pays.

Créé en 2009, le statut d'auto-entrepreneur a connu un succès foudroyant. Alors que l'on ne comptait que 79 000 micro-entreprises au premier trimestre 2009, l'Agence centrale des organismes de sécurité sociale (Acoss) n'en comptabilisait pas moins de 1 349 500 au deuxième trimestre 2018. Le chiffre est certes inférieur si l'on ne retient que les structures économiquement actives (c'est-à-dire celles qui déclarent un chiffre d'affaires), mais il demeure néanmoins impressionnant avec 755 700 micro-entrepreneurs ayant déclaré un revenu. Le chiffre d'affaires de ces structures n'a, en moyenne, toutefois rien de mirobolant puisqu'il s'établissait à 3 664 € au quatrième trimestre 2017, soit 1 200 € par mois. Au regard de ces chiffres, on devine qu'il s'agit d'une activité d'appoint, intuition confirmée par le fait que 70 % des micro-entrepreneurs disent exercer une autre activité ou disposer de revenus complémentaires[1].

Les gouvernements successifs ont communiqué régulièrement sur l'essor des micro-entreprises, se félicitant, en ces occasions, de la diffusion de l'esprit entrepreneurial parmi les Français. Or, si la fibre entrepreneuriale est sans conteste bien partagée dans la population, nous voyons, pour notre part, dans ces chiffres non pas les prémices de la « *start-up nation* », appelée de ses vœux par Emmanuel Macron,

1. On trouve également sous ce statut des profils de cadres ou de consultants free-lance, mais ils ne constituent pas « la majorité de l'espèce » pour parodier la formule d'Audiard à propos des poissons volants.

mais plutôt un symptôme de plus de l'affirmation de « l'économie de la débrouille ». La création d'une micro-entreprise est souvent guidée par la nécessité soit de disposer d'une source de revenus complémentaires pour les salariés ou les retraités modestes, soit de créer soi-même son propre emploi du côté de ceux qui ne parviennent pas à décrocher un poste : tel est souvent le cas des jeunes, comme le confirme le fait que la moyenne d'âge des micro-entrepreneurs est relativement basse.

Dans un contexte de chômage élevé persistant se met ainsi en place, en marge du salariat traditionnel, un vaste halo composé de travailleurs plus ou moins indépendants, d'intérimaires, de personnes enchaînant les CDD de courte durée, d'auto-entrepreneurs et de personnes exerçant plusieurs activités en combinant différents statuts. Ces profils ont été présents dès le début du mouvement des Gilets jaunes. Ainsi, parmi la « délégation officielle » de huit personnes désignée fin novembre 2018 par une coordination nationale pour rencontrer les pouvoirs publics, on comptait deux auto-entrepreneurs (Priscillia Ludosky et Julien Terrier), mais également un intérimaire (Maxime Nicolle, *alias* « Fly Rider »). Autre figure du mouvement, Jacline Mouraud cumule trois activités : hypnothérapeute, accordéoniste « musette » et agent de sécurité incendie car « les fins de mois sont difficiles »[1].

« Gratte-grattes », loto et paris en ligne : un autre versant de l'économie de la débrouille

Si l'essor des jeux de hasard, paris sportifs ou poker en ligne peut apparaître (au même titre que le *gaming*) comme une manifestation supplémentaire de la place prise par le divertissement dans notre société, ce phénomène constitue également une autre facette de cette « économie de la débrouille » qui s'est progressivement mise en place au cours des dernières décennies. À côté du crédit à la consommation,

1. Cf. « Qui est Jacline Mouraud, l'égérie du 17 novembre », *Le Dauphiné libéré* 15 novembre 2018.

de la revente d'objets sur Le Bon Coin ou d'autres plateformes du même type, mais aussi de l'exercice d'une activité dans le cadre d'une micro-entreprise, la pratique des jeux de hasard ou les paris témoignent du même souci d'accroître (ou de maintenir) son pouvoir d'achat ou d'arrondir ses fins de mois.

En l'espace d'une vingtaine d'années seulement, le chiffre d'affaires de la Française des Jeux a littéralement explosé. Sous l'effet d'une croissance régulière, les sommes collectées par la FDJ sont passées de 6,5 milliards d'euros en 2000 à 17,2 milliards en 2019. L'inventivité et la créativité des équipes marketing de la FDJ ont leur part dans cet impressionnant succès commercial. Mais le ressort fondamental de cette *success story* réside dans l'engouement massif d'une partie des Français pour les jeux et produits proposés, et dans l'espoir parfaitement entretenu de toucher le pactole ou, à défaut, une somme permettant d'améliorer son quotidien. C'est le cas notamment avec les jeux de grattage, dont l'un des plus célèbres, le Morpion, sera lancé en 1994.

Évolution du chiffre d'affaires de la Française des Jeux

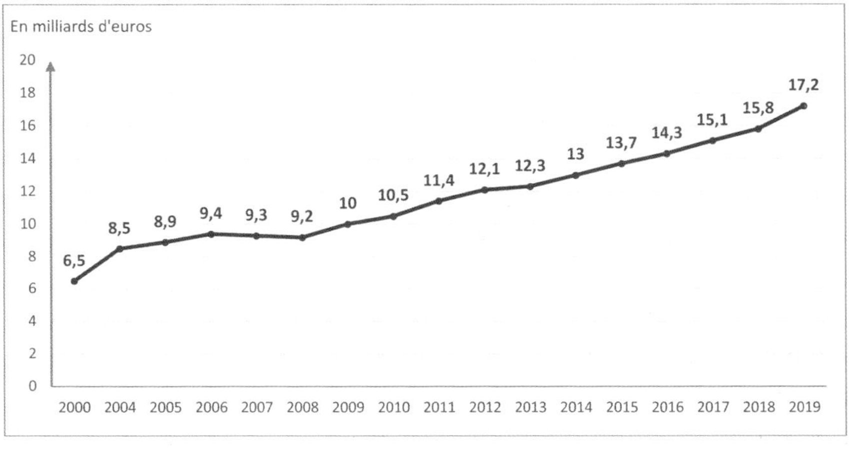

(Source : Française des Jeux.)

À côté de la traditionnelle grille de loto, les jeux de grattage sont massivement consommés car ils nourrissent l'espoir de gains rapides de toute une population qui n'arrive pas à joindre les deux bouts ou dont le budget est en permanence sous contrainte. Avec pas moins de 30 500 points de vente, la Française des Jeux dispose d'un formidable maillage sur le territoire national. 11 000 communes, soit près d'une commune sur trois en France, comptent au moins un point de vente. Ces jeux sont donc accessibles jusque dans les petits villages ou les quartiers de banlieue défavorisés. L'enseigne et ses points de vente font ainsi partie intégrante du paysage de la France d'après, et la FDJ remplit une fonction sociétale déterminante.

Parallèlement au maintien d'un réseau de points de vente extrêmement étoffé, l'entreprise a su développer de nouveaux produits pour élargir et renouveler sa clientèle. Le loto sportif a ainsi été lancé en 1985 et a évolué pour s'appeler aujourd'hui : Parions sport. Et si les paris sportifs ne concernaient que les matchs de football au début, ils couvrent depuis 2019 le basket et le rugby.

Mais la FDJ n'aura pas été le seul acteur du domaine. En 2010, les pouvoirs publics ont autorisé l'ouverture du marché des jeux d'argent en ligne. Des sociétés comme Winamax, Betclic ou Bwin ont alors investi le marché français et développé leurs activités sur trois segments : les paris sportifs, les paris hippiques et le poker. Or, selon un rapport de l'Arjel (Autorité de régulation des jeux en ligne), en 2019, soit un peu moins de dix ans après l'ouverture de ce marché, la France comptait 2,8 millions de joueurs et parieurs en ligne… À noter que le développement de ces activités et les performances commerciales record de la FDJ ne se sont pas accompagnés d'un déclin d'un autre acteur historique du secteur, le PMU, qui règne toujours sur les courses hippiques, activité dont le chiffre d'affaires est demeuré stable ces dernières années avec un montant de près de 10 milliards d'euros. Poker en ligne, jeux de grattage, paris hippiques ou sportifs, loto traditionnel, toutes ces formules drainent des sommes phénoménales et participent, à leur manière, à cette économie de la débrouille dans laquelle évolue toute une partie des catégories populaires et du bas de la classe moyenne.

En mettant en perspective ces différents éléments, on peut dresser une chronologie du processus de « démoyennisation » et du développement de cette économie de la débrouille que le pays a vu éclore depuis la fin des années 1980.

Chronologie parcellaire de la « démoyennisation »

1988	Aldi ouvre son 1er magasin en France Cofinoga crée sa filiale spécialisée dans le crédit *revolving*
1989	Lidl ouvre son 1er magasin en France
1994	Arrivée de la chaîne Cash Converters en France La FDJ lance son jeu de grattage, le Morpion
1995	Création de l'enseigne Le Faillitaire
1996	Création de la chaîne de coiffure *low cost* Tchip
2004	La part du *hard discount* atteint 13 % du marché de la distribution
2005	La marque Dacia est lancée en France
2006	Lancement du site Le Bon Coin
2009	Création du statut d'auto-entrepreneur
2012	Ouverture du premier magasin Action, à Courrières (Pas-de-Calais)
2015	Vote de la loi autorisant les « cars Macron »

Chasse aux bons plans, émeutes du Nutella… et recours massif au crédit à la consommation

Dans l'univers de la consommation, la montée en puissance de certains comportements constitue le pendant de l'essor de l'auto-entrepreneuriat ou des petits boulots et vient illustrer à sa manière le développement d'une « économie de la débrouille ». Il en va ainsi, par exemple, de l'engouement pour les « bonnes affaires » ou les « bons plans » qui permettent de « consommer malin ». Des sites spécialisés et des applications comme Dealabs et Fastoche.fr, mais aussi des grandes marques, surfent sur cette tendance. Et les enseignes spécialisées dans les petits prix ne sont pas en reste, comme en témoigne par exemple ce slogan « Gifi : des idées de génie ».

La chasse aux promotions constitue une autre manifestation du basculement d'une partie de la population dans « l'économie de la débrouille ». Il convient ici de revenir sur un événement, sociologiquement très parlant, survenu quelques mois avant le début de la crise des Gilets jaunes. Le 25 janvier 2018, Intermarché lança (après plusieurs jours de publicité préalables) une campagne promotionnelle choc en proposant le pot de Nutella de 950 grammes à 1,41 € au lieu de 4,70 €. L'ampleur du rabais consenti (– 70 %) et le caractère iconique et très prisé du produit concerné suscitèrent un véritable engouement qui vira quasiment à l'émeute dans plusieurs magasins. Des scènes de pugilat dans les rayons, dignes d'un pays du tiers-monde, firent le tour des réseaux sociaux et engendrèrent de nombreux commentaires sarcastiques. Mais si l'on pose un regard de sociologue sur l'événement, le constat ne prête pas à sourire. Car de telles scènes illustrent non seulement le dénuement d'une partie de la population, mais également le caractère très statutaire acquis par la capacité à consommer un certain nombre de produits qui font office de signes d'appartenance au corps central de la société. C'est ce qu'expriment avec leurs mots Kerrigan : « D'habitude, les gens achètent de la pâte à tartiner au premier prix comme ça, ils économisent pour mettre de la viande dans leur assiette. Là, *ils peuvent s'offrir de la marque* » et Sadio : « À cette période du mois, il ne me reste parfois que 20 à 30 €. Le Nutella c'est *un produit de luxe*, comme *le vrai Coca* », deux clients de l'Intermarché de Beauvais, qui fut l'un des théâtres de ces violences[1]. On touche ici du doigt la mise en place d'un système dual avec, d'un côté, un marché *mainstream*, où les grandes marques dominent, et, de l'autre, un marché secondaire destiné à une clientèle cantonnée par nécessité, choix ou arbitrage à acheter des « ersatz » des « vraies marques ». Une autre cliente, Laura, elle aussi interviewée dans le même quotidien, précise : « Faut bien nourrir les enfants et leur faire plaisir quand on peut. » La dimension symbolique et statutaire associée à l'achat de certains produits s'exprime avec encore plus de force quand il est question du rapport aux enfants, car, ainsi que le souligne la chercheuse Martine Court dans son livre *Sociologie des enfants*[2], « dans les familles populaires [...], pouvoir nourrir ses enfants, et encore plus les gâter, est un motif de fierté, le point d'honneur parental par excellence[3] ».

Un an et demi après les émeutes du Nutella chez Intermarché, des scènes identiques se produiront dans une autre enseigne quand, en juin 2019, Lidl entreprendra de commercialiser son robot-cuiseur de

1. Cf. « À Beauvais, le jour d'après l'émeute au Nutella », *Le Parisien*, 28 janvier 2018. C'est nous qui soulignons.
2. Martine Court, *Sociologie des enfants*, Paris, La Découverte, 2017.
3. Cité dans « Que signifient les "émeutes du Nutella" ? », *La Croix*, 29 janvier 2018.

la marque Silvercrest. Proposé au prix de 360 €, soit trois fois moins cher que le célèbre Thermomix, leader du marché, le robot ménager Silvercrest s'arrachera dans les points de vente de Lidl, qui seront submergés et se trouveront rapidement en rupture de stock[1]. Si l'habile campagne de publicité préalable explique en partie le phénomène, il en dit long également, d'une part, sur le rapport qu'entretient toute une partie de la population avec la consommation et, d'autre part, sur le caractère très statutaire qu'a acquis la possession de certains objets. Lidl a parfaitement intégré cette dimension en rendant accessible aux classes moyennes un type de produit jusqu'alors réservé aux catégories les plus favorisées.

Parallèlement à la recherche des bons plans et à la chasse aux promotions, un autre levier semble de plus en plus actionné par les foyers français pour assurer le maintien de leur train de vie et suivre la cadence de la consommation. Comme le montrent les statistiques de la Banque de France, les encours des crédits à la consommation se sont littéralement envolés en l'espace de vingt-cinq ans.

1993-2018 : Évolution des encours de crédit à la consommation

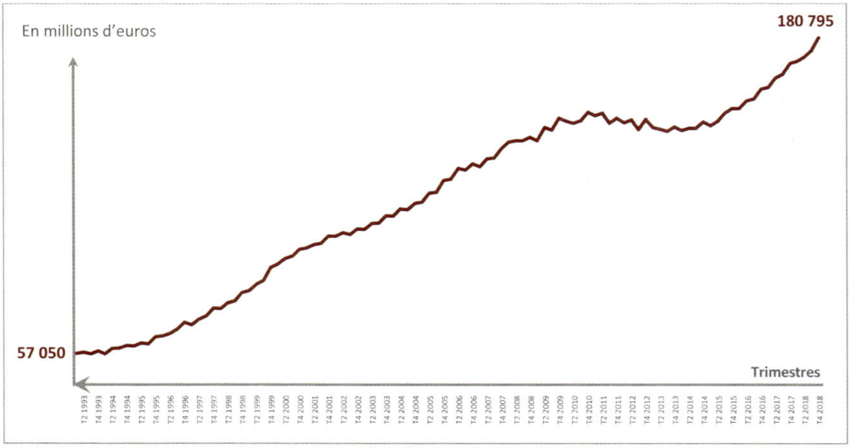

(Source : Banque de France.)

1. Cf. Odile Plichon, « Monsieur Cuisine Connect de Lidl : retour sur un coup marketing de génie », *Le Parisien*, 11 août 2019.

Le phénomène atteint aujourd'hui des proportions préoccupantes, et le recours à ces crédits s'est massivement diffusé dans de nombreuses strates de la société française – et notamment dans les milieux modestes où remplir les obligations du « *must have* » implique un recours à l'endettement. D'ailleurs, ce n'est à nouveau pas un hasard si la dénonciation des frais bancaires et des agios est revenue régulièrement dans les propos des Gilets jaunes[1].

4. *Effacer l'historique*, hommage à la France du Bon Coin et des Gilets jaunes

Réalisée par le duo Benoît Delépine et Gustave Kervern, la comédie sociale *Effacer l'historique* a remporté un succès critique et populaire, en dépit d'une sortie sur les écrans en 2020, en pleine épidémie de Covid-19. Le film narre les aventures de trois voisins d'un lotissement de maisons de constructeur qui borde une route nationale, confrontés à un marché du travail en berne et à une vie familiale et affective contrariée. Marie (Blanche Gardin), divorcée et alcoolique, tente de faire effacer une *sextape* compromettante la concernant. Elle est épaulée par Bertrand (Denis Podalydès), veuf, dont la fille est harcelée au lycée à cause d'une vidéo d'elle envoyée sur les réseaux sociaux par un élève malveillant, et par Christine (Corine Masiero), une conductrice de VTC obnubilée par le nombre d'étoiles que lui attribue le service client après chaque course. Luttant contre le sentiment d'isolement et l'atomisation dans une société en pleine transition numérique, les trois protagonistes vont mener une croisade contre les Gafa pour retrouver leur honneur et reprendre la maîtrise de leur destin. Le film adresse de très nombreux clins d'œil à la France du *low cost* et de la débrouille. L'action se déroule dans les Hauts-de-France, une région durement touchée par la crise, qui a servi de territoire de test pour le lancement

1. On notera que c'est en 1988 que Cofinoga créa sa filiale Mediatis, spécialisée dans le crédit à la consommation pour les ménages modestes. Cette date coïncide comme on l'a vu avec l'implantation des premiers magasins Aldi et Lidl en France. L'apparition concomitante des crédits *revolving* et du *hard discount* constitue le symptôme du désarrimage des catégories populaires et du bas de la classe moyenne, processus amorcé à la charnière des années 1980 et 1990.

de plusieurs formats de distribution (Auchan, Aldi). Les trois antihéros se lient d'ailleurs d'amitié lorsqu'ils font le siège du « rond-point du Lidl » pendant la révolte des Gilets jaunes. La garde de son fils ayant été attribuée à son ex-conjoint, Marie se retrouve seule dans son pavillon et vend ce qui lui reste de mobilier sur Le Bon Coin pour tenter de joindre les deux bouts.

Sur fond d'anxiété économique lancinante, les trois personnages sont submergés par les tracasseries administratives et celles qui sont liées aux offres commerciales des entreprises de services. Ils passent une bonne partie du film pendus à leur téléphone pour renégocier leur forfait Internet, revoir les conditions d'un contrat, retrouver leurs mots de passe ou tout simplement dans l'espoir d'entendre une voix humaine à l'autre bout du fil. Bertrand, le personnage interprété par Denis Podalydès, tombe même amoureux de la téléopératrice qui tente de lui vendre une véranda pour son pavillon depuis un centre d'appels situé à l'île Maurice. Le même Bertrand est surendetté à force d'avoir accumulé les cartes de crédit pour s'acheter « un four à micro-ondes, une veste en cuir, un couteau japonais[1] », tandis que Marie tente d'obtenir un crédit à la consommation de 10 000 € pour payer son maître-chanteur. Les trois complices finissent par acheter des jeux de grattage pour se refaire : « Milliardaire », « Super Pactole », « Maxdeblé », etc. Lorsque Marie parvient à dénicher quelques heures de travail dans une agence d'intérim, elle se voit chargée d'effectuer des tâches d'aide à domicile typiques de cette France populaire féminine des services peu qualifiés.

Tout au long du film, les personnages sont confrontés à des questions de déplacement. Bertrand demande à sa voisine, conductrice de VTC, de l'emmener en ville pour faire des démarches administratives, car il rechigne à utiliser sa propre voiture diesel de peur qu'elle dépasse les 100 000 kilomètres au compteur : au-delà de ce seuil, il craint de ne plus pouvoir la revendre sur le marché de l'occasion. Montée du *hard discount*, budget carburant en hausse, second marché, numérisation des services, *Effacer l'historique* revisite en 1 heure 46 minutes la plupart des préoccupations des Français modestes et d'une partie de ceux des classes moyennes qui sont en voie de les rejoindre. Au début du film,

1. Cette énumération résonne bien sûr comme une version actualisée de *La Complainte du progrès* de Boris Vian.

Christine reçoit Marie autour d'un apéro et lui sert une bière issue de sa machine à bière, du tarama fait avec une machine à tarama, etc., montrant à quel point le consumérisme s'adapte y compris aux aspirations à le dépasser. Le film fait ainsi coexister les deux thèses opposées à propos de l'évolution des classes moyennes. Celle selon laquelle ses membres n'ont jamais possédé autant de biens matériels, rehaussant sans cesse le seuil d'accès à la société de consommation, et celle selon laquelle cette incitation permanente à surconsommer aboutit à une paupérisation objective mais également à une forme d'aliénation pour tous ceux qui n'arrivent plus à suivre le rythme.

CHAPITRE 3

La démoyennisation par le côté, ou la fin de la maison commune

1. Artisanal, *made in France*, mode éthique : la segmentation culturelle ou la nouvelle distinction

Un burger, mais premium *: la montée en gamme discrète de la consommation courante alimentaire*

Les classes moyennes sont écartelées entre le désarrimage d'une partie de leurs troupes, qui ont trouvé dans le marché secondaire, l'occasion et la débrouille, des palliatifs au déclassement, et l'envolée de leurs franges supérieures dont le standing de consommation s'éloigne de l'expérience commune, mettant à mal la moyennisation célébrée dans les années 1980. Un troisième phénomène, moins aisément détectable dans les statistiques de la consommation, participe de cette fragmentation des classes du milieu. Pour un certain nombre de produits grand public, que tout le monde possède ou consomme, notamment dans le domaine alimentaire ou dans celui de la mode, des versions sophistiquées sont apparues sur le marché depuis une vingtaine d'années, aboutissant à une forme de *premiumisation* discrète. Alors que le marché secondaire récupère une partie des clients du *mainstream* en déclassement économique (mouvement vertical), ce marché alternatif s'adresse à cette partie des consommateurs qui souhaitent faire un pas de côté vis-à-vis de l'univers de la grande consommation (déplacement latéral). On peut résumer cette tendance comme *le fait de consommer des versions différentes des mêmes produits.* Dans les tableaux suivants, nous avons choisi quelques produits emblématiques que l'on trouve dans le panier de consommation des Français des années 2010, et nous présentons pour chacun d'entre eux les prix de leur version d'entrée de gamme et de leur équivalent *premium*, artisanal, éthique ou encore *made in France*.

Le segment artisanal et gourmet ou la premiumisation discrète dans l'alimentation

Type de produit	Description	Prix
Bière	Pack de 12 bouteilles de bière blonde 33 cl Heineken	9,95 €
	Prix au litre	2,51 €
	Pack de 12 bouteilles d'IPA de micro-brasserie 33 cl	30 €
	Prix au litre	7,57 €
	Multiplicateur entre les versions générique et premium	* 3
Hamburger	Menu Maxi Best of Big Mac (avec frites et boisson, sans dessert)	6,90 €
	Menu Big Formule Hamburgé de Big Fernand (avec frites, boisson et dessert)	18 €
	Multiplicateur entre les versions générique et premium	* 2,6

On le voit, il faut multiplier par environ 2,5 à 3 fois le prix au litre d'une bière industrielle pour obtenir sa version artisanale et premium. Même multiplicateur pour un burger gourmet acheté chez un restaurateur indépendant ou dans l'une des franchises de nouvelle génération de burgers premium (Big Fernand, Five Guys, etc.) par rapport au menu Big Mac vendu chez McDonald's. Cette premiumisation discrète, dans le domaine alimentaire, nécessite d'être replacée dans son contexte.

La culture fast-food a connu un phénomène de « gastronomisation » à partir des années 2000. Le mouvement avait été amorcé au tournant du siècle par les chaînes de hamburger elles-mêmes, à commencer par McDonald's qui cherchait à rassurer ses clients en se défendant de promouvoir la « malbouffe » fustigée par José Bové. Dans la continuité de cette amélioration qualitative des chaînes de fast-food, l'ouverture du *Camion qui fume* par la cheffe américaine Kristin Frederick, en 2010 à Paris, est considérée comme le point de départ de la mode des *foodtrucks*. La même année, l'enseigne Big Fernand, qui se positionne sur le *made in France* avec ses « hamburgés », contribue également à la montée en gamme du marché du burger, en proposant des formules autour de 16 €. De leur côté, après avoir totalement disparu au cours du XXe siècle, avalées par le mouvement de concentration des grands groupes, les micro-brasseries renaissent à partir des années 1990, selon un processus similaire de montée en gamme. Le marché alimentaire et celui des boissons sont alors travaillés par des attentes nouvelles. Il s'agit, en premier lieu, d'une prise de conscience de consommateurs aux yeux desquels la dimension « prix » n'entre plus seule en compte dans la décision d'achat. Tout un circuit alternatif (bio, locavore, artisanal) a émergé en marge du conventionnel pour répondre à ces préoccupations.

Ce phénomène de *premiumisation* discrète masque ou atténue le processus d'embourgeoisement d'une partie des consommateurs, en pérennisant des habitudes d'achat et d'alimentation qui les rattachent à une vaste catégorie moyenne indifférenciée, tandis que le contenu de leur panier d'achat est plus sophistiqué et que les niveaux de prix pratiqués les rapprochent des catégories supérieures. L'émergence de la bistronomie dans les années 1990 et 2000, portée par une génération de jeunes chefs et accompagnée par la création du guide du *Fooding*, correspond bien à ce double mouvement de distinction vis-à-vis du bistrot d'entrée de gamme (montée en gamme et réinvention de plats de la cuisine ménagère et populaire) et du grand restaurant étoilé (un menu de néo-bistrot est beaucoup moins cher qu'un menu de dégustation servi dans un restaurant distingué par le Michelin). Ce constat donne du crédit à l'apparition, à l'époque, d'un segment bobo de consommateurs, si l'on entend par là une population plus aisée que les clients du circuit traditionnel, d'une part, mais effectuant un pas de côté par rapport aux attentes de la bourgeoisie traditionnelle, d'autre part, par des choix distincts et culturellement plus informés, quoique pas nécessairement meilleur marché. D'autres logiques d'inspiration religieuse (comme nous le verrons avec le segment halal), idéologique (produits végétariens) ou encore sanitaire (régimes « sans ») peuvent être rapprochées de cette segmentation culturelle et latérale. Dans chaque cas, un produit relativement standardisé laisse place à une multitude de versions et de déclinaisons qui contribuent au morcellement du marché.

Du made in China *au Slip Français : l'émergence du rapport qualité/éthique/prix*

Qu'il s'agisse d'alimentation, de boissons ou de produits de consommation courante, les marques de cette *premiumisation* discrète s'adressent à une clientèle que ne satisfont ni la contraction des prix de l'offre *discount*, pas assez qualitative et dont le modèle social est rejeté, ni les marques traditionnelles globalisées, jugées désincarnées et porteuses d'un modèle de consommation inauthentique et condamné. C'est ce que montre encore plus clairement le secteur émergent de la mode éthique, en rupture complète avec l'ère de la mondialisation *made in China*. Alors qu'une partie des consommateurs se raccroche aux prix bas et aux circuits secondaires pour maintenir un *standing* minimal, d'autres, moins nombreux, certes, mais dont les choix influencent le marché et les mentalités, intègrent désormais des aspects non matérialistes dans leur acte d'achat, au-delà donc du seul rapport qualité/prix. Parmi ces critères, que l'on pourrait qualifier de culturels ou de moraux, les plus déterminants sont la provenance des matières premières et l'impact carbone de leur transport, les conditions de travail des fabricants installés dans des pays à bas coût ou encore le respect du bien-être animal. De même, l'argument de la relocalisation des emplois et de l'activité manufacturière, le *made in France* encouragé et popularisé par Arnaud Montebourg lorsque ce dernier était ministre de l'Économie et du Redressement productif de François Hollande, remporte un certain succès.

Un chapelet de petites marques concurrentes des majors de l'industrie de la mode, nées dans le bain de l'e-commerce, s'adressent à ce segment de population qui cherche à mettre du sens dans l'acte de consommation et s'oriente vers le meilleur rapport qualité/éthique/prix[1]. Des marques pionnières comme Veja (baskets équitables), Le Slip Français (sous-vêtements *made in France*) ou Balzac Paris (prêt-à-porter éthique féminin) ont su *glamouriser* un secteur de la mode responsable qui, jusqu'aux années 2000, était réservé à des consommateurs engagés et militants, réputés peu

1. On parle de marques *pure players* ou de *Digital Native Vertical Brands* (DNVB) pour désigner ces marques nées entre la fin de la décennie 2000 et le milieu des années 2010.

**La mode éthique
et la segmentation culturelle dans le prêt-à-porter**

Type de produit	Description	Prix
Pull-over	Pull laine mérinos de milieu de gamme (Jules)	39,99 €
	Pull 100 % laine mérinos fabriqué au Portugal de marque pure player éthique	129 €
	Multiplicateur entre les versions générique et premium	* 3,2
Robe	Robe classique (Camaïeu)	49,99 €
	Robe en coton bio fabriquée au Portugal de marque pure player éthique	145 €
	Multiplicateur entre les versions générique et premium	* 2,9
Sous-vêtements homme	Lot de 3 slips Dim (La Redoute)	26,90 €
	Prix à l'unité	9 €
	Slip Le Marius en coton Le Slip Français	35 €
	Multiplicateur entre les versions générique et premium	* 3,9
Baskets	Paire de baskets (Adidas Stan Smith)	64 €
	Paire de baskets de marque de mode éthique	125 €
	Multiplicateur entre les versions générique et premium	* 1,9

soucieux de leur apparence (le stéréotype du bonnet péruvien associé au chanteur Manu Chao). Avant elles, les marques de l'*affordable luxury* ou luxe abordable (Sandro, Maje) s'étaient déjà positionnées sur ce segment entre le moyen de gamme et le luxe. La dernière génération de marques a ajouté la dimension éthique à l'exigence de qualité. C'est ainsi qu'arborer ces marques ne signale pas uniquement un plus haut pouvoir d'achat, bien que les prix soient généralement plus élevés que ceux de la *fast fashion* comme le montre le tableau ci-dessus, mais surtout un haut niveau de capital culturel, une forme d'expertise dans l'acte d'achat et une sensibilité politique aux problématiques liées à la société de consommation. Comme le résume une consommatrice de ces produits, « se vêtir avec des marques éthiques revient à porter une auréole au-dessus de la tête[1] ». On peut

1. Les analyses que nous présentons à propos des marques éthiques sont notamment issues d'une étude menée par Jean-Laurent Cassely en collaboration avec l'Observatoire Société et Consommation (ObSoCo) : *Les Petites Marques alternatives*, 2021.

parler, à propos de ces pratiques de consommation, d'actes de vertu ostentatoire, dans la mesure où l'étiquette fonctionne comme un signal envoyé aux initiés qui savent décoder le message de ces petites griffes. Ces dernières années, plusieurs dizaines de ces nouvelles marques se sont distinguées par des prises de position détonantes, comme le boycott des soldes ou du Black Friday, affirmant par ces choix dûment médiatisés un rapport raisonné et critique à la consommation. Certes, l'immense majorité du marché demeure organisée autour des enseignes de la grande distribution et des portefeuilles de grandes marques des multinationales. Cependant, les alternatives culturelles s'imposent désormais comme des leaders moraux de leur secteur, statistiquement marginaux mais dotés d'une influence conséquente, comme en témoigne la place qui leur est dévolue dans les médias.

De la franchise pour tous des années 1980 aux concepts pointus de centre-ville

Les phénomènes que nous venons de décrire ont un impact sur la recomposition du commerce physique et donc sur la physionomie des territoires. Lors du premier confinement de 2020, les dirigeants d'une vingtaine d'enseignes franchisées, annonçant regrouper 6 300 magasins et cumuler plusieurs milliards d'euros de chiffre d'affaires, ont demandé conjointement aux bailleurs d'annuler leurs loyers. Parmi les signataires figuraient les réseaux Celio, San Marina, Pimkie, DPAM, Sergent Major, Camaïeu, SMCP, Gérard Darel, Afflelou, etc. Fragilisées successivement par la révolte des Gilets jaunes, le mouvement social contre la réforme des retraites puis l'épidémie de Covid-19, plusieurs enseignes créées à la fin des Trente Glorieuses ou dans les années 1980, comme Naf Naf ou Camaïeu, ont d'ailleurs déposé le bilan au sortir de ce confinement, qui avait mis à l'arrêt les commerces dits non essentiels. De même que le Covid s'est attaqué en priorité aux personnes âgées et aux patients fragiles, il a porté un coup fatal à des modèles commerciaux qui étaient déjà mal en point avant son irruption.

Ces enseignes généralistes de l'apogée de la *fast fashion* à la française semblent avoir payé une double indifférenciation, à la fois commerciale et territoriale. Leur positionnement central s'adressait de fait à la grande classe moyenne indifférenciée. C'est ce que traduisait leur stratégie d'implantation : on trouvait les points de vente de ces réseaux franchisés autant en centre-ville que dans les galeries marchandes des centres commerciaux situés aux points cardinaux de chaque agglomération grande ou moyenne. L'implantation des magasins Camaïeu dans les agglomérations de taille intermédiaire l'atteste bien : avant d'être placée en redressement judiciaire, la marque de mode féminine, qui aura séduit plusieurs générations de clientes, comptait par exemple une boutique dans le centre-ville de Tours et deux autres dans les centres commerciaux alentour, une dans le centre-ville d'Avignon et trois dans sa périphérie.

L'année charnière qu'aura représentée 2020 a acté une remise en question profonde de la fonction du commerce, alors que les ventes sur Internet décollaient dans plusieurs secteurs, notamment l'alimentaire et le prêt-à-porter. Le modèle du réseau de points de vente maillant finement le territoire pour se rapprocher d'un consommateur qui doit se déplacer pour effectuer chacun de ses actes d'achat n'est plus la norme et paraît à terme condamné. Ironiquement, le modèle de la franchise et du centre commercial qui avait concurrencé le commerce indépendant de centre-ville en son temps se voit à son tour mis en difficulté par le canal numérique. Le commerce physique ne disparaît pas pour autant car, au même moment, les petites marques éthiques de la révolution digitale ont cheminé en sens inverse. Le modèle économique de ces marques a d'abord reposé sur l'e-commerce, avec pour objectif de se passer d'intermédiaires. Mais pour être prises au sérieux, gagner en notoriété auprès des consommateurs et toucher les Français au-delà de la niche des clients très à l'aise avec l'achat dématérialisé, il leur a fallu s'assurer d'une présence physique et s'implanter en ville. Plutôt que de multiplier les points de vente comme l'avaient fait les marques de la génération de la franchise et des centres commerciaux, les marques *digital native* ont préféré ouvrir quelques boutiques dans des lieux prestigieux, pensant leurs commerces moins comme une source de chiffre d'affaires (la part du commerce physique reste pour elles minoritaire) que comme une opération de communication en choisissant des lieux symboliques et valorisants. Sur ce modèle de points de vente peu nombreux et à forte personnalité, Le Slip Français déploie une vingtaine de boutiques en propre, exclusivement dans les métropoles et, la plupart du temps, en plein centre-ville historique ou dans un centre commercial haut de gamme. Les boutiques prennent chacune un nom en lien avec le produit et le lieu d'implantation : « Le Temple du Slip » (rue Vieille-du-Temple dans le Marais à Paris), « Mon Slip, Ma Bastille » (près de la place de la Bastille à Paris), « Le Slip de mon Aix » (Aix-en-Provence), « La Baraque à Slip » (Lille), « Ta Garonne en Slip » (Bordeaux), « Tu Slip ou tu pointes ? » (Marseille).

Ce chassé-croisé commercial entre réseaux de franchise en difficulté et nouveaux acteurs conquérants de l'e-commerce ne fait que commencer. L'année 2020 a cependant déjà modifié les mentalités et fait évoluer la fonction que nous attribuons aux lieux. Le modèle de commerce massifié s'efface en faveur d'un positionnement plus tactique, l'emplacement devenant signe de prestige. Ce rôle de la centralité s'observe également dans l'immobilier de bureau : avec l'essor du télétravail, la dimension sociale et culturelle des espaces de travail partagés prend le pas sur l'*open space* traditionnel et fonctionnel, simple chaîne de montage tertiaire dont les mètres carrés inoccupés se sont multipliés en périphérie. Le modèle du *coworking*, bureau de nouvelle génération plus flexible et à l'ambiance plus détendue, privilégie lui aussi les implantations centrales et les lieux dotés d'une âme et d'une image valorisante (avenues monumentales, quartiers historiques, bâtiments patrimoniaux ou quartiers d'affaires connectés aux *hubs* de transports, etc.). Cette revalorisation se paie néanmoins d'une forte sélectivité sociale et commerciale puisque, en vertu de ce modèle, ce sont les centres-villes eux-mêmes qui expérimentent la montée en gamme.

2. Boulangerie de rond-point *versus* néo-boulanger de centre-ville : la France du pain coupée en deux

Les tendances à l'œuvre dans la boulangerie, secteur emblématique de l'alimentation des Français, illustrent bien le double mouvement de polarisation commerciale et de spécialisation territoriale que nous avons décrit dans les pages qui précèdent[1].

Jusqu'aux années 2000, la boulangerie était un petit commerce de centre-ville à l'offre relativement indifférenciée dans lequel on trouvait, à côté de la baguette de pain basique, sa version tradition, des pains spéciaux, des viennoiseries et pâtisseries. Comme la plupart des produits de consommation, le pain a subi un mouvement de standardisation qui a culminé à la fin du siècle dernier. Même si la boulangerie est restée un secteur majoritairement composé d'artisans indépendants, l'uniformisation a été mise en œuvre en amont de la chaîne par les groupes de meunerie qui livrent aux boulangers des recettes à suivre scrupuleusement pour leurs baguettes et leurs pains spéciaux. C'est l'époque des publicités qui vantent le boulanger de centre-ville et sa baguette Banette, Baguépi ou Campaillette, autant de marques commerciales adossées à un fournisseur et dont on peut retrouver les produits, identiques, aux quatre coins du pays.

Par ailleurs, sous l'effet d'une sorte d'exception commerciale, les boulangers avaient échappé à la grande migration vers la périphérie qui avait poussé l'habillement, la décoration, l'ameublement, les équipementiers automobiles, mais aussi la restauration ou les fleuristes à s'installer dans les zones commerciales d'entrée de ville. Le maintien du boulanger en centre-ville ou au cœur du village laissait penser que ce commerce demeurerait, avec le bar-tabac-PMU, un lieu relativement mixte et indifférencié, ultime rempart d'une société de plus en plus segmentée. Or, à partir de la décennie 2010, s'est mis en branle un mouvement de polarisation qui s'est traduit, d'une part, par l'apparition fulgurante des boulangeries de périphérie calquant leur modèle sur les recettes de la grande distribution, et, d'autre part, par l'avènement des néo-boulangers de centre-ville, prônant un retour à des méthodes anciennes et à un approvisionnement auprès de meuniers paysans.

Chaque centre-ville de taille importante dispose désormais de sa ou de ses boulangeries pointues, au décor épuré, rustique voire austère, dont le fondateur est souvent issu d'une reconversion professionnelle. Ces

1. Une première version de cette analyse a été publiée sur le site Slate sous le titre : « La France du pain coupée en deux », 18 novembre 2019, par Jean-Laurent Cassely.

boulangeries mettent en avant un processus de fabrication naturel, un pain à base de levain sans ajout de levure industrielle, en utilisant des farines bio, françaises ou de variétés anciennes. Certains néo-boulangers marquent leur distance d'avec le conventionnel en supprimant la baguette de pain blanc de leurs étals. Celle-ci représente en effet tout ce que les alter-boulangers combattent : une homogénéisation et un affadissement du goût, des blés plus résistants mais dont le gluten est moins digeste, un format individuel et consumériste qu'on rachète chaque jour, un mépris pour le pain traditionnel de campagne. La créativité du néo-boulanger est, à l'inverse, mise en avant : un retournement total d'approche par rapport à l'époque Baguépi.

Au même moment, mais comme dans un univers parallèle, la boulangerie a rejoint la grande distribution sur son terrain, dans tous les sens du terme : elle en adopte à la fois les méthodes et les logiques d'implantation. Depuis les années 2000, des enseignes de boulangerie se sont ainsi installées en périphérie, là où les consommateurs vivent, travaillent et se déplacent. Marie Blachère, Boulangerie Ange, Louise et d'autres réseaux choisissent les bords de route, les ronds-points et les zones commerciales à l'entrée des villes grandes et moyennes. Dotées de l'indispensable parking, ces boulangeries ont lancé le « 3 + 1 », une offre commerciale qui comprend une baguette offerte pour trois achetées, inspirée de l'approche marketing centrée sur les prix de la grande distribution. Si la néo-boulangerie artisanale demeure une niche, la couverture du territoire par les enseignes de rond-point a été beaucoup plus massive. Créée en 2004 à Salon-de-Provence, l'enseigne Marie Blachère (Marie est le prénom de la fille du fondateur Bernard Blachère) comptait plus de 500 points de vente en 2021. Notre planche de cartes (page 256) permet de suivre la croissance fulgurante de ce réseau : depuis son ancrage provençal d'origine, Marie Blachère s'est développée d'abord dans le Sud, le long de la vallée du Rhône, puis s'est aventurée dans la partie nord du pays. Enfin, l'enseigne a plus récemment investi la région parisienne et les villes de l'Ouest… en restant fidèle à son tropisme périphérique.

Lancé en 2008 à Istres, toujours en Provence, son concurrent Boulangerie Ange annonce plus de 200 implantations en 2021. Le fait que deux des principaux réseaux de boulangeries de périphérie soient nés dans le Sud-Est n'est pas un hasard : l'urbanisation importante et précoce de la région l'a rendue plus accueillante au développement du commerce de périphérie. Notre analyse des implantations de Marie Blachère révèle que la majorité de ses 500 points de vente sont situés en zone commerciale, contre seulement 10 % environ de l'ensemble des boulangeries françaises recensées par le fichier Sirène de l'Insee, qui restent en grande majorité implantées en zone urbaine dense et ancienne. De la même manière, le troisième acteur important du secteur, Boulangerie Louise, est né dans ce berceau de la grande distribution qu'est le Nord, avec une première implantation à Roncq en 2010. La chaîne qui revendique aujourd'hui 120 points de vente de grande capacité vise les périphéries urbaines et les zones commerciales des villes de plus de 10 000 habitants. Ses points de vente couvrent la moitié nord du pays.

Le premier critère d'implantation de ces enseignes est bien sûr le volume de flux d'automobilistes sur les axes routiers. (Détail amusant : la couverture du territoire périphérique par ces entrepreneurs de la boulangerie est souvent ignorée des habitants des grandes villes.)

Pour autant, et contrairement aux terminaux de cuisson (Brioche Dorée, La Mie Câline), les réseaux de boulangeries de périphérie préparent leur pain sur place et emploient des boulangers. On estime que la présence d'une de ces boulangeries de grande capacité menace l'existence de trois indépendants installés dans les environs.

Certes émergente, cette bipolarisation du pain nous semble bien témoigner de plusieurs des tendances à l'œuvre dans la nouvelle société de consommation française. Incité à transformer son commerce en petit centre commercial de rue proposant pains spéciaux, viennoiseries, bonbons, sodas et snacking à toute heure (tartes, quiches, sandwichs, salades), le boulanger indépendant de centre-ville ou de village et son modèle généraliste sont menacés par cette dualisation. Comme le résume un boulanger très au fait des transformations de son secteur d'activité : « Dans la mesure où les nouvelles boulangeries conventionnelles de périphérie proposent la même qualité que le pain que l'on trouve en centre-ville, et pour moins cher, si le boulanger indépendant n'est pas capable de créer quelque chose de très différent, les gens ne viendront plus chez lui. » Le circuit conventionnel, qui accueille tout le monde sous le même toit, se voit concurrencé sur le terrain du prix, d'un côté, et questionné par la soif d'authenticité et le rejet de la standardisation, de l'autre... Bien entendu, le marché de la boulangerie ne se limite pas à ce face-à-face entre néo-boulangers citadins et boulangeries de périphérie. En zone rurale, des boulangers paysans proposent du pain au levain naturel, soit en point de vente direct, soit dans le réseau des magasins bio. Cette fragmentation du marché du pain n'a pas échappé à la sagacité de la chaîne de télévision M6, qui parallèlement à ses programmes phares sur l'immobilier animés par Stéphane Plaza, diffuse depuis 2013 une émission intitulée « La meilleure boulangerie de France », et dans laquelle les membres du jury visitent précisément des boulangeries de différents types et mettent en scène ces contrastes.

L'évolution du réseau de boulangeries de périphérie Marie Blachère

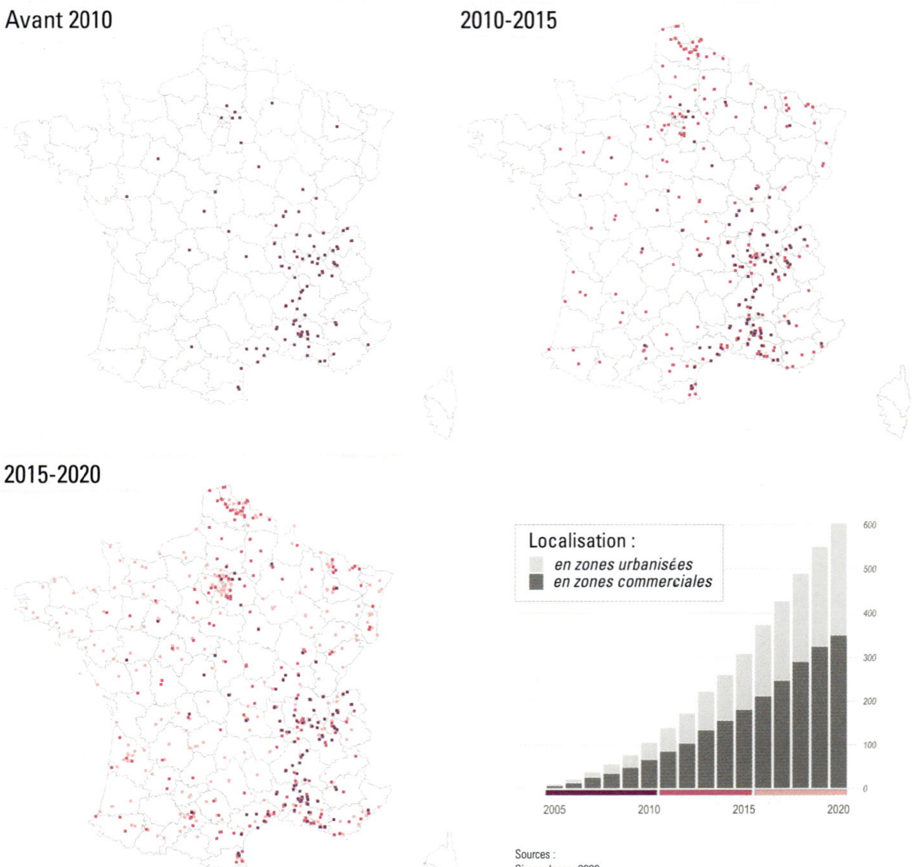

Sources :
Sirene, Insee, 2020.
Corine Land Cover, MTES, 2018.
Contours administratifs, IGN, 2020.

Implantation des boulangeries Marie Blachère dans l'agglomération toulousaine

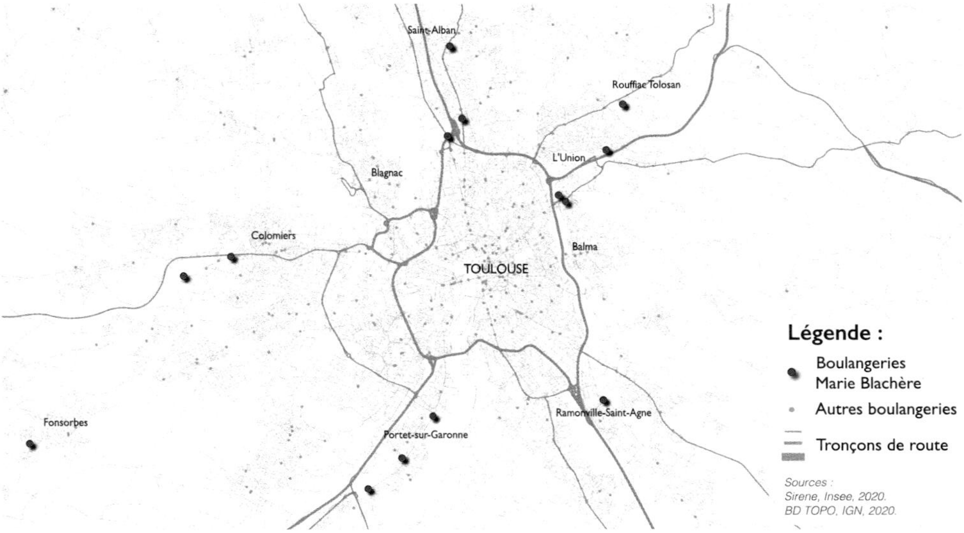

3. À chacun son épicier, son cafetier et son DJ

À côté de la boulangerie, d'autres commerces emblématiques par leur fonction de lien social se voient eux aussi remis en question. S'adressant à un public jeune et urbain, le site Internet Konbini consacrait en 2020 un article à un magasin d'alimentation situé dans le Nord-Est parisien, présenté comme « la nouvelle supérette de quartier qui vous veut du bien[1] ». Vins naturels soigneusement sélectionnés, yaourts en bocaux d'une laiterie parisienne, cafés de spécialité, tous les produits proposés correspondent au segment gastronomique, artisanal, *made in France* ou éthique. Aucun n'est issu des grandes marques de la distribution traditionnelle. Le commerce intègre également un rayon consacré aux produits d'hygiène et de beauté : « savon saponifié à froid dans le XIe arrondissement, papier toilette normand, shampoings solides, dentifrice en pastilles, produits essentiels pour fabriquer soi-même ses nettoyants pour la maison ».

1. Robin Panfili, « SuperFrais, la nouvelle supérette de quartier qui vous veut du bien », Konbini, 6 octobre 2020.

Ces épiciers haut de gamme, souvent en reconversion, sont certes minoritaires y compris à Paris. Leur présence signale néanmoins l'apparition d'un nouveau profil de commerçant : jeune, éduqué et mû par l'envie de retisser du lien social de proximité. « Un peu comme une épicerie de village en version 2020 » ; « le magasin n'est plus juste là pour consommer, mais permet aussi d'échanger en se posant au comptoir », affirme l'un des commerçants à l'origine de la supérette indépendante. Ces épiciers chics, qui portent fièrement le tablier bleu des petits commerçants des années 1950 – avant, donc, l'arrivée de la grande distribution –, empruntent à cet âge révolu du commerce son esthétique artisanale et surannée : bocaux, vrac, cagettes en bois, consigne pour certains produits. Leur présence couronne plusieurs cycles d'évolutions commerciales qui touchent les centres urbains bourgeois et gentrifiés. Les « épiciers arabes », qui assuraient une fonction de dépannage et proposaient un assortiment de produits de marque à des horaires d'ouverture élargis, ont été peu à peu remplacés par les supérettes franchisées. À l'image du très parisien Franprix (groupe Monoprix), chaque distributeur a créé son format de supérette urbaine dans les années 2010 : Monop', Carrefour City, U Express[1]. De 130 à Paris en l'an 2000, elles étaient plus de 460 en 2017, soit plus du triple[2]. La segmentation culturelle du commerce s'est poursuivie avec le déploiement de formats dédiés au bio par les grandes enseignes (comme Naturalia pour Monoprix). Celui que l'on pourrait désigner comme « l'épicier blanc » indépendant marque un nouvel étage de sophistication, une forme de dé-franchisation du commerce dans les quartiers les plus en vue des villes françaises. Au cœur des grandes métropoles, ces détaillants se sont d'abord contentés de boutiques de petits formats pour proposer une offre de niche, mais de plus en plus de locaux commerciaux d'angle de rue sont

1. Comme le précise Vincent Chabault, spécialiste du commerce, « l'attachement des consommateurs à la supérette tient en grande partie à l'imaginaire de l'épicerie du village » qui reste puissant en France. Selon le sociologue, l'émergence d'Amazon conduit à une dualisation du marché. D'un côté, un commerce de flux rationnel et, de l'autre, des « lieux de vie » comme la supérette de proximité, les marchés dominicaux, les commerces de bouche ou encore les commerces ethniques. Voir Jean-Laurent Cassely et Thierry Germain, *La France qui vient, Cahier de tendances 2020*, Paris, Fondation Jean-Jaurès / L'Aube.

2. Recensement effectué par la banque de données sur le commerce (BDCOM), la Ville de Paris, la CCI de Paris et l'Atelier parisien d'urbanisme (Apur).

investis par des magasins indépendants de la taille d'une supérette qui proposent fruits et légumes en circuit court, rayon crèmerie, cave à vins. En somme une nouvelle version, haut de gamme, du célèbre slogan du « tout sous le même toit » à l'origine de la philosophie de l'hypermarché des Trente Glorieuses.

Comme le montre le graphique ci-dessous, le nombre de magasins de produits bio a ainsi fortement augmenté à Paris depuis le début des années 2000, mais la hausse a également été très importante du côté des cavistes. Ce marché, cher au cœur des Français, a lui aussi connu un phénomène de segmentation caractéristique. En centre-ville, les cavistes indépendants se multiplient face aux magasins d'une enseigne comme Nicolas, elle aussi très présente, notamment en région parisienne. D'autres acteurs ont, eux, privilégié les implantations en périphérie. C'est le cas, par exemple, des magasins Intercaves ou des points de vente de La Vignery, entreprise fondée en 2005 par un membre de la dynastie Mulliez, qui, ADN familial oblige, définit ses magasins comme « étant à mi-chemin entre l'hyper[marché] et le caviste ».

2000-2017 : Évolution du nombre de cavistes et de magasins bio à Paris

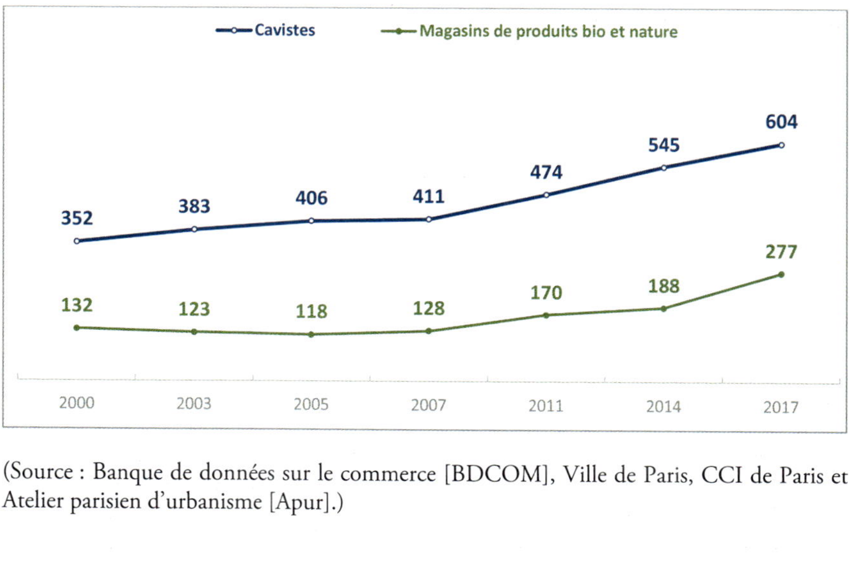

(Source : Banque de données sur le commerce [BDCOM], Ville de Paris, CCI de Paris et Atelier parisien d'urbanisme [Apur].)

Lieu iconique de la sociabilité française, le café fait également face à un renouvellement des formats et des contextes de dégustation hors domicile. L'apparition récente du café de spécialité, produit qui, à l'instar de la bière, du pain et du vin, a connu une montée en gamme portée à la fois par le marché et les attentes des consommateurs, a engendré un nouveau type de lieu. Les *coffee shops* dédiés à la dégustation de café haut de gamme – à ne pas confondre avec les lieux de consommation de haschich aux Pays-Bas – se sont multipliés depuis quelques années. Ils sont reconnaissables à leur esthétique artisanale et à leur offre inspirée de la culture *foodie* globalisée (*café latte*, *flat white*, *smoothies* et jus verts, *scones* et *cookies*, *avocado toasts*, *açaï bowl*, etc.). Le personnel, composé de *baristas* spécialistes de la torréfaction et de la culture du café, y est généralement bilingue et d'origine anglo-saxonne. Enfin, les *coffee shops* ont attiré une clientèle de femmes, d'étudiants, de cadres, de touristes étrangers qui ne fréquentaient pas les cafés traditionnels réputés trop masculins ou trop tournés vers la consommation d'alcool. À Paris, ces cafés haut de gamme sont déjà environ 150 selon les recensements réalisés par les amateurs de café de spécialité. Ces établissements ne servent généralement pas d'alcool. Dans ce contexte de segmentation de l'offre, les bars-tabac traditionnels sont désormais fréquentés par une clientèle essentiellement populaire et masculine, attirée par l'offre de jeux à gratter.

L'obsolescence touche enfin un autre monument du folklore français des Trente Glorieuses : la boîte de nuit, menacée au même titre que tous les lieux issus de la massification, des hypermarchés aux « usines à ski ». Immortalisés par les photographes de la France d'après, ces établissements périurbains et ruraux de bord de route qui arboraient une devanture aux ornements kitsch, pseudo-antiques ou orientalisants ont vu leurs effectifs fondre depuis les années 1980. Tout semble avoir concouru à leur déclin : l'interdiction de la cigarette dans les lieux qui accueillent du public, la fin de la tolérance vis-à-vis de l'alcool au volant, la concurrence des applications de rencontre, le goût pour des lieux plus intimes et socialement sélectifs (bar à vin, *speakeasy*…), et plus fondamentalement une évolution des normes culturelles qui a contribué à ringardiser le triptyque « tenue correcte exigée, seau à champagne et boule à facettes[1] ». Dans les milieux populaires, la discothèque, héritière du bal de village, a également perdu du terrain face à la privatisation des loisirs et de la fête, qui prend désormais la forme d'« apéros prolongés » ou de soirées à domicile, comme le relate Benoît Coquard dans son enquête sur la jeunesse populaire du nord-est de la France[2]. Une fois de plus, l'épisode Covid-19 aura cloué le cercueil d'activités dont le décalage avec les évolutions de la société n'est apparu que trop flagrant[3].

---

1. Jean-Pierre Montanay, « La discothèque, une espèce en voie de disparition », Europe 1, 7 février 2020.

2. Benoît Coquard, *Ceux qui restent. Faire sa vie dans les campagnes en déclin*, Paris, La Découverte, 2019.

3. Lire à ce sujet le dossier du magazine *Trax* : « Les dernières discothèques », n° 229, mars 2020.

QUATRIÈME PARTIE

Les nouveaux visages des classes sociales : les métiers de la France d'après

Tout au long des trois parties précédentes, nous avons décrit l'émergence d'un modèle économique privilégiant la consommation, les loisirs et les services ; la réorganisation du territoire en fonction des choix de résidence des Français et une polarisation des styles de vie. Toutes ces évolutions ont nécessairement eu un impact sur la structure et la nature des emplois : une myriade de métiers ont fait leur apparition, vu leurs effectifs s'accroître ou leur contenu s'adapter pour répondre aux nouveaux impératifs économiques. Il s'agit maintenant de décrire le nouveau visage de ces professions.

Dans la représentation qu'en a proposé le sociologue Henri Mendras à la fin des années 1980, la société française, on l'a dit, avait la forme d'une toupie dont le ventre bombé accueillait les catégories moyennes et supérieures en pleine croissance. Le sociologue recourait également à la métaphore des « constellations », empruntées à la cosmologie, pour rendre compte d'une société composée d'individus gravitant au sein de galaxies multiples et de taille variable. Le modèle de Mendras s'éloignait de la vision marxiste duale, qui prédisait un affrontement entre deux classes sociales antagonistes, la bourgeoisie et le prolétariat. Le « ciel » social de Mendras, lui, se décomposait en trois galaxies : au-dessous des élites dirigeantes situées au sommet, deux grandes constellations s'affirmaient : la constellation populaire, regroupant les ouvriers et les employés, et la constellation centrale, qui comprenait les professions plus qualifiées et mieux rémunérées, en particulier les cadres, les ingénieurs et les enseignants.

La société a évidemment bien changé depuis lors, donnant partiellement tort à Mendras quant à la moyennisation des modes de vie ou à propos de la tendance à la mobilité sociale, celle-ci ayant fait place à une certaine ossification. En revanche, les notions de constellations et de galaxies sont toujours utiles quand on s'attache à représenter la diversité des catégories sociales.

Nous nous concentrerons tout d'abord sur les professions peu qualifiées dont les effectifs en croissance opèrent dans le cadre d'une société structurée autour de la consommation, du tourisme, des services de proximité et de la digitalisation : ouvriers de la logistique, femmes de ménage, agents de sécurité, chauffeurs VTC, auxiliaires de vie et autres domestiques modernes forment une nouvelle constellation populaire dédiée au service du client et du consommateur. Ses membres ont parfois été qualifiés de « premiers de corvée » ou rebaptisés travailleurs essentiels depuis le Covid-19 et les mises en veilleuse à répétition de l'économie française. Une grande part de ces ouvriers et employés ne peuvent s'extraire de leur lieu de travail pour effectuer leurs tâches à distance contrairement aux télétravailleurs ; ils sont également contraints par les horaires auxquels celles-ci doivent être accomplies – or, il s'agit souvent des temps de la consommation, du loisir ou du repos des autres (déjeuner, dîner, soirée, nuit, week-end, période de vacances)[1]. Ils forment ce que le consultant spécialiste des questions sociales Denis Maillard nomme le « *back office* de la société de marché[2] ».

Qu'en est-il des professions rattachées aux catégories moyennes et supérieures ? Des métiers référents comme les enseignants voient leur influence décroître en dépit du maintien de leurs effectifs. De nouvelles professions surgissent en marge de la santé, étendant la sphère du bien-être individuel à l'apparence physique et à la forme, au psychisme et à la quête de sens. D'autres sont liées à la numérisation et à la complexification croissante de la société de service.

Désormais, la possession d'un diplôme est indispensable. Au minimum un BEPC ou un CAP, et le plus souvent le baccalauréat, sont exigés pour intégrer la constellation populaire. Le niveau bac + 2 (BTS ou IUT) est nécessaire si l'on veut accéder à la constellation moyenne, et le niveau bac + 5 (master) – de plus en plus dans le cadre de filières

1. Louis Maurin, *Encore plus ! Enquête sur ces privilégiés qui n'en ont jamais assez*, Paris, Plon, 2021.

2. Denis Maillard, *Une colère française. Métamorphose des relations sociales*, Paris, Éditions de l'Observatoire, 2019.

sélectives – est requis pour exercer les fonctions d'encadrement et celles qui sont liées à l'économie de l'innovation et du numérique.

Enfin, la société a changé aux marges supérieure et inférieure. Élites économiques tout en haut et pauvres et marginaux tout en bas n'ont pas disparu, mais dans ces petites galaxies isolées, les visages ne sont plus les mêmes non plus. Dans la France d'après, il y a toujours des milliardaires, des éboueurs, des avocats, des fonctionnaires territoriaux, des dentistes, des assistantes sociales, des conducteurs de train, des postiers et des employés de banque. Mais la relative permanence des fonctions et des intitulés masque un profond renouvellement du rapport que chacun entretient au travail et du cadre dans lequel il l'exerce. Cette apparente stabilité est renforcée par la fixité de la nomenclature des catégories socioprofessionnelles de l'Insee. Introduite en 1982, soit à la veille de la Grande Métamorphose, cette nomenclature demeure hégémonique, contribuant à maintenir une représentation que la société se fait d'elle-même, vision héritée de la France des années 1970[1]. Notre tour d'horizon des métiers de la France d'après n'a pas la prétention de se substituer à cette typologie méthodique et exhaustive, mais vise à enrichir et à actualiser notre perception de l'univers social français en décrivant quelques galaxies de métiers apparues plus ou moins récemment.

1. Emmanuel Pierru et Alexis Spire, « Le crépuscule des catégories socioprofessionnelles », *Revue française de science politique*, 2008/3, vol. 58.

CHAPITRE 1

Une constellation populaire orientée client

1. L'ouvrier de la logistique a remplacé l'ouvrier d'usine

Dans une économie de plus en plus mondialisée, où les flux de marchandises sur de grandes et de petites distances ne cessent de s'accroître, où les stocks sont réduits au minimum (rentabilité oblige), quand il faut servir des références de plus en plus nombreuses dans un délai toujours plus court, les métiers de la logistique tiennent une place centrale. C'est le cas du transport routier, qui a littéralement laminé le fret ferroviaire au cours des dernières décennies, on l'a vu. Selon Jean-Claude Raspiengeas, le secteur du transport routier de marchandises ne compte pas moins de 37 000 entreprises, employant 420 000 salariés dont 385 000 routiers[1]. Si les norias de camions (français et de plus en plus étrangers) croisés sur les routes et autoroutes trahissent la place grandissante prise par ce secteur, un autre maillon essentiel de la *supply chain* se laisse moins facilement apercevoir.

Un secteur en plein essor

Pour prendre la mesure de son poids, il faut se rendre en périphérie des agglomérations ou à proximité des nœuds autoroutiers. Là, dans des entrepôts plus ou moins vastes, travaillent des centaines de milliers de salariés. Magasiniers, préparateurs de commandes (ou *pickers*), caristes[2], agents de quai, opérateurs de tri ou d'emballage s'affairent jour et nuit. Ils travaillent pour les enseignes de la grande distribution sur des plateformes

1. Jean-Claude Raspiengeas, *Routiers*, Paris, L'Iconoclaste, 2020.
2. Le cariste est un conducteur de chariot élévateur utilisé dans les entrepôts de logistique. Il intervient en phases de chargement, de déchargement et de stockage des produits.

logistiques qui permettent d'approvisionner les rayons des magasins de la région, pour les acteurs de la vente par correspondance, pour les messageries (FedEx, UPS, etc.), pour des logisticiens ou des transporteurs, et de plus en plus pour les géants de l'e-commerce (Amazon, Cdiscount, Veepee, Showroomprive, etc.). L'e-commerce a en effet connu un essor spectaculaire en l'espace d'une quinzaine d'années, le chiffre d'affaires du secteur étant multiplié par treize entre 2005 et 2020.

2005-2020 : Évolution du chiffre d'affaires du marché de l'e-commerce en France (en milliards d'euros)

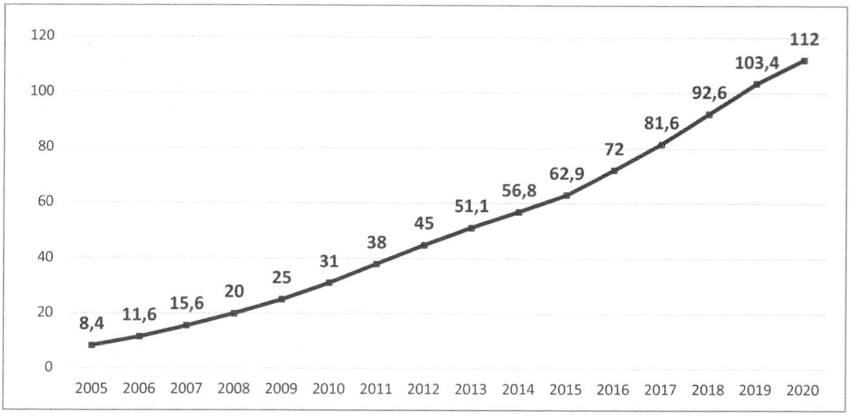

(Source : Fevad.)

Si les achats en magasins demeurent très largement majoritaires, le client a totalement adopté les facilités offertes par l'achat à portée d'un clic. L'épidémie de Covid-19 a été l'occasion d'accélérer cette tendance. Or, pour servir un consommateur digital aux besoins sans cesse renouvelés, une machinerie de plus en plus complexe et de plus en plus lourde doit être développée.

Mondialisation, obsession du zéro stock, essor de l'e-commerce, toutes ces tendances nourrissent le développement du secteur de la logistique et du transport, qui est aujourd'hui l'un des secteurs les plus pourvoyeurs d'emplois, comme en témoignent les recensions de postes à pourvoir publiées dans la presse.

Peu rémunérés, soumis à de fortes amplitudes horaires, au bruit, au respect drastique des cadences et des délais (à l'instar des routiers ou des livreurs), et pour certains au port de charges lourdes, le salarié d'entrepôt incarne ainsi le prolétariat d'aujourd'hui comme le « métallo » symbolisait celui d'hier. Les *racks* (rayonnages métalliques où sont stockées les marchandises) et les tapis roulants ont remplacé la chaîne de montage. Signe du déplacement du centre de gravité de notre économie de l'industrie vers la logistique, c'est désormais du côté des entrepôts d'Amazon que se tournent les observateurs quand ils veulent prendre le pouls du climat social en période de crise. Alors que jadis c'était Billancourt qui donnait le *la*, durant le confinement du printemps 2020 c'est vers les plateformes d'Amazon que l'attention s'est portée à l'occasion d'une bataille juridique autour de la question de savoir si elles pouvaient poursuivre leur activité. De la même façon, les sites d'Amazon furent particulièrement ciblés par les Gilets jaunes qui essayèrent à plusieurs reprises de les bloquer à l'automne 2018.

De l'usine à l'entrepôt logistique

Le passage de l'ouvrier d'industrie au magasinier, et de l'usine à l'entrepôt, corollaire d'une longue période de désindustrialisation des territoires, est un phénomène contemporain de la baisse en gamme du niveau des emplois populaires et du surgissement du phénomène des travailleurs pauvres, quand, jusqu'à la fin du siècle précédent, c'était la situation d'exclusion du marché du travail et le chômage qui conditionnaient l'appartenance au groupe des exclus du mouvement de moyennisation de la société. Cette descente en gamme a été auscultée par l'économiste en chef de la banque Natixis, Patrick Artus, et la journaliste Marie-Paule Virard dans leur ouvrage *Et si les salariés se révoltaient ?*[1].

On se souvient que lors de l'entre-deux-tours de l'élection présidentielle de 2017, les ouvriers de l'usine de sèche-linge Whirlpool à Amiens, promise à la délocalisation en Pologne, avaient reçu la visite des deux candidats finalistes, Emmanuel Macron et Marine Le Pen.

1. Patrick Artus et Marie-Paule Virard, *Et si les salariés se révoltaient ?*, Paris, Fayard, 2018.

Si cette usine Whirlpool, la dernière sur le sol français, s'apprêtait à fermer, un entrepôt d'Amazon était en construction sur le même bassin d'emploi, à Boves, ce qui inspire à Patrick Artus et à Marie-Paule Virard le constat que « partout en Occident, les agents logistiques prennent le pas sur les soudeurs ! ». Cet exemple illustre bien sûr un phénomène plus général : « On constate que la structure des emplois se déforme au détriment de l'industrie et en faveur d'emplois de services peu sophistiqués, écrivent encore les auteurs. Les emplois détruits dans l'industrie et les services à l'industrie sont remplacés massivement par des emplois dans les services domestiques, moins productifs, moins bien payés et moins protégés que les emplois détruits, d'où la baisse du niveau de gamme des emplois et du niveau de vie. »

Si la pénibilité du travail dans l'industrie n'a rien à envier à celle qui prévaut dans la logistique, bon nombre de filières industrielles (dont la métallurgie) offrent (ou offraient) des possibilités d'évolutions professionnelles et salariales pour les ouvriers. Sur une même chaîne de production se côtoient des opérateurs, des ouvriers qualifiés, mais aussi des moniteurs ou des ajusteurs. À chaque poste correspond un coefficient et un niveau de salaire adaptés[1]. Tous ces postes, situés sous le grade de chef d'équipe, constituent autant d'échelons que les salariés modestes peuvent, en fonction de leur diplôme, leurs aptitudes et leur implication franchir progressivement en s'assurant ainsi d'un avenir professionnel possible au sein du collège d'exécution[2]. Or, dans bon nombre d'entreprises de la logistique, un tel horizon n'existe pas. Certes, à l'ancienneté, certains salariés peuvent passer caristes, opérateurs de saisie ou agents de quai, postes physiquement moins pénibles que ceux de manutentionnaires. Mais si cette évolution est symboliquement désirée, car elle permet de quitter les postes les moins valorisés, elle ne s'accompagne généralement pas d'un changement de statut ou de grade ni d'une revalorisation salariale[3]. Ainsi, chez Amazon par exemple, les

1. Cf. Séverine Misset, « "T'as arrêté l'école quand ?" La structuration par le diplôme du groupe des ouvriers qualifiés », *Agora débats*, Paris, Presses de Sciences Po, 2011/2, n° 58, pp. 19-32.

2. Le passage au statut d'agent de maîtrise existe mais il est plus rare et constitue l'aboutissement d'une carrière pour les meilleurs ouvriers.

3. Cf. David Gaborieau et Carlotta Benvegnu, « Le "hasard" de la logistique. Quand les mobilités ouvrières passent par l'entrepôt », *in* Nicolas Duvoux et Cédric Lomba (dir.), *Où va la France populaire ?*, Paris, PUF, 2019.

salariés ne sont classés qu'en deux catégories (ouvriers/employés ou agents de maîtrise) alors que la convention nationale des commerces de détail non alimentaires, à laquelle Amazon est rattachée, en prévoit six[1]. Cette segmentation binaire du corps social engendre tensions et frustrations.

Du fait de la pénibilité du métier et des faibles perspectives d'évolution professionnelle et salariale, le secteur de la logistique est marqué par un fort taux de *turn-over* (renforcé par le recours fréquent aux intérimaires) et par une ancienneté assez limitée. L'ancrage dans l'entreprise, le métier ou la filière n'apparaît pas comme vraiment désirable. Sur ces bases, il est difficile de voir émerger une identité professionnelle valorisante et une aristocratie ouvrière, comme certains secteurs industriels avaient su en sécréter par le passé. C'est sur ce terreau d'une conscience de classe ouvrière incarnée par des figures emblématiques (le métallo, le mineur, le cheminot) que s'étaient développés les syndicats[2]. Rien de tel aujourd'hui dans les entrepôts, où l'implantation syndicale est faible – voire inexistante. Pour porter ses revendications, le métallo faisait la grève dans son usine. Conscient d'un rapport de force déséquilibré sur son lieu de travail et peu attaché à son univers professionnel, le cariste a décidé d'occuper les ronds-points.

2. Services à la personne, chauffeurs VTC et livreurs : la nouvelle classe ancillaire

Dans la France d'après, les salariés des entrepôts occupent, avec les autres travailleurs de la logistique, une place centrale au sein de la nouvelle constellation populaire. Mais pour répondre aux nouveaux besoins du consommateur, tout un secteur de services s'est également structuré et développé au cours des dernières décennies. Sous l'appellation de « services à la personne », il recouvre des activités très diverses qui relèvent de la même constellation : entretien de la maison (ménage, repassage, jardinage, etc.), garde d'enfants, mais aussi accompagnement

1. Cf. « La grogne monte chez Amazon, qui ne respecte pas sa convention collective », *LSA*, 1er février 2018.

2. Voir notamment Michel Pigenet, « À propos de l'aristocratie ouvrière. Élites professionnelles et militantes au XIXe siècle dans le département du Cher », *Romantisme*, n° 70, 1990, pp. 91-102.

des personnes âgées ou handicapées. Une des caractéristiques des services à la personne, qui emploient aujourd'hui 1,3 million d'actifs, réside dans le fait que les tâches sont accomplies au domicile du client. Parallèlement, d'autres emplois se sont massivement développés, toujours dans le service à la demande, mais il s'agit alors de répondre aux besoins de mobilité (chauffeurs VTC) du client ou de lui apporter, dans un délai très resserré, une commande qu'il aura passée. Tous ces métiers forment ce que l'on pourrait appeler une nouvelle classe ancillaire, certains chercheurs anglo-saxons parlant d'une *Servant Class*[1], qui constitue, à côté des salariés de la logistique, une autre composante importante des milieux populaires contemporains.

Les services à la personne sont devenus un véritable marché

Si les activités regroupées sous le vocable de « services à la personne » ont toujours existé, elles s'exerçaient souvent de manière informelle et plus ou moins déclarée. Le poids du travail au noir reste certes important aujourd'hui, mais ce secteur s'est considérablement structuré et s'est progressivement plié à la logique de marché et de professionnalisation.

Une part des employés des services à la personne travaille pour le compte d'organismes publics (collectivités locales, CAF, CCAS, etc.) et d'associations. Mais pour répondre aux besoins croissants, des opérateurs privés ont également émergé puis sont devenus des employeurs de premier plan. En 1996, l'entreprise O2 était créée autour de trois métiers : le ménage/repassage, la garde d'enfants et l'accompagnement de personnes âgées ou handicapées. Devenue depuis Oui Care, elle salarie aujourd'hui 17 500 personnes qui travaillent chez des particuliers. Un de ses concurrents, le groupe Shiva, apparu en 2002, compte 10 000 employés rattachés à 200 agences, qui maillent le territoire national. L'entreprise est spécialisée dans le ménage et le repassage. Les prestations proposées par Axeoservices (créée en 2006) couvrent, quant à elles, l'entretien, le bricolage ou la garde d'enfants. Axeoservices emploie 5 300 salariés.

1. Cf. David J. Karjanen, *The Servant Class City : Urban Revitalization Versus the Working Poor in San Diego*, Minneapolis, University of Minnesota Press, 2016.

Ce secteur s'est professionnalisé et développé notamment grâce au plan Borloo, entré en vigueur en 2005 et qui visait précisément à structurer ce marché et à faire émerger de nouveaux services à la personne. La mesure phare du plan aura consisté à créer le Cesu (Chèque emploi service universel), qui facilite le paiement et le recours à ce type de prestations, et qui offre, par ailleurs, des avantages sociaux et fiscaux aux utilisateurs. Ainsi fluidifié et sécurisé juridiquement, ce marché a connu une croissance significative. Mais les salaires pratiqués y sont faibles, car 80 % des emplois proposés sont des temps partiels, et les perspectives de promotion peu importantes. On notera, par ailleurs, que 87 % des salariés de cette filière sont des femmes[1]. Dans la France d'après, l'employée de service à la personne est l'une des figures emblématiques des nouvelles classes populaires, à l'instar notamment du personnel non qualifié travaillant dans les Ehpad et les hôpitaux. Ce n'est d'ailleurs sans doute pas un hasard si Ken Loach, infatigable défenseur de la classe ouvrière britannique et fin observateur des transformations affectant les milieux populaires, a choisi comme personnages principaux de son film *Sorry, I Miss You*, une assistante de vie et un livreur travaillant comme free-lance dans le secteur de la logistique.

En France comme en Grande-Bretagne, la classe ancillaire se développe à un rythme soutenu, et en janvier 2009, quatre ans après l'entrée en vigueur du plan Borloo, une autre initiative gouvernementale française, la création du statut d'auto-entrepreneur (rebaptisé depuis micro-entrepreneur), est venue dynamiser le secteur en accroissant l'offre de services proposés : une proportion significative de micro-entrepreneurs s'est en effet positionnée sur les métiers des services à la personne. Mais il s'agit à nouveau d'emplois à temps partiel peu rémunérés, susceptibles de constituer, au mieux, un complément de revenus. Or, dans bien des cas, ils représentent l'unique source de revenus de travailleurs pauvres.

Chauffeurs de VTC et livreurs : voituriers et portefaix 2.0

Une étape supplémentaire a été franchie dans le développement de cette nouvelle classe ancillaire avec l'accélération de la digitalisation, consécutive à la généralisation des smartphones. La diffusion de l'univers

1. Cf. Dares, « Les services à la personne en 2018 », *Résultats*, n° 11, février 2020.

des applications a en effet donné un véritable coup d'accélérateur à ce type de services, qui ont vu les offres se multiplier et le marché se développer à grande vitesse. Si le transport individuel à la demande existait de longue date avec les taxis, les VTC ont été autorisés en 2011. Dès 2014, le géant Uber débarquait sur le marché français. La plateforme rassemblerait aujourd'hui près de 28 000 chauffeurs, auxquels il faut ajouter 15 000 autres VTC.

Les VTC représentaient, en 2018, 42 % du total des véhicules de transport privé de personnes contre 58 % pour les taxis traditionnels. Deux ans plus tôt, la part des VTC n'était que de 22 %[1]. Durant cette période, le nombre de taxis ne s'est pas effondré, il a même légèrement progressé – de 57 000 à 59 000 –, mais c'est le nombre de VTC qui a connu une hausse exponentielle : 16 000 en 2016, 43 000 en 2018. Ces chiffres confirment que les VTC se sont imposés dans le paysage urbain en seulement quelques années et qu'ils répondent aux besoins d'une clientèle qui ne se contente plus de la prestation traditionnelle offerte par les taxis.

De la même manière, l'émergence des applications et des plateformes s'est traduite par l'essor spectaculaire d'un autre type de services à la personne : la livraison de repas. En 1989, l'enseigne Domino's Pizza s'implantait en France. Son offre rencontre rapidement la demande (le groupe compte aujourd'hui 400 points de vente dans l'Hexagone), et toute une partie de la population (notamment dans les jeunes générations) a pris l'habitude de se faire livrer des pizzas à domicile en faisant appel à Domino's Pizza ou à ses nombreux concurrents (Pizza Hut, Speed Rabbit Pizza[2], etc.). Mais si ces entreprises offraient partout en France ce service, il demeurait limité à la pizza. Or, avec la révolution digitale, d'autres opérateurs, extrêmement puissants, sont entrés ces dernières années sur le marché en proposant la livraison de tout type de menus et de repas, et en signant des partenariats avec de nombreux restaurants dont ils livrent désormais les plats à domicile. Deliveroo, qui a commencé son activité dans notre pays en 2015, référence ainsi 15 000 restaurants ; Uber Eats, débarqué sur le marché français un

1. Cf. « Les taxis et VTC en 2017-2018 », Rapport de l'Observatoire national des transports publics particuliers de personnes, Commissariat général au développement durable, janvier 2020.

2. Chacune de ces enseignes compte près de 150 points de vente en France.

an plus tard, travaille également avec plusieurs milliers de restaurants partenaires, tout comme Just Eat. Le succès rencontré par ces entreprises témoigne du développement très rapide de nouveaux comportements des consommateurs. Dans la France d'après, commander et se faire livrer tous types de produits – et notamment son repas – est entré dans les mœurs. Pour ce faire, les rues de nos villes, grandes et moyennes[1], sont désormais sillonnées à vélo ou à scooter par une armée de petites mains (à eux seuls, Deliveroo et Uber Eats font appel à 20 000 livreurs). Les bips sonores leur notifiant sur téléphone une nouvelle commande résonnent comme jadis la clochette que l'on agitait pour sonner le maître d'hôtel ou la servante. Avancée démocratique majeure permise par la révolution numérique, ce geste n'est plus désormais l'apanage de la noblesse ou de la haute bourgeoisie, il est pratiqué quotidiennement par des centaines de milliers de consommateurs…

Payés au lance-pierre, ces nouveaux domestiques 2.0 enchaînent les heures et sont soumis à des cadences très soutenues : ne pas arriver dans les délais affichés par la plateforme les expose à être sévèrement notés par le client sur l'application. Dans son livre[2], Jules Salé décrit bien la pression des délais à laquelle sont exposés les livreurs de Deliveroo ou de Frichti qui, s'ils livrent les menus commandés en retard, sont pénalisés financièrement et se voient attribuer ultérieurement par l'algorithme des créneaux de travail (les « *shifts* ») moins porteurs. Cette « dictature de l'urgence », pour reprendre l'expression de Gilles Finchelstein, et le respect inconditionnel des délais ou des plannings de plus en plus serrés s'imposent ainsi comme une implacable loi d'airain aux chauffeurs-livreurs et aux chauffeurs de poids lourds (qui ont en permanence l'œil rivé sur leur chronotachygraphe[3] et leur navigateur de route embarqué).

C'est que les repas ne sont pas les seuls produits à être livrés à domicile. Surfant sur une tendance en plein essor (et que la crise du Covid-19 a singulièrement renforcée), les enseignes de la grande distribution développent à leur tour la livraison à domicile. Leclerc et Carrefour se

1. Près de 200 agglomérations sont couvertes par ces deux plateformes.
2. Jules Salé, *L'Exploitation à la cool. Dans l'enfer de la livraison à vélo*, Paris, Stock, 2020.
3. Le chronotachygraphe est un appareil électronique enregistreur de vitesse, de temps de conduite et d'activités (conduite, travail, disponibilité et repos) installé dans chaque véhicule de transport routier.

sont lancés en 2018, et ils ont recruté une importante flotte de livreurs pour capter cette clientèle exigeante. Monoprix n'a pas été en reste avec la construction, à Fleury-Mérogis, d'un gigantesque entrepôt automatisé dans lequel un millier de salariés préparent les commandes des clients. Une noria de camionnettes assurent ensuite la livraison dans toute l'Île-de-France de 100 000 commandes par semaine[1].

Dans les années 2010-2016, la grande distribution avait massivement déployé le *drive*[2], système qui permet au client de passer commande sur Internet et de venir ensuite récupérer ses courses, un employé s'étant entre-temps chargé de remplir le chariot à sa place. Avec le déploiement du service de livraison à domicile, le secteur de la grande distribution opère un pas supplémentaire dans l'avènement de la société *orientée client*. Avec, comme corollaire, le renforcement de la culture du consommateur-roi au sein de la population[3] et le développement de toute une classe de travailleurs (salariés de ces grandes enseignes, sous-traitants ou auto-entrepreneurs payés à la tâche) attachés à répondre à ces nouveaux besoins de livraison à domicile.

Si l'essor du secteur de la logistique se lit au nombre sans cesse croissant de poids lourds circulant sur les axes routiers, la montée en puissance de la livraison à domicile – et de ce que les experts appellent la livraison du dernier kilomètre – se manifeste dans nos villes par l'explosion de la flotte de camionnettes et de fourgons. Au cours de la dernière décennie, le marché des véhicules utilitaires légers (VUL) a ainsi connu une croissance très soutenue avec près de 480 000 Trafic, Kangoo, Boxer ou autres Master et Jumpy écoulés en 2019, contre seulement 380 000 en 2009[4]. Floquées aux couleurs de leur entreprise

1. Cf. Philippe Bertrand, « Monoprix : dans les secrets de la machine à livrer Ocado », *Les Échos*, 5 octobre 2020.

2. Avec plus de 4 000 espaces *drive* créés, soit dans les grandes surfaces existantes, soit *ex nihilo*. Cf. « État des lieux du Drive français en six points clés », *LSA*, 26 mai 2016.

3. Tous les compartiments de la société sont concernés par cette tendance de fond. Les enseignants constatent ainsi que de nombreux parents se comportent en clients ou en consommateurs, et considèrent les professeurs et les instituteurs comme des « prestataires ». Dans sa monographie consacrée aux soldats du feu, Romain Pudal souligne également que les pompiers sont de plus en plus souvent confrontés à des personnes qui confondent « service public » et « domesticité publique », et traitent les pompiers comme des « larbins » auxquels on peut faire appel pour tout et n'importe quoi. Cf. Romain Pudal, *Retour de flammes. Les pompiers, des héros fatigués*, Paris, La Découverte, 2020.

4. Cf. Jean-Michel Gradt, « 2019, l'année de tous les records pour les véhicules utilitaires », *Les Échos*, 16 janvier 2020.

ou souvent de couleur blanche (comme pour renforcer l'invisibilité et l'anonymat de cette armée de sous-traitants ou d'auto-entrepreneurs mobilisés pour satisfaire le client), les camionnettes de livraison représentent aujourd'hui une part significative du trafic routier en milieu urbain.

Cette noria permanente de véhicules, scooters et vélos de livraison matérialise le fait que la relation client/prestataire est désormais au cœur de notre société. Dans ce contexte, les relations entre les différents groupes sociaux se lisent désormais, comme le souligne Denis Maillard, à l'aune de la question : « Qui vient servir qui ? »[1]. Les travailleurs appartenant à la classe ancillaire ont clairement conscience d'occuper une position de servants et d'exécutants. Le paiement à la tâche, le respect impératif des délais, la rude concurrence entre pairs pour décrocher ou conserver le job, mais aussi le système de notation généralisé viennent leur rappeler quotidiennement leur sujétion au client-roi. Pour autant, dans un univers très diversifié en termes de métiers, extrêmement parcellisé et *de facto* très peu visible et très peu reconnu dans la société, aucune conscience de classe n'émerge dans cette partie importante des milieux populaires autour du sentiment d'avoir une identité et des intérêts communs à défendre. Le taux de syndicalisation est très faible dans ce secteur, et les actions revendicatives très rares et sporadiques. Jules Salé raconte, par exemple, comment un mouvement de livreurs de repas à domicile, protestant contre la baisse de leur rémunération, n'est resté qu'à l'état embryonnaire du fait de l'atomisation de cette population, et s'est rapidement éteint.

Souvent qualifiés d'invisibles parce qu'ils travaillent en horaires décalés, dans l'ombre ou dans une position subalterne, les travailleurs des services peu qualifiés sont peu présents au cœur des grandes agglomérations embourgeoisées. On retrouve en revanche leur trace dans les immeubles et les lotissements de banlieue et de périphérie, où leur présence se devine au nombre de véhicules floqués de l'entreprise garés à proximité : utilitaires d'artisans du bâtiment, de traiteurs ou d'esthéticiennes, berlines de chauffeurs VTC, ambulances ou véhicules de transport funéraire.

1. Denis Maillard, *Dans le Back office de la société. À la rencontre des travailleurs invisibles*, La Tour-d'Aigues, Éditions de l'Aube, 2021.

3. Les aides-soignantes : bras invisibles du secteur hospitalier et des Ehpad

Cet essor des services à la personne devrait se poursuivre dans les prochaines années sous l'effet non seulement de la croissance des activités liées à la livraison à domicile, mais aussi et surtout de l'aide et du soin à domicile. D'après la Dares[1], le métier d'aide à domicile devrait ainsi voir ses effectifs croître de 160 000 personnes (hors remplacement des départs à la retraite) dans les prochaines années, cette profession se classant en tête des secteurs les plus créateurs d'emplois. Ce développement très soutenu s'explique à la fois par le vieillissement de la population, mais aussi par la volonté de privilégier l'hospitalisation à domicile (HAD) le plus longtemps possible pour les personnes âgées et handicapées.

L'aide-soignante ou l'infirmière subalterne

Les créations de postes seront également très soutenues du côté des aides-soignantes, avec près de 100 000 emplois nouveaux attendus dans les prochaines années, venant s'ajouter aux 340 000 existant déjà. Cette dynamique classe cette profession en seconde position des filières qui devraient le plus recruter selon la Dares.

Travaillant en milieu hospitalier, en Ehpad ou à domicile, les aides-soignantes (profession féminine à plus de 90 %) exercent un métier assez proche de celui des aides à domicile. Des passerelles existent d'ailleurs entre les deux professions, qui appartiennent à ce que d'aucuns appellent les métiers du *care*, et qui recrutent dans les mêmes milieux sociaux. Ingrid Levavasseur, une des figures des Gilets jaunes, exerce ainsi le métier d'aide-soignante quand sa mère et l'une de ses tantes sont aide à domicile et assistante de vie. La profession d'aide-soignante attire principalement du côté des milieux populaires : deux tiers des jeunes qui suivent la formation d'aide-soignante ont en effet des parents ouvriers ou employés. Cette profession et celle d'agent de service hospitalier[2]

1. Cf. Dares, « Les métiers en 2022 ».
2. Les ASH, au nombre d'une centaine de milliers, occupent les postes d'entretien et de services dans les établissements de soins.

constituent, avec les métiers de la classe ancillaire, l'un des visages des milieux populaires de la France d'après.

Comme les métiers des services à la personne, ces emplois sont peu rémunérés (autour du Smic) bien qu'éprouvant physiquement et psychologiquement, comme en attestent ces mots d'Ingrid Levavasseur décrivant sa reprise d'activité d'aide-soignante à l'issue du mouvement des Gilets jaunes :

> « J'ai remis cette tenue humiliante, ce pyjama en papier tellement fin qu'il craque régulièrement quand vous bougez et vous laisse les fesses à l'air, alors que vous êtes au beau milieu d'un soin. J'ai travaillé mes 11,5 heures, dont une heure de pause pour 97 euros nets. J'ai nettoyé les corps et les lits souillés. Je suis rentrée chez moi le soir, épuisée, le dos vrillé[1]. »

À l'instar des métiers de la classe ancillaire, la profession d'aide-soignante se caractérise par une position subalterne par nature d'abord, mais aussi du fait que, dans un univers aussi hiérarchisé que le monde hospitalier et celui des établissements de soins, elle se situe symboliquement et matériellement en bas de l'échelle. La sociologue Anne-Marie Arborio a rapporté que le corps des aides-soignantes avait été créé pour donner un statut au personnel soignant ne disposant pas du diplôme d'infirmière mais intervenant néanmoins sur les malades. Ce statut avait donc été pensé initialement comme un grade de sous-infirmière, auquel on a progressivement dévolu toute une série de tâches que les infirmières ne voulaient plus accomplir. Anne-Marie Arborio écrit :

> « Ce qui est finalement commun à l'ensemble des tâches de l'aide-soignante, n'est-ce pas d'avoir été déléguées par les infirmières, à la fois dans l'histoire de la construction du métier d'aide-soignante et dans ses règles actuelles de fonctionnement[2] ? »

---

1. Ingrid Levavasseur (en collaboration avec Emmanuelle Anizon), *Rester digne*, *op. cit.*, p. 224.
2. Cf. Anne-Marie Arborio, « Quand le “sale boulot” fait le métier. Les aides-soignantes dans le monde professionnalisé de l'hôpital », *Sciences sociales et santé*, vol. 13, n° 3, 1995, p. 92.

Dans le milieu des établissements de soins (hôpital et Ehpad), comme dans tout univers professionnel, il existe une hiérarchie des tâches allant des plus considérées et des plus prestigieuses aux plus dévalorisées. Dans le milieu hospitalier, les tâches qui sont les moins considérées sont celles qui mettent le personnel en contact avec les déchets et avec toutes les sécrétions et déjections du corps. Faire la toilette des malades ou des personnes âgées, vider leur bassin et changer les draps souillés font partie du quotidien des aides-soignantes à qui les infirmières ont délégué ce qu'Anne-Marie Arborio, reprenant une formule d'Everett Hugues, appelle le « sale boulot » (*dirty work*).

Si le statut d'aide-soignante apparaît souvent comme un horizon de promotion interne pour les salariés exerçant la fonction d'ASH, il est très rare que des aides-soignantes puissent devenir infirmières, titre nécessitant l'obtention d'un diplôme. Le statut d'aide-soignante, écrit Anne-Marie Arborio, apparaît ainsi « davantage comme le sommet de la hiérarchie du personnel de service que comme le premier barreau de la hiérarchie des personnels soignants ». Hormis la nature des tâches dévolues, cette subalternité est notamment matérialisée par la couleur des tenues portées, qui s'apparente davantage à celle des ASH qu'à celle des infirmières. Plus significatif encore, le métier d'aide-soignante a très longtemps été classé en catégorie C dans la nomenclature de la fonction publique, au même titre que les agents de service hospitalier, alors que les postes d'infirmières relèvent désormais des catégories A. Les aides-soignantes n'arracheront leur passage en catégorie B que dans les circonstances exceptionnelles créées par l'épidémie de Covid-19, ce changement statutaire faisant partie des mesures prises lors du Ségur de la santé.

Les prolétaires de la silver economy[1]

La profession d'aide-soignante est donc appelée à beaucoup recruter dans les prochaines années. Mais les effectifs devraient croître modérément à l'hôpital (compte tenu des contraintes financières pesant sur le budget de l'hôpital public), la dynamique provenant principalement des Ehpad.

1. Notion renvoyant à l'ensemble des activités et secteurs économiques accompagnant le vieillissement de la population.

La part des personnes âgées de 65 ans et plus a augmenté de moitié en l'espace de trois décennies, passant de 13 % de la population en 1990 à 20 % en 2020. Sous l'effet de ce vieillissement de la population, combiné à l'évolution des modes de vie et des structures familiales qui rendent de moins en moins fréquente la prise en charge des personnes dépendantes par les familles, le secteur des maisons de retraite s'est considérablement développé durant cette période, et le nombre d'Ehpad a augmenté de manière spectaculaire. Au même titre que la grande surface, la maison de retraite fait désormais partie du décorum de la moindre petite ville ou du gros bourg de la France d'après, ces deux structures étant souvent les principaux employeurs locaux.

Évolution du nombre d'Ehpad en France

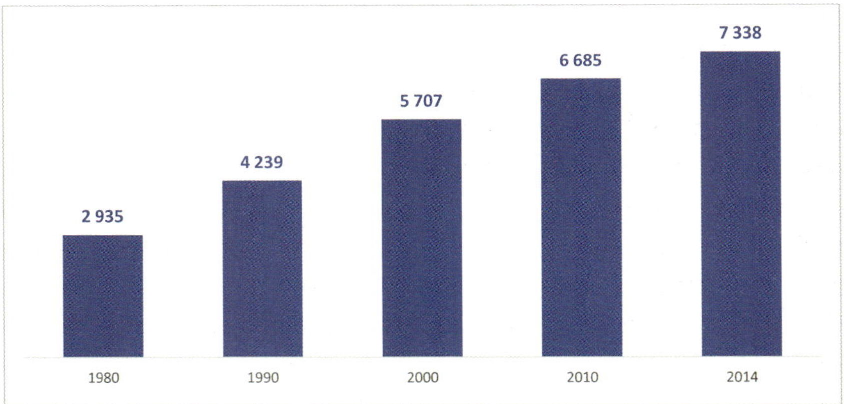

(Source : *Revue française de gériatrie*.)

Comme le montre le graphique ci-dessus, le nombre d'Ehpad est passé de 2 935 en 1980 à 4 239 dix ans plus tard, avant d'atteindre 7 338 en 2014, soit une multiplication par 2,5 en une trentaine d'années. Mais si cette augmentation concerne tous les types d'établissements, ce sont les structures privées à but lucratif qui ont connu la plus puissante dynamique. Alors qu'elles ne représentaient que 14 % des Ehpad avant 1990, leur part est désormais de 38 %[1]. Ce marché, qui a

1. Cf. Lucas Morin, « Les établissements d'hébergement pour personnes âgées dépendantes en France métropolitaine en 2014 », *La Revue de gériatrie*, t. 40, n° 9, novembre 2015.

connu des phénomènes de concentration et fait l'objet d'investissements très importants, a vu émerger des acteurs très puissants. Le leader, Korian, regroupe 294 établissements en France et y emploie près de 25 000 personnes ; son rival, Orpéa, aligne 222 établissements, dont le fonctionnement est assuré par 15 000 salariés. On peut également citer Domus Vi (180 établissements et 12 000 salariés), le groupe Colisée (92 Ehpad et 6 700 salariés) ou encore Domidep (90 établissements et 4 500 employés). Il est intéressant de relever que ces groupes sont nés pour l'essentiel au cours des années 1980, période décidément charnière, et qu'ils ont connu ensuite un fort développement porté par un marché en pleine croissance[1].

Compte tenu de la pyramide des âges de la population française, l'augmentation mécanique et annoncée du nombre de personnes âgées dépendantes constitue une tendance de fond. Le secteur économique des Ehpad bénéficie donc de perspectives très porteuses. Cet essor se traduira bien sûr par une hausse substantielle du nombre d'aides-soignantes, dans la mesure où cette catégorie représente une part très importante des salariés travaillant dans les maisons de retraite. Aujourd'hui, 42 % des employés des Ehpad sont des aides-soignantes, les ASH constituant un autre contingent fourni (31 %), loin devant les infirmières (10 %) et le personnel administratif et d'encadrement (17 %). Ainsi, que ce soit dans les Ehpad ou dans la filière de l'hospitalisation à domicile, le vieillissement de la population va se traduire dans les prochaines années par la multiplication des métiers du *care*, qui constituent le prolétariat de la *silver economy*.

4. Nettoyage et gardiennage, ou l'extension du domaine de l'externalisation

Le ménage : un métier d'avenir

La sortie du livre de Florence Aubenas, *Le Quai de Ouistreham*, a attiré un temps la lumière médiatique et l'attention du public sur les

1. Domus Vi a ainsi été créé en 1983, suivi en 1988 par Colisée, et en 1989 par Orpéa et Domidep. Korian a été créé, quant à lui, en 2003, mais sa naissance a résulté du rapprochement de deux groupes préexistants, Serience et Finagest.

salariées des entreprises de nettoyage et de la propreté. Cette catégorie de la population est depuis retournée à son anonymat et à son invisibilité sociale, alors même qu'elle pèse d'un poids croissant dans le paysage social contemporain. Onet Propreté et Services, leader du secteur de la propreté, emploie ainsi 50 000 personnes en France. Pour prendre la mesure de l'importance acquise par ces activités et ce secteur dans notre société, on rappellera que cette entreprise compte désormais davantage de salariés en France que Renault, qui n'emploie plus que 48 000 personnes dans l'Hexagone[1]. Au total, cette filière représente près de 540 000 emplois, dont 100 000 créés depuis dix ans[2], illustration de la puissante dynamique que connaît ce marché.

Chaque jour, alors que leurs homologues des services à la personne s'activent chez des particuliers, ces centaines de milliers de salariés nettoient les bureaux, les commerces, les entrepôts et les usines, les bâtiments publics ou les parties communes des immeubles. Si quelques grands groupes ont émergé (Onet, Samsic, Atalian, Elior Services, etc.), ce secteur est fortement atomisé avec pas moins de 13 000 entreprises employant au moins un salarié. 90 % des effectifs sont des agents de services, et le recrutement est très majoritairement féminin. Si le CDI est la règle, le travail est très fragmenté et parcellisé, comme l'a bien montré Florence Aubenas, avec beaucoup de temps partiels subis. Près d'un salarié sur deux de ce secteur travaille moins de 24 heures par semaine, et 46 % d'entre eux ont plusieurs employeurs, pour tenter de corriger au mieux la faiblesse de leur rémunération. Les spécificités du secteur imposent par ailleurs à près d'un agent de propreté sur deux de travailler en horaires décalés ou fragmentés, afin de tenir compte des heures d'ouverture et de la fréquentation des lieux qu'ils nettoient. Intervenant le matin très tôt ou le soir, quand les clients ou les salariés des sites ne sont pas là, ces employées de la propreté sont invisibles. Le fait que ces tâches aient été confiées à des entreprises extérieures introduit, de surcroît, une barrière statutaire entre les salariés des sites

1. Signe parmi d'autres du basculement d'une économie industrielle à une économie de services, on notera qu'Onet a été, lors de certaines saisons de football, le sponsor du FC Sochaux, club qui avait pour sponsor historique Peugeot. Autre symbole de la montée en puissance de l'univers des services et de ces nouvelles activités, Uber Eats est devenu, en 2020, le sponsor officiel de la ligue 1 de football.

2. Cf. « Propreté et Services Associés. Chiffres clés 2020 et actions prioritaires », Rapport annuel édité par *Le Monde de la propreté*.

et ces sous-traitants avec qui ils n'ont pas ou peu de contacts, et qui ne sont pas intégrés comme jadis dans leur collectif de travail. La furtivité de ces métiers est encore renforcée par le fait que ces femmes de ménage travaillent souvent seules ou en petites équipes, s'affairant discrètement. À l'instar des salariés de la logistique ou des livreurs, les employées de la propreté constituent un maillon essentiel d'un très vaste *back office*, qui, telle la machinerie d'un théâtre dissimulée derrière un rideau ou un décor, joue un rôle essentiel dans l'économie contemporaine, sans que le public en ait conscience.

Vigiles et agents de sécurité : autres figures masculines des nouvelles classes populaires

À côté du secteur de la propreté, les métiers de la sécurité privée font également partie de l'univers des activités de plus en plus fréquemment sous-traitées par les entreprises et les collectivités publiques. Si le contexte de la menace terroriste persistante et l'accroissement de la délinquance ont favorisé le développement du marché de la sécurité privée, l'essor et la structuration de ce secteur au cours des vingt ou trente dernières années s'inscrivent dans un processus plus global qui a conduit les entreprises (et les opérateurs publics) à externaliser massivement un certain nombre d'activités à faible valeur ajoutée. C'est vrai de la propreté et de l'entretien ou du transport, comme on l'a vu, c'est également le cas de la sécurité. Ce puissant mouvement a donné naissance à toute une économie de la sous-traitance organisée autour de différents métiers présentant des caractéristiques communes.

L'univers de la sécurité privée est ainsi, comme les secteurs connexes, un marché très émietté, de très nombreuses petites entreprises se livrant une concurrence féroce. On compte néanmoins, comme dans les autres champs professionnels, quelques entreprises leaders comme Securitas France, Main Sécurité ou bien encore Prosegur, chacune d'elles employant plusieurs milliers de salariés. Mais la grande majorité des entreprises ne salarient que quelques personnes. Compte tenu de la faible valeur ajoutée de ces activités, la pente naturelle est à la baisse des coûts pour emporter les contrats et les appels d'offres, voire à la sous-traitance en cascade. Dans l'univers de la sécurité privée, les salaires sont bas (la moitié des employés sont payés au Smic) et les perspectives d'évolution très limitées. Parmi les 175 000 salariés que compte ce secteur, il n'y a ainsi que 2 % de cadres, l'essentiel du personnel correspondant à des postes d'agents de sécurité, de vigiles ou de maîtres-chiens. Le gardiennage, activité dégageant la plus faible valeur ajoutée, représente en effet la majeure partie du marché, loin devant le transport de fonds ou la sécurité des sites aéroportuaires ou sensibles, où les marges et l'expertise professionnelle sont plus élevées.

À noter qu'alors que l'univers de la propreté et les métiers du *care* sont très majoritairement fémininisés, la sécurité privée comme le transport routier ou la livraison à domicile emploient plus de 90 % d'hommes. Au sein de la nouvelle constellation populaire, les activités sont très sexuées, chaque secteur recrutant et offrant des débouchés à l'une ou l'autre composante de cette population.

5. La crise des Gilets jaunes : le soulèvement des « classes subalternes »

Bref retour à Gramsci

Les différents groupes sociaux constituant la nouvelle constellation populaire correspondent assez bien à ce qu'Antonio Gramsci appelait les « classes (ou groupes) subalternes ». Dans la pensée complexe du théoricien italien, le concept de « classes subalternes » est plus riche que la traditionnelle notion marxiste de « prolétariat », dans la mesure où Gramsci associe une dimension culturelle et idéologique à la classique domination économique. Si la définition des « classes subalternes » a varié d'un écrit à l'autre de Gramsci, cet univers renvoie à des groupes sociaux divisés, multiples et désagrégés. Leur absence d'unité et de conscience de classe (comme celle qui fut le propre du prolétariat industriel) constitue pour le penseur italien un handicap majeur sur le chemin de leur émancipation. S'appuyant sur des exemples puisés dans l'histoire sociale italienne, Gramsci soulignait le caractère spontané et désorganisé des révoltes de ces classes subalternes qui, de ce fait, viraient systématiquement à la jacquerie sans lendemain et n'ouvraient jamais sur un processus révolutionnaire. Aux antipodes de la classe ouvrière organisée et « conscientisée » par le Parti communiste et la CGT, le prolétariat de la logistique et des services de la France d'après fait irrésistiblement penser aux paysans du Mezzogiorno du début du xxe siècle, tels qu'Antonio Gramsci les décrit : « Les paysans méridionaux sont en perpétuelle fermentation, mais en tant que masse, ils sont incapables de donner une expression centralisée à leurs aspirations et à leurs besoins[1]. » Dans le contexte de la France contemporaine, la crise des Gilets jaunes peut se lire comme une révolte de ces nouvelles classes subalternes, les groupes sociaux que nous venons de décrire ayant occupé une position de pointe dans ce mouvement brouillon et spontané, mais néanmoins très déterminé.

Salariés de la logistique, de la grande distribution et des services à la personne en pointe dans le mouvement des Gilets jaunes

Tout au long de la mobilisation en plusieurs actes entamée à la mi-novembre 2018, la figure du cariste a émergé avec une grande régularité, tant dans les reportages réalisés sur les ronds-points occupés qu'à l'occasion des manifestations successives et des actes de violence qui ont ponctué ces semaines d'agitation. La profession des Gilets jaunes interpellés par les forces de l'ordre lors des différents débordements peut nous servir d'indice de cette présence. On compte ainsi trois caristes parmi la vingtaine d'individus jugés en comparution immédiate au tribunal de Paris le 10 décembre 2018 pour des violences commises lors de la manifestation du 1er décembre, mais aussi des représentants d'autres professions ouvrières, comme désosseur, carrossier-peintre ou ouvrier viticole[2]. Autres caristes interpellés pour des actes commis lors des manifestations, Christophe, un Gilet jaune lillois de trente-trois ans auquel *La Voix du Nord* a consacré un portrait[3], ou encore Cédric, quarante-cinq ans, jugé, lui, à Montpellier[4].

1. Antonio Gramsci, *Cahier de prison* n° 25, Paris, Gallimard, 1992.
2. On relèvera que ces catégories d'ouvriers ne se rattachent pas à l'univers de la grande industrie.
3. Patrick Seghi, « Lille : Christophe, gilet jaune : "Bien que pacifique, je sais que la violence engendre la violence" », *La Voix du Nord*, 18 janvier 2019.
4. Jean-Marc Aubert, « Procès à Montpellier : un gilet jaune en prison pour six mois », *Métropolitain*, 7 janvier 2019.

C'est encore le métier de cariste qu'exerce l'un des huit premiers colistiers de la liste présentée par Ingrid Levavasseur aux élections européennes de 2019[1]. De manière tout aussi emblématique, cariste c'est encore le métier du jeune Arnaud, Gilet jaune, qui forme avec Jessica un couple avec quatre enfants résidant à Sens (Yonne) en HLM, et dont la description du mode de vie publiée dans les pages du *Monde*[2] déclencha une avalanche de commentaires désapprobateurs et condescendants de la part de certains lecteurs du quotidien. Au point qu'un deuxième article sera consacré à la signification sociale de ces réactions dans le même journal.

Notons enfin que le chariot élévateur[3], étroitement associé à la palette (unité de base de la logistique qui permet d'entreposer et de soulever les chargements), aura occupé une place de choix dans le folklore « Gilets jaunes ». Véritable couteau suisse de la mobilisation, les palettes ont notamment été utilisées comme barrage ou combustible, mais aussi comme matériau de construction des cabanes érigées sur les gros ronds-points.

Les métiers de la logistique forment un continuum avec ceux du transport et de la distribution. C'est donc sans surprise que des profils proches de celui du cariste, le chauffeur routier et le chauffeur-livreur, ont été tout autant représentés parmi les Gilets jaunes. C'est de l'habitacle de son camion qu'Éric Drouet, l'un des principaux leaders du mouvement et l'organisateur du premier blocage du 17 novembre, répondait dans ses *live* à ses abonnés Facebook. C'est aussi de son camion, alors qu'il était bloqué à un rond-point de Castres, que Kopp Johnson, chauffeur-livreur de vingt-cinq ans, a écrit en quelques minutes sa chanson « Gilet jaune », devenue l'hymne du mouvement. On notera au passage que le gilet jaune est porté, comme vêtement de travail, par

1. Esther Paolini, « Qui sont les premiers candidats sur la liste des gilets jaunes pour les Européennes ? », BFM TV, 24 janvier 2019.

2. Faustine Vincent, « "Gilets jaunes" : Arnaud et Jessica, la vie à l'euro près », *Le Monde*, 15 décembre 2018.

3. On rappellera que c'est avec un chariot élévateur qu'un groupe d'émeutiers défoncera la porte du ministère du porte-parole du gouvernement, Benjamin Griveaux, lors de l'acte VIII des Gilets jaunes, le 5 janvier 2019. Le recours à ce type d'engin pour commettre ce « fait d'armes » n'est pas passé inaperçu, suscitant quelques remarques sarcastiques ou clins d'œil réservés aux initiés, comme ce tag « génération Fenwick », aperçu dans un reportage sur l'une des manifestations bordelaises – référence ironique des black blocs, à une marque de constructeur de chariots élévateurs bien connue.

toute une partie de ces Français qui travaillent dans les transports ou la logistique (mais aussi dans les travaux publics ou l'entretien[1]). Comme si le gilet jaune avait remplacé le bleu de travail, symbole historique de la classe et du mouvement ouvriers.

Mais les professionnels de la logistique n'ont pas été les seuls, tant s'en faut, à se reconnaître dans les Gilets jaunes, qui ont été soutenus plus globalement par nombre de métiers composant la constellation populaire de la France d'après.

Au plus fort de la mobilisation de novembre 2018 à janvier 2019, nous avons « aspiré » les informations relatives aux membres de groupes Facebook de Gilets jaunes implantés dans quelques communes ayant été le théâtre de barrages filtrants de ronds-points. Nous nous sommes ensuite penchés sur le profil des 3 300 membres du groupe Facebook d'une ville moyenne du sud de la France, située à l'intérieur des terres, à 80 kilomètres de la métropole la plus proche, que nous ne situerons pas plus précisément pour respecter l'anonymat des participants. Un peu moins de 900 membres du groupe avaient renseigné leur métier ainsi que l'entreprise ou l'institution dans laquelle ils l'exerçaient, comme le prévoit l'interface Facebook. Grâce à ces données, nous avons pu constater à quel point les métiers de la logistique, de la grande distribution et du *care* étaient, dans cet ordre, les plus représentés. Ces métiers incluaient notamment :

– Dans le secteur de la logistique et de la vente : chauffeur de poids lourd, chauffeur-livreur, agent logistique, vendeur-magasinier, cariste, préparatrice de commandes, téléconseillère, chargé d'accueil.

– Dans le secteur des métiers du soin et des services à la personne : animatrice en centre de loisirs, auxiliaire de vie, aide-soignante, infirmière en Ehpad, esthéticienne, coiffeuse, secrétaire médicale, ambulancier, conseiller funéraire, prothésiste ongulaire, préparatrice en pharmacie, thérapeute énergétique traditionnelle chinoise, nutritionniste.

1. Ghislain Coutard, le technicien de maintenance de l'Aude qui a posté la vidéo appelant à mettre le gilet jaune en évidence sur le tableau de bord des voitures (vidéo qui sera vue plusieurs millions de fois), expliquait ainsi à France 3 : « Quand je lance ma vidéo, je vois mon gilet jaune que j'utilise pour le travail : selon les sites où je vais, je suis obligé de mettre mon gilet jaune. À chaque fois que je finis mon travail, je l'enlève et je le jette sur le tableau de bord. Et là spontanément, pendant la vidéo, je me suis dit : "C'est quelque chose que l'on voit bien de loin, ça pourrait être le code couleur de ce mouvement de manifestation." »

Quant aux entreprises et aux institutions d'exercice de ces métiers, la liste mettait en avant :

– Des enseignes de la grande distribution, de l'hôtellerie et de la restauration : Intermarché, Leclerc, Auchan, Aldi, Lidl, Carrefour Market, Biocoop, Bricomarché, Darty, Conforama, Weldom, Monceau Fleurs, Camaïeu, Burger King, Flunch, McDonald's, Marie Blachère, Kyriad, Feu Vert ;

– Des PME locales du secteur de la logistique, des concessionnaires automobiles et des PME du secteur du bâtiment ;

– Des institutions scolaires, médicales et des collectivités locales : crèche, collège, lycée, mairie, conseil départemental, centre hospitalier, Ehpad, hôpital psychiatrique, mission locale, centre communal d'action sociale (CCAS).

Reflet fidèle de l'économie de ces territoires périphériques, cette énumération confirme bien que les Français qui se sont identifiés aux Gilets jaunes relevaient de la nouvelle constellation populaire, dans le public comme dans le privé. Ce sont bien les métiers d'employés et d'ouvriers qui dominent : très peu de cadres, de médecins, d'enseignants, d'agents de maîtrise ou de professions plus diplômées figurent sur cette liste. En dépit de la diversité des activités exercées, une des caractéristiques communes aux catégories populaires de la France d'après réside en effet dans leur qualification, la plupart du temps inférieure au bac ou de niveau bac. Si le niveau de salaire constitue toujours l'un des critères majeurs autour desquels s'opère la hiérarchisation sociale, le niveau de diplôme a acquis, lui aussi, une importance décisive en la matière. C'est notamment le cas pour ce qui est de la délimitation de la frontière entre la constellation populaire et la constellation centrale, univers que nous allons explorer maintenant, non sans avoir évoqué la situation des pauvres et des exclus, catégorie rattachée faute de mieux à la constellation populaire, quand bien même ils constituent une galaxie périphérique de celle-ci, comme l'aurait sans doute dit Henri Mendras.

6. À la marge de la constellation populaire : nouveaux pauvres et « cassos »

1984-2000 : l'extension du système d'aides sociales en faveur des « nouveaux pauvres » et des précaires

Si ces populations ont toujours existé, elles ont acquis une visibilité croissante au cours des dernières décennies – tant dans le paysage sociologique que dans les représentations collectives. Cela s'explique, en premier lieu, par la forte augmentation de cette population. C'est ainsi que la catégorie des chômeurs de longue durée comporte aujourd'hui près de 3 millions de personnes, alors que le pays n'en comptait que 1 170 000 en 1997 et 382 000 en 1982… Sous l'effet notamment de la désindustrialisation mais aussi de la disparition de postes n'exigeant aucune qualification, le nombre de personnes durablement privées d'emploi a ainsi été pratiquement multiplié par huit durant la Grande Métamorphose.

Face à ce phénomène préoccupant, les gouvernements successifs ont dû mettre en place des politiques publiques spécifiques afin d'accompagner les populations concernées et pour tenir compte de cette situation nouvelle. En 1984, l'Allocation de solidarité spécifique (ASS) fut créée pour venir en aide aux personnes ayant épuisé leur droit à des indemnités chômage. Quatre ans plus tard, le gouvernement Rocard mettait sur pied le Revenu minimum d'insertion (RMI), qui constituera un second pilier de l'extension du système de protection sociale en direction des précaires, population en augmentation constante. Les associations et la société civile se sont également mobilisées pour tenter d'apporter des réponses au développement de la précarité dans toute une partie de la population. Coluche lança ainsi « Les Restos du Cœur » en 1985 et une kyrielle d'associations et de collectifs comme le DAL (Droit au logement), le MNCP (Mouvement national des chômeurs et précaires) ou encore AC ! virent le jour au début des années 1990 pour sensibiliser l'opinion et le gouvernement à ces nouvelles réalités. Le DAL occupa, par exemple, un immeuble de la rue du Dragon à Paris en 1994, action qui fut très médiatisée. Sous la pression de ces associations et du nombre croissant de personnes économiquement fragilisées, les pouvoirs publics complétèrent le dispositif d'aide sociale en instaurant en 1998 une prime de Noël versée aux bénéficiaires des minima sociaux et en créant la Couverture maladie universelle (CMU) en 1999 – avec son pendant pour les étrangers en situation irrégulière : l'Aide médicale d'État (AME), en 2000.

1984-2000 :
Chronologie parcellaire de l'entrée dans l'ère du chômage de masse

1984	Création de l'ASS
1985	Lancement des Restos du Cœur
1988	Instauration du RMI
1990	Création de l'association DAL
1991	Instauration de la CSG
1992	Création du mouvement MNCP
1993	Création du collectif AC !
1994	Le DAL occupe un immeuble de la rue du Dragon
1998	Instauration de la prime de Noël pour les précaires
1999	Création de la CMU
2000	Mise en place de l'AME

L'émergence de la figure repoussoir du « cassos »

En l'espace de quinze ans, de 1984 à 2000, la France a ainsi pris acte du fait qu'elle était entrée dans l'ère du chômage de masse. Mais si ces différents dispositifs ont eu des effets positifs, ils ont également contribué à installer l'idée que nous vivions dans une société duale. Le sociologue Nicolas Duvoux écrit à ce propos : « Limitant ou réservant l'accès de certaines prestations à des catégories particulières, le ciblage peut produire une fracture entre les bénéficiaires des prestations et ceux qui les financent[1]. » C'est précisément ce qui s'est passé, car pour financer l'extension de l'État social et le développement des aides aux plus précaires, les pouvoirs publics ont été conduits à accroître les prélèvements obligatoires. La Contribution sociale généralisée (CSG)

1. Cf. Nicolas Duvoux, « Comment l'assistance chasse l'État social », *Idées économiques et sociales*, 2013/1, n° 171, pp. 10-17.

verra ainsi le jour en 1991. S'appliquant à tous les types de revenus, son taux augmentera rapidement, passant de 1,1 % en 1991 à 7,5 % en 1998, puis à 8,2 % en 2005. La Contribution au remboursement de la dette sociale (CRDS), qui a elle aussi vocation à financer les dépenses sociales, sera instaurée en 1996, son taux de 0,5 % venant s'ajouter à celui de la CSG.

Cette augmentation des prélèvements obligatoires, associée à la hausse de taxes sur des produits de consommation courante comme le tabac (le prix du paquet de cigarettes passera de l'équivalent de 1,5 € en 1990 à 5 € en 2005) va peu à peu alimenter le ressentiment des contribuables les moins riches et la stigmatisation des précaires. C'est de ces années que date l'émergence de ce qu'Olivier Schwartz a appelé « la tripartition de la conscience sociale des catégories populaires ». Dans ces milieux, la vision de la société s'organise non plus autour de la seule opposition traditionnelle entre « nous » et « eux » (ce « eux » renvoyant aux classes sociales dominantes), mais autour d'un triptyque : « nous/eux/ils » (le « ils » correspondant aux exclus et aux personnes bénéficiant des minima sociaux).

C'est à partir du début des années 2000 que le discours fustigeant l'assistanat monte en puissance et rencontre un écho grandissant dans toute une partie de la société française. Accusés de vivre aux crochets de la société et de se complaire dans l'oisiveté, les bénéficiaires des minima sociaux se voient affublés du nom de « cassos » (pour « cas social »), terme qui va progressivement passer dans le langage commun[1]. À la même époque, le terme « *chav* » (désignant le même public) apparaît en Grande-Bretagne.

Si cette stigmatisation est partagée par différentes catégories de la population, elle prend un tour particulièrement appuyé dans toute une partie des milieux populaires. Pour ces derniers, la dignité et le statut social passent par le fait d'avoir un travail. Dans cette vision du monde, le mérite individuel crée une ligne de démarcation entre ceux qui consentent à faire des efforts[2] et les autres, ceux qui profiteraient des aides sociales généreusement accordées par le gouvernement,

1. On le retrouve sous différentes orthographes : kassoc, Kssoc, cas soc', casoce, etc.
2. Nicolas Sarkozy joua avec force sur ce ressort en se présentant comme le candidat de « la France qui se lève tôt » lors de sa campagne victorieuse de 2007.

comme l'explique sans fard un jeune pompier volontaire interrogé par le sociologue Romain Pudal :

> « Moi, ce que j'ai, j'ai bossé pour l'avoir... Pas tellement à l'école, d'accord, mais bon depuis que j'ai dix-huit ans, j'y vais au taff et c'est du vingt-quatre heures de garde, des week-ends et tout. C'est sûr que quand tu vois ce qu'on leur donne : la sécu, les HLM, la CMU, les allocs et pas d'impôts... et je sais pas trop quoi encore, pourquoi ils se bougeraient ? Enlève tout ça, on verra si les mecs, ils cherchent pas du boulot[1]. »

Ce ressentiment vis-à-vis des « assistés » est alimenté par le fait que bon nombre de ceux qui sont issus des milieux populaires ont le sentiment de beaucoup contribuer à cette protection sociale sans jamais en bénéficier en retour. Mais à cette colère se mêle aussi une inquiétude, comme si la visibilité croissante des « cassos » venait matérialiser la menace de déclassement social qui plane sur les catégories populaires. La perte de son emploi, un divorce ou une séparation, une maladie, et le basculement dans la pauvreté est vite arrivé. Cette peur de la marginalisation, qu'entretient la vue des « cassos », est particulièrement bien exprimée sous la plume de Nicolas Mathieu :

> « Ces vannes sur les cassos étaient monnaie courante et de plus en plus répandues. Elles servaient autant à se marrer qu'à conjurer le mal, cette marée insidieuse qui semblait gagner de proche en proche, depuis le bas. Ces gens-là, qu'on croisait en ville, n'étaient plus seulement du folklore, des paumés, des grosses têtes en goguette. Il se construisait pour eux des logements, des Aldi, des centres de soins, une économie minimale vouée à la gestion du dénuement, à l'extinction d'une espèce. Fantomatiques, on les voyait errer de la CAF à la ZUP, du bistrot au canal, des sacs en plastique au bout des bras, munis d'enfants et de poussettes, les jambes grosses comme des poteaux, des bides anormaux, une trogne pas croyable. [...] Il n'existait pas de statistiques pour témoigner de l'ampleur de cet effondrement, mais les Restos du Cœur annonçaient une activité exponentielle et les services sociaux croulaient[2]. »

1. Romain Pudal, *Retour de flammes. Les pompiers, des héros fatigués*, *op. cit.*
2. Nicolas Mathieu, *Leurs enfants après eux*, *op. cit.*, pp. 321-322.

Dans ce climat, il convient de marquer le plus possible la frontière entre « eux » et « nous ». En zone urbaine, cette volonté de mise à distance des « assistés », qu'ils soient issus ou non de l'immigration, passera par le fait d'éviter les quartiers à fortes proportions de logements sociaux et les écoles scolarisant les enfants de ces quartiers. En milieu rural, les ménages des milieux populaires disposant d'un emploi privilégieront la location ou l'achat d'une maison dans un lotissement à l'extérieur du village, les « cassos » locaux résidant souvent dans des maisons anciennes ou vétustes. Cette volonté de ne pas se mêler aux « assistés » et aux « cassos » se manifestera également au cours du mouvement des Gilets jaunes. Si, comme nous l'avons vu, les milieux populaires ont été très activement représentés sur les ronds-points au début du mouvement, la composition des occupants de ces lieux emblématiques de la contestation a assez rapidement évolué, comme le note Benoît Coquard : « Au fil des semaines, il se trouve que, parmi les plus présents sur les blocages, qui se relaient 24 heures sur 24 et sept jours sur sept, les personnes sans emploi sont surreprésentées, ce qui fera dire que le mouvement "c'est un truc de *cassos*"[1]. » Moins disponibles en semaine, les salariés modestes quitteront alors progressivement les ronds-points le week-end pour ne pas être associés à cette population précaire et stigmatisée. On voit ici qu'une frontière très nette s'est érigée à la base de la société, entre ceux qui travaillent et les autres.

Cette mise à distance est renforcée par le fait que la figure du « cassos » a progressivement été aussi accolée aux populations à problèmes et aux marginaux. Dans *L'Inconnu de la poste*, l'enquête de Florence Aubenas sur le meurtre de Catherine Burgod, postière de Montréal-la-Cluse, la journaliste brosse le portrait d'un trio de marginaux bien représentatifs de cette population désormais présente dans de nombreuses petites localités[2]. Le principal suspect du meurtre, Gérald Thomassin, est un personnage atypique. Repéré par le réalisateur Jacques Doillon lorsqu'il était adolescent, il obtient un César pour son rôle dans *Le Petit Criminel* en 1990. Mais Thomassin est également un « enfant de la Ddass » dont le parcours est jalonné de maltraitances. En 2008, lorsque le meurtre

1. Benoît Coquard, *Ceux qui restent. Faire sa vie dans les campagnes en déclin*, *op. cit.*
2. Florence Aubenas, *L'Inconnu de la poste*, Paris, Éditions de l'Olivier, 2021.

a lieu, il réside dans le centre du village, dans un appartement situé au sous-sol d'une maison dont les locataires ont mauvaise réputation – on la surnomme « la maison des catastrophes ». Il se rend régulièrement à la poste, à l'époque du crime, pour y récupérer son RMI. Le récit d'Aubenas accorde une place importante au quotidien de Thomassin et des deux acolytes zonards avec lesquels il traîne à l'époque des faits. Contrairement à leur compère, ces derniers résident dans le petit quartier d'HLM situé à l'écart du vieux village. Les « Dalton », ainsi que les nomme l'auteure, passent leur temps à boire des bières achetées au Lidl[1], de petits verres de vin ordinaire au comptoir d'un bar-tabac-PMU ou à fumer des joints sur le canapé de l'appartement de Thomassin. Autour de ce premier cercle gravitent un certain nombre de marginaux : un ancien punk, un ancien enseignant au RSA, qui se réunissent dans des espaces publics souvent délaissés par les habitants mieux insérés socialement, comme, par exemple, « un terrain de pétanque derrière Carrefour » : « Les enquêteurs se concentrent sur cette petite faune locale, qui vacille entre Nantua et Montréal, une trentaine d'habitués, parfois un peu plus, parfois un peu moins, selon les époques et les personnages », écrit encore Aubenas, qui précise que « la plupart n'ont pas de passé judiciaire. Ils vivent à la marge, voilà tout. Quelques autres se sont aménagé des petites spécialités – drogue, larcins, extorsion de fonds, qui constituent le courant de la délinquance locale ».

Au fil du temps, un amalgame s'est opéré dans les représentations collectives entre ces marginaux, les « nouveaux pauvres » et les chômeurs de longue durée, populations regroupées sous le terme générique de « cassos », figure repoussoir par excellence campant aux marges de la constellation populaire.

1. À l'instar de ce que nous avons vu dans la partie précédente, la consommation ou l'achat de produits de certaines marques assignent instantanément, dans les représentations collectives, les individus à des milieux sociaux spécifiques. Cela vaut aussi pour les « cassos » et les « marginaux », auxquels la célèbre marque de bière 8.6 (pour 8,6 degrés d'alcool) est très fortement associée. Commercialisée à partir de 1993 dans les épiceries de quartier et les magasins *hard discount* (mais pas en grande surface), la cannette noire de 50 centilitres deviendra très vite la « bière des zonards », des « punks à chien » et des « cassos ». Cf. Sébastien Lernould, « Les grands ratés du marketing : la bière de la rue, l'image qui colle à la peau de la 8.6 », *Le Parisien*, 24 juillet 2019.

CHAPITRE 2

Les transformations de la constellation centrale

1. La France des bac + 2 : le cœur de la classe moyenne

L'une des plus importantes transformations qu'ait connues la société française au cours de la Grande Métamorphose réside dans l'élévation du niveau éducatif. Quand, en 1985, Jean-Pierre Chevènement lança l'objectif des 80 % d'une génération au niveau bac, le taux de bacheliers n'était que de 29 %. À la suite de réformes successives (et notamment la création des baccalauréats professionnels en 1985 et le développement des baccalauréats technologiques), le taux grimpera rapidement à 63 % en 1995, mais il faudra attendre 2019 pour que le seuil symbolique de 80 % soit enfin atteint. En l'espace de trente-cinq ans, la stratification éducative, pour parler comme Emmanuel Todd, a été totalement bouleversée puisque les non-bacheliers qui représentaient les 7/10 d'une classe d'âge au milieu des années 1980, n'en constituent plus seulement que les 2/10 aujourd'hui. La détention de ce diplôme, qui était un critère de distinction et de sélection, est devenue la norme en seulement un peu plus d'une génération.

Cette mutation très profonde de la stratification éducative ne pouvait pas ne pas avoir de répercussions sur la stratification sociale du pays. Alors que le fait de décrocher le prestigieux baccalauréat ouvrait, sauf erreur de parcours, l'accès à la classe moyenne dans les années 1980, le bac massifié ne joue plus du tout le même rôle. De même que les critères d'accès à la classe moyenne n'ont cessé d'être rehaussés en matière de standards de consommation et d'équipement du foyer, le seuil d'entrée dans le corps central de la société a été réévalué sur le plan des diplômes. On peut ainsi considérer que le ticket d'entrée dans la classe moyenne se situe désormais au niveau bac + 2. La part de la population détenant un tel diplôme a d'ailleurs significativement augmenté, en passant de 3,9 % en 1982 à 14,6 % en 2019.

Alors que l'univers très hétérogène des classes moyennes se prête assez mal à une délimitation précise, la détention d'un diplôme à bac + 2 est un critère parfaitement opératoire pour cerner le cœur de la classe moyenne[1]. On constate ainsi que la proportion des titulaires d'un niveau bac + 2 est très proche du poids de la catégorie des « professions intermédiaires » de l'Insee (14,2 % de la population), qui constituent le cœur des classes moyennes au sens statistique du terme (c'est-à-dire situées au milieu de la distribution des diplômes et des revenus). Si l'on regarde, par ailleurs, le type des métiers auxquels on peut accéder avec un bac + 2, on relève des professions typiquement rattachées à cet univers. Sur la base des annonces qu'il collecte au quotidien, Pôle Emploi publie régulièrement la liste des métiers qui recrutent le plus de candidats de niveau bac + 2. Le palmarès suivant, établi en août 2020, nous offre une photographie détaillée du cœur de la classe moyenne dans la France d'après :

Métiers pour lesquels Pôle Emploi dénombre le plus d'offres d'emplois à niveau bac + 2

- Comptable
- Technico-commercial
- Technicien de maintenance
- Assistant commercial
- Assistant administratif
- Assistant comptable
- Commercial
- Gestionnaire de paie
- Assistant de direction
- Conseiller clientèle
- Conducteur de travaux
- Technicien informatique

Symptôme supplémentaire de la tertiairisation de notre économie et du poids croissant du secteur du commerce, les fonctions liées à la

1. Pour centrale que soit la France des bac + 2, elle fait, en comparaison des nouvelles figures de la bourgeoisie et des classes populaires, l'objet d'un relatif manque d'intérêt de la part des experts et commentateurs, peut-être parce qu'ils la connaissent peu. Emmanuel Todd utilise une expression symptomatique pour caractériser cette situation de carence de représentation et de conscience de soi, en reprenant la formule de Marx (une « masse centrale atomisée ») dans son dernier livre (*Les Luttes de classes en France au XXI*e *siècle*, Paris, Seuil, 2020).

vente et à la relation client sont bien représentées. On note aussi la forte présence de métiers techniques, nécessaires au bon fonctionnement d'une société très « processée » et recourant massivement à la technologie[1].

Ces types de poste à dominante technique sont également assez fréquents parmi les métiers définis comme étant de catégorie B dans la fonction publique. Cette catégorie, elle aussi assez hétérogène, est d'ailleurs souvent définie dans les documents de présentation édités par l'administration comme étant accessible « avec un niveau bac ou bac + 2 ». On retrouve donc l'approche par le diplôme comme dénominateur commun et critère de définition. On précisera, à ce propos, que si ces postes sont ouverts aux détenteurs d'un baccalauréat, dans les faits, ils sont très majoritairement occupés par des personnes ayant un niveau bac + 2. Dans un contexte de chômage assez élevé, les titulaires de ce type de diplôme n'hésitent pas, en effet, à se présenter à ces concours donnant accès à un emploi public et ils y évincent souvent les simples bacheliers.

La nomenclature de l'administration nous permet de cerner les professions du public se rattachant à cette France des bac + 2. Dans la filière administrative, on rencontre ainsi des chargés de mission, des secrétaires administratifs, des acheteurs, etc. La filière technique compte des contrôleurs de travaux, des techniciens support informatique, ou encore des laborantins. La filière médico-sociale est composée, pour ses catégories B, d'assistantes sociales, d'éducateurs et de travailleurs sociaux. Dans le domaine culturel s'y ajoutent notamment les animateurs culturels, les archivistes et les bibliothécaires. L'État salarie également des catégories B pour assurer ses fonctions régaliennes : gardiens de la paix et sous-officiers de gendarmerie. L'ensemble des agents de catégorie B représente 20 % des effectifs de la fonction publique, soit près d'un million de personnes.

1. La plupart de ces métiers s'exercent dans des bureaux. Et de la même manière que la possession d'un bac + 2 acte l'entrée dans la constellation centrale, elle se traduit également tendanciellement par l'accès au monde des bureaux. 57 % des bac + 2 travaillent ainsi tout le temps ou la plupart du temps dans un bureau (d'après un sondage Ifop pour la Fondation Jean-Jaurès et Selkis réalisé en mars 2021), alors que ce n'est le cas que de 36 % des titulaires d'un bac et de 22 % des salariés n'ayant pas le bac. En termes symboliques et de vécu du travail, il s'agit là d'une césure importante entre le monde du bureau et celui du magasin, de la boutique, des entrepôts et des ateliers, qui demeure celui des milieux populaires les moins diplômés.

Pour occuper ces très nombreux postes d'agents de maîtrise ou de techniciens supérieurs œuvrant dans le public comme dans le privé, le système de formation post-bac a été adapté en conséquence. C'est ainsi qu'au cours des dernières décennies, le maillage du territoire en sections de BTS (Brevet de technicien supérieur) et en départements d'IUT (Institut universitaire de technologie) – les deux formations phares délivrant un diplôme professionnalisant à bac + 2 – a été considérablement étoffé[1]. Si ces filières sont sélectives, elles ont néanmoins accueilli de nombreux élèves venant de bac pro (qui représentent aujourd'hui un tiers des effectifs en STS, formation délivrant un BTS) ou de bac techno (qui constituent un tiers des étudiants en STS et en IUT), participant ainsi à l'ascension sociale des enfants de milieux populaires et offrant à une partie d'entre eux un destin moins sombre que celui que Michel Sardou leur prédisait dans sa célèbre et controversée chanson *Le Bac G*, sortie en 1992[2].

1980-2019 : Évolution du nombre d'étudiants en IUT et en STS

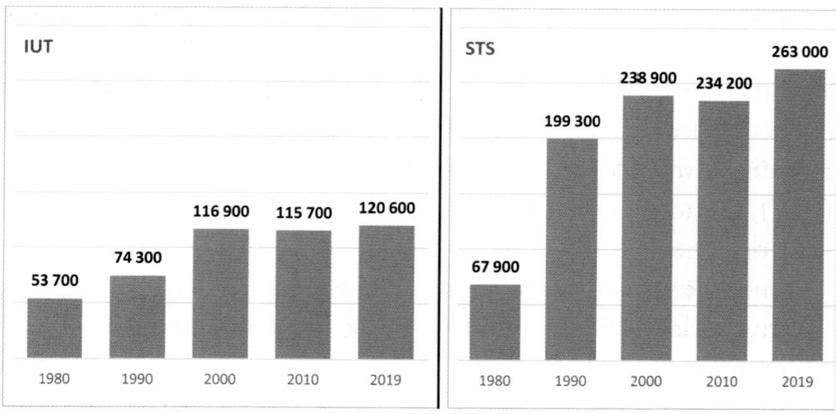

(Source : Statista.)

1. Contrairement aux universités et plus encore aux écoles de commerce et d'ingénieurs, les IUT (au nombre d'une centaine) et les STS (sections intégrées aux lycées) maillent finement le territoire et sont notamment présents dans les villes moyennes, caractéristique qui renforce leur statut de formations intermédiaires, au plan spatial comme éducatif.

2. Parlant d'un jeune lycéen qui lui avait envoyé une lettre, Sardou écrit : « Vous passiez un bac G / Un bac à bon marché / Dans un lycée poubelle / L'ouverture habituelle / Des horizons bouchés ».

Comme le montrent les deux graphiques ci-dessus, l'essentiel de l'effort d'ouverture de places aux étudiants en STS et IUT s'est produit entre 1980 et 2000, pour se poursuivre à un rythme beaucoup moins soutenu ensuite. À l'instar de l'allongement de la scolarité obligatoire de 14 à 16 ans qui s'était accompagnée de la construction de centaines de collèges (CES) dans les années 1960, la massification de l'accès à l'enseignement post-bac s'est traduite par la création de très nombreux IUT et sections de STS partout en France.

L'application de la réforme dite LMD (pour Licence Maîtrise Doctorat) en 2004 a cassé cette dynamique. En fixant la fin du premier cycle universitaire à trois ans et non plus à deux, cette réforme a ôté au BTS et au DUT une partie de leur attrait. Ces deux filières, à l'accès sélectif et disposant d'un meilleur niveau d'encadrement que les filières universitaires classiques, attirent toujours en nombre, mais la réforme LMD a *de facto* modifié la stratification éducative – et donc la stratification sociale. L'entrée dans la classe moyenne peut toujours se faire à bac + 2, mais tout indique qu'à terme, le seuil d'accès se situera à bac + 3. Anticipant ce changement des règles du jeu scolaire et social, 60 % des élèves sortant actuellement de STS s'engagent dans une poursuite d'études. Les IUT, quant à eux, ont adopté à la rentrée 2021 un cursus en trois ans, afin de se caler sur le cycle LMD, et ils délivreront désormais un Bachelor universitaire de technologie (BUT), participant eux aussi au relèvement du seuil d'entrée dans la classe moyenne.

La modification du ticket d'entrée dans la classe moyenne, ou plus exactement de l'accès aux métiers qui en composent le cœur, concerne avant tout les étudiants (et leurs parents, qui s'investissent souvent dans les choix d'orientation), mais elle se pose également avec acuité dans certains secteurs de la fonction publique. Dans ces milieux, les conflits sociaux mêlent revendications salariale et statutaire, et la question du niveau de diplôme est centrale. Les gardiens de prison, dont le concours est accessible avec un CAP, un BEP ou un brevet des collèges, relèvent de la catégorie C de la fonction publique. Leur passage en catégorie B (et leur alignement sur le statut des gardiens de la paix) est l'un des chevaux de bataille récurrents de leurs syndicats. Cette revendication se heurte, cependant, à une fin de non-recevoir de la part du ministère de la Justice, qui plaide précisément l'écart en termes de niveau d'études requis selon que l'on postule à un emploi de policier ou de gardien du prison[1]. De la même façon, les agents territoriaux des écoles maternelles (Atsem) ont entamé une grève en 2017 pour obtenir une évolution statutaire. Recrutés sur concours, dont l'accès est ouvert aux titulaires d'un CAP ou aux personnes sans diplôme, les Atsem relevant de la catégorie C n'ont finalement pas obtenu l'intégration de leur profession à la catégorie B[2]. Les aides-soignantes, qui, elles, sont titulaires d'un diplôme d'État d'aide-soignante (équivalent d'un CAP), ont eu plus de chance. Dans le sillage de la crise du Covid-19, au cours de laquelle le personnel hospitalier a bénéficié d'un fort élan de soutien et de reconnaissance dans l'opinion, elles ont obtenu, nous l'avons vu, leur rattachement à la catégorie B. La stratification symbolique et statutaire est néanmoins préservée à l'hôpital, puisque les infirmières recrutées à partir de 2010 relèvent de la catégorie A.

2. Les reconversions et la diversification ethnique renouvellent le profil des commerçants et artisans

À côté des techniciens et des agents de maîtrise (aujourd'hui massivement recrutés à bac + 2), les indépendants ont historiquement représenté une autre composante significative des classes moyennes. Si les commerçants-artisans traditionnels n'ont pas disparu, cet univers a lui aussi subi des mutations profondes au cours des dernières décennies. Nous avons évoqué le cas de « l'épicier blanc », qui relève d'un mouvement de fond caractérisé par l'arrivée dans le métier de cadres ayant renoncé à leur profession d'origine. Une analyse de l'Institut supérieur des métiers (ISM) indiquait que les cadres reconvertis représentaient actuellement 12 % des créateurs de sociétés artisanales[3]. Ce phénomène est particulièrement marqué dans les métiers de bouche, qui bénéficient d'une embellie d'image et d'un engouement en faveur des

1. Le concours pour devenir gardien de la paix étant réservé aux personnes disposant au moins du baccalauréat, comme on l'a vu.

2. Des voies d'accès via concours et formations internes ont néanmoins été ouvertes pour accéder à certains postes de catégorie B.

3. Cf. Bruno Declairieux, « Ces cadres qui passent un CAP pour devenir artisan », *Capital*, 27 juin 2018.

activités porteuses de sens. La Confédération française de la boucherie accueille ainsi, chaque année, 1 500 cadres, ingénieurs, commerciaux ou professions libérales en reconversion[1]. Même tendance observée du côté de la Confédération nationale de la boulangerie-pâtisserie, qui relève que 20 % des installations dans le secteur sont le fait de cadres en reconversion[2]. On notera que cette élévation du niveau éducatif d'une partie des artisans et des commerçants, certes minoritaire mais dont les représentants sont dotés d'un fort pouvoir d'entraînement et de prescription sur le reste de la société, pose la question de la place qu'occupe cette petite bourgeoisie manuelle et de proximité dans le paysage socio-économique de la France contemporaine. En tout cas, son existence complexifie la classification sociale française généralement admise, puisque le principe de la nomenclature des catégories socioprofessionnelles de l'Insee repose sur la constitution de groupes cohérents sur le plan des revenus, du statut d'emploi mais également des modes de vie et du niveau culturel. Or, par leur parcours éducatif et leurs origines sociales, les néo-artisans s'apparentent bien souvent aux catégories supérieures, bien qu'ils partagent la réalité professionnelle des petits indépendants. « Dans toute société, les groupes en position d'équilibre instable sont toujours les initiateurs du changement social », écrivait Henri Mendras qui identifiait au sein des constellations ce qu'il nommait des « noyaux innovateurs », à partir desquels les idées et les pratiques se diffusaient dans toute la société. Cette remarque vaut clairement pour les néo-artisans, dont le rôle d'inspirateurs de changement a été rapidement repéré et exploité par les médias.

Parallèlement à l'arrivée de cadres en reconversion, certains secteurs du commerce et de l'artisanat font également l'objet d'une diversification croissante de leurs effectifs sur le plan ethnoculturel. C'est le cas notamment en Île-de-France, principale région d'immigration en France. Dans *L'Invention de la France*, Hervé Le Bras et Emmanuel Todd[3] avaient montré, en s'appuyant sur les données du recensement de 1911, qu'à Paris chaque corporation s'appuyait sur un bassin de recrutement spécifique. Exemple bien connu : les cafetiers étaient

1. Fabien Soyez, « Les artisans bouchers recrutent », Rebondir.fr, 10 juillet 2020.
2. Nathalie Villard, « Ces cadres qui ont tout plaqué pour devenir boulangers », *Capital*, 15 novembre 2019.
3. Hervé Le Bras et Emmanuel Todd, *L'Invention de la France*, Paris, Gallimard, 2012.

souvent originaires du sud du Massif central (Cantal, Aveyron, Lozère). Mais Le Bras et Todd nous apprenaient également qu'une part significative des chauffeurs de taxi parisiens étaient corréziens et que les boulangers provenaient préférentiellement du grand bassin francilien. Du fait d'une assez forte transmission du commerce ou de l'activité d'une génération à une autre dans ces professions, la prédominance de certains groupes régionaux avait perduré pendant des décennies. Mais de la même façon que ces métiers avaient servi de marchepied et de gagne-pain à des générations de provinciaux « montant à la capitale », de nombreuses personnes issues des immigrations optent aujourd'hui pour ces professions relevant de l'univers des classes moyennes et se trouvant par là même mieux considérées que celles de la nouvelle constellation populaire – dans lesquelles travaillent beaucoup d'immigrés (ou de descendants d'immigrés). Une analyse anthroponymique menée sur la base du fichier Sirene en Île-de-France indique ainsi qu'un quart des boulangers et des débitants de boissons sont d'origine maghrébine, africaine ou turque. Ce taux s'élève même à 55 % pour les chauffeurs de taxi[1]. La présence de personnes dont les patronymes ou les prénoms les rattachent à l'immigration asiatique est marginale dans la boulangerie (1 %) et les taxis (3 %), mais elle est nettement plus marquée dans l'univers des cafés et des débits de boissons (11 %), certaines spécialisations professionnelles affectant donc tel ou tel groupe ethnoculturel. C'est ainsi que dans l'Île-de-France d'après, le bougnat a souvent été remplacé par un bistrotier kabyle ou originaire du Zhejiang.

3. Les franchisés, composante de la bourgeoisie provinciale de la France d'après

Parallèlement à la diversification du profil des indépendants, l'univers de la boutique et du magasin a été marqué, au cours des dernières décennies, par l'avènement d'un nouveau concept commercial et du nouveau statut professionnel qui lui est associé : celui du franchisé.

1. Notre analyse s'est concentrée sur trois codes d'activité principale exercée (APE) de la nomenclature des activités françaises (NAF) : les transports de voyageurs par taxi, les débits de boissons, les boulangeries et boulangeries-pâtisseries.

« Faim de réussite ? Devenez franchisé ! » « Vous avez l'ambition ? Nous avons le concept ! » C'est par ce type d'accroches que les réseaux de franchise recrutent les futurs commerçants qu'ils mettront à la tête de leurs boutiques. Alors que certaines enseignes dites intégrées se développent en ouvrant des succursales animées par leurs propres salariés (Fnac, Zara ou H&M), s'assurant ainsi la maîtrise du réseau, d'autres optent pour la franchise, autrement dit un contrat d'association avec des commerçants entrepreneurs qui assumeront une partie du risque et de l'investissement – le montant demandé peut aller jusqu'à 500 000 €, dont une part d'apport personnel qui oscille entre 5 000 et 60 000 €. Pour le franchisé, l'intérêt est de bénéficier d'un concept qui a fait ses preuves et de s'installer sous la bannière d'une marque reconnue et, souvent, *vue à la télé*. Autre avantage : le franchisé bénéficie de toute la logistique et de l'ingénierie de l'enseigne pour ce qui concerne l'aménagement du point de vente, l'approvisionnement ou la sélection des fournisseurs. Tout en étant chef d'entreprise, le franchisé sera donc très fortement intégré au sein de la chaîne commerciale. À l'instar du micro-entrepreneur, du CDI-intérimaire et du free-lance, le franchisé bénéficie d'un statut juridique à part, fruit des transformations qu'a connues notre économie depuis une quarantaine d'années.

Tacos, vélo, alimentation bio, surgelés, boulangerie, salle de fitness, stores et volets roulants, cours de langue, services à domicile, location de véhicules, intérim, fleurs… Il existe en France un véritable continent de la franchise, rarement exploré alors même qu'il est devenu omniprésent dans la vie quotidienne de nos contemporains et dans nos paysages. Cet univers de la franchise regroupe plus de 2 000 réseaux de commerces[1]. Quelques exemples d'enseignes croisées au fil de ces pages : Stéphane Plaza Immobilier, Intermarché ou encore les magasins Gifi. Dans certains secteurs comme l'hôtellerie, la coiffure, la restauration rapide, les cuisinistes ou l'équipement auto, les chaînes organisées en franchise dominent le marché.

Le secteur s'est développé discrètement depuis les années 1980. On ne comptait encore que 20 000 franchisés à l'orée des années 1990, contre pas moins de 78 000 aujourd'hui. Le nombre de réseaux a

1. Or, chaque réseau peut compter une dizaine comme plusieurs centaines d'implantations sur le territoire.

quant à lui doublé en quinze ans[1]. Au-delà des chefs d'entreprise qui se trouvent à la tête d'un ou de plusieurs points de vente, les emplois directs associés à la franchise sont estimés à 435 000, quand le poids économique de la franchise (emplois directs et indirects) équivaudrait à 758 000 emplois. Signe de sa maturité, tout un écosystème de la franchise s'est développé autour du cœur de métier commercial : comptables, assureurs, médias spécialisés (*Franchise Magazine*, *L'Officiel de la franchise*) et événementiel, avec un salon à Paris (Franchise Expo) qui réunit chaque année plus de 500 exposants, sans compter les déclinaisons régionales.

Historiquement, les réseaux de franchise se sont développés autant dans les rues commerçantes des centres historiques (les emplacements « numéro un » ou « prime » dans le jargon du secteur) que dans les centres commerciaux urbains, les galeries marchandes attenantes à un hypermarché et autres *retail parks*. Ce groupe social des franchisés est en effet le produit de l'avènement du nouveau modèle économique évoqué plus haut, centré sur la consommation et ayant la zone commerciale comme horizon. De fait, les véritables clients des bâtisseurs et gestionnaires de centres commerciaux sont les franchisés qui louent leurs « cellules » à des prix élevés, ce qui explique qu'on y trouve rarement de commerçant indépendant.

On sait que les zones commerciales focalisent depuis quelques années l'attention des élus, des associations et des médias en raison de l'impact du commerce de périphérie sur la vitalité des centres-villes, la dégradation de l'environnement et du paysage – la fameuse « France moche » de *Télérama*. Quoi qu'il en soit, sous l'effet de cahiers des charges très précis, l'offre commerciale des franchisés a, en une quarantaine d'années, puissamment contribué à uniformiser les paysages, qu'il s'agisse des périphéries ou des centres-villes – où les boutiques des enseignes de vêtements, d'opticien, de restauration, de coiffure ou de caviste ont proliféré.

Une enquête réalisée chaque année par la Banque populaire auprès des commerçants franchisés permet de cerner précisément leur profil[2].

1. Le modèle de la franchise et ses liens avec le secteur des centres commerciaux et des zones commerciales est expliqué en détail par Franck Gintrand dans *Le jour où les zones commerciales auront dévoré nos villes*, Vergèze, Thierry Souccar Éditions, 2018.

2. « Enquête annuelle de la franchise », 16e édition, Banque populaire, 2020.

Selon l'édition 2020 de cette étude, les franchisés sont en courte majorité des hommes (6 sur 10), d'âge intermédiaire (48 ans), diplômés du supérieur (bac + 2 et plus[1]), qui, pour une majorité d'entre eux, étaient salariés dans le même secteur d'activité avant de lancer leur entreprise. L'implantation des franchisés reflète par définition les tendances démographiques récentes, puisque ces commerçants suivent la population là où elle s'installe (attrait pour le Sud, la façade atlantique, les villes petites et moyennes).

Avec un revenu annuel net de près de 39 000 €, les franchisés font partie des catégories aisées. Mais on constate dans l'univers de la franchise une grande hétérogénéité de situations. Un tiers d'entre eux ont ouvert plus d'un point de vente, et certains multifranchisés forment un réseau discret de notables locaux. Le magazine *Capital* publiait au début des années 2010 une liste des multifranchisés McDonald's millionnaires[2]. Chacun d'entre eux possède une quinzaine de restaurants dans la région de Marseille, de Tours, de Lyon, de Toulouse ou de Paris, et réalise un chiffre d'affaires situé entre 32 et 65 millions d'euros annuels. La firme américaine est associée à parts égales avec ces franchisés, elle prélève un loyer et une redevance, mais, en dépit de ces conditions, la fortune estimée des franchisés s'élevait à 8 à 16 millions d'euros selon les cas. Des enseignes comme Système U, Leclerc ou Intermarché comptent aussi des franchisés (et plusieurs centaines d'associés ou de coopérateurs chacune), dont certains gérants, responsables de plusieurs magasins, sont également multimillionnaires.

Pourtant, les noms de ces entrepreneurs sont inconnus du grand public. Leurs visages apparaissent rarement dans les palmarès ou les suppléments de la presse économique consacrés aux *success stories* à la française, les sémillants entrepreneurs de la *tech* posant bien plus volontiers en couverture des magazines : et sont eux les représentants du pôle glamour de l'entrepreneuriat français.

1. On retrouve ici le fameux niveau de bac + 2 comme seuil d'accès aux classes moyennes.
2. « Avec leurs McDonald's, les multifranchisés deviennent souvent millionnaires », *Capital*, 10 juillet 2013.

4. Psychologues, coachs et thérapies alternatives : les professions de l'économie du bien-être

Si les commerçants et les artisans ont vu leur profil se diversifier, nous avons également assisté au cours des dernières décennies à l'apparition de nouveaux métiers venant élargir l'univers déjà très hétérogène des indépendants. Ces nouvelles activités se rattachent aux métiers des services à la personne et répondent à de nouveaux besoins en matière de bien-être. Sans être encore accessible à tous les budgets, le fait de consulter un psy, d'entreprendre une cure d'amincissement, un stage de yoga ou de rééquilibrer ses énergies sous l'œil vigilant d'un praticien de médecine chinoise, n'est plus réservé à une élite économique ou à un public d'« alters », mais s'est largement diffusé dans le corps social. L'importance croissante de la santé (mentale, physique, émotionnelle et énergétique) et la recherche de l'équilibre (dans sa vie personnelle, professionnelle, familiale et amoureuse) se traduisent ainsi par l'émergence du secteur de l'accompagnement individuel et du *coaching* aux particuliers. Au-delà des métiers de la santé à proprement parler, c'est toute une filière liée au bien-être, au souci de soi et à la quête de sens qui a vu ses effectifs exploser à partir des années 2000.

La nomenclature des activités françaises (NAF), un outil statistique très détaillé qui permet d'établir des bilans et des comparaisons entre secteurs économiques, porte la marque de cette évolution. Cette nomenclature est construite dans un ordre de progressivité qui épouse l'histoire économique française : les activités liées aux secteurs primaire et secondaire sont nombreuses, rappelant leur importance passée[1], mais nombre de cases qui leur sont consacrées sont désormais vides, les activités de production qu'elles représentaient n'étant plus pratiquées sur notre territoire. Mais tels des coraux dont les nouvelles pousses se développent sur une

1. Parcourir cette nomenclature des activités confirme l'ampleur du génie français pour les classifications à des fins statistiques. La moindre parcelle d'activité économique a été répertoriée et rangée dans une division, un groupe, une classe ou une sous-classe : « culture de légumes, de melons, de racines et de tubercules », et notamment de « piments et poivrons verts », « exploitation de gravières et sablières, extraction d'argiles et de kaolin », « bitumes et asphaltes naturels », etc.

ossature fossilisée, de nouveaux codes sont régulièrement ajoutés à la nomenclature pour tenir compte du surgissement des nouvelles activités dans le domaine des services. Les toutes dernières pages de la nomenclature proposent ainsi une division numéro 96.09Z, intitulée « Autres services personnels », qui regroupe, comme son titre le laisse deviner, toutes les activités de services aux personnes qui ne sont classées nulle part ailleurs. On comprend à la lecture du descriptif qu'il s'agit d'une catégorie « fourre-tout », ou plutôt de rattrapage, signalant un ensemble disparate d'activités émergentes mal identifiées, parmi lesquelles les activités des astrologues et des spirites, les agences de rencontres et matrimoniales, les services pour animaux de compagnie (hébergement, soins et dressage), les services de recherche généalogique, les salons de tatouage et de piercing, etc. Le premier graphique et la première carte de la planche qui suit renseignent sur la progression rapide de cette famille d'activités à partir des années 2000 en France.

À côté des coiffeurs et des esthéticiennes, qui constituent toujours les gros bataillons des professionnels des soins à la personne, ces « métiers du code Z » traduisent bien le fait que le bien-être individuel, décliné sous toutes ses formes, a acquis une place majeure dans notre société, la montée en puissance de cette aspiration ayant donné naissance à de toutes nouvelles professions et activités. Leur nature hétéroclite (du tatoueur au coach en développement personnel en passant par le masseur) traduit également le spectaculaire foisonnement des influences culturelles et des inspirations en termes de mode de vie dans la France d'après.

Nous nous sommes également penchés sur une autre classe de la nomenclature, les « activités de santé humaine non classées ailleurs ». Elle regroupe les activités de psychothérapie et de psychanalyse, mais également les praticiens de divers types de médecines douces ou alternatives comme les acupuncteurs, les homéopathes, les sophrologues, les guérisseurs et les rebouteux. La progression de ces activités est spectaculaire. Comme les métiers de services personnels évoqués ci-dessus, leurs effectifs ont tout bonnement explosé entre 2006 et 2018, passant d'un peu plus de 15 000 personnes en France à près de 80 000 quinze ans plus tard.

Évolution et localisation des établissements dont l'activité est liée aux services personnels, au bien-être et à la santé

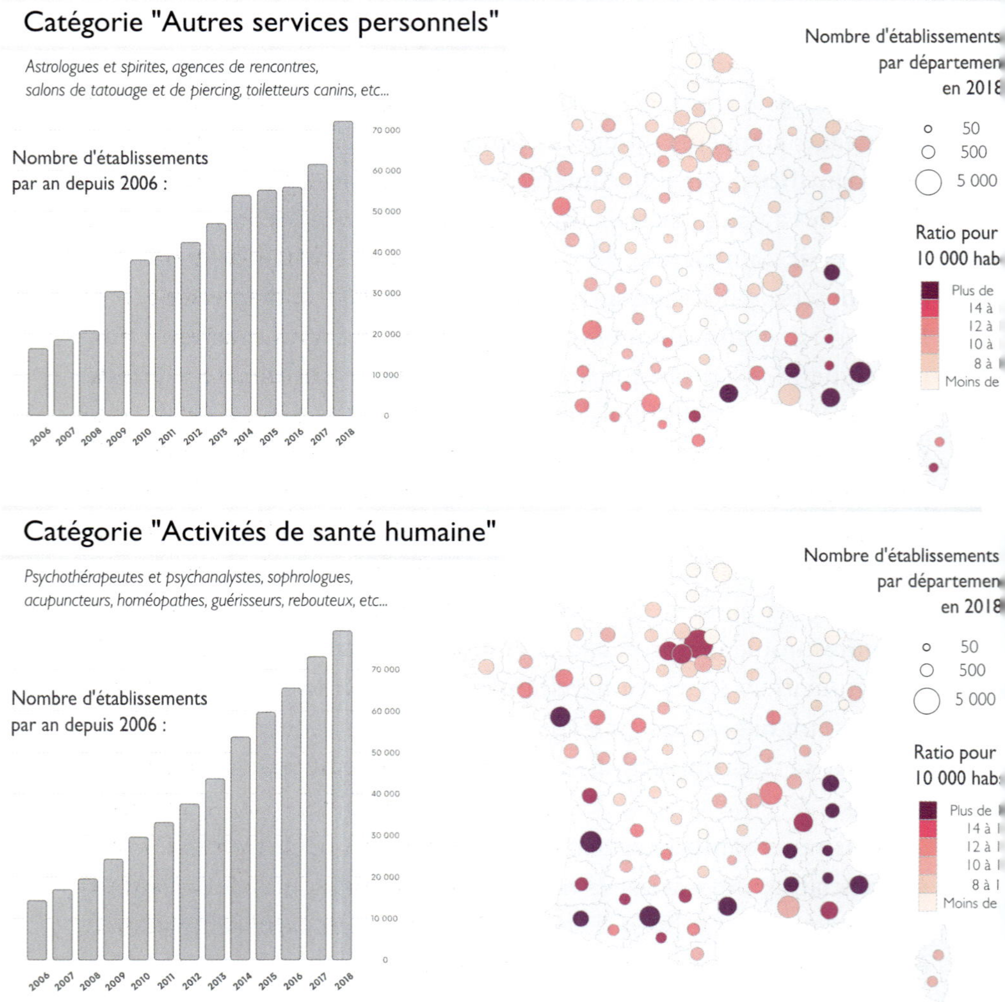

Sources : REE, Insee, 2020. Contours administratifs, IGN, 2020.

Les professions de services à la personne répertoriées sur la première carte font apparaître un très fort tropisme sudiste, conséquence d'une économie présentielle – la présence d'une population nombreuse est source d'activité économique en elle-même. Comme on le constate sur la seconde carte, qui représente la répartition des professions émergentes de santé et du bien-être, la pénétration des médecines alternatives est un phénomène global qui a infusé dans différentes catégories de la société. Pour autant, toutes les régions ne sont pas logées à la même enseigne. On relève une densité (nombre de praticiens pour 10 000 habitants) plus élevée dans les grandes métropoles, ce qui tendrait à indiquer que les cadres sont plus adeptes de ces médecines alternatives que les milieux populaires. À l'appui de cette thèse, la pénétration de ces courants apparaît plus modeste dans le Nord-Est désindustrialisé. À l'inverse, une fois encore, la prévalence de ces pratiques est plus forte dans la partie sud du pays et sur le littoral atlantique. On sait que les professions médicales se caractérisent par un fort héliotropisme, avec un taux de médecins généralistes et spécialistes très supérieur à la moyenne nationale dans les départements méditerranéens[1]. On peut faire l'hypothèse que leurs alter ego œuvrant dans le domaine des médecines douces sont sensibles au même phénomène. Mais cette plus importante prévalence dans le grand Sud renvoie également à la présence assez significative dans ces régions d'une population ayant opté pour des modes de vie écologistes et alternatifs. Il peut s'agir de cadres supérieurs séduits par le *New Age* californien, mais également de néo-ruraux, d'agriculteurs bio, de retraités ou de membres des classes moyennes se soignant par les plantes, en rupture avec la société de consommation et volontiers défiants vis-à-vis du discours porté par les institutions gouvernementales.

En guise d'illustration de la luxuriance de ces métiers situés à la frontière du développement personnel, du bien-être et de la médecine alternative, et de leur tropisme sudiste marqué, nous avons récupéré l'ensemble des cartes de visite mises à disposition de l'accueil d'un espace de *coworking* situé à Aix-en-Provence. Les intitulés de métiers inscrits sur ces cartes étaient les suivants :

Psychologue clinicienne du développement – hypnothérapeute
Médiatrice arts, écriture, spiritualité
Pharmacienne – nutrithérapeute
Coiffeuse et maquilleuse

1. Ainsi qu'en bord de mer, notamment sur la façade atlantique.

Facilitateur humaniste
Psychologue clinicienne spécialisée dans le numérique et les jeux vidéo
Énergétique traditionnelle chinoise
Praticienne en bio-résonance cellulaire
Experte en bien-être et changement de vie
Facilitatrice de changements
Somato-énergéticienne
Wedding planner
Coaching – développement personnel et relation à l'argent
Monitrice d'équitation – équi-coaching
Préparateur à la communication orale
Coach de vie – coach spécialisé en développement personnel et mieux-être

Parmi les techniques mises en avant par ces professionnelles (il s'agit en grande majorité de femmes) ressortaient les suivantes : yoga, feng shui, shiatsu thérapeutique, massage indien, « bars – facelift » ou encore « outils énergétiques corporels et verbaux de développement personnel ».

5. Le délitement de la forteresse enseignante

Si de nouvelles activités sont pratiquées par les classes moyennes, les plus traditionnelles, comme l'enseignement, n'ont pas disparu pour autant. Sous l'effet notamment de l'allongement des études intervenu au cours des dernières décennies, le poids des enseignants dans la constellation centrale est même demeuré déterminant puisque leurs effectifs sont passés de 808 000 en 1990 à 866 000 en 2019. Ces chiffres montrent que l'enseignement demeure l'une des professions les mieux représentées dans la France d'après. Mais si le monde enseignant a conservé tout son poids numérique dans la structure sociale, il a perdu de son homogénéité sociologique, culturelle, syndicale et politique. Les murs de la forteresse enseignante se sont lézardés, et les professeurs ne constituent plus un bloc aussi cohérent que par le passé.

En 1992, la toute-puissante FEN (Fédération de l'Éducation nationale), qui avait été un acteur syndical et politique de premier plan depuis l'après-guerre, éclatait en deux organisations, la FSU (Fédération syndicale unitaire) et l'UNSA (Union nationale des syndicats autonomes) Éducation. Ce schisme syndical renvoyait à des divergences politiques et idéologiques, mais aussi à des difficultés croissantes à parler d'une seule voix et à représenter l'intégralité d'un groupe social traversé par des clivages générationnels et statutaires et travaillé également par la montée en puissance d'un individualisme affaiblissant les identités professionnelles. Si les enseignants demeurent l'une des professions les plus syndiquées aujourd'hui, le taux de syndicalisation a nettement reflué depuis puisqu'il est passé de 45 % au début des années 1990[1] à 30 % aujourd'hui. Ce reflux traduit l'hétérogénéité grandissante d'un groupe social dont les références culturelles et les modes de vie ne sont plus aussi monolithiques que par le passé. Parallèlement aux syndicats, d'autres organismes avaient été créés par et pour les enseignants, renforçant et nourrissant un sentiment d'appartenance et une identité propre. C'était le cas, notamment, de l'assureur Maif. 39 % des enseignants adhèrent, aujourd'hui encore, à la « mutuelle des profs » pour ce qui concerne leur assurance habitation[2]. Dans l'absolu, ce chiffre indique une forte pénétration de la clientèle enseignante par la Maif. Mais quand on sait les liens historiques qu'ont entretenus la mutuelle et le monde enseignant, cette part de marché n'est pas si extraordinaire que cela. Le choix de la Maif n'est plus automatique et l'acteur historique et hégémonique de l'assurance enseignante est aujourd'hui concurrencé par d'autres opérateurs, notamment d'autres mutualistes (la Macif, MMA et la Maaf détenant 21 % du marché de l'assurance habitation des enseignants). En 1947, la Coopérative des adhérents de la Maif, la fameuse Camif, avait été créée pour proposer aux enseignants des biens d'équipement et d'autres produits à prix compétitifs. La Camif deviendra un puissant acteur de la vente par correspondance en s'appuyant sur cette clientèle spécifique. Mais, signe de l'effritement de cette matrice identitaire professionnelle, la Camif sera placée en liquidation judiciaire en 2008. Elle renaîtra, certes, de ses cendres en 2009 (après avoir été reprise par le groupe Matelsom), mais désormais la Camif-Matelsom propose un équipement durable et *made in France* pour la maison à une clientèle grand public et plus seulement enseignante…

1. Cf. Dominique Andolfatto et Dominique Labbé (dir.), *Les Syndiqués en France 1990-2006*, Rapport, mai 2007.
2. Sondage Ifop pour la Fondation Jean-Jaurès réalisé par Internet auprès d'un échantillon représentatif de 801 enseignants, enquête effectuée du 10 au 17 décembre 2020.

La diversité croissante du monde enseignant se lit également dans sa consommation de médias. France Inter et France Info sont certes les deux stations privilégiées le matin (par respectivement 16 % et 11 % des enseignants), mais ces deux radios du service public ne sont pas hégémoniques parmi les profs. 7 % préfèrent par exemple RTL, la même proportion NRJ et 6 % RTL2, antennes aux programmes assez différents de ceux de France Inter et de France Info. L'analyse par tranche d'âge indique, par ailleurs, que si les générations les plus âgées (les 50 ans et plus) demeurent assez influencées et structurées par la matrice enseignante, leurs jeunes collègues cultivent des liens plus distants avec cette culture et l'identité professionnelle qu'elle nourrit. Comme le montre le graphique suivant, le taux d'adhésion à la Maif varie ainsi du simple au double entre les moins de 30 ans et les 50 ans et plus[1].

Proportion d'enseignants ayant souscrit leur assurance habitation à la Maif par tranche d'âge

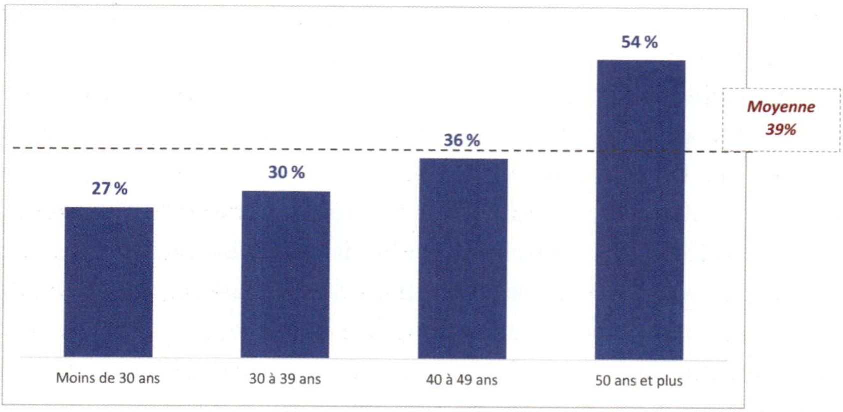

(Source : Ifop – Fondation Jean-Jaurès.)

On peut penser qu'au gré du renouvellement générationnel, cette identité enseignante jadis si prégnante se délitera de manière croissante. C'est qu'il faut avoir en tête que les générations les plus âgées toujours

1. Les écarts sont également très importants entre les générations pour ce qui est de l'écoute matinale de France Inter et de France Info.

en activité dans le premier degré sont les dernières à être passées par les écoles normales d'instituteurs. Car ces institutions, qui généraient une forte cohésion et un esprit de corps affirmé, ont cessé leurs activités en 1989-1990. Elles ont été remplacées par les IUFM (Instituts universitaires de formation des maîtres) eux-mêmes transformés désormais en Espe (Écoles supérieures du professorat et de l'éducation) –, structures qui ne transmettent manifestement plus une identité professionnelle aussi puissante.

Si le parcours de formation n'est plus aussi efficace dans la perpétuation d'une culture professionnelle forte, la matrice familiale vient en partie s'y substituer, dans la mesure où « l'hérédité sociale » est assez courante chez les enseignants. 21 % d'entre eux, soit une proportion assez élevée, ont en effet l'un ou leurs deux parents qui étaient/sont enseignants. Parmi ces « enfants de profs », les attributs ou les marqueurs de l'identité enseignante sont nettement plus répandus que parmi leurs collègues issus d'autres milieux sociaux. Ainsi, 60 % de ces « héritiers », pour paraphraser Pierre Bourdieu, adhèrent à la Maif (contre seulement 34 % des « non-héritiers »), 37 % d'entre eux écoutent France Inter ou France Info le matin (contre 22 % des non-héritiers), et 37 % sont syndiqués (contre 28 % des non-héritiers).

Fait notable également, la reproduction sociale semble beaucoup plus développée au sein de l'élite enseignante. 39 % des agrégés sont ainsi des enfants de profs contre seulement 22 % des certifiés et 18 % des professeurs des écoles. Pour ce qui est des certifiés et des professeurs des écoles, le métier d'enseignant offre donc toujours des possibilités d'ascension sociale pour les jeunes issus des milieux populaires ou de l'immigration. Le ticket d'entrée pour l'agrégation nécessite en revanche l'accumulation d'un capital plus important, ce qui semble favoriser les enfants d'enseignants mieux dotés et mieux préparés.

Toujours assimilés par l'Insee aux catégories socioprofessionnelles supérieures, les enseignants disposent certes d'un niveau d'études élevé (bac + 5). Pour autant, ce seuil n'est plus un marqueur éducatif distinctif dans la constellation centrale. Il n'autorise plus que l'accès aux étages supérieurs, par ailleurs très peuplés[1]. La « prime académique » dont

1. Le niveau bac + 2 conditionnant, quant à lui, on l'a dit, l'entrée dans la constellation centrale.

bénéficient les personnels de l'Éducation nationale a donc bien terni en une génération. Cette banalisation s'est traduite par une réduction relative de leur influence et de leur image. Henri Mendras attribuait aux enseignants une fonction de « noyau innovateur », à côté d'autres catégories sociales diplômées proches de la gauche, qui avaient connu dans les années 1970 et 1980 une progression rapide de leurs effectifs : personnels des services médico-sociaux et culturels, techniciens, cadres administratifs, instituteurs. Ces professions étaient à l'origine de l'invention et de la diffusion du « style de vie post-soixante-huitard », dont l'un des marqueurs principaux était l'installation en couple avant le mariage. C'est aussi au sein de ces catégories que les nouvelles sensibilités de gauche en matière d'écologie, de libéralisme culturel et de modes de vie alternatifs se sont affirmées dans les « années Mitterrand ». Tout en conservant leur importance numérique, les enseignants ont ainsi perdu de leur caractère innovateur au profit d'autres professions : on pense aux néo-artisans, aux métiers de la culture[1], aux professionnels du bien-être ou encore aux « start-upeurs », avec lesquels nous allons conclure notre tour d'horizon de la mise à jour de la constellation centrale.

6. La *start-up nation*, nouvelle bourgeoisie des métropoles

Après avoir évoqué la France des bac + 2, les commerçants, les indépendants, les franchisés et les enseignants, il nous faut maintenant prêter attention à une catégorie d'acteurs qui incarne le renouveau de la bourgeoisie contemporaine. La numérisation de l'économie française a, en effet, donné naissance à un groupe socioprofessionnel original, dont les membres sont dotés de hauts diplômes issus de filières diverses (scientifique ou commerciale), et qui composent un ensemble assez homogène du point de vue professionnel, mais aussi au regard des modes de vie et de la culture. Personne ne s'est jamais proposé de chiffrer les effectifs de la *start-up nation*, et pour cause ; il s'agit avant tout d'une formule reprise à son compte par Emmanuel Macron en 2017 pour affirmer son soutien à l'innovation[2]. Mais en employant

1. Dont les effectifs ont beaucoup crû aux cours des dernières décennies.
2. L'expression « *start-up nation* », originellement utilisée par certains économistes à propos du « miracle économique » israélien, a été employée pour la première fois par le président de la République française lors d'un discours devant des entrepreneurs réunis au

cette expression devant un parterre d'investisseurs et de patrons du secteur technologique, le président de la République a contribué à faire émerger la conscience de soi d'un univers professionnel en pleine effervescence, celui des start-ups, et, plus largement, de la transition numérique de l'économie.

Ce secteur mérite d'être étudié à part, autant en raison du dynamisme dont il fait preuve que pour l'importance symbolique qu'il occupe dans l'imaginaire contemporain de la réussite. S'ils sont moins nombreux que les patrons de PME ou que les franchisés, les entrepreneurs de la *tech* ont tendance à attirer la lumière et à redéfinir les paramètres du succès dans la France contemporaine. On peut même dire qu'avec la *start-up nation*, les technologies de l'information et de la communication ont changé d'époque et d'image. Loin de l'ingénieur informaticien un peu taciturne qui peuplait les romans de Michel Houellebecq, le start-upeur est associé à la jeunesse, à l'innovation, à l'urbanité, au cosmopolitisme et à une réussite sociale qui se double de l'ambition de peser sur l'avenir du monde. Le mode de travail à la fois stimulant et détendu propre aux start-ups, à l'occasion symbolisé par l'emblématique table de ping-pong trônant au beau milieu de la cafeteria, s'est diffusé dans des secteurs *a priori* bien éloignés du numérique. Notons, par ailleurs, que les salariés et les entrepreneurs de la *tech* sont l'autre facette de la digitalisation de la société française : loin de subir (comme les livreurs, les chauffeurs VTC, les personnels de services à domicile et autres travailleurs de la nouvelle classe ancillaire) les algorithmes donneurs d'ordre, les start-upeurs et leurs collaborateurs conçoivent ces programmes et sont de ce fait placés du bon côté de la révolution numérique.

Un halo de « startupisation »

On recourt souvent à la notion d'« écosystème » pour qualifier le réseau d'entreprises et de professionnels qui gravitent autour de l'univers des start-ups. Mais cet écosystème est, par définition, difficilement quantifiable. Le label *French Tech* recense près de 20 000 entités au

---

salon VivaTech en juin 2017. Cette partie de son allocution avait été prononcée en anglais pour souligner la dimension internationale de son ambition de faire de la France une nation qui soutient les start-ups, mais également « qui pense et agit comme une start-up ».

sein desquelles travailleraient 600 000 salariés. La start-up correspond, selon ce recensement, à une entreprise technologique en activité depuis moins de vingt ans, une estimation évidemment bien généreuse des contours de la *start-up nation*. Cependant, l'écosystème ne se limite pas aux salariés des seules start-ups, mais renvoie à un réseau plus large de professionnels qui évoluent autour du monde de l'innovation technologique et numérique. Cet écosystème regroupe les lieux de travail qui accueillent les start-ups (152 espaces recensés par la *French Tech*), les laboratoires ou incubateurs intégrés aux universités et aux grandes écoles (plus de 500), les accélérateurs (une centaine), les sociétés d'investissement et de capital-risque (plus de 2 500), enfin la galaxie des consultants et services aux entreprises (environ 500 entités), sans oublier les départements qui, au sein de tous les grands groupes français ou étrangers établis en France, développent des partenariats avec les start-ups de leur secteur, et même les structures publiques qui œuvrent en « mode start-up » dans les ministères ou les agences de l'État. Signe de la maturité de l'écosystème, la *start-up nation* dispose de ses propres organes de presse, comme le site Maddyness ou le site de recrutement des talents de l'innovation et de la transition numérique Welcome to the Jungle.

Depuis quelques années, des secteurs à première vue bien éloignés de l'innovation technologique (grande distribution, textile, restauration, banque-assurance, etc.) sont de plus en plus concernés par le nouvel ordre numérique, de sorte que l'on peut parler d'un halo de startupisation du monde du travail. Plus généralement, la ligne de partage entre le *digital* et l'entreprise traditionnelle a tendance à se brouiller au profit d'une numérisation et d'une « plateformisation » de l'ensemble des secteurs et des métiers. Une étude très complète réalisée en 2019 par la Dares estimait à environ 800 000 le nombre des personnes exerçant un métier du numérique en 2017, soit 3 % des actifs français[1]. La moitié de ces professionnels travaillent dans un autre secteur d'activité tertiaire que ceux de l'informatique et des télécommunications : l'ingénieur informaticien, homme à tout faire

1. Aurore Desjonquères, Claire de Maricourt et Christophe Michel, « Data scientists, community managers… et informaticiens : quels sont les métiers du numérique ? », *L'Économie et la Société à l'ère du numérique*, Paris, Insee, 2019.

en charge des supports informatiques de l'entreprise dans les années 1990-2000, représente encore 38 % des emplois du numérique ; mais ses effectifs sont en baisse, alors que d'autres familles de métiers très spécialisés voient à l'inverse leurs troupes s'accroître depuis une décennie, parmi lesquels ceux de programmeur et de développeur, de *chief digital officer* (responsable de la transition numérique), d'*UX designer* (métiers de l'interface utilisateur), de *data scientist* et *data analyst* (analystes de données) ou d'expert en cybersécurité. Selon la même étude, 77 % des emplois du numérique sont exercés par des hommes, mais certaines familles de métiers sont plus mixtes (la communication et l'analyse de données, par exemple).

Un écosystème essentiellement métropolitain

Les travailleurs du numérique sont basés pour 40 % d'entre eux en Île-de-France, une concentration plus importante que celle des cadres dans leur ensemble. Les professionnels attachés à certains métiers comme analyste de données ou consultant résident, pour les trois quarts d'entre eux, dans les grandes agglomérations[1].

La *start-up nation* se déploie donc essentiellement dans la France urbaine et francilienne. Une étude portant sur les start-ups françaises, réalisée par le Syntec Numérique[2], estimait en 2020 que l'Île-de-France accueillait une start-up sur deux, mais 63 % des effectifs travaillant en leur sein et 76 % des fonds levés[3]. Au niveau national, 65 % de ces financements l'étaient par les seules start-ups installées dans l'enceinte de la capitale, traduisant l'exceptionnelle concentration territoriale de l'entrepreneuriat numérique. L'évolution du nombre de lieux de travail associés à l'écosystème numérique est révélatrice de la croissance du secteur dans les grandes métropoles.

1. Les autres salariés du secteur sont répartis essentiellement dans les grandes agglomérations régionales qui accueillent des entreprises de technologie : Thales, Capgemini ou Orange en Ille-et-Vilaine et en Loire-Atlantique, le secteur de l'aéronautique à Toulouse, le campus technologique de Sophia Antipolis dans les Alpes-Maritimes, l'électronique de pointe et les laboratoires pharmaceutiques dans le Rhône et l'Isère.

2. Organisation patronale qui regroupe les entreprises de services numériques, les éditeurs de logiciels et les sociétés de conseil en technologies.

3. Jean-Étienne Juthier, « La France des start-ups en quatre cartes inédites », *JDN*, 22 octobre 2020.

Curiosité associée aux univers *geek* et créatifs dans les années 2000, l'espace de *coworking* est devenu en une dizaine d'années une norme de l'immobilier d'entreprise, remplaçant purement et simplement les immeubles de bureau. Si la distinction avec le bureau traditionnel s'établit en termes juridiques et de services associés à la prestation, dans les faits les espaces de travail partagé traduisent le *soft power* de l'entrepreneuriat numérique, qui a imposé ses codes et sa culture du travail au secteur tertiaire dans son ensemble. Refuge des travailleurs indépendants à ses origines, l'espace de *coworking* accueille désormais aussi bien les consultants que les salariés de jeunes pousses et même des départements de grands groupes. En 2019, le site spécialisé Bureaux à Partager comptabilisait 1 700 espaces de travail partagé en France, contre seulement 600 en 2017 et 370 en 2015[1]. Un tiers de ces lieux de travail étaient établis en Île-de-France, et un quart à Paris. L'émergence de marques spécialisées dans le *coworking*, qui ont ouvert des sites dans plusieurs métropoles, puis l'installation d'acteurs historiques du secteur (avec la marque Wojo de Bouygues ou le rachat de Morning Coworking par Nexity) témoignent du dynamisme du marché.

La constellation digitale, noyau innovateur de la société française ?

Ainsi, le start-upeur est le plus souvent un homme jeune, très diplômé et résidant en Île-de-France ou dans une métropole régionale[2]. De même que les BTS et les IUT ont engendré une France des commerciaux et des techniciens de niveau bac + 2, la *start-up nation* est, du point de vue éducatif, le produit d'une France bac + 5 – et particulièrement de la France des diplômés des grandes écoles de commerce et d'ingénieurs. Regroupant quelques dizaines de milliers d'étudiants à peine dans les années 1980, les grandes écoles françaises représentent aujourd'hui plus de 230 établissements, et leurs effectifs ont crû en fonction. Ce sont désormais environ 300 000 jeunes qui sont inscrits dans une filière commerciale ou

1. Cécile Peghaire, « L'indice du coworking 2019 : une forte croissance tirée par de grands acteurs », Bureaux à Partager, 16 décembre 2019.

2. Selon l'étude Dares déjà évoquée, les professionnels du numérique sont diplômés du supérieur dans leur écrasante majorité. 80 % ont moins de 50 ans, et la moitié moins de 38 ans.

d'ingénieurs délivrant un diplôme de grande école – 80 000 en obtiennent un chaque année. Or, c'est essentiellement au sein de ce vivier que sont recrutés les cadres et les ingénieurs de la nouvelle économie.

On notera au passage que le gonflement des effectifs a été plus spectaculaire dans les écoles de commerce que dans les écoles d'ingénieurs, et que le ratio qui, en 1980, penchait très clairement en faveur des ingénieurs s'est rééquilibré au profit des écoles de commerce, qui forment désormais plus de jeunes que leurs homologues scientifiques. On a là une autre illustration de la tertiairisation de l'économie, puisque, dans la France d'avant, ces filières d'élite avaient d'abord été pensées pour former des ingénieurs qui avaient vocation à travailler dans le secteur industriel. Dans la France d'après, l'élite compte davantage « d'épiciers » (surnom donné aux étudiants d'écoles de commerce).

1980-2017 : Évolution du nombre d'étudiants inscrits en écoles d'ingénieurs et de commerce (en milliers)

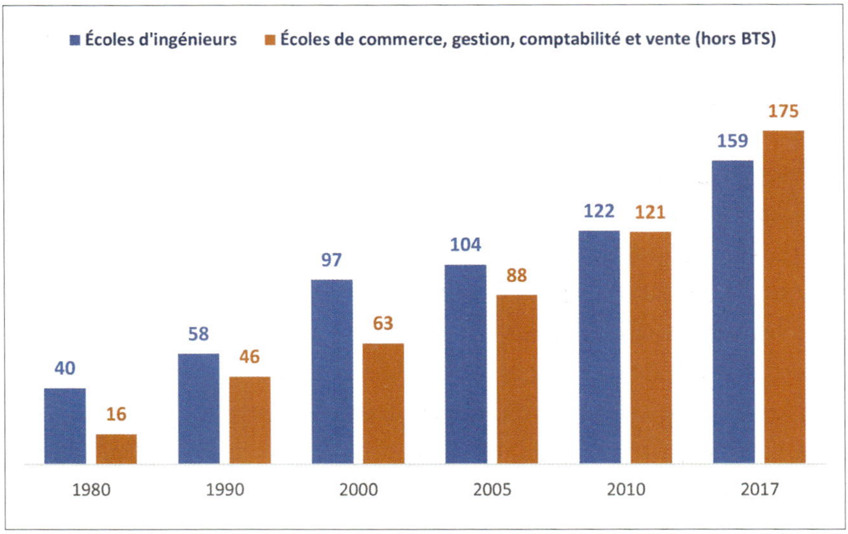

(Source : Éducation nationale, Repères et références statistiques 2021.)

Comme toutes les classes émergentes, la bourgeoisie numérique est composée d'individus provenant d'autres univers professionnels. Dans une enquête que nous lui avons consacrée, nous avons pu constater que la majorité d'entre eux étaient issus de familles de la bourgeoisie provinciale économique et culturelle (avec souvent des parents médecins ou enseignants)[1]. Si la reproduction chère à Pierre Bourdieu n'a donc pas disparu, les chemins qu'elle prend ont évolué : l'oncologue ou le prof de français engendrent le *data scientist* et l'*UX designer*. L'irruption du start-upeur comme figure de réussite dans la société l'a progressivement installé en position d'archétype d'une bourgeoisie rajeunie, plus diplômée et plus internationale que les classes supérieures traditionnelles.

Pour les jeunes générations de diplômés du supérieur, l'univers de la start-up et son modèle d'entrepreneuriat sont désormais familiers. Nombre de livres et de films racontent et mettent en scène l'émergence de ce groupe social situé dans la partie supérieure de la constellation centrale. Dans *Bienvenue dans le nouveau monde, Comment j'ai survécu à la coolitude des start-ups*[2] (2017), Mathilde Ramadier (née en 1987) livre un témoignage et une réflexion sur l'univers impitoyable de l'écosystème start-ups bien caché derrière un vernis d'anglicismes et de fausse bienveillance. Rachel Vanier (née en 1988) consacre la même année un roman au monde de l'innovation numérique : *Écosystème*[3]. La dimension internationale (Silicon Valley, Berlin) est présente dans les deux ouvrages. Dans *Les Deux Alfred*, une comédie réalisée par Denis Podalydès et sortie en 2020, un chômeur intègre une start-up française et se trouve confronté au « jeunisme » et aux codes culturels et langagiers hermétiques des start-upeurs. Cette production culturelle renseigne sur la place de choix que cet univers de l'entreprise innovante et digitale a su acquérir dans notre imaginaire collectif.

Pour finir, notons que les membres de la *start-up nation* partagent avec les cadres décrits dans les années 1970-1980 par Mendras un certain nombre de traits : leurs effectifs sont en croissance et ils prennent de plus en plus conscience de leur identité collective. De plus, pour paraphraser l'auteur évoquant ces cadres des Trente Glorieuses, « ils ont développé une culture relativement neuve qui devient centrale dans la société », culture « qu'ils manient plus aisément que les autres, ce

1. Jean-Laurent Cassely et Monique Dagnaud, *Génération surdiplômée. Les 20 % qui transforment la France*, Paris, Odile Jacob, 2021.

2. Mathilde Ramadier, *Bienvenue dans le nouveau monde. Comment j'ai survécu à la coolitude des start-ups*, Paris, Premier Parallèle, 2017.

3. Rachel Vanier, *Écosystème*, Paris, Intervalles, 2017.

qui leur assure une aisance dans les rapports sociaux et une hégémonie dans la société ». Les membres de la *start-up nation* sont-ils pour autant « le noyau principal de la constellation centrale », son « modèle de référence » comme l'étaient les cadres autrefois ? Ce dernier point est discutable. En effet, à l'issue d'une scolarité longue, de plus en plus marquée par l'anglais et l'internationalisation, les travailleurs qualifiés du numérique s'éloignent culturellement du reste de la société, et d'autant plus que les bulles d'algorithmes sont propices à l'isolement au sein d'univers relativement hermétiques. Sans compter que l'effet de masse qu'a engendré la démocratisation du niveau bac + 5 rend possible aujourd'hui un certain entre-soi relationnel, une caractéristique constante de la bourgeoisie, mais qui se trouve renforcée par la spécialisation de certains territoires dans l'accueil de cette population. Paris et les centres des grandes métropoles convergent ainsi de plus en plus vers un modèle commercial et culturel qui trahit les goûts et les préférences de ces classes. On peut, dans ces conditions, se demander si leur appartenance à la constellation centrale est encore avérée, ou si, au contraire, nous n'assistons pas au décrochage des étages supérieurs de la société salariale et entrepreneuriale. Sans compter qu'une frange plus contestataire et expérimentale de l'élite éducative s'investit de plus en plus dans les alternatives écologiques et sociétales, jouant elle aussi un rôle de noyau innovateur…

CHAPITRE 4

Les métamorphoses du 0,01 %

1. Holdings et magnats de l'immobilier ont remplacé les capitaines d'industrie

Les grandes fortunes constituent, certes, une catégorie numériquement très restreinte. Pour autant, l'étude de ce groupe est sociologiquement des plus intéressantes. Elle en dit long, en effet, sur le fonctionnement profond et les dynamiques de l'économie française. Dans son chapitre consacré à l'étude du capitalisme dans *L'Identité de la France*[1], Fernand Braudel parlait à ce propos de « l'importance du petit nombre ». Ce cénacle demeure toujours très restreint. Pour dépasser les traditionnels débats méthodologiques sur les contours de cette élite économique, on peut s'appuyer, dans une perspective braudélienne privilégiant le « petit nombre », sur le périmètre des 500 premières fortunes françaises, retenu par *Challenges*.

Chaque année, depuis plus de vingt ans, ce magazine publie en effet le très commenté classement des 500 plus grandes fortunes du pays. La rédaction nous a confié le palmarès de 1998[2], que nous avons donc pu comparer avec celui de 2020 pour identifier les permanences et les transformations des structures du capitalisme français. L'analyse de l'évolution de la composition des 500 plus grandes fortunes de France révèle, à l'instar d'une loupe grossissante, les mutations que l'économie tricolore a connues au cours des deux dernières décennies.

Sur les vingt dernières années, certains secteurs d'activité ont su conserver leur influence et leur position dans le concert des grandes

1. Fernand Braudel, *L'Identité de la France*, *op. cit.*, vol. 2 : *Les Hommes et les Choses*.
2. Nous remercions chaleureusement Ghislaine Ottenheimer pour nous avoir transmis ces données historiques.

puissances économiques. Comme le montre le tableau suivant, c'est le cas notamment de la Finance et des Assurances (4 % des 500 premières fortunes en 1998 et 2020) ou du secteur des Vins et Spiritueux, qui représentait 9 % des principales fortunes de 1998 et 10 % aujourd'hui. Si les rachats de vignobles par des Chinois, dans le Bordelais notamment, ont été beaucoup commentés, ils ont porté pour l'essentiel sur des propriétés de second rang, les plus prestigieux châteaux demeurant globalement dans le giron de grandes familles françaises. On peut citer, par exemple, les Moueix, qui possèdent le mythique Château Petrus, ou la famille Rouzaud, propriétaire des champagnes Roederer et Deutz. La filière des spiritueux n'est pas en reste, la famille Ricard pointant en 14ᵉ position du classement, la famille Dubreuil (Rémy-Cointreau) en 31ᵉ position et les Cayard (La Martiniquaise, Marie-Brizard, etc.) en 74ᵉ position.

Jouant sur l'image de marque du pays et sur un positionnement haut de gamme, ces entreprises réalisent une part très importante de leur chiffre d'affaires à l'export. Cette stratégie est également celle suivie par les entreprises du secteur du luxe (qui ont d'ailleurs souvent des participations financières dans l'univers des vins et spiritueux), fleuron du capitalisme français. Quatre des cinq premières places du classement de *Challenges* sont en effet occupées par les heureux propriétaires de LVMH (1ᵉʳ), Hermès International (2ᵉ), Chanel (3ᵉ) et Kering (5ᵉ). D'autres suivent plus discrètement : Philippe Cassegrain et sa famille (64ᵉ), propriétaires du maroquinier Longchamp, Louboutin (106ᵉ), la famille Signoles (112ᵉ), propriétaire du malletier Goyard, Pierre Cardin (162ᵉ), ou encore Richard Mille (171ᵉ), fondateur des montres du même nom. Le secteur du luxe compte aujourd'hui pour 3 % du total des 500 premières fortunes de France contre 1 % en 1998. L'univers de la cosmétique a lui aussi vu sa position se renforcer en passant de 2 à 3 % du total, avec des groupes comme L'Oréal, Clarins, Sisley ou le parfumeur Robertet, par exemple.

Si certains secteurs, qui se sont pleinement intégrés à la mondialisation et en ont tiré profit, ont su maintenir ou consolider leurs positions au sein du gotha du capitalisme français, l'analyse comparée des deux classements opérés par *Challenges* à un peu plus de vingt ans d'écart fait apparaître un phénomène majeur : le spectaculaire décrochage de l'industrie.

1998-2020 : Évolution de la répartition sectorielle des 500 premières fortunes françaises

Secteurs	**1998**		**2020**	
	Nombre d'individus	Poids du secteur dans le total	Nombre d'individus	Poids du secteur dans le total
Industrie/Énergie	164	33 %	68	14 %
Distribution	55	11 %	47	9 %
Vins et spiritueux	45	9 %	50	10 %
Services	37	7 %	49	10 %
Communication/ Médias/Télécom	37	7 %	21	4 %
Agroalimentaire	35	7 %	29	6 %
Numérique/ Informatique	32	6 %	35	7 %
Santé	20	4 %	30	6 %
Finances/Assurances	20	4 %	20	4 %
Immobilier/Hôtellerie	15	3 %	57	11 %
BTP	11	2 %	11	2 %
Transports/Logistique	9	2 %	15	3 %
Cosmétiques	8	2 %	13	3 %
Luxe	6	1 %	14	3 %
Holding	6	1 %	41	8 %
Total	*500*	*100 %*	*500*	*100 %*

(Source : *Challenges* – calculs des auteurs.)

La branche agroalimentaire a certes été épargnée et n'a pas subi de déclin : les entreprises de cette filière représentent encore 6 % des 500 premières fortunes (contre 7 % en 1998) avec par exemple les familles Besnier (groupe Lactalis), Lesaffre (groupe du même nom, spécialisé dans les levures et les produits de fermentation), Le Duff (La Brioche Dorée), Fiévet (Fromageries Bel), Chapoulart (Andros), ou encore Lambert (LDC, n° 1 européen de la volaille). Mais toutes les autres activités industrielles ont subi une véritable saignée. Le nombre de familles ou personnes rattachées à la catégorie « Industrie et Énergie »[1] dans la nomenclature retenue par *Challenges* passe ainsi de 164 en 1998 à… 68 en 2020 ! En un peu plus de vingt ans, la part de l'industrie (hors agroalimentaire) dans le cœur du capitalisme français a ainsi été ramenée de 33 % à seulement 14 %. Cet effondrement est évidemment la suite logique du phénomène de désindustrialisation que nous avons évoqué. Mais ces chiffres montrent par ailleurs qu'en dépit de la première vague de désindustrialisation qui avait frappé la France à la fin des années 1970 et durant les années 1980, le secteur industriel demeurait encore très largement dominant au sein des principales fortunes économiques du pays à la fin des années 1990. Tel n'est plus le cas aujourd'hui, où l'industrie n'est plus qu'un secteur parmi d'autres. Tout cela n'est bien sûr pas sans conséquences sur les représentations et sur les équilibres internes au sein du capitalisme français.

Dans les instances parisiennes, comme dans les cercles de pouvoir provinciaux, la figure du « gros industriel » ou du capitaine d'industrie ne constitue plus dorénavant la personnalité de référence. La réussite économique et financière ne passant plus préférentiellement par l'industrie, les élèves des grandes écoles (y compris ceux qui sont issus de dynasties d'industriels) optent pour des carrières dans d'autres branches. Les filières industrielles n'étant plus dominantes, elles ont perdu de leur *soft power* dans les milieux patronaux : l'élection de Laurence Parisot à la tête du Medef en 2005 a acté, en quelque sorte, la victoire des branches du tertiaire (dont l'influente Fédération bancaire française) sur la toute-puissante UIMM, qui était historiquement la faiseuse de rois au sein du patronat français. Dans ce contexte, ce n'est plus l'industrie qui donne le *la* en termes de revendications, et les arbitrages en matière de politiques publiques ne sont plus indexés sur les intérêts de ce secteur, d'où, par exemple, le maintien pendant toute cette période d'impôts élevés sur la production – charge qui aura pénalisé la compétitivité de nos entreprises industrielles.

Ce déclassement des industriels au sein de la hiérarchie du capitalisme tricolore s'est produit dans un climat plus général de dénigrement de

1. Au sein de ce total, les groupes énergétiques pèsent très peu, et l'essentiel de la catégorie est composé d'entreprises industrielles.

l'industrie jugée « ringarde » et polluante. En 2001, Serge Tchuruk, pourtant à la tête d'un des plus beaux fleurons industriels français, Alcatel, théorisait ainsi « l'entreprise sans usine » (le fameux *fabless*). La même année, l'explosion de l'usine AZF à Toulouse et son très lourd bilan humain sont venus jeter l'opprobre sur l'industrie chimique, perçue non seulement comme polluante mais aussi comme dangereuse. C'est également de cette époque (gouvernement Jospin 1997-2002) que date la disparition du ministère de l'Industrie en tant que ministère de plein exercice, le portefeuille de l'Industrie étant confié à un ministre délégué – ou à un secrétaire d'État dépendant du ministère de l'Économie. Lors de l'élection présidentielle qui suivit, le document de campagne de Lionel Jospin ne mentionnait nulle part le mot « ouvrier », oubli sociologiquement très révélateur, qui ne fit tiquer que Pierre Mauroy, élu des vieilles terres industrielles du Nord… Le Parti socialiste reléguait ainsi officiellement la classe ouvrière aux poubelles de l'Histoire, communiant en ce début des années 2000 dans le culte de la « nouvelle économie ». Ce credo était alors également en vogue dans les milieux patronaux. C'est à cette époque que Jean-Marie Messier transforma la vénérable Compagnie générale des eaux (CGE) en Vivendi et se désengagea des activités industrielles traditionnelles pour investir massivement dans les médias. Même virage stratégique chez Lagardère, autre poids lourd du capitalisme français, quand à la mort de Jean-Luc Lagardère, en 2003, son fils Arnaud réorienta le groupe vers la communication et le sport, avec le succès qu'on sait.

Au déclin de l'industrie a répondu le renforcement des entreprises du secteur tertiaire au sein des principales fortunes françaises. Le poids des services est ainsi passé de 7 à 10 % dans le top 500 établi par *Challenges*, et celui du numérique et de l'informatique de 6 à 7 %. Mais la progression a été bien plus spectaculaire dans certains secteurs, actant le déplacement du centre de gravité du capitalisme français en l'espace de deux décennies seulement. Le nombre de personnes tirant leur fortune de l'immobilier et de l'hôtellerie est ainsi passé de 15 en 1998 à 57 en 2020, la part relative de ce secteur grimpant de 3 à 11 % du total. Le bond a également été spectaculaire pour la catégorie des holdings financières, dont le poids est passé de 1 à 8 % du total (soit de 6 à 41 des 500 premières fortunes françaises). Le boom de l'immobilier dans les grandes métropoles (singulièrement à Paris) et l'essor de l'hôtellerie de luxe (répondant à l'accroissement de la clientèle touristique haut de gamme sur le plan mondial) ont porté le développement du premier de ces deux secteurs. La montée en puissance des holdings renvoie, quant à elle, à la fois à la réorientation des avoirs et des placements de certaines grandes fortunes françaises de l'industrie vers des activités financières et au souci de diversifier les investissements afin de sécuriser les patrimoines. L'accroissement très important de la place des holdings et de l'immobilier illustre, plus globalement, la préférence collective que les plus grandes fortunes françaises ont marquée pour la gestion de participations financières et pour la rente foncière au détriment de la production. En d'autres termes, la pierre et le portefeuille de participations ont progressivement remplacé l'usine dans l'imaginaire des plus grands représentants du capitalisme tricolore.

2. Des fleurons tricolores qui ont prospéré sur un marché intérieur porteur

Plus globalement, l'observation du club très fermé des entreprises françaises leaders mondiales ou européennes dans leur secteur d'activité renseigne sur les dynamiques de fond que nous avons connues. Si ces entreprises figurent aujourd'hui sur le podium, c'est parce qu'elles ont pu prendre appui sur un marché domestique prospère qui leur a ensuite servi de tremplin pour conquérir l'Europe et/ou le monde. En lien avec le formidable essor des zones d'activité en périphérie des villes que nous avons évoqué précédemment, une entreprise comme Carrefour est aujourd'hui l'un des géants mondiaux de la grande distribution, et Unibail-Rodamco est la foncière des centres commerciaux et de l'immobilier commercial leader en Europe (et désormais dans le monde, depuis le rachat en 2017 de l'américain Westfield). Les groupes Bouygues et Vinci ont, de leur côté, capitalisé sur l'intense période de construction de logements et d'infrastructures afférentes, qui a transformé les paysages de nombreuses régions françaises au cours des dernières décennies. Dans la logistique, signalons que le groupe Norbert Dentressangle était l'un des leaders européens du secteur avant son absorption par un concurrent américain. Dans le domaine du tourisme et des loisirs, avec Club Med, le Groupe Beneteau (plaisance) et le pisciniste Desjoyaux, la France est très bien représentée sur le plan international. Sur le créneau de l'*entertainment*, on pourrait également citer Ubisoft, l'un des géants mondiaux des jeux vidéo. Dans un tout autre domaine, signalons que le groupe Korian est leader européen des maisons de retraite, son succès renvoyant au développement de la *silver economy*, autre tendance de fond dans un pays où nous l'avons vu, la moyenne d'âge augmente inexorablement…

CINQUIÈME PARTIE

Des traditions à la globalisation : une archéologie des couches culturelles

À l'instar des différents types d'architecture et d'urbanisme qui se sont superposés au fil du temps sur notre territoire, les modes de vie et les références culturelles qu'on observe dans la France d'après sont le fruit d'une sédimentation de différentes influences qui se sont déposées plus ou moins récemment. Tels des géologues arpentant un terrain accidenté et tourmenté, nous avons procédé à un trait de coupe afin de mettre en évidence les principales strates qui se sont progressivement superposées sur les couches les plus anciennes. Cette archéologie nous a permis de mieux cerner la prégnance de telle ou telle influence culturelle dans la société actuelle, de même qu'une coupe géologique de sous-sol aide à mieux appréhender et à comprendre les formes du relief en surface.

Ce trait de coupe fait apparaître de multiples couches culturelles dont l'épaisseur et l'étendue au sein de la société sont variables. Par souci de clarté et d'efficacité, nous nous cantonnerons à en décrire les principales, en commençant par les plus anciennes pour remonter ensuite aux plus récentes, celles qui ont été amenées chez nous par les grands vents de la globalisation.

CHAPITRE 1

Catholicisme : la roche-mère n'affleure plus qu'épisodiquement

Dans un précédent ouvrage[1], nous avions évoqué un fait sociologique et culturel majeur survenu au cours des cinquante dernières années : la dislocation terminale de la matrice catholique. Mais si la religion catholique a cessé d'être l'un des principaux piliers structurant la société, le catholicisme subsiste, d'une part comme religion pratiquée par une petite minorité de Français et, d'autre part, à l'état de traces mémorielles plus ou moins effacées ou enfouies. Cet ensemble de signes et de références constitue la couche culturelle la plus profonde sur laquelle d'autres couches se sont progressivement déposées. Cette roche-mère très ancienne a été considérablement érodée et arasée par le temps. Elle a disparu dans de nombreux endroits et, quand elle affleure encore, elle est souvent en très mauvais état.

1. Des traces toujours présentes…

L'approche géographique et l'observation des paysages nous permet de déceler l'existence de cette couche catholique résiduelle dont la présence est encore imprimée sur le territoire, ne serait-ce que par la toponymie. Nous avons ainsi dressé une carte qui recense toutes les communes dont le nom trahit l'imprégnation catholique, comme « Saint », « Sainte », « Moine », « Église », « Cloître, « L'Abbaye »[2], etc. Au total, 5 202 communes portent un nom renvoyant à l'univers de

1. Jérôme Fourquet, *L'Archipel français*, Paris, Seuil, 2019.
2. En Alsace, nous avons inclus les communes comprenant les termes Kirche (« église » en allemand) ou Heilig (« saint »). *Idem* pour les noms de communes comprenant la racine Kerk (« église » en flamand) dans le Nord-Pas-de-Calais, ou en Corse les mots San/Santa (« saint »/« sainte »).

cette religion, et si certaines régions sont moins concernées que d'autres, le maillage est néanmoins très dense[1].

L'empreinte toponymique du catholicisme

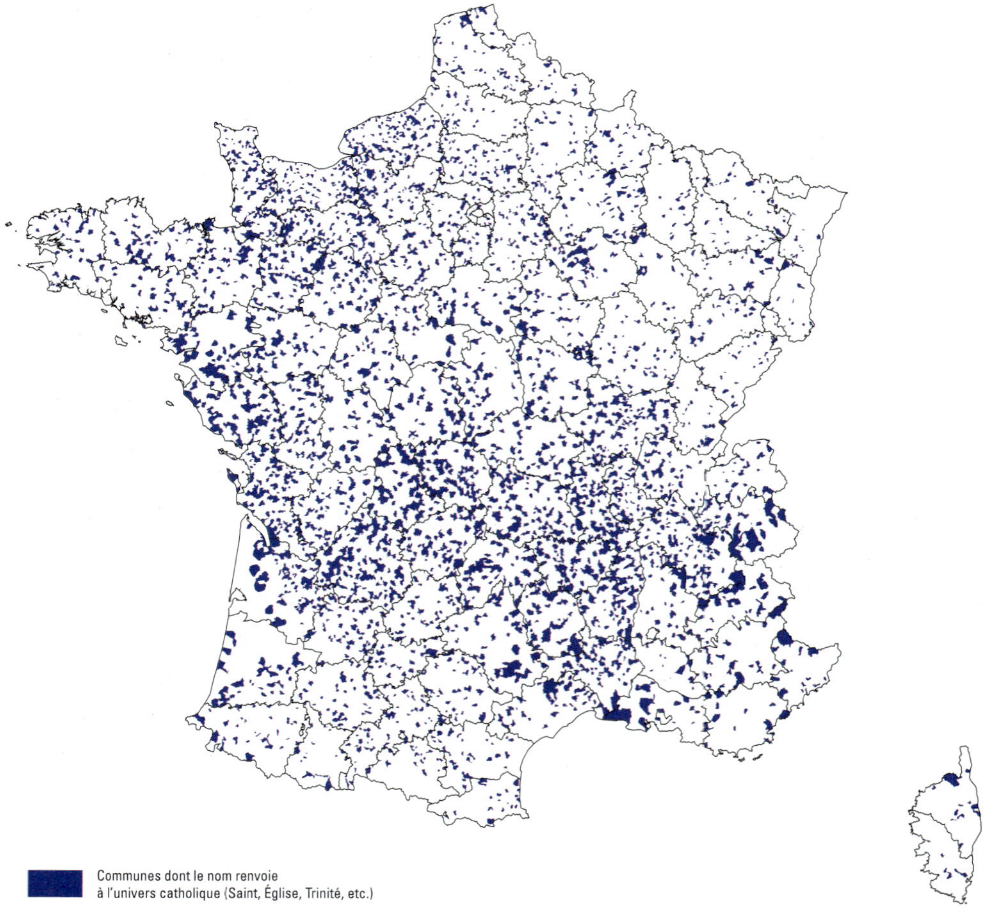

Georges Duby a bien montré comment, au Moyen Âge, l'Église avait joué un rôle central dans la fixation des populations paysannes autour des églises et des cimetières, et dessiné ainsi toute une partie de la trame

1. Lors de la Révolution, les références à la religion et à la royauté dans la toponymie avaient été effacées, plusieurs centaines de communes étant alors renommées. En 1814, Louis XVIII annulera la quasi-totalité de ces changements et procédera à la restauration de la toponymie historique.

villageoise du pays[1]. La trace lointaine de cette empreinte se lit aujourd'hui dans la topographie, mais également dans les paysages parsemés d'édifices religieux imposants (cathédrales, basiliques, abbayes, églises, etc.) ou plus discrets (chapelles, calvaires). Mais alors que ces édifices avaient structuré pendant des siècles nos terroirs (« L'église au centre du village »), ils ne sont plus aujourd'hui que des éléments parmi d'autres de nos paysages urbains, périurbains et ruraux. Cette sensation est très bien rendue, par exemple, dans le travail consacré par le photographe Artus de Lavilléon[2] aux campagnes mayennaises avec quelques images de calvaires perdues parmi des dizaines de clichés de hangars agricoles, ronds-points, supérettes, fermes, pavillons, stations-service et parkings.

Sous l'effet de l'effondrement de la pratique religieuse, les églises ont perdu leur centralité symbolique. Désormais très peu fréquentées, et le plus souvent mal entretenues, elles voient leur état se dégrader et poser de grosses difficultés aux communes et aux diocèses. Dans ce contexte, l'image de l'incendie de Notre-Dame de Paris a été reçue comme une spectaculaire allégorie du déclin très avancé du catholicisme en France. Mais au travers de l'émotion suscitée et de l'afflux des dons recueillis, ce drame a également révélé un attachement de toute une partie de la population à cet édifice. Certains ont voulu voir dans cette mobilisation un signe annonciateur d'un sursaut de la foi et de la pratique catholiques. Les chiffres dont on dispose ne semblent rien indiquer de tel, et si l'émotion de la communauté chrétienne a été intense, le choc provoqué dans le pays par ces images très fortes avait davantage à faire avec la dimension patrimoniale et culturelle de ce monument qu'avec sa signification religieuse.

2. ... mais qui s'estompent de plus en plus

La méconnaissance de la culture chrétienne dans la population française est la conséquence d'une prise de distance déjà ancienne des populations adultes, qui ont rompu la chaîne de transmission auprès

1. Cf. Georges Duby, *Le Moyen Âge*, Paris, Hachette, 1987.
2. Artus de Lavilléon, *Personnes & Personne II, Photographies 2003-2013*, en téléchargement libre sur le site de l'auteur : http://artusdelavilleon.com.

de leurs enfants[1]. On mesure cette rupture à la chute du nombre des baptisés : en 1980, si l'assistance à la messe dominicale était déjà très faible, le baptême demeurait une pratique très répandue et s'apparentait à une convention sociale, traduisant la persistance de l'influence culturelle du catholicisme : les baptisés représentaient encore 70 % des nouveau-nés.

1970-2018 : Part des baptisés dans les naissances

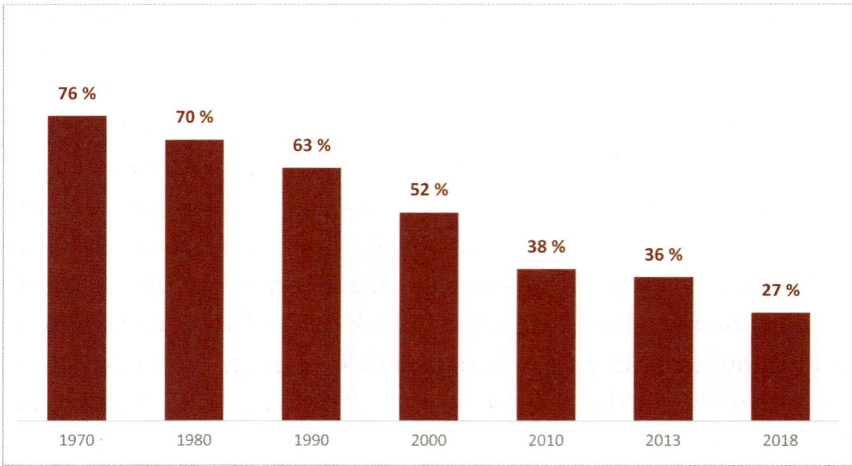

(Source : Église de France – Insee.)

Cette influence sociétale s'est délitée de manière extrêmement rapide. En 2000, seuls 52 % des nouveau-nés recevaient le baptême, ce taux chutant à 27 % en 2018. Dans certains milieux, le baptême a été remplacé par d'autres pratiques émergentes. Ainsi, dans une étude très fouillée qu'il a consacrée aux jeunes adultes issus des milieux populaires des campagnes de l'est de la France[2], le sociologue Benoît Coquard explique que la naissance d'un enfant n'est plus guère suivie de son baptême, mais souvent… du tatouage de son prénom sur la peau d'un parent (souvent de la mère). De la même manière, si les grandes processions comme celles de la Fête-Dieu, qui rassemblaient

1. Cf. Jean-François Barbier-Bouvet, « Connaissances, méconnaissances et ignorances religieuses aujourd'hui », *Bulletin des bibliothèques de France*, 2003.
2. Cf. Benoît Coquard, *Ceux qui restent. Faire sa vie dans les campagnes en déclin*, *op. cit.*

la population d'une localité et étaient vécues comme un moment très important d'un « catholicisme populaire » (pour reprendre l'expression de Guillaume Cuchet[1]), ont quasiment disparu des rues de nos villes et villages, le phénomène des marches blanches s'est imposé à partir du milieu des années 1990[2].

D'une certaine manière, ces marches blanches sont des processions sécularisées. À l'instar des processions catholiques, elles répondent à une scénographie et à une esthétique précises et codifiées. Les participants portent des hauts de couleur blanche, des ballons gonflables blancs, on procède souvent à un lâcher de colombes pour l'occasion, on dépose des bougies et des fleurs au pied d'une photo de la victime. Observé après chaque fait divers tragique, ce nouveau rituel s'est pleinement installé dans l'Hexagone. D'après les recherches effectuées sur les sites Internet de la presse nationale et régionale, nous avons ainsi dénombré 35 marches blanches organisées sur la seule année 2019 en France, soit un rythme moyen de trois par mois. Le philosophe Christian Godin y voit une façon d'exprimer collectivement son émotion et d'opérer une catharsis[3], fonctions traditionnellement remplies par les cérémonies religieuses. Dans la France d'après, où la matrice catholique a été disloquée, un nouveau rituel a donc été inventé pour combler le vide dans des moments particulièrement douloureux. Comme tout processus d'innovation sociétale, ce nouveau rituel a incorporé des éléments issus de la strate culturelle antérieure. Cette hybridation fut, par exemple, clairement observable lors de la marche blanche qui était organisée le 27 septembre 2020 à Villefontaine, dans le nord de l'Isère, pour rendre hommage à la jeune Victorine Darbois. Sur le terrain de sport d'où partait la marche, une croix en bois avait été dressée : là, les participants déposèrent fleurs et bougies comme autour de l'autel à l'église. Si les incontournables lâchers de ballons et de colombes, tee-shirts et banderoles à l'effigie de la jeune victime marquèrent de leur empreinte la manifestation,

1. Voir notamment Guillaume Cuchet, *Comment notre monde a cessé d'être chrétien. Anatomie d'un effondrement*, Paris, Seuil, 2018.

2. Les premières marches blanches seront organisées en Belgique en 1996, en réaction à l'affaire Dutroux.

3. Cf. Christian Godin, « La marche blanche, un nouveau fait de société », *Cités*, 2014/3, n° 59, pp. 169-179.

la famille, catholique, avait également convié un prêtre en tête du cortège[1]. Cet événement illustre parfaitement la persistance de l'imprégnation catholique d'une frange très restreinte de la population (la paroisse de Saint-Paul-des-Quatre-Vents couvrant dix communes dont Villefontaine, La Verpillière, L'Isle-d'Abeau ou Saint-Quentin-Fallavier, soit un bassin de population de 50 000 habitants pour seulement 600 catholiques pratiquants[2]), mais aussi le développement d'un syncrétisme spirituel sur fond de déculturation religieuse.

Quant au fameux « blanc manteau d'églises[3] » qui recouvre la France, s'il est toujours bien là, il présente de très nombreux signes d'usure. Il a perdu de sa superbe et surtout de sa signification. Aux yeux de beaucoup, il n'est plus que le dernier témoin d'un monde englouti et devenu mystérieux. La description, sous la plume de Nicolas Mathieu, d'une scène d'obsèques dans une église de Lorraine en été rend parfaitement compte de cet état de fait :

> « Le garçon n'avait pas l'habitude de cet endroit. Il regardait les vitraux, les sculptures, ces images de supplice et de gloire, sans rien comprendre. Le sens de cette langue, pour lui et beaucoup d'autres, était perdu. Il ne demeurait qu'un décorum prétentieux et des gestes tournant à vide. Au moins, il faisait frais[4]. »

Les résultats d'un sondage viennent corroborer ce diagnostic : 74 % des moins de 35 ans ne savent pas à quoi correspond l'Ascension, 91 % ignorent ce que signifie la Pentecôte.

La présence d'objets religieux dans les foyers, autre marqueur du degré de prégnance de la matrice culturelle catholique, est également en fort recul. En 1988, 40 % des Français déclaraient posséder un missel ; ils ne sont plus que 18 % aujourd'hui. Seuls 17 % d'entre eux affichent un crucifix (contre 39 % trente-deux ans plus tôt), et 14 % du buis bénit contre 36 % en 1988.

---

1. Cf. « Marche blanche à Villefontaine : entre 5 000 et 6 000 personnes se sont réunies pour rendre hommage à Victorine », *Le Dauphiné*, 4 octobre 2020.
2. Cf. « Le prêtre devenu écrivain », *Le Dauphiné*, 24 octobre 2010.
3. Cette formule très célèbre, utilisée notamment dans plusieurs de ses discours de campagne par Nicolas Sarkozy et attribuée généralement à tort à Charles Péguy, est de Raoul Glaber, moine chroniqueur du Moyen Âge.
4. Cf. Nicolas Mathieu, *Leurs enfants après eux*, *op. cit.*

Cette déculturation ne frappe pas toutes les composantes de la population française au même degré, mais elle est globalement très avancée. Le référentiel catholique est aujourd'hui profondément enfoui dans les consciences et affleure de moins en moins. Il ne se manifeste plus que sporadiquement dans l'opinion, sous l'effet de chocs particuliers : la polémique sur la présence des crèches dans les lieux publics, l'assassinat du père Hamel, ou encore l'incendie de Notre-Dame de Paris.

CHAPITRE 2

Que reste-t-il des couches culturelles régionales ?

1. État des lieux de la persistance des identités et des accents régionaux

Certaines régions périphériques conservent en partie leur accent

À partir d'une vaste enquête de l'Ifop menée de février à avril 2020 auprès d'un échantillon national représentatif de 10 000 personnes, nous avons pu quantifier, à l'échelle départementale, la proportion d'individus s'estimant porteurs d'un accent très ou assez prononcé. Ce taux s'établit à 20 % de la population nationale, soit une proportion non négligeable qui atteste de la persistance d'une strate culturelle régionale. Toutefois, mesurée à l'aune de la proportion d'habitants porteurs d'un accent marqué, l'épaisseur de cette couche culturelle apparaît comme des plus variables d'une région à l'autre. Dans des pans entiers du territoire, elle semble avoir disparu ou avoir été presque totalement arasée. C'est le cas en Île-de-France, mais le phénomène d'uniformisation de la prononciation s'est propagé bien au-delà des frontières de la région-capitale. Dans tout le quart nord-ouest de la France, la proportion de locuteurs à l'accent marqué est en effet aujourd'hui inférieure à 10 % de la population. À l'exception de quelques isolats très ruraux (Orne, Deux-Sèvres), cette zone au parler standardisé s'étend sur le Centre, la Basse-Normandie, les Pays de la Loire, la Bretagne (à l'exception du réduit finistérien), Poitou-Charentes et la majeure partie du Limousin.

Cette *lingua parisiana* domine également très nettement (avec un taux de locuteurs à l'accent marqué inférieur à 20 % de la population départementale) sur les marges élargies de cette vaste zone, en direction du nord et de l'est (Oise, Champagne) et du sud (Massif central et

Pourcentage de la population déclarant avoir un accent marqué

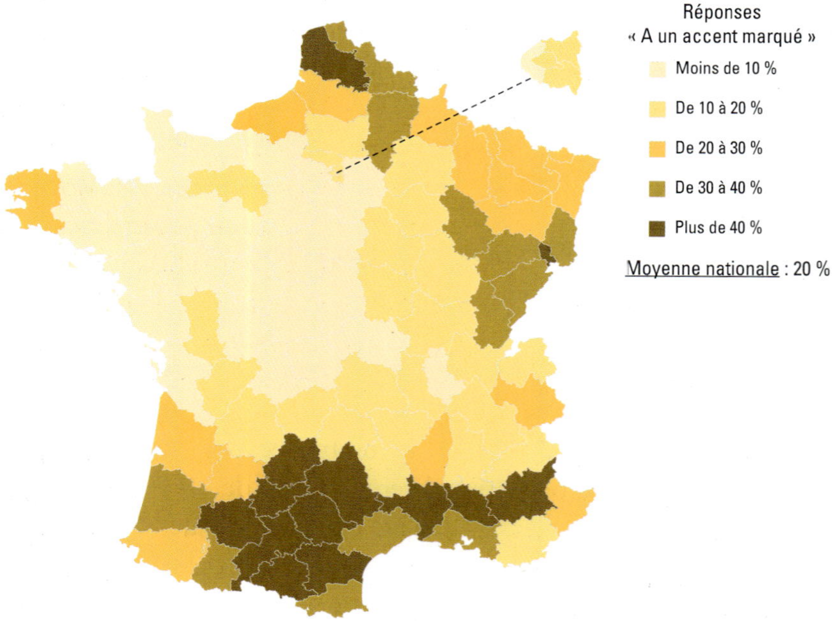

(Source : Ifop.)

Bourgogne). Dans cette dernière région, la jonction s'opère avec une seconde zone de diffusion d'un parler standardisé à partir de l'agglomération lyonnaise, le département du Rhône (qui apparaît en pâle sur la carte). Aire d'échanges économiques intenses et de brassage de la population, l'ancienne capitale des Gaules a participé au processus d'uniformisation linguistique dans son hinterland, le taux de porteurs d'accent prononcé se situant sous le seuil des 20 % dans toute la région Rhône-Alpes (à l'exception de l'Ardèche et de la Savoie).

À côté de ce très large espace central, la prévalence des accents régionaux ne demeure significative que dans les régions périphériques : Picardie, Nord-Pas-de-Calais, Ardennes, Lorraine, Alsace, Franche-Comté, Sud-Ouest et arc méditerranéen. Toutefois, même dans ces marges, l'intensité de la « différence » est loin d'être uniforme. Les espaces les plus urbanisés, touristiquement les plus attractifs et/ou situés sur des axes de circulation affichent généralement des taux de porteurs d'accent moins élevés. Cela s'explique en bonne partie par la présence significative d'une population non originaire du territoire. Comme nous le constaterons un peu plus loin, les brassages de population ont en effet été intenses dans certaines régions au cours des dernières décennies, l'une des conséquences de ce phénomène étant que, selon la formule consacrée, « l'accent se perd ». C'est le cas par exemple dans un département comme le Var (et dans une certaine mesure celui des Alpes-Maritimes), où la prévalence de l'accent local est nettement moins forte aujourd'hui que dans les départements de l'arrière-pays comme le Vaucluse ou les Alpes-de-Haute-Provence, où la proportion de « natifs » demeure nettement plus importante. On constate le même phénomène dans le Sud-Ouest, avec des écarts assez nets entre un département très touristique comme les Pyrénées-Atlantiques, dans lequel les porteurs d'accent sont proportionnellement moins nombreux que dans les Landes, les Hautes-Pyrénées ou le Gers voisin.

Ce dernier département appartient, avec tous ceux de l'ancienne région Midi-Pyrénées, à un bloc assez compact et étendu dans lequel l'accent est non seulement encore très courant mais aussi revendiqué. C'est également le cas en Haute-Garonne, en dépit de la présence de la métropole toulousaine, qui a attiré une très importante population allogène au cours des dernières décennies[1].

Dans cette partie de la France, le particularisme local se décline sur le plan gastronomique (avec les emblématiques saucisses et cassoulet toulousains notamment), mais également sportif. Si le football est pratiqué sur l'ensemble du territoire national, la géographie du rugby demeure toujours cantonnée pour l'essentiel dans le sud-ouest du pays. Jean-Pierre Augustin et Alain Garrigou, qui ont étudié l'implantation du rugby dans le Sud-Ouest au début du XXe siècle, ont mis en lumière

1. Marie-Christine Jaillet (« Peut-on encore vivre en ville ? L'exemple de Toulouse », *Esprit*, mars-avril 2013) rappelle ainsi que l'agglomération a eu à accueillir chaque année 17 000 à 20 000 « nouveaux Toulousains » depuis les années 2000. Cet afflux de population ne s'est pas principalement effectué à partir des départements voisins mais a été alimenté par des flux provenant de toutes les régions françaises. Ainsi, d'après les données de l'Insee que nous avons pu dépouiller, parmi les personnes décédées en 2017 en Haute-Garonne, 39 % étaient nées dans ce département et 12 % dans un autre département de l'ancienne région Midi-Pyrénées. Le poids des autochtones « régionaux » n'était donc que d'à peine 50 %, la moitié des décédés en Haute-Garonne étant nés dans d'autres régions – parfois très éloignées : 16 %, par exemple, étaient nés en Île-de-France ou dans le quart nord-est du pays.

le rôle joué par les notables et les instituteurs radicaux-socialistes dans la propagation du rugby dans la région à travers la création de clubs et d'associations sportives d'obédience républicaine et laïque visant à faire pièce aux patronages catholiques, davantage tournés vers le football[1]. Comme le montre la carte ci-dessous, un siècle plus tard la grande majorité des clubs évoluant dans le Top 14 ou en Pro D2 en 2020 sont encore situés dans cette région, et l'on note une correspondance assez étroite entre accent méridional et pratique rugbystique, ces deux éléments joints témoignant de la persistance d'une culture propre à la région, occitane ou méridionale.

La carte de l'ovalie et de la persistance des accents

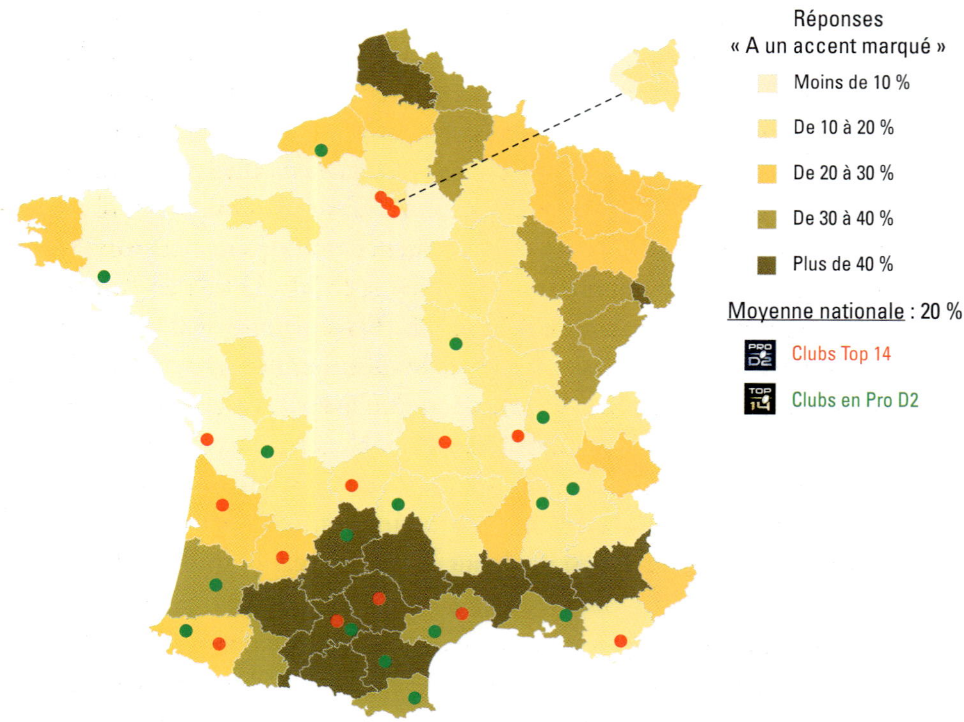

(Source : Ifop.)

1. Jean-Pierre Augustin et Alain Garrigou, *Le Rugby démêlé. Essai sur les associations sportives, le pouvoir et les notables*, Bordeaux, Le Mascaret, 1985.

Les défis de la presse quotidienne régionale dans une France mobile

La presse quotidienne régionale, très ancrée dans les différents territoires, constitue à la fois un vecteur de diffusion et d'entretien des cultures régionales, mais également une illustration de la persistance des identités locales. Une analyse fine de la localisation des abonnés aux titres de la PQR (Presse quotidienne régionale) sur Twitter montre que l'audience numérique de ces titres demeure concentrée dans leur région respective. À l'heure des réseaux sociaux et des nomades digitaux, les cartes suivantes indiquent une grande stabilité géographique du rapport à ces titres. Dans le Nord-Pas-de-Calais, par exemple, l'écrasante majorité des personnes suivant au moins un titre de la PQR sur Twitter sont abonnées au compte de *La Voix du Nord*. En dépit de la création des Hauts-de-France, nouvelle région englobant le Nord-Pas-de-Calais et la Picardie, le taux de *followers* de *La Voix du Nord* s'effondre aussitôt que l'on pénètre dans la Somme ou l'Aisne, chasses gardées du *Courrier picard*. Le même phénomène s'observe dans la nouvelle région Grand Est : *L'Est républicain* fait le plein en Lorraine, quand *Les Dernières Nouvelles d'Alsace* règnent sans partage parmi les abonnés à un compte Twitter de la PQR résidant en Alsace. Le plus grand quotidien régional français, *Ouest-France*, voit aussi ses *followers* se concentrer dans son espace de diffusion historique qu'est le Grand Ouest, avec une zone de force particulière en Ille-et-Vilaine (où est implanté le siège du journal) et dans les départements limitrophes : Mayenne, Loire-Atlantique et Morbihan. En dépit de sa puissance de feu et de son rayonnement, il ne dispose que de peu d'abonnés sur Twitter dans les autres régions françaises et doit compter avec la concurrence de son rival de toujours, *Le Télégramme,* dans la partie occidentale de la Bretagne.

Dans la moitié sud du pays, chaque titre de la PQR campe également sur son pré carré numérique et participe à l'entretien d'une identité locale au périmètre plus ou moins vaste. Sur Twitter, la zone d'influence de *Sud-Ouest* correspond assez bien au découpage de la région Nouvelle-Aquitaine, autour des pôles que sont Bordeaux et la côte basque mais avec un rayonnement important dans les Charentes et jusqu'aux marges du Limousin. Au regard de la répartition de ses *followers*, le *Midi libre* se cantonne, quant à lui, au territoire du Languedoc, la zone

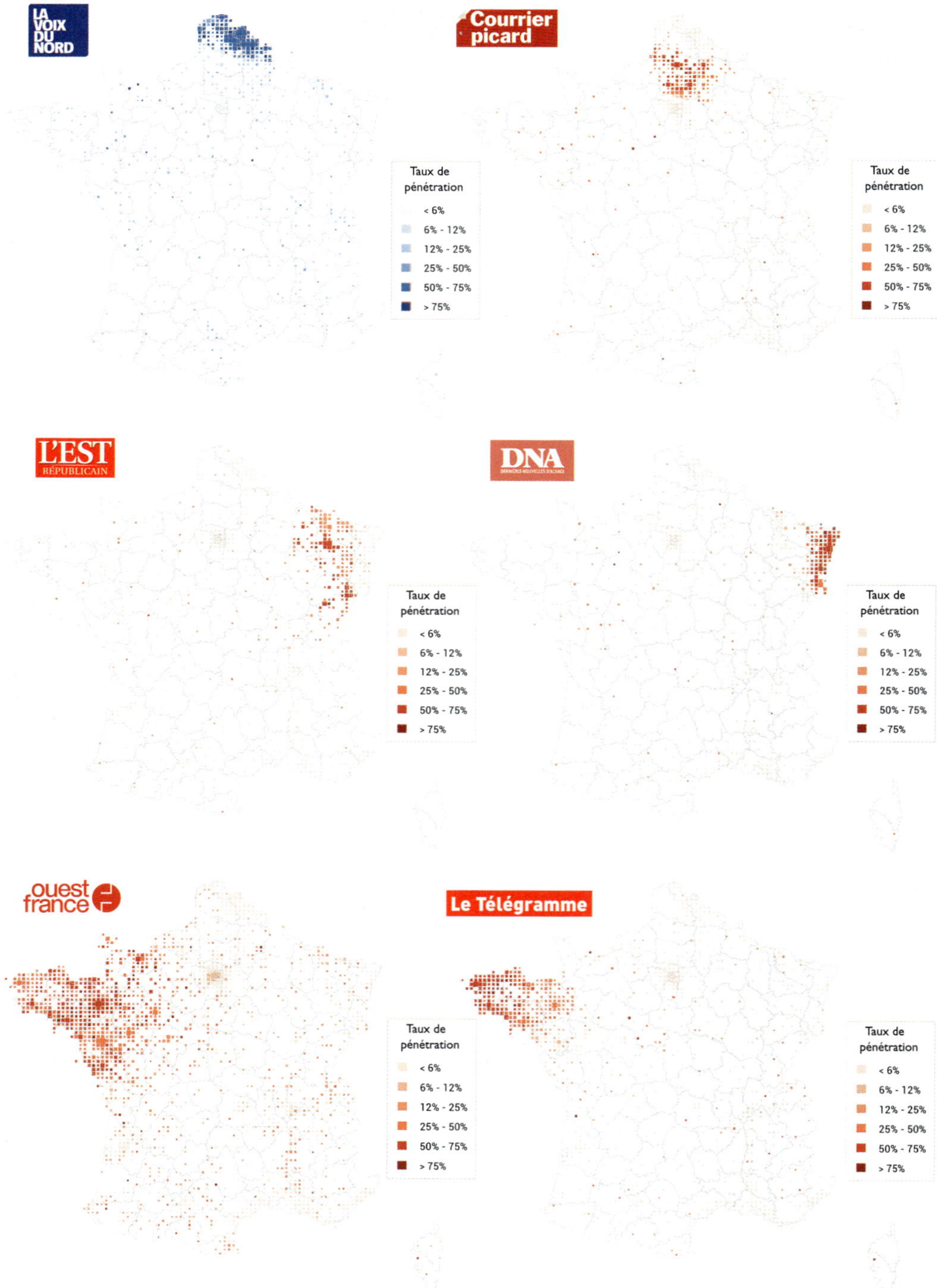

Nombre d'abonnés sur Twitter

- 100 000
- 1 000
- 10

Taux de pénétration dans l'ensemble de la PQR :

Sur 100 comptes Twitter abonnés à au moins un titre de Presse Quotidienne Régionale (via leur @ officiel), proportion suivant le titre en question.

Sources :
Twitter API, 2019.
Recensement de la Population 2017, Insee.
Contours administratifs IGN, 2020.

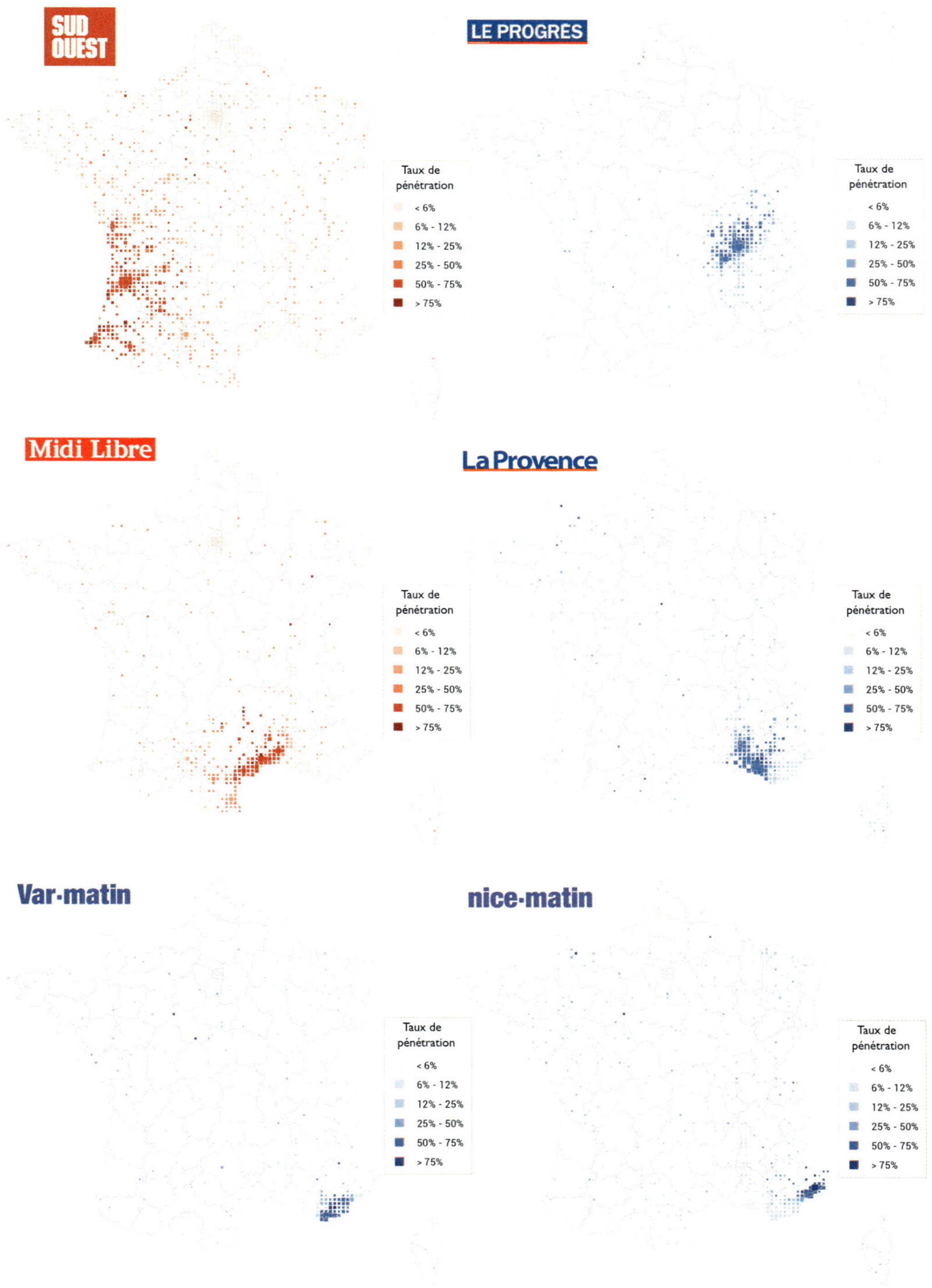

Nombre d'abonnés sur Twitter

- 100 000
- 1 000
- 10

Taux de pénétration dans l'ensemble de la PQR :

Sur 100 comptes Twitter abonnés à au moins un titre de Presse Quotidienne Régionale (via leur @ officiel), proportion suivant le titre en question.

Sources :
Twitter API, 2019.
Recensement de la Population 2017, Insee.
Contours administratifs IGN, 2020.

de chalandise digitale des autres titres méridionaux de la PQR étant plus circonscrite encore.

La PQR est confrontée à des problématiques très similaires sur l'ensemble du territoire : le vieillissement de son lectorat historique se conjugue avec la crise de la presse écrite payante, faisant craindre que les nouvelles générations rompent avec le rituel du journal lu au comptoir. Un grand nombre de titres ont bien entendu effectué leur transition digitale, renouvelant les contenus ou se tournant vers le payant, mais les abonnements numériques sont loin de compenser la baisse des ventes du papier. En fait, c'est l'existence même d'une presse locale dont le seul élément qui relie les lecteurs serait l'appartenance à un territoire commun qui est en question depuis une vingtaine d'années. Cette presse s'est longtemps appuyée sur le sentiment de communauté qui procède du fait d'avoir grandi dans le même ensemble de communes. Les résultats sportifs des équipes locales, les rubriques « Faits divers » ou encore les avis de décès remplissant une fonction d'information locale qui soude la communauté des lecteurs.

Avec la mobilité généralisée des populations, les attaches régionales sont moins solides, en dépit de beaux restes dans les régions « ancrées ». Au point que l'on peut se demander si la proximité fait encore société à l'heure des réseaux d'interconnaissance, des flux et des échanges virtuels qui s'émancipent pour partie de la géographie. Les quotidiens de la presse locale généraliste sont tous confrontés au même dilemme éditorial : celui de devoir parler à tout le monde dans une société fragmentée. Les titres du journal *La Provence* fournissent une bonne illustration de cet écartèlement permanent. Les éditions du journal abordent bien sûr des questions liées à la politique locale, traitent des résultats de l'OM dans le cahier des sports, évoquent le dernier règlement de comptes ou la dernière descente de police liés au trafic de stupéfiants dans les quartiers. Mais il leur faudra aussi rendre compte de l'activité des entreprises qui évoluent dans des secteurs de pointe (énergies renouvelables, numérique, cosmétique), proposer une information touristique à la belle saison et des portraits de personnalités emblématiques de la région, sans oublier les foires aux santons et les concours de boules.

Alors que les grands titres généralistes, équivalents écrits des discussions sur la place du village, sont en perte de vitesse ou confrontés à une crise existentielle, des *pure players* de l'information (titres créés sur Internet sans être adossés à un journal papier) tentent de se faire une place sur le marché. Leurs lignes éditoriales mettent en avant l'enquête journalistique, la politique locale ou encore les questions de développement économique. Cette presse haut de gamme relève néanmoins de l'économie de niche : ses abonnés ne sont que quelques milliers et se recrutent souvent parmi les catégories éduquées et mobiles, les décideurs et les notables locaux, laissant augurer un déclin de l'ère des médias locaux de masse.

2. Permanences et transformations des pratiques alimentaires régionales

Par-delà l'étude de la persistance des accents et de certains marqueurs identitaires locaux, la survivance et la vivacité de la strate culturelle régionale peuvent aussi être approchées au travers de l'étude des pratiques alimentaires. À cette fin, nous essaierons (modestement !) de mettre nos pas dans ceux de Lucien Febvre, qui avait consacré toute une partie de ses recherches aux pratiques alimentaires des Français.

L'huile d'olive est largement sortie de son réduit méditerranéen

En 1961, le fondateur de l'École des Annales écrivait ainsi :

> « La façon d'accommoder les nourritures, et en particulier d'utiliser les graisses, semble d'une relative fixité. À la rigueur, et non sans difficulté, les hommes acceptent un aliment nouveau. Ils consentent à goûter d'un animal, d'un végétal jusqu'alors inconnu d'eux, ou non utilisés comme mets. Mais ce mets nouveau, ils l'accommodent selon leurs habitudes. Il est bien rare qu'ils innovent en la matière et qu'ils ne lui fassent pas subir les mêmes traitements qu'aux mets traditionnels. La technique culinaire, l'utilisation préférentielle de telles graisses pour la cuisine courante ou pour la cuisine exceptionnelle semble bien présenter une *fixité remarquable* ; elle a *la solidité, un peu partout, des habitudes qui ne sont plus mises en question*[1]. [...] Voilà qui justifie en quelque sorte, si l'on préfère qui explique, pourquoi la première enquête alimentaire de la Commission des recherches collectives a porté sur les fonds de cuisine et sur l'usage en France des graisses alimentaires[2]. »

1. C'est nous qui soulignons.
2. Lucien Febvre, « Essai de cartes des graisses de cuisine en France », *Annales ESC*, 16 avril 1961.

Au terme d'un travail d'enquête minutieux, comme l'École des Annales savait si bien les mener, l'historien et son équipe dressèrent une carte des graisses traditionnelles de cuisine en France à la veille de la Seconde Guerre mondiale. Trois types de graisse se partageaient le territoire. Le saindoux régnait alors en maître sur la majeure partie du pays : seul dans le quart sud-ouest et dans le nord-est ; en concurrence avec le beurre dans le Bassin parisien, la Normandie et ce qui constitue aujourd'hui les Hauts-de-France ; en partage dans les vallées du Rhône et de la Saône avec l'huile d'olive. Cette dernière disposait également d'un fief attitré sur le pourtour méditerranéen. Le territoire du beurre était, quant à lui, décrit en ces termes par Lucien Febvre :

> « La coulée du beurre recouvre la Bretagne tout entière, suit la vallée de la Loire, entre dans le Lyonnais, et va se perdre, de façon encore assez confuse pour nous, dans les Alpes. »

Mais si les *Annales* conféraient à l'usage des graisses de cuisine une très grande fixité, force est de constater que le paysage lipidique a été fortement bouleversé depuis. Et se pencher soixante ans après Lucien Febvre sur l'usage des graisses de cuisine permet justement de prendre la mesure des transformations qu'a connues notre pays, jusque dans les couches les plus profondes de son substrat culturel et gastronomique que constituent les fonds de cuisson.

Premier changement de taille sur fond d'exode rural, de hausse du niveau de vie et de consignes des nutritionnistes et du corps médical pour limiter la consommation des graisses animales : le saindoux, jadis ultra-dominant, a quasiment disparu durant les Trente Glorieuses. Il a été remplacé par une huile végétale, l'arachide, qui s'est taillé la part du lion dans les années 1960. Puis, sous l'effet des sécheresses récurrentes en Afrique de l'Ouest et des difficultés de productions rencontrées dans les anciennes colonies françaises, le cours de l'arachide a fortement augmenté au début des années 1970, ce qui a rendu cette huile nettement moins bon marché et incité une part croissante des consommateurs à s'en détourner. Ce déclin a représenté une aubaine pour la filière de l'huile de tournesol. Encouragée par les pouvoirs publics et promue par d'efficaces campagnes de publicité[1], cette filière de production tricolore s'est imposée dans les caddies et les placards des ménagères dans les années 1970-1980. Hormis le fait que cette huile était produite en France, son prix compétitif et sa nature relativement saine lui permirent de dominer le marché. D'autres huiles présentant les mêmes caractéristiques suivirent dans son sillage, comme l'huile de colza ou l'huile de maïs portée par un marketing efficace et notamment ce slogan : « Bon comme la campagne, Épi d'Or », qui marqua toute une génération à partir de 1982.

Ainsi, des Trente Glorieuses à la fin des années 1980, les considérations diététiques, mais aussi l'essor de la grande distribution et les stratégies marketing de grands groupes agroalimentaires (Lesieur, Sofiprotéol, Unilever, etc.) ont modifié en profondeur l'usage et les goûts des Français en matière d'huiles et de graisses de cuisine. Mais loin d'être stabilisé, ce marché va connaître ensuite une autre évolution de taille avec le spectaculaire engouement pour l'huile d'olive à partir des années 1990. Les considérations médicales (les bienfaits du régime crétois), la vogue pour les cultures et les cuisines méditerranéennes vont conduire à une augmentation très sensible de la consommation d'huile d'olive en France. Le docteur Serge Renaud popularise à partir du début des années 1990 le *french paradox*, montrant que la consommation de vin rouge et d'huile d'olive réduit les risques cardio-vasculaires. En 1998, il publie *Le Régime santé*[2], qui connaît un grand succès. Surfant sur cette image saine, les professionnels de l'huile d'olive accompagnent la tendance. Les Appellations d'origine contrôlée (AOC), signes de montée en gamme et de développement du marché, se multiplient à partir du milieu des années 1990 : AOC huile d'olive de Nyons (1994), Vallée des Baux (1997), Aix-en-Provence et Haute-Provence (1999), Nice (2001). C'est à la même époque qu'est créée Olivers & Co (1996), entreprise « premiumisant » la consommation d'huile d'olive. Pour autant, ce n'est pas seulement le segment haut de gamme, mais bien l'ensemble du marché de l'huile d'olive qui a connu un véritable boom dans les années 1990 et 2000, comme le montre le graphique suivant.

1. La marque Fruit d'Or mettra ainsi en scène, dans ses spots, le professeur Tournesol, figure de la très populaire BD Tintin, pendant quinze ans, de 1974 à 1989.
2. Aux Éditions Odile Jacob.

1990-2016 : Évolution de la consommation d'huile d'olive en France (en tonnes)

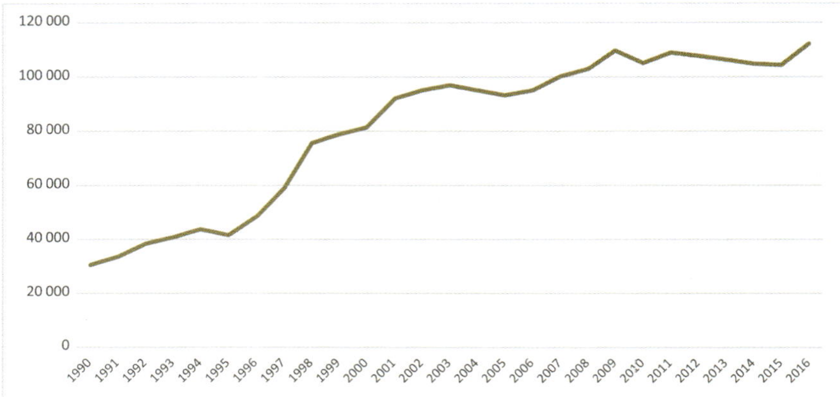

(Source : Agrimer.)

En 1999, Puget devient la marque d'huile d'olive la plus vendue en France, et en 2001, cette marque amorce une diversification de sa gamme avec l'introduction de différents « goûts » (« Puget douce », « Puget fruitée ») pour élargir le spectre de ses consommateurs. Cette décision visait notamment à proposer une huile d'olive à la fragrance et au goût moins affirmés, aux habitants des régions non méridionales. Ces choix marketing, combinés à une sensibilité accrue du grand public aux arguments diététiques et médicaux, se sont traduits par une spectaculaire diffusion de l'huile d'olive. Alors qu'une bonne partie du cadastre lipidique dressé par Lucien Febvre était demeurée valide durant les Trente Glorieuses, l'huile d'olive est, en deux décennies, sortie des vieilles frontières de la Narbonnaise[1], allant même jusqu'à conquérir la majeure partie de l'est de la France, tout le Sud-Ouest, et à concurrencer le beurre dans de nombreux départements de l'Ouest… Cet élargissement sans précédent de l'aire de consommation de l'huile d'olive constitue un bon révélateur des transformations culturelles profondes qu'a connues la société française depuis les années 1990.

1. Province romaine qui couvrait le pourtour méditerranéen et correspondait pour l'essentiel à la zone d'implantation de l'olivier.

Géographie des graisses de cuisson majoritairement utilisées en France

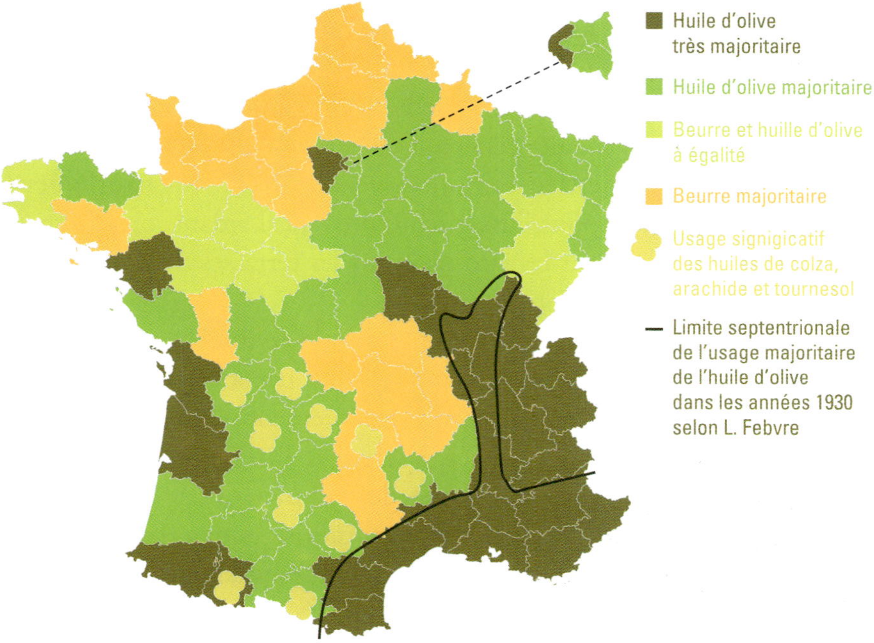

(Source : Ifop.)

Si certains invariants ont donc été bouleversés, la situation actuelle témoigne de la coexistence entre des tendances nouvelles (essor de l'huile d'olive), un héritage des années 1970-1980 (huile de tournesol, colza, maïs ou huiles mélangées[1]) et des survivances anciennes et localisées, avec une résistance du beurre dans certaines régions comme la Normandie ou les Hauts-de-France par exemple. Autre enseignement : on observe que les tendances émergentes, en l'espèce l'adoption de l'huile d'olive,

1. On constate un usage significatif des huiles de tournesol, colza, arachide ou mélangées du Limousin à l'Ariège. Si l'on se réfère aux travaux de Lucien Febvre, ces régions étaient historiquement adeptes du saindoux et utilisaient peu le beurre. Ici, la désaffection pour le saindoux au lendemain de la guerre et durant les Trente Glorieuses n'aura donc pas profité au beurre, mais à ces huiles qui se sont durablement implantées avant d'être concurrencées par l'offensive de l'huile d'olive à partir de la fin des années 1990. Dans les départements voisins du Massif central (Creuse, Allier, Puy-de-Dôme, Cantal, etc.), cette offensive se sera heurtée à la présence historiquement plus établie du beurre.

sont souvent portées par les couches aisées et diplômées. La très forte prévalence de l'huile d'olive dans certains départements comme les Hauts-de-Seine, les Yvelines, la Loire-Atlantique ou la Gironde renvoie à la présence significative d'une telle population dans l'Ouest francilien – mais aussi dans les agglomérations de Nantes et de Bordeaux.

On notera, pour finir, que si la culture de l'olivier et sa présence à l'état sauvage dans les garrigues demeurent cantonnées aux départements du pourtour méditerranéen, l'olivier a entamé en tant qu'arbre ou arbuste d'agrément sa remontée vers le Nord. Réchauffement climatique et attrait pour l'imaginaire provençal aidant, on en croise désormais souvent dans les jardins et sur les terrasses de nombreuses régions de la France d'après[1].

L'analyse odonymique confirme en partie ce double phénomène. Comme le montre la carte suivante, la référence à cet arbre dans les noms de rues, places et avenues est extrêmement dense dans la zone de présence naturelle de l'olivier, à savoir le littoral et l'arrière-pays méditerranéens, les vallées du Rhône, de la Durance et de l'Aude. Sorti de ce berceau traditionnel, l'odonyme est inexistant dans la plupart des départements, y compris dans ceux qui en sont pourtant proches comme la Lozère, l'Aveyron ou l'Ariège, car le climat et/ou l'altitude ne sont pas favorables au développement de ce végétal, cette absence dans la flore et la culture locales se répercutant bien sûr dans l'odonymie. Mais la carte indique également une présence non négligeable de ce nom de rue dans le quart nord-ouest du pays, et notamment en Charente-Maritime, Vendée, Loire-Atlantique, Ille-et-Vilaine – ou encore dans le Morbihan et le sud du Finistère. Si la proximité de l'océan et de son climat clément y favorise l'implantation de l'olivier et l'inscrit progressivement dans le paysage et l'imaginaire locaux, la fréquence de cet arbre dans l'odonymie s'explique sans doute également par le fait

1. Armand Frémont relatait en ces termes l'aménagement d'un lotissement dans la région rennaise dans les années 1970 : « Les pavillons se sont alignés les uns derrière les autres, dans la nudité du lotissement livré aux constructeurs. Les chemins et les places ont été goudronnés. […] Autour de la maison, ils ont planté des troènes, des hortensias, un arbre de Judée, un prunus et un cerisier qui a l'âge de leur dernier enfant » (Armand Frémont, *France, géographie d'une société* [1988], Paris, Flammarion, éd. revue 1997). Si le géographe décrivait aujourd'hui les paysages pavillonnaires qui se dessinent sous nos yeux dans la grande périphérie rennaise, il mentionnerait sans doute également la présence des oliviers d'ornement dans les jardins ou sur les ronds-points.

que cette vaste région est marquée par la poursuite d'un mouvement d'urbanisation soutenu, l'olivier se trouvant retenu, parmi d'autres végétaux, pour dénommer les rues des lotissements qui continuent de sortir de terre dans le Grand Ouest. On constate en effet sur la carte que, dans cette région, cet odonyme est en moyenne beaucoup plus récent que sur le pourtour méditerranéen.

Communes dotées d'une voie au moins dont l'intitulé comporte le mot « oliviers »

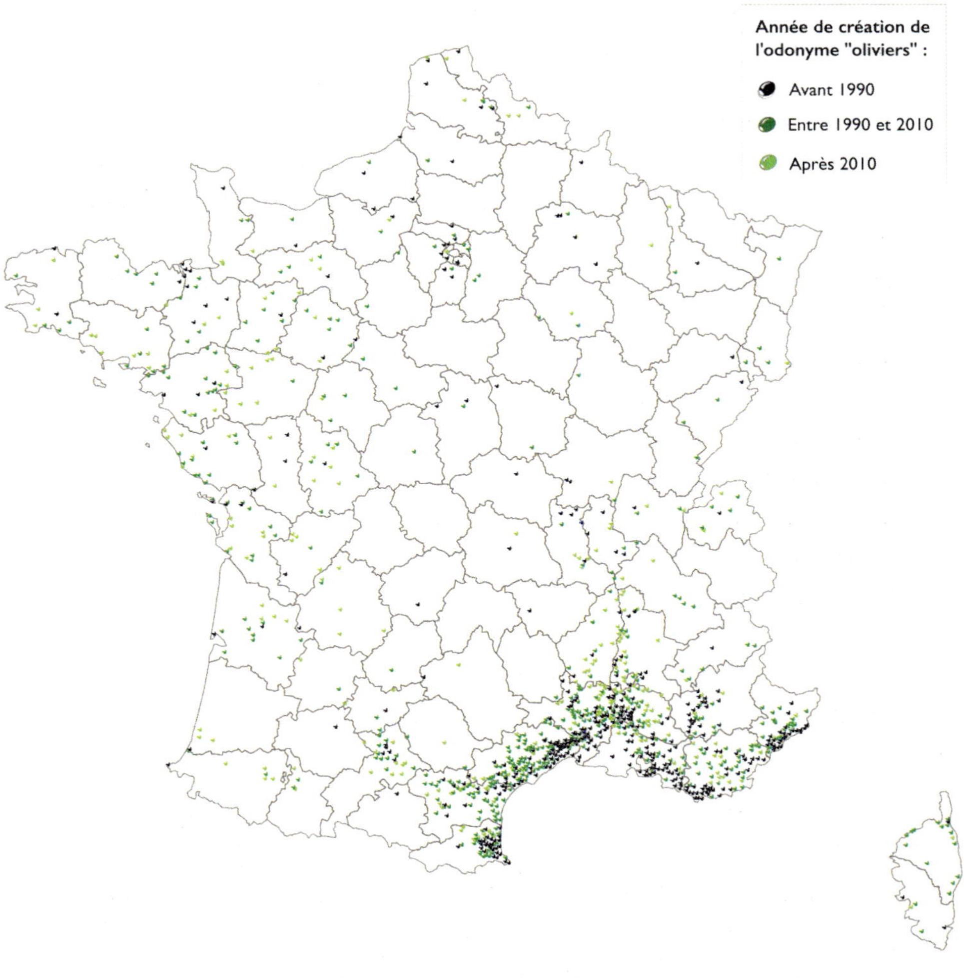

Sources : Fantoir, DGFiP, 2020. Contours administratifs, IGN, 2020.

Le renouveau de la micro-brasserie s'émancipe de la tradition brassicole

L'étude de la fréquence de la consommation de cidre et de bière pendant les repas permet également de mettre en évidence, d'une part, la persistance de certaines pratiques régionales et, d'autre part, la diffusion d'autres habitudes de consommation sur une vaste partie du territoire.

Ainsi, le fait de boire du cidre à table demeure l'apanage des départements bretons, normands et de la Mayenne. Cette pratique est peu fréquente ailleurs en France. La consommation de bière au cours d'un repas est un usage qui a, en revanche, essaimé davantage : 20 % des Français en boivent ainsi « souvent » ou « de temps en temps » à table, contre seulement 12 % pour le cidre. Le fait d'accompagner son repas de bière est, certes, plus fréquent dans les régions brassicoles que sont le Grand Est et les Hauts-de-France, mais toutes les régions françaises affichent des taux significatifs : 21 % par exemple dans les pays de vin que sont l'Occitanie ou la Bourgogne-Franche-Comté.

L'acclimatation de la bière dans toutes les régions françaises ne se lit pas seulement au travers des données de sondages sur la fréquence de consommation, mais également à l'aune du développement des micro-brasseries. Nous avons évoqué l'éclosion de ces structures dans les quartiers gentrifiés de l'agglomération parisienne, mais l'engouement ne se limite pas à l'Île-de-France et concerne au contraire tout le territoire, comme le montre la carte suivante, réalisée à partir des données compilées sur le site « Projet Amertume » à l'initiative du spécialiste du marché de la bière Emmanuel Gillard[1]. Selon les informations qu'il a récoltées, les micro-brasseries en activité étaient moins d'une centaine à la toute fin des années 1990, et plus de deux mille, vingt ans plus tard. La densité des micro-brasseries est certes particulièrement importante dans les régions brassicoles traditionnelles (Alsace, Nord-Pas-de-Calais) et

1. Nous remercions Emmanuel Gillard de nous avoir autorisés à utiliser ses données pour réaliser cette carte et ce graphique de l'évolution des micro-brasseries françaises. Nous renvoyons à son e-book pour un panorama complet de la filière brassicole française : *La Bière en France*, éditions 2021, Projet Amertume, disponible sur http://projet.amertume.free.fr.

Localisation des brasseries et micro-brasseries en France

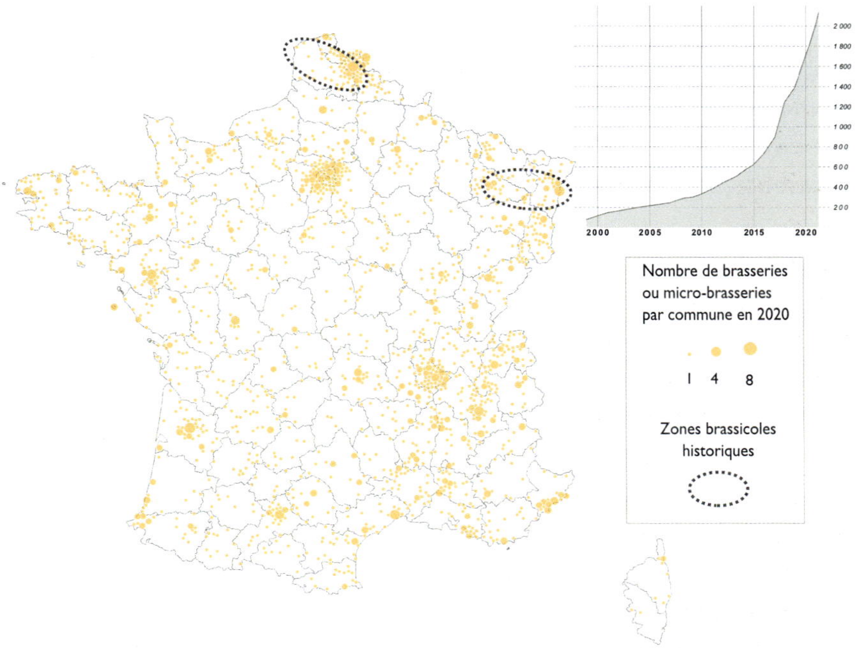

Sources : Emmanuel Gillard – Projet Amertume, 2021. Françoise Plet, 2000. Contours administratifs, IGN, 2020.

dans les grandes métropoles qui abritent une population très nombreuse et constituent donc un marché potentiel intéressant : région parisienne, agglomérations toulousaine, nantaise, lyonnaise ou niçoise par exemple. Mais la carte donne aussi à voir un maillage très étendu qui fait fi des vieilles frontières culturelles. Ainsi, le phénomène des micro-brasseries, porté par le mouvement *craft* (« artisanal ») inspiré du marché américain, qui mise sur un marketing dynamique et une image innovante, s'est déployé non seulement dans les villes mais également dans les pays de vins – avec un nombre important de brasseries dans la région bordelaise, en Bourgogne, en Champagne et dans le vignoble catalan, par exemple. Par ailleurs, il est notable que des micro-brasseries se sont implantées dans des régions touristiques à l'intention d'une clientèle de passage en recherche de produits locaux, la bière locale pouvant étancher leur soif de terroir et d'authenticité…

Ces brasseries-là, qui mettent en avant leur enracinement dans un espace bien identifié, sont nombreuses dans le massif alpin, sur le littoral provençal, la côte basque et le littoral breton. Mais manifestement, les micro-brasseries peuvent également se développer à l'écart des circuits touristiques et écoulent leur production auprès d'une clientèle locale. On observe ainsi une densité importante de ces entreprises dans des départements comme le Puy-de-Dôme, la Charente, l'Oise ou bien la Mayenne.

La pénétration de la galette des rois en pays d'Oc

À l'approche des fêtes de fin d'année, nous avions demandé aux lecteurs du magazine en ligne Slate.fr quelle spécialité ils consommaient le plus volontiers à l'occasion de l'Épiphanie : la galette feuilletée à la frangipane ressortit majoritaire en Île-de-France et dans toute la partie nord du pays ; une variété de brioche populaire dans la partie sud. (À noter qu'il en existe plusieurs variantes : la couronne, le royaume, la pogne, etc., agrémenté le cas échéant de sucres et de fruits confits.)[1]

Notre carte des 2 130 réponses exploitables est de prime abord rassurante pour les tenants des traditions culinaires régionales : la répartition entre les deux spécialités épouse encore assez bien les frontières culturelles et linguistiques entre pays d'Oïl et pays d'Oc. Plus précisément, un réduit extrême sudiste, qui comprend les pays provençal, occitan moyen, béarnais et gascon, est demeuré fidèle à la brioche, alors que la frangipane étend sa sphère d'influence dans le Limousin, l'Auvergne et les Alpes.

Nous avons vu que la bière s'était en partie émancipée de ses terres traditionnelles, et que l'huile d'olive avait très largement débordé de son périmètre de consommation historique. Dans le cas de la tradition des Rois, la brioche semble tenir ses positions les plus méridionales, mais les marges du pays d'Oc ont été conquises. Ce mouvement s'accompagne d'un phénomène urbain secondaire, invisible sur une carte (qui présente la tendance générale), mais observable sur le terrain.

1. Jean-Laurent Cassely et Joël Gombin, « La carte de France des mangeurs de galette à la frangipane et des amateurs de gâteau des rois », Slate.fr, 16 janvier 2015.

Dans toutes les grandes villes du Sud, de Bordeaux à Nice en passant par Toulouse, la plupart des boulangeries proposent les deux types de spécialités pour répondre à une clientèle plus mobile et plus allochtone. La galette à la frangipane déborde donc de son foyer francilien, et le périmètre de la brioche pourrait bien se rétracter encore à mesure que la couche régionale s'effrite sous l'effet de l'urbanisation généralisée des modes de vie[1].

Galette ou gâteau des rois ?
Les préférences par département

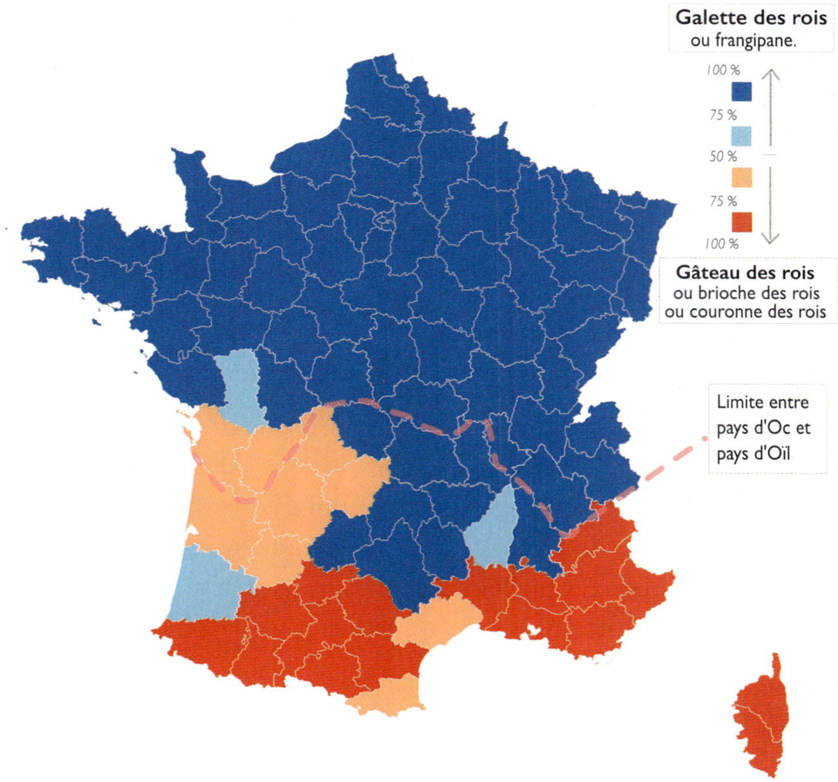

Sources : Slate, sondage auprès des lecteurs, 2015. Contours administratifs, IGN, 2020.

1. Le linguiste Mathieu Avanzi a constaté, à partir d'un sondage mené en 2018, la survivance de cette opposition ainsi qu'une extension de l'ère d'influence de la galette au Sud. Les cartes qu'il a réalisées à partir de ces données sont consultables sur le site « Français de nos régions ».

3. Le grand déplacement, ou quand les Français ont quitté leur terroir natal

Qu'il s'agisse des accents régionaux ou des habitudes alimentaires, la France d'après est caractérisée par la persistance de certaines pratiques régionales dans des zones bien circonscrites, mais aussi et surtout par des bouleversements qui induisent des effets d'hybridation ou d'effacement de certaines spécificités historiques. Pour tenter de comprendre ces phénomènes, un détour par la démographie s'impose. On peut faire, en effet, l'hypothèse que les changements culturels et de mode de vie sur des pans entiers du territoire se sont, certes, produits sous l'effet de modes ou d'influences nouvelles traversant l'ensemble de la société, mais qu'ils ont également beaucoup à voir avec la mobilité de la population française.

Nos concitoyens sont aujourd'hui beaucoup plus mobiles qu'hier, non seulement au quotidien mais également dans leurs choix de résidence. Marquée par une grande sédentarité géographique pendant des siècles (du fait de son statut très majoritairement agricole), la population française s'est mise à circuler depuis quelques décennies, dessinant autant de mouvements browniens sur le territoire. Si l'historien Michel Vovelle avait pu qualifier la période révolutionnaire de « grand remue-ménage[1] », les mouvements de population avaient été cantonnés à l'époque à la courte durée et avaient porté sur des distances assez limitées. Or, le phénomène est désormais, et depuis quelques décennies, devenu structurel et il engage une part importante de la population. Cette accélération du brassage des populations d'une région à une autre constitue un très puissant ressort sous-jacent des changements culturels que l'on peut observer en surface.

Des natifs du département désormais souvent minoritaires

Pour prendre la mesure de la mobilité résidentielle accrue des Français au cours de leur vie, nous nous sommes appuyés sur un fichier de l'Insee recensant l'ensemble des personnes décédées en France depuis 1972, les communes de naissance et de décès de chaque défunt étant

1. Michel Vovelle, *La Découverte de la politique. Géopolitique de la Révolution française*, Paris, La Découverte, 1992.

mentionnées dans cette gigantesque base de plus de 23 millions d'individus. Grâce à l'ingéniosité et au travail méticuleux de l'informaticien Guy Dumoulin, que nous remercions chaleureusement pour son aide ô combien précieuse, nous avons pu exploiter statistiquement ce fichier.

Première manière d'illustrer la « dé-sédentarisation » rapide et continue de la population française, la distance entre le berceau et le tombeau n'a cessé de s'accroître depuis une cinquantaine d'années. En moyenne, cette distance s'établissait à 104,9 kilomètres pour les personnes décédées en 1972[1]. Elle était de 150,6 kilomètres pour les défunts de 2019.

1972-2019 : Évolution de la distance entre le lieu de naissance et le lieu de décès (en km)

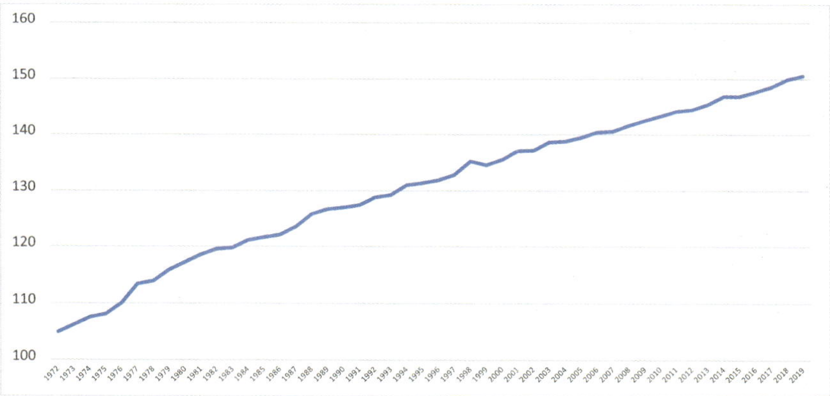

(Source : Insee – calculs effectués par Guy Dumoulin.)

Comme le montre la courbe ci-dessus, il s'agit d'une tendance lourde et non démentie depuis une cinquantaine d'années. En moyenne, cette distance s'accroît de pratiquement un kilomètre par an (950 mètres exactement). Cet indicateur qui, par construction, n'intègre pas les différents changements de lieu de résidence qui ont pu se produire au cours de l'existence, mais se contente de renseigner sur la distance séparant lieu de naissance et lieu de décès, permet de rendre compte de l'inexorable mise en mouvement de la population française. Certes, un

1. Pour ne pas fausser et compliquer les calculs, nous n'avons pris en compte que les personnes (très majoritaires dans la population totale) nées et décédées en France métropolitaine.

accroissement de 50 kilomètres du berceau au tombeau en cinquante ans, cela peut paraître assez modeste. C'est une augmentation pourtant fort significative, car derrière l'évolution moyenne, ces chiffres disent qu'une part très importante de notre population a rompu les amarres avec son terroir natal pour aller vivre (et mourir) dans une autre région.

Les cartes suivantes sont une autre façon de matérialiser l'ampleur du brassage démographique dont notre pays est l'objet depuis quelques décennies. Nous y avons représenté, dans chaque département, la proportion de décédés originaires du département. En 1972, au sortir des Trente Glorieuses, la stabilité de la population prévaut encore sur des pans entiers du territoire. En Bretagne, dans la Manche, en Vendée, dans le Nord, en Alsace-Moselle et dans le sud du Massif central, les « natifs du cru » représentent encore plus de 80 % des personnes décédées. Même si une partie de la population de ces départements a pu le quitter pour des raisons de carrière, l'écrasante majorité est demeurée ancrée à son lieu de naissance et bon nombre de ceux qui l'ont quitté y sont revenus pour passer leur retraite. Parallèlement à la fidélité des enfants du pays, ces territoires n'ont pas connu d'apport de populations venant d'autres régions. On remarquera qu'on a toujours affaire à des zones périphériques ou enclavées, autrement dit à l'écart des flux de circulation. Autre constat : il s'agit de régions où le catholicisme a résisté plus longtemps qu'ailleurs. Cette résistance s'éclaire ainsi d'un jour nouveau. La population étant restée stable et très homogène, les structures sociales locales, au rang desquelles les pratiques religieuses mais également le comportement politique ou les habitudes alimentaires et culturelles (pratique des langues ou des parlers régionaux), ont fait plus longtemps qu'ailleurs preuve de résilience et de permanence. On constate le même phénomène dans d'autres départements catholiques comme la Mayenne, les Deux-Sèvres, les Pyrénées-Atlantiques, la Loire ou les deux Savoies, dans lesquels 70 à 79 % des décédés étaient natifs du département. Le même taux s'observe dans d'autres départements ruraux, eux aussi enclavés ou isolés : ceux du Limousin et de la Dordogne, une partie du Midi rouge (Aude, Pyrénées-Orientales, Ariège) ou encore la Seine-Maritime, la Somme et le Pas-de-Calais. Ces départements bénéficient également d'une forte identité locale, mais sont porteurs d'une culture laïque de gauche (souvent communiste), qui a également résisté assez longtemps du fait de l'impressionnante immobilité de sa population.

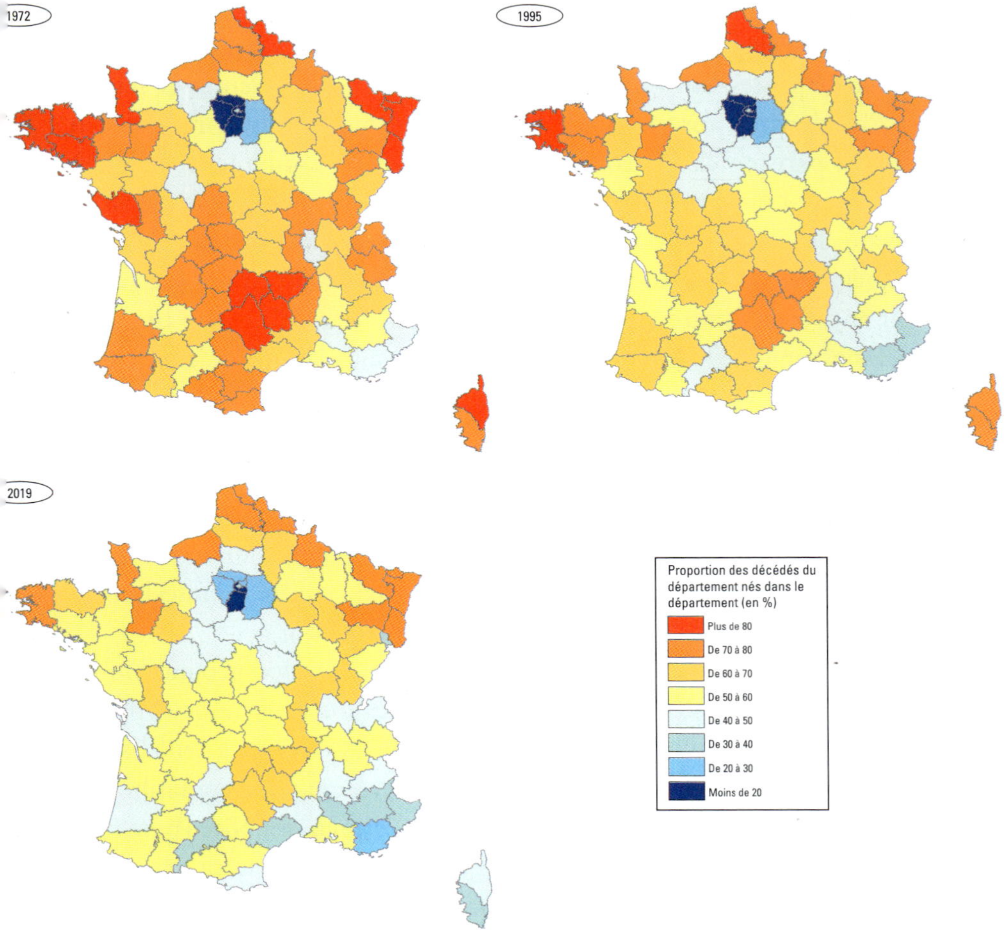

Source : Insee.

Dans la vallée de la Loire, en Champagne, dans le Poitou, dans l'Ain, l'Isère, le Gard ou l'Hérault, tous départements pourtant situés sur des axes de circulation, le brassage de population est à peine plus entamé : entre 60 et 70 % des morts enregistrés sont nés dans le département. En 1972, seul le cœur du Bassin parisien, le Rhône (avec Lyon) et une partie de Paca (Vaucluse, Var et Alpes-Maritimes) affichent un taux de « natifs » inférieur à 50 % parmi les décédés. Il s'agit des zones les plus urbanisées et ayant drainé depuis longtemps de la population et de la main-d'œuvre originaires d'autres régions. C'est dans ces zones que le substrat culturel régional a disparu le plus précocement sous l'effet d'un intense brassage démographique[1]. Dans les vallées du Rhône, de la Garonne et de la Seine, traditionnelles voies de passage, de commerce, d'échanges et d'urbanisation, le même processus semble déjà enclenché mais avec un temps de retard.

Plus de vingt ans plus tard, en 1995, le diagnostic est confirmé. Un Bassin parisien élargi, courant du Calvados à l'Yonne et de l'Oise à l'Indre-et-Loire, apparaît nettement sur la carte. Dans tous ces départements, les « natifs » sont désormais minoritaires parmi les décédés. On voit également se dessiner l'axe Lyon-Nice (Bouches-du-Rhône exceptées) ou encore la Haute-Garonne, deux autres zones d'intense brassage démographique. En Rhône-Alpes, sur les littoraux languedocien et atlantique, dans la vallée de la Garonne et aux marges du grand Bassin parisien, le taux de « natifs » a beaucoup diminué en vingt ans et s'approche du seuil des 50 %, symptôme de l'arrivée significative de populations issues d'autres régions. Les zones de grande stabilité démographique, excentrées (Alsace-Moselle, Nord-Pas-de-Calais, Manche, Bretagne) ou enclavées et/ou très rurales (Mayenne, Aveyron, Cantal, Lozère, Haute-Loire), résistent mais sont de plus en plus isolées sur la carte.

En 2019, on constate toujours la même structuration géographique. Mais la proportion de personnes originaires du département parmi les décédés a connu une baisse substantielle. À côté du grand Bassin parisien, déjà théâtre d'un profond bouleversement démographique, s'ajoute désormais un arc méditerranéen de Perpignan à Nice (Bouches-du-Rhône et Aude exceptées) dans lequel les gens du cru sont désormais minoritaires parmi les décédés. Dans le Var et les Alpes-Maritimes, le poids des allochtones atteint désormais des proportions impressionnantes (avec respectivement 78 et 65 % des décédés, nés dans un autre département). Et ceci n'est sans doute pas sans lien avec le fait que ces deux départements se caractérisent par une proportion de locuteurs porteurs d'un accent régional moins élevée que dans d'autres départements de la région.

L'observation de l'évolution du poids relatif, parmi les personnes décédées, des natifs et des allochtones entre 1995 et 2019 nous indique aussi que l'attrait pour les départements du sud de la France ne s'est

1. Pour mémoire, ces statistiques ne prennent en compte que les personnes nées en France, donc ni les immigrés ni les rapatriés, qui ont été nombreux à s'installer en Paca comme en Île-de-France. La prise en compte de ces populations « non natives » accentuerait encore le phénomène de bouleversement démographique dans ces régions.

jamais démenti au cours des dernières décennies. La proportion des personnes originaires d'un autre département augmente ainsi de plus de 10 points entre 1995 et 2019 dans l'Hérault, l'Ardèche, les Alpes-de-Haute-Provence ou l'Ariège, et même de 16 points dans les Pyrénées-Orientales. Dans ce département, les Catalans de naissance ne constituent plus que 42 % des décédés, à comparer avec pas moins de 28 % de décédés originaires du quart nord-est de la France[1], soit des régions géographiquement et culturellement très éloignées du Roussillon. On mesure, à l'aune de cet exemple, l'ampleur du brassage de populations intervenu entre les différentes provinces françaises. Et pour reprendre l'image des différentes couches sédimentaires, on constate ici que c'est le substrat ou « la roche-mère », à savoir la démographie et la composition de la population, qui ont été modifiés – voire renouvelés en profondeur.

Le phénomène est particulièrement marqué dans un Bassin parisien de plus en plus élargi et dont les extensions courent jusqu'à l'Indre-et-Loire et aux confins du Morvan, dans la Nièvre. C'est le cas également sur tout un très large pourtour méditerranéen, mais aussi dans des zones à fort potentiel touristique et qui accueillent de plus en plus de populations qui s'y installent définitivement : les deux Savoies, les Landes, la Charente-Maritime ou encore le Lot, voisin du Tarn-et-Garonne, lui-même concerné par la forte attractivité démographique de l'agglomération toulousaine. À côté de ces zones de brassage très important, le phénomène a pris une ampleur significative dans une très large partie du pays : Centre et Limousin, majeure partie de l'Ouest intérieur et du Sud-Ouest. Dans tous ces territoires, la part des allochtones atteint désormais entre 40 et 50 % des décédés. Sur le plan national, ce taux s'établit à 43 %. Aux confins du territoire ou dans des zones enclavées, des isolats de stabilité démographique demeurent, mais ils sont de moins en moins nombreux et leur population s'hydride lentement au contact d'habitants originaires d'autres régions.

Le cas vendéen, ou « la course à la mer »

Le cas vendéen permet de prendre la mesure à hauteur d'homme de l'ampleur des transformations démographiques que nous venons de

1. Régions Hauts-de-France, Île-de-France, Grand Est, Franche-Comté.

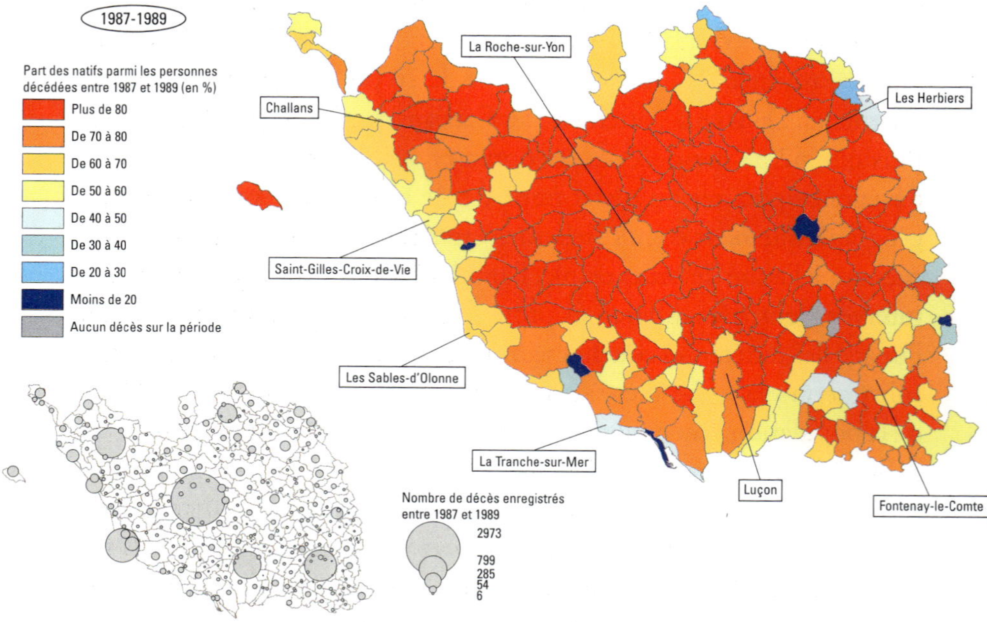
1987-1989
Part des natifs parmi les personnes décédées entre 1987 et 1989 (en %)
Plus de 80
De 70 à 80
De 60 à 70
De 50 à 60
De 40 à 50
De 30 à 40
De 20 à 30
Moins de 20
Aucun décès sur la période
La Roche-sur-Yon
Challans
Les Herbiers
Saint-Gilles-Croix-de-Vie
Les Sables-d'Olonne
La Tranche-sur-Mer
Luçon
Fontenay-le-Comte
Nombre de décès enregistrés entre 1987 et 1989
2973
799
285
54
6

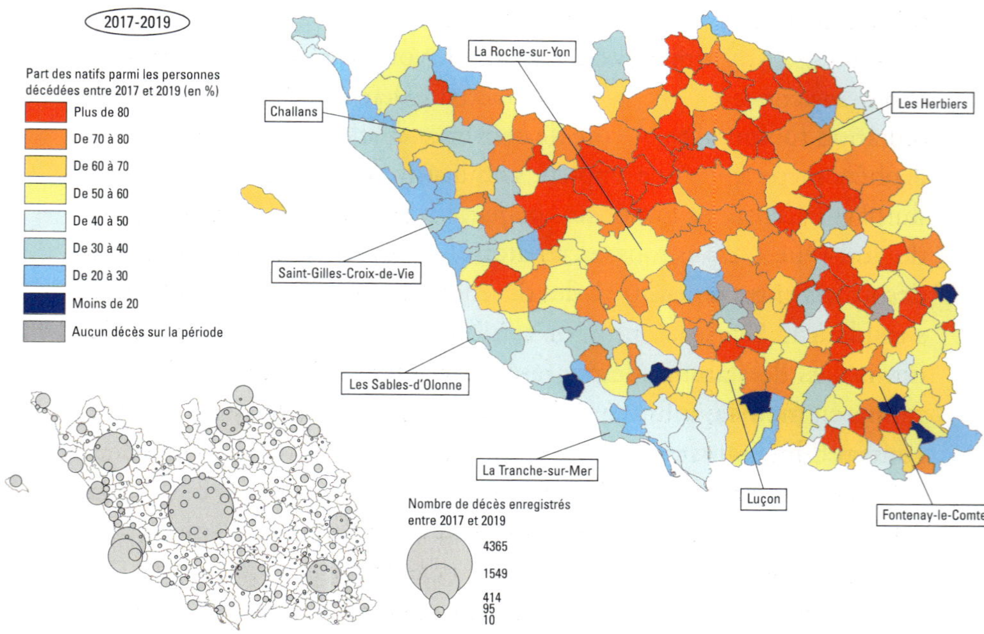
2017-2019
Part des natifs parmi les personnes décédées entre 2017 et 2019 (en %)
Plus de 80
De 70 à 80
De 60 à 70
De 50 à 60
De 40 à 50
De 30 à 40
De 20 à 30
Moins de 20
Aucun décès sur la période
La Roche-sur-Yon
Challans
Les Herbiers
Saint-Gilles-Croix-de-Vie
Les Sables-d'Olonne
La Tranche-sur-Mer
Luçon
Fontenay-le-Comte
Nombre de décès enregistrés entre 2017 et 2019
4365
1549
414
95
10

décrire, mais aussi de l'intensification de la « course à la mer », phénomène qui s'est considérablement accéléré au cours des dernières décennies.

Comme le montre la carte 1, dans les années 1987-1989, l'écrasante majorité des personnes décédées étaient originaires de Vendée. Dans toute la Vendée intérieure, qui correspond à ce qu'on appelle le Bocage (et qui exclut la côte et le sud du département), les « natifs » représentaient plus de 80 % des décédés. Même dans les communes les plus urbanisées (La Roche-sur-Yon, Les Herbiers, Challans), ce taux était très élevé puisqu'il dépassait les 70 %. L'homogénéité culturelle et démographique était moins forte aux marges méridionales du département et sur la côte, mais même dans les communes littorales (à l'exception de quelques communes autour de La Tranche-sur-Mer), les « natifs » étaient encore majoritaires parmi les défunts avec un taux de 60 % par exemple aux Sables-d'Olonne.

En l'espace de trente ans seulement, la situation a radicalement changé sur la côte vendéenne. La balnéarisation de ces espaces s'est accompagnée d'un afflux massif de personnes nées dans d'autres régions et qui sont venues s'installer en bord de mer, soit à l'âge de la retraite, soit pendant leur période d'activité. Sur la carte 2, toute la côte et les communes rétro-littorales ont viré au bleu, et un bleu souvent appuyé correspondant à des taux d'allochtones supérieurs à 60 % voire à 70 % des décès. Dans ces territoires, la population vendéenne « de souche » est devenue totalement minoritaire. Autre conséquence, et non des moindres, sous l'effet de la pression démographique, les prix de l'immobilier ont beaucoup augmenté (avec des écarts très marqués avec les prix en vigueur dans l'intérieur des terres) et ces espaces se sont considérablement construits, souvent au mépris des règles de sécurité et d'urbanisme. Le littoral vendéen paiera ainsi un lourd tribut lors de la tempête Xynthia.

Dans le Bocage, le brassage de la population est également à l'œuvre mais avec une intensité moindre. La part des « natifs » parmi les décédés a baissé en moyenne de 10 à 20 points en trente ans[1], alors que le recul atteint 30 à 50 points sur le littoral. Pour expliquer les différences d'orientations politiques entre les terroirs vendéens, André Siegfried avait recouru à la géologie en mettant en exergue la fameuse opposition entre les communes granitiques et les communes calcaires. Le père de la géographie électorale

1. Dans le cœur du Bocage, les « natifs » représentent encore entre 70 à 85 % des décès.

française avait ainsi montré comment la nature des sols avait conditionné le type d'agriculture et le mode de peuplement (habitat regroupé ou dispersé) et, partant, le degré d'« ouverture aux idées nouvelles ». Un siècle plus tard, en Vendée, la géographie influe toujours sur les activités humaines et sur l'orientation politique et culturelle des territoires. Mais dans une économie dominée désormais par les activités tertiaires et le tourisme, et non plus par l'agriculture : ce n'est plus la nature des sols qui constitue la variable déterminante, mais la proximité à la mer.

C'est ainsi qu'à l'image de la Vendée, tout au long du littoral français (notamment la côte atlantique) s'est progressivement constitué, nous l'avons constaté, un type de société bien particulier, marqué par la prédominance d'une économie touristique et immobilière, et, sur le plan sociologique, par la surreprésentation des catégories favorisées : retraités aisés, professions libérales, commerçants, petits patrons, et de plus en plus de cadres pratiquant le télétravail. Sur le plan politique, ces zones affichent également leur singularité avec un fort tropisme pour le macronisme et le vote conservateur. Toutes les communes littorales, de Hendaye à Deauville, s'étaient ainsi distinguées par un niveau de participation très sensiblement supérieur à la moyenne nationale aux primaires de la droite en novembre 2016[1].

4. Familles monoparentales et immigration : les nouveaux contours des systèmes familiaux régionaux

Nous nous sommes appuyés sur la cartographie historique des lieux de naissance et de décès pour mettre au jour les très importants mouvements de population qui ont contribué, au cours des dernières décennies, à estomper les spécificités régionales. Pendant de longues années, Emmanuel Todd a eu recours, de son côté, à un autre indicateur démographique, celui des indices de fécondité, comme illustration et preuve de la persistance de marqueurs anthropologiques régionaux renvoyant à l'existence de systèmes familiaux singuliers. Selon ce modèle, cohabitaient un Bassin parisien élargi, dominé par la famille nucléaire égalitaire (avec des variantes dans le Nord et dans l'Ouest) et des régions périphériques où régnaient la famille-souche (Sud-Ouest

1. Cf. Hervé Le Bras et Jérôme Fourquet, *La Guerre des trois. La primaire de la droite et du centre*, Paris, Fondation Jean-Jaurès, 2017.

et Alsace-Moselle) et la famille communautaire (de la Nièvre à la Dordogne). Or, dans son dernier ouvrage paru en 2019, l'historien et démographe écrit : « Il est évident que la vieille polarité qui structurait le territoire français n'existe plus[1]. » Sur la base des indices de fécondité, Emmanuel Todd constate que les disparités significatives qui prévalaient encore en 1990 (soit au début de la période que nous avons identifiée comme étant celle des grands basculements) entre les départements du Limousin et du Sud-Ouest, à faible fécondité, et la plupart des départements franciliens, du Nord-Pas-de-Calais et de l'Ouest, à haute fécondité, ne sont plus de mise en 2015.

Emmanuel Todd observe, d'une part, un mouvement rapide de convergence des indices de fécondité entre les différents départements et, d'autre part, la persistance d'écarts significatifs mais liés, désormais, à l'immigration[2] et non plus aux vieux systèmes familiaux. De l'aveu même de son spécialiste le plus accompli, le sous-jacent anthropologique des anciennes aires régionales a donc, pour l'essentiel, été arasé. Et dans la France d'après, les systèmes familiaux ont été reconfigurés en profondeur sous l'effet de l'immigration, mais aussi et surtout de l'irrépressible autonomisation des individus, qui, après avoir assuré le triomphe de la famille nucléaire sur les familles souche et communautaire, a induit la multiplication des divorces (et des familles recomposées) mais aussi l'explosion du nombre de familles monoparentales.

Alors que jusqu'au milieu des années 1980 la proportion de ce type de famille était demeurée stable, elle a commencé à augmenter très rapidement à partir des années 1990[3]. En 2018, 24 % des familles avec enfants sont désormais monoparentales, soit une proportion deux fois supérieure à celle de 1990. Cette situation, qui touche majoritairement les femmes (85 % des familles monoparentales sont composées de femmes vivant seule avec leur(s) enfant(s)[4]), constitue une donnée majeure du paysage démographique et sociologique contemporain.

1. Emmanuel Todd, *Les Luttes de classes en France au XXIe siècle*, Paris, Seuil, 2020, p. 97.

2. Les départements où le nombre d'enfants par femme est le plus élevé (la Seine-Saint-Denis, le Val-d'Oise, l'Essonne, la Loire) se caractérisant par une forte proportion d'immigrés ou de descendants d'immigrés.

3. Signe des temps, la chanson de Jean-Jacques Goldman : « Elle a fait un bébé toute seule » sort en 1987.

4. La définition de l'Insee prend seulement en compte le critère de la composition du foyer et ne s'intéresse pas au fait de savoir si la personne vivant seule au foyer avec

La part croissante des familles monoparentales (en %)

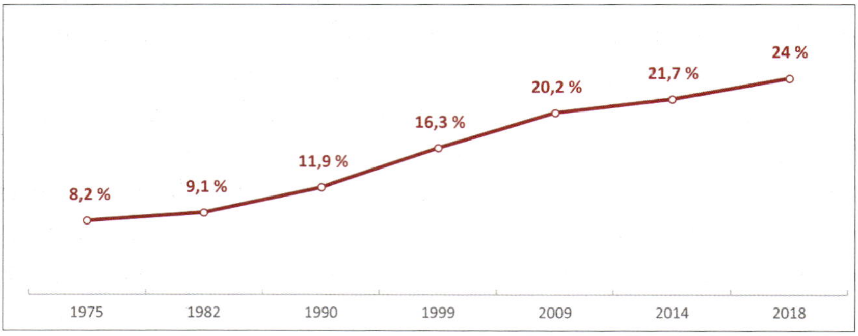

(Source : Insee.)

D'une manière générale, la proportion de mères célibataires ou divorcées/séparées et vivant seule avec leur(s) enfant(s), ou « mamans solos », est plus élevée dans les centres urbains. Avec une densité plus importante de logements sociaux (auxquels elles peuvent souvent prétendre et accéder compte tenu de leur niveau de ressources), la ville leur offre des conditions plus adaptées que le périurbain et leur permet également de combiner plus facilement leurs charges familiales et une activité professionnelle. Mais par-delà cette prévalence urbaine, une géographie régionale des familles monoparentales se dessine désormais. Le phénomène apparaît ainsi plus accentué dans tous les départements du littoral méditerranéen, en Corse et en région parisienne qu'ailleurs. On croise également plus fréquemment des mamans solos tout le long d'une vaste dorsale courant des Ardennes aux Pyrénées. À l'inverse, l'Ouest intérieur et le sud du Massif central sont les territoires les moins concernés. Comme le montrent les deux cartes suivantes, ce phénomène nouveau s'est déployé en faisant fi du vieux cadastre des structures familiales dont Emmanuel Todd avait dressé l'inventaire. Les taux élevés de familles monoparentales s'observent à la fois dans les régions historiques de famille nucléaire (Île-de-France) et de famille nucléaire patrilocale (pourtour méditerranéen), mais également dans les anciens bastions de la famille-souche (basse vallée de la Garonne) ou communautaire (Limousin et frange nord du Massif central). Inversement, les

---

ses enfants entretient ou non une relation avec une personne vivant dans un autre foyer.

départements affichant les plus faibles taux de familles monoparentales se recrutent tout autant en ancienne zone de famille-souche (Aveyron, Cantal, Lozère, Haute-Loire) que dans le bastion de la famille « hyper-nucléaire de l'Ouest » (pour reprendre la classification « toddienne ») : Manche, Mayenne, Ille-et-Vilaine, Maine-et-Loire et Loire-Atlantique. À tout prendre, la carte des familles monoparentales a plus à voir avec la géographie historique de l'implantation du catholicisme qu'avec celle des structures familiales. Les mamans solos sont ainsi plus nombreuses dans les zones les plus précocement déchristianisées, alors que dans les territoires où la pratique religieuse s'est maintenue plus longtemps, le phénomène reste un peu plus contenu, en partie sous l'effet de l'influence du vieux substrat religieux, manifestation parmi d'autres du « catholicisme zombie » tel qu'il a été théorisé par Hervé Le Bras et Emmanuel Todd[1].

Carte « toddienne » des structures familiales

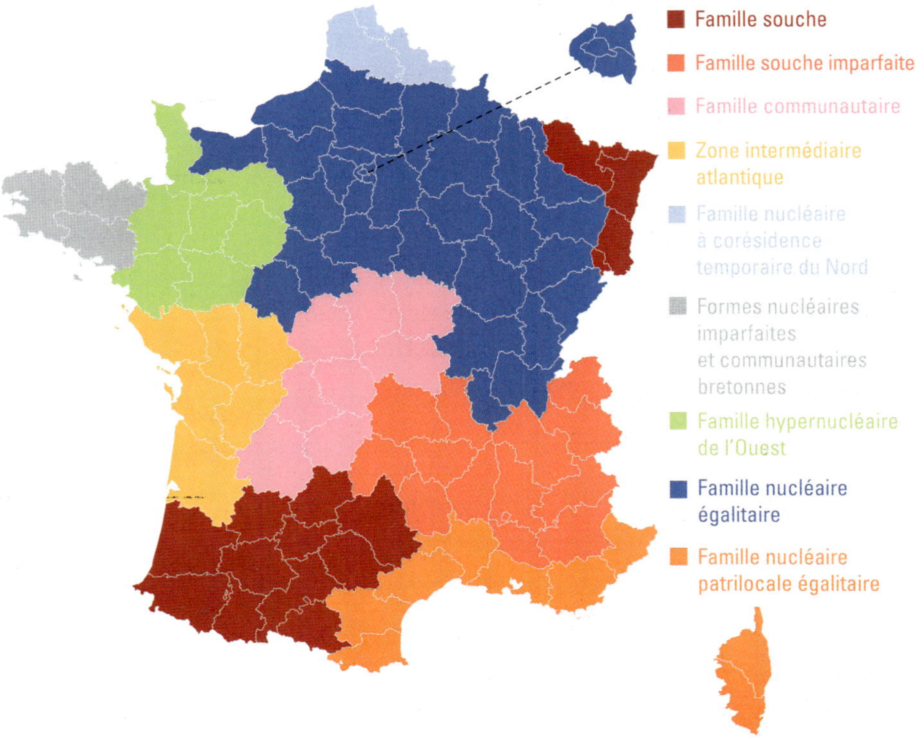

1. Hervé Le Bras et Emmanuel Todd, *Le Mystère français*, Paris, Seuil, 2013.

Proportion de familles monoparentales parmi les familles avec enfants

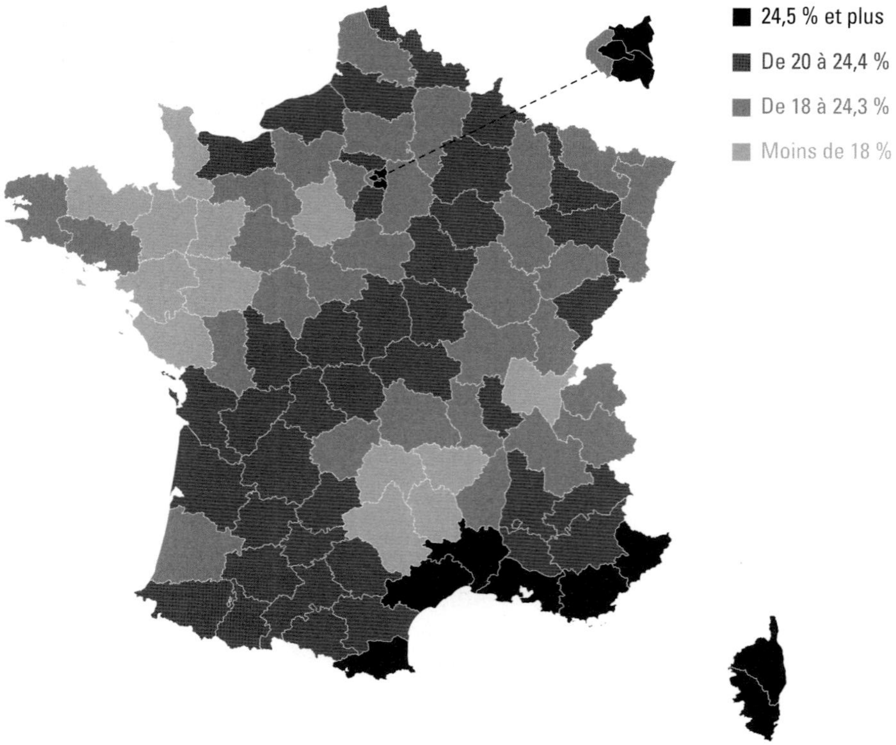

(Source : Insee.)

Dans son dernier livre, nous l'avons dit, Emmanuel Todd considère le facteur de l'immigration comme la variable explicative principale des écarts de fécondité entre les départements. Si, au début des années 1980, le poids des populations issues de l'immigration n'avait pas d'incidence majeure sur la physionomie démographique des départements, tel n'est plus le cas aujourd'hui. Comme le montre la première carte ci-contre, en 1983 le pourcentage de nouveau-nés portant un prénom se rattachant aux mondes arabo-musulmans était très faible (7,3 % en moyenne) et surtout très homogène d'un bout à l'autre du territoire national. Ce taux était inférieur à 5 % dans l'écrasante majorité des départements. Dans le Nord, la majeure partie du Bassin parisien, en Alsace-Moselle, dans l'ensemble Rhône-Loire-Isère et les départements de Paca, il était certes un peu plus élevé mais la différence n'était pas de taille puisque

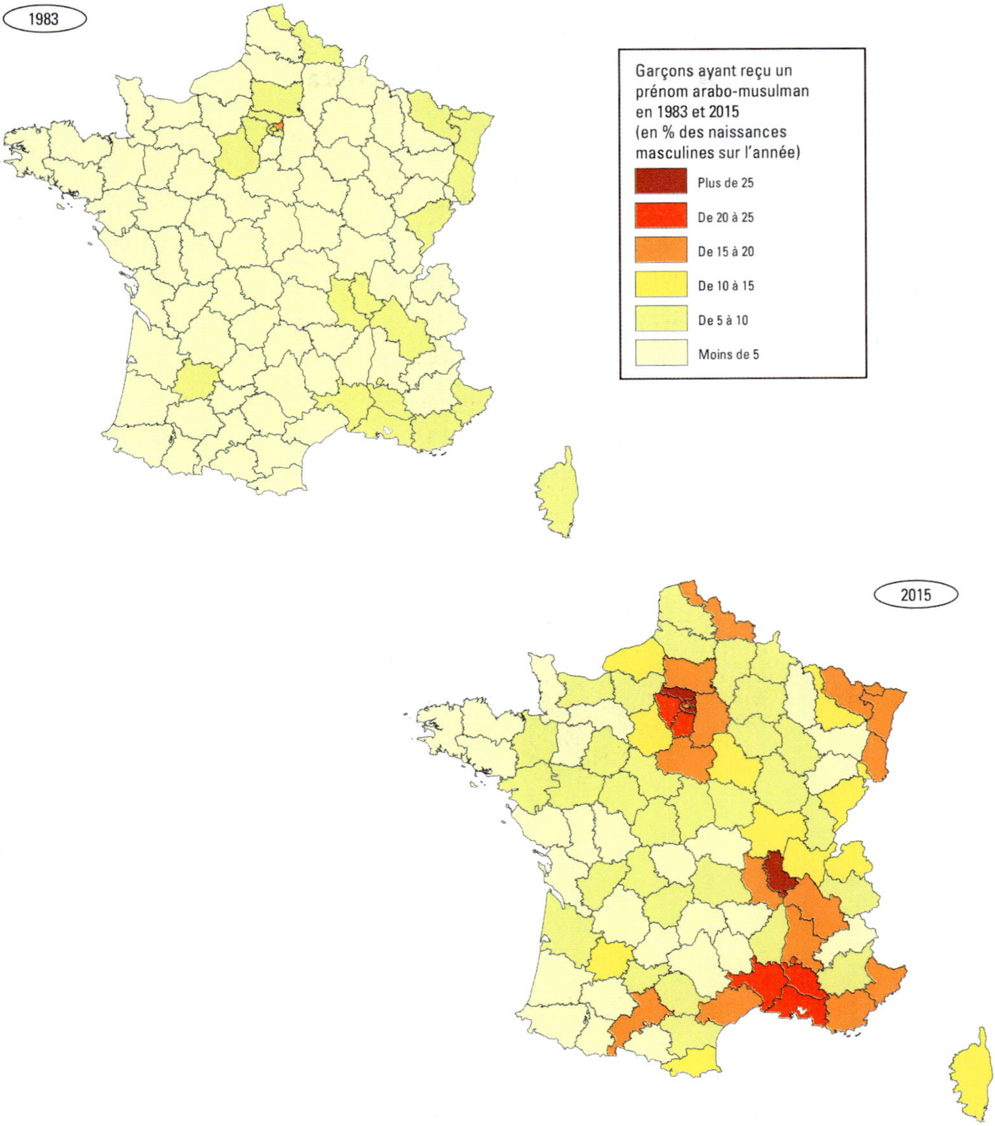

Source : INSEE - calculs des auteurs.

ce taux oscillait entre 5 et 10 %, à l'exception de la Seine-Saint-Denis (15 %). Trente ans plus tard, le paysage démographique a beaucoup changé, et la carte dressée à partir des données sur l'étude des prénoms donnés en 2015 présente des contrastes beaucoup plus appuyés. Sur toute la façade occidentale, la proportion de nouveau-nés ayant reçu un prénom d'origine arabo-musulmane se situe encore sous la barre des 5 %

ou entre 5 et 10 %. C'est le cas également dans le Massif central et dans l'Est intérieur. Le taux est en revanche nettement plus élevé en Île-de-France (25 % dans le Val de Marne, 35 % dans le Val-d'Oise et 40 % en Seine-Saint-Denis) et dans le Rhône (25 %). Avec des taux compris entre 20 et 25 %, l'ensemble Bouches-du-Rhône-Vaucluse-Gard, d'une part, l'ouest francilien (Yvelines, Hauts-de-Seine et Essonne), d'autre part, se distinguent également. Dans le Nord, en Alsace-Moselle, sur le pourtour francilien (Oise, Seine-et-Marne, Loiret), dans la vallée du Rhône, en Paca et en Haute-Garonne, la proportion de ce type de prénoms représente désormais entre 15 et 20 % des naissances. On mesure à ces chiffres combien la présence de populations issues des immigrations a pesé dans le destin démographique des différents ensembles régionaux considérés.

CHAPITRE 3

La couche *yankee* : les États-Unis, une passion française

Dans notre trait de coupe des strates culturelles sédimentées au fil du temps, une couche épaisse apparaît au-dessus de ce qui reste de la strate catholique et de la strate régionale. Sa position nous renseigne quant à la datation de son dépôt. Nous avons affaire à une couche relativement récente, puisqu'elle a commencé à se constituer il y a un peu moins d'un siècle, ce qui en fait une couche jeune au regard de l'ancienneté des couches profondes précédemment étudiées. Cette strate culturelle, que nous appellerons la couche *yankee*, a vu son épaisseur se renforcer progressivement, l'archéologie culturelle révélant plusieurs phases successives de sédimentation.

1. *Blockbusters*, Coca et McDonald's : une amplification de l'américanisation à partir des années 1980

De l'immédiat après-guerre aux Trente Glorieuses, l'influence de l'Amérique sur la société française va s'accentuer. Des produits de consommation apportés par les GI's (chewing-gum, Coca-Cola, bas nylon, cigarettes, etc.) au rock'n roll, aux jeans et aux éléments de base de l'*american way of life* (réfrigérateur, barbecue, transistor, pavillon, supermarché, etc.), la France va progressivement incorporer des pratiques, des mots, des objets et des références *made in USA*. Mais ce phénomène d'acculturation, bien documenté pour les années 1950 à 1970, va connaître une accélération spectaculaire dans les années 1980-2000, aboutissant à une transformation en profondeur de la société française dans de nombreux domaines. C'est cette phase récente et particulièrement intense de consolidation et d'épaississement de la couche *yankee* que nous allons maintenant analyser.

Les blockbusters *surclassent le cinéma français*

Lors de la signature des accords Blum-Byrnes en 1946[1], la question de l'accès des productions hollywoodiennes au marché cinématographique français fut âprement négociée. Cette attention particulière ne devait rien au hasard si l'on en croit l'adage rapporté par Régis Debray dans l'un de ses derniers essais[2] : « *Trade follows the movie* » (le commerce suit le cinéma). La machine hollywoodienne s'est révélée, en effet, l'un des plus puissants vecteurs de l'américanisation de notre société. Si l'on considère la proportion de films américains et français dans l'ensemble des films ayant franchi la barre du million d'entrées en salle, il apparaît que les productions tricolores sont parvenues à tenir le haut du pavé jusque dans la première partie des années 1980. Mais le rapport de force s'est inversé en 1986 : à partir de cette date, la majorité des *blockbusters* de l'année sera systématiquement *yankee*. En 1986, *Jean de Florette* et *Manon des sources*, de Claude Berri, enregistrèrent certes respectivement 7,2 et 6,6 millions d'entrées tandis que *Les Fugitifs* de Francis Veber en recueillait également quelque 4,5 millions. Mais dans le même temps, le rouleau compresseur US donnait toute sa puissance avec des films comme *Rocky IV* (5 millions), *Out of Africa* (4,8 millions), *Highlander* (4,1 millions), *Top Gun* (4,1 millions), *Cobra* (2,7 millions), ou *Commando* (2,6 millions).

En 1987, le clou fut enfoncé et Hollywood assit définitivement sa domination sur les écrans français. La production nationale obtint encore de beaux succès avec par exemple *Au revoir les enfants* de Louis Malle (3,6 millions) ou *Le Grand Chemin* de Jean-Loup Hubert (3,2 millions), mais l'industrie cinématographique américaine satura cette année-là les écrans : *Platoon* (3 millions), *La Bamba* (2,8 millions), *Les Incorruptibles* (2,5 millions), *Les Enfants du silence* (2,4 millions), *Le Flic de Beverly Hills II* (2,4 millions), *Full Metal Jacket* de Stanley Kubrick (2,3 millions), *La Mouche* de David Cronenberg (2,1 millions), ou encore *L'Arme fatale* (1,9 million) et *Predator* (1,5 million).

---

1. Accords commerciaux et financiers en vertu desquels les États-Unis apportaient leur aide économique et matérielle à la reconstruction.
2. Régis Debray, *Civilisation. Comment nous sommes devenus américains*, Paris, Gallimard, 2017.

**La proportion de films français et américains
parmi les films totalisant plus d'un million d'entrées dans l'année**

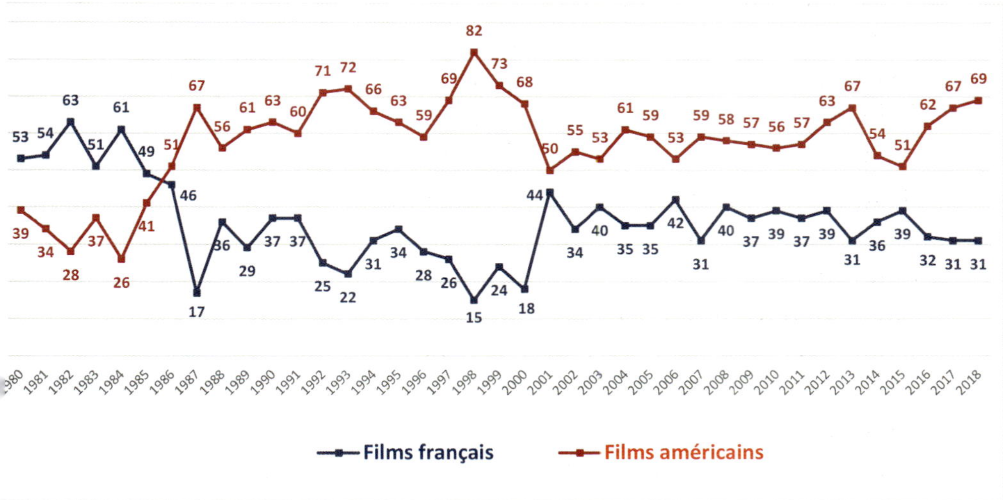

(Source : Wikipédia.)

Comme en d'autres moments de l'histoire, l'industrie hollywoodienne va alors jouer les caisses de résonance du statut de superpuissance acquis par l'Amérique. Après le retrait du Vietnam et le fiasco de l'opération menée pour libérer les otages américains à Téhéran (avril 1980), les États-Unis signent leur retour sur la scène géopolitique sous la présidence de Ronald Reagan. En 1983, les forces américaines débarquent sur l'île de la Grenade et renversent le régime procommuniste. En 1986, l'US Air Force bombarde la Libye du colonel Kadhafi tandis que la CIA soutient avec succès la résistance afghane. Pendant toutes ces années, les majors américaines ont mis en scène le fameux slogan « *America is back* » de Ronald Reagan, lui-même ancien acteur hollywoodien. Et le public français a consommé massivement ces films magnifiant le retour en force de l'Amérique. En 1985, *Rambo II*, dans lequel Sylvester Stallone revenait au Vietnam arracher des geôles communistes des vétérans emprisonnés, enregistra 5,8 millions d'entrées. En 1986, 4,1 millions de spectateurs se pressèrent pour admirer Tom Cruise incarnant un as de l'aéronavale terrassant les MIG soviétiques dans *Top Gun*. En 1987, *Le Maître de guerre*, un film sur l'intervention à la Grenade avec Clint Eastwood[1], comptabilisa 1,1 million d'entrées et, l'année suivante, Stallone revint en France avec *Rambo III*, un film ayant pour cadre cette fois le conflit afghan (2 millions d'entrées en France).

Comme l'indique le graphique précédent, la part des films américains parmi les films enregistrant plus d'un million d'entrées sera particulièrement élevée durant la décennie 1990, période au cours de laquelle des *blockbusters* puissants ont été diffusés : *Titanic*, bien sûr (20,8 millions), *Le Roi lion* (10,1 millions), *Tarzan* (7,9 millions), *Aladin* (7,4 millions), *Danse avec les loups* (7,3 millions), *Le Cercle des poètes disparus* (6,6 millions), *Jurassic Park* (6,5 millions), *Terminator II* (6,1 millions).

La diversité des types de films et l'éclectisme des productions ont permis à Hollywood de couvrir tous les compartiments du jeu et de toucher un très large public. Mais le *soft power* US a également été diffusé en profondeur et à haute dose sur d'autres écrans installés dans chaque foyer français. Dans les années 1990, des séries télévisées comme *Beverly Hills*, *Notre belle famille*, *Highlander*, *X-Files*, *Urgences*, *Friends*, *Buffy contre les vampires*, *Dawson* ou *Sex in the City* ont marqué une génération entière. (La décennie précédente avait déjà vu l'hégémonie américaine s'installer sur le petit écran avec des séries comme *Mac-Gyver*, *Magnum*, *K 2000*, *Deux flics à Miami* ou encore *L'homme qui tombe à pic*.)

Parallèlement à cette expansion des productions américaines sur le marché du film, les artistes anglo-américains ont dominé la scène musicale. Pour ce qui concerne les années 1987-1989, par exemple, les archives du Top 50 révèlent que les chanteurs ou groupes anglo-saxons ont trusté la première place du classement des meilleures ventes d'albums pendant sept à huit mois chaque année. Parmi les stars de l'époque on peut citer U2, Dire Straits, Michael Jackson, Phil Collins ou Madonna. Cette dernière se produisit notamment le 29 août 1987 en France, à l'occasion d'un concert mémorable donné devant

1. L'opération avait été baptisée par le Pentagone « Urgent Fury », nom sonnant comme un titre de film. L'influence hollywoodienne fut encore plus manifeste lors du raid en Libye en 1986 dont le code fut « El Dorado Canyon », nom fleurant bon le western.

130 000 personnes au Parc de Sceaux, dans le cadre de la tournée « Who's That Girl ».

Un autre acteur a joué un rôle majeur dans l'américanisation culturelle de notre pays : le parc Disney. En 1992, Eurodisney ouvrait ses portes. Implanté en région parisienne, bien desservi par les réseaux de transport et s'étendant sur des milliers d'hectares, le parc va d'emblée attirer des millions de visiteurs, dont une bonne partie de Français. Ouvert maintenant depuis près de trente ans, Disneyland Paris, nous l'avons dit, a été visité au moins une fois dans leur vie par 60 % des Français, ce qui fait de lui un véritable monument de la France d'après. À titre de comparaison, il faut savoir que la fréquentation cumulée de chacun des autres parcs d'attractions est nettement plus faible.

La révolution des palais : quand McDo conquiert la France

Par-delà l'évolution des goûts et des références culturels, l'univers de la consommation a aussi été profondément transformé sous l'effet de l'accélération de l'américanisation de la France dans les années 1980 et 1990. La marque Coca-Cola, emblème s'il en est de l'*american way of life*, déjà présente en France avant la Seconde Guerre mondiale, s'installe progressivement dans le paysage jusqu'à devenir une boisson totalement intégrée au quotidien des Français. Même processus pour McDonald's après l'ouverture d'un premier restaurant à Strasbourg en 1979. Certes, tandis que la consommation de Coca-Cola augmentait nettement dans les années 1980[1], le développement de l'enseigne de fast-food a d'abord été relativement modéré. Durant cette décennie, le nombre de restaurants est passé de 1 en 1979 à 180 en 1990. Mais le développement s'emballera au cours de la décennie suivante, et l'on ne comptera pas moins de 1 000 points de vente en 2003. Si ce maillage impressionnant continuera à s'étoffer pour atteindre

1. Tout au long des années 1970 et au début des années 1980, les capacités de production en place (3 usines) seront suffisantes pour satisfaire la demande. Mais en 1986, l'entreprise devra ouvrir une nouvelle usine à Grigny, en région parisienne, trois ans avant d'en ouvrir une autre à Socx, dans le Nord, une unité appelée à devenir la plus grande du groupe. Cette extension de l'outil de production traduit la forte hausse de la consommation de sodas dans le milieu des années 1980, avec notamment le lancement du Sprite en 1984 et du Coca Light en 1988 (occasion, pour la firme d'Atlanta, de couvrir d'autres segments de marché).

1 464 restaurants en 2018, l'essentiel du développement aura bel et bien été réalisé au cours de la décennie 1990[1].

Évolution du nombre de restaurants McDonald's en France

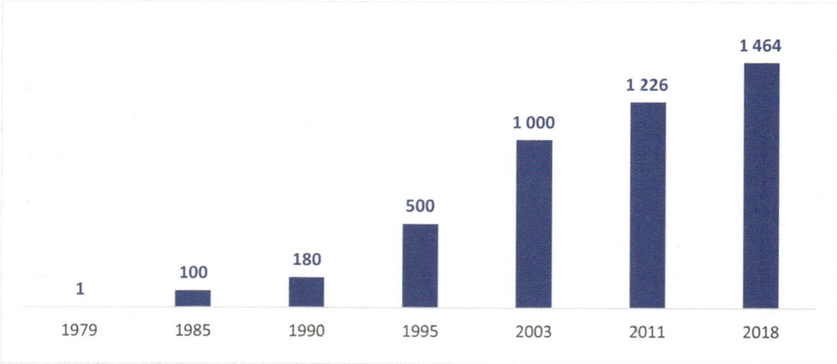

Parallèlement au renforcement de son maillage territorial, la marque au M a diversifié son offre pour coller aux attentes du marché français et conquérir de nouveaux clients. En 2004, les yaourts et salades font leur apparition à côté des incontournables burgers. En 2007, des espaces McCafé sont créés. Le bio est introduit dans le fameux Happy Meal en 2010. Deux ans plus tard, un McBaguette est proposé aux clients : le pain rond, pourtant consubstantiel à la marque est remplacé par la baguette française. En 2017, enfin, une offre végétarienne est proposée...

La stratégie d'implantation géographique avait d'abord privilégié les grands centres urbains, en ciblant prioritairement les quartiers touristiques et les centres commerciaux. Vint le tour ensuite des périphéries des grandes métropoles qui virent débarquer l'enseigne. Dans ces territoires, l'adresse d'un certain nombre de ces établissements illustre de manière hautement symbolique que nous avons bien changé de référentiel et que la « culture US », jadis combattue avec force par le Parti communiste, a désormais pignon sur rue dans l'ancienne banlieue rouge. On trouve ainsi des restaurants McDo aux adresses suivantes : rue de Stalingrad à Bobigny,

1. C'est également de cette période que date l'arrivée de la chaîne KFC en France. Le premier restaurant du spécialiste du poulet frit façon Kentucky fut ouvert en 1991. L'enseigne compte aujourd'hui 238 restaurants.

boulevard Maxime-Gorki à Villejuif, avenue Paul-Vaillant-Couturier à La Courneuve, ou encore avenue Salvador-Allende à Vitry-sur-Seine…

Après avoir quadrillé les grandes villes, Ronald McDonald s'est déployé dans les villes moyennes puis a étendu et complété son maillage sur l'ensemble du territoire national en ne négligeant aucune zone. À l'instar des garnisons romaines réparties dans les provinces de l'Empire, le logo de la firme américaine est désormais partout présent, y compris dans les zones peu denses comme le Massif central. On compte ainsi 14 restaurants de l'enseigne dans le Puy-de-Dôme, 9 en Haute-Vienne, 8 dans l'Allier, 6 en Aveyron ou 5 en Corrèze. Même les petites villes disposent aujourd'hui de leur McDo. Les habitants de La Souterraine (Creuse), d'Ussel (Corrèze) ou de Brioude (Haute-Loire) peuvent ainsi déguster leur Happy Meal. On notera au passage qu'alors que les courants catholiques et le Parti communiste avaient constitué les forces sociales et politiques les plus réfractaires à l'américanisation de la société, les vieux bastions catholiques et communistes de ces régions ont accueilli leur McDonald. L'enseigne est ainsi présente dans les hauts lieux du catholicisme que sont Le Puy-en-Velay, Mende ou Rodez comme dans Decazeville « la rouge » et dans les terres du communisme rural de Haute-Vienne et de l'Allier, avec notamment un établissement à Saint-Pourçain-sur-Sioule, où naquit André Lajoinie, ancien dirigeant du Parti.

Au terme des deux décennies (1985-2005) d'accélération massive du processus d'américanisation qu'a connue la société française, une partie de l'*american way of life* a pénétré en profondeur notre pays, en matières aussi bien vestimentaire, alimentaire, que de *pop culture*. Ce phénomène est le plus prégnant du côté des générations qui ont été les plus exposées à ce mouvement, c'est-à-dire les adolescents du milieu des années 1980 et les générations qui les ont suivies. Car c'est bien sûr à l'adolescence que la socialisation culturelle se construit et que les goûts et le système de valeurs s'établissent. Les générations plus âgées, qui avaient déjà atteint l'âge adulte au milieu des années 1980 (et qui ont aujourd'hui plus de 50 ans), n'ont pas été aussi marquées par le processus d'américanisation. Confirmation d'une dichotomie déjà observée entre la France d'avant, qui avait traversé l'adolescence avant le milieu des années 1980, et la France d'après, qui s'est construite dans un référentiel culturel différent. Cette césure s'observe très clairement, par exemple, en ce qui concerne la consommation ou le port d'emblèmes iconiques de l'*american way of life* que sont McDo, le Coca-cola et le blue-jean.

Ainsi, le fait de manger ou d'acheter un plat ou un repas chez McDo est très répandu parmi les 35-49 ans (30 % le font au moins une fois par mois), et plus encore dans la génération suivante (moins de 35 ans) où près d'une personne sur deux (46 %) consomme du McDo au moins une fois par mois. Cette pratique est beaucoup plus marginale quand on franchit la barre des 50 ans : seuls 13 % des 50-64 ans mangent du McDo au moins une fois par mois, et 38 % d'entre eux n'en consomment jamais. Parmi les 65 ans et plus (qui avaient déjà plus de 40 ans à la fin des années 1990, quand le nombre d'enseignes de McDo a explosé sur le territoire), cette pratique est tout à fait résiduelle : seuls 4 % d'entre eux en consomment au moins une fois par mois, et 68 % n'en achètent jamais. Leurs habitudes et goûts alimentaires étant déjà totalement établis quand Ronnie McDonald s'est déployé sur le territoire national, cette génération est passée complètement à côté du phénomène.

La fréquence des repas chez McDonald's par génération

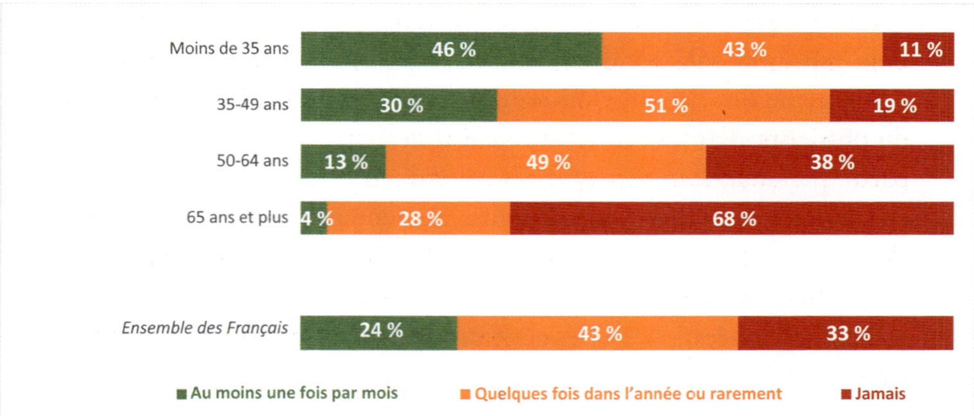

(Source : Ifop.)

On retrouve la même segmentation générationnelle autour de la consommation de Coca-Cola. Alors qu'un quart des moins de 50 ans boit de la célèbre boisson gazeuse au moins une fois par semaine, la proportion chute à 11 % parmi les 50-64 ans, et elle est résiduelle au sein des 65 ans et plus (3 %). De la même manière, si 50 % des moins de 50 ans portent « très souvent » des jeans, cette proportion tombe à 25 % seulement parmi les 65 ans et plus.

Si le processus d'américanisation a été particulièrement intense au cours de la période 1985-2005, il ne s'est pas interrompu depuis et l'on constate ces dernières années bien d'autres symptômes de l'acclimatation d'autres éléments de la culture et des modes de vie américains en France. Ainsi, selon un sondage Odoxa réalisé pour *Le Parisien* en 2016[1], si 85 % des Français jugeaient Halloween « trop marketing » et 73 % « trop américain », 29 % de nos concitoyens comptaient y participer, cette proportion s'établissant même à 45 % parmi les parents d'enfants de moins de 15 ans, public constituant la population la plus concernée potentiellement par cette fête. De la même manière, 49 % des Français prévoyaient de faire des achats le 29 novembre 2019 à l'occasion du Black Friday 2019[2]. Cette pratique commerciale et marketing s'est développée en France depuis quelques années seulement, mais a manifestement d'ores et déjà trouvé son public, alors même que son apparition ne correspond pas à une date remarquable du calendrier des fêtes – aux États-Unis, le Black Friday est fixé au vendredi qui suit immédiatement le jeudi de Thanksgiving.

Le processus d'américanisation intensif qui travaille la France depuis près de quatre décennies a pénétré en profondeur les générations qui y étaient les plus exposées. Mais il se décline également en plusieurs styles. Différents imaginaires sont en effet proposés, de sorte que chaque composante de la société française a pu y puiser et trouver chaussure à son pied. Si la consommation de McDo ou de Coca-Cola est assez largement diffusée, d'autres pratiques ou emprunts à la culture américaine sont l'apanage de certains groupes sociaux. Parmi eux, la danse *country* s'observe préférentiellement dans les milieux populaires.

1. Sondage effectué en ligne du 27 au 28 octobre 2016 auprès d'un échantillon représentatif de 974 personnes.

2. Voir R. Laycoch, « Statistiques du Black Friday 2019 », Finder.com, 13 novembre 2019.

2. Country, Buffalo Grill, *pole dance* : l'américanisation par le bas

Once upon a time in… *Seine-et-Marne : histoire et sociologie de la danse country en France*

L'acclimatation de la danse country en France remonte au début des années 1990. Différents sites Internet de groupes et de clubs country situent les premiers pas en Alsace. Des habitants de cette région ayant assisté à des spectacles de country sur les bases américaines en Allemagne auraient commencé à pratiquer cette danse dans leurs villes et leurs villages.

Pourtant, si cette filière alsacienne a réellement existé, elle n'aura joué qu'un rôle secondaire et régional. Le foyer de diffusion principal de la country en France est à rechercher ailleurs. De l'avis général de ses exégètes, il se situe en Seine-et-Marne. En avril 1992 ouvrait le parc Euro Disney. Parmi les très nombreuses attractions proposées aux visiteurs, le Billy Bob's Country Western Saloon, réplique exacte du célèbre Honky Tonk Saloon[1] situé à Fort Worth au Texas. Soucieuse d'entretenir une ambiance « cow-boy », la direction de l'établissement embaucha un certain Robert Wanstreet au poste de DJ. Or, ce jeune Américain monta rapidement avec quelques amis une chorégraphie country dont le show fut proposé au public début 1993 à l'occasion d'une grande convention du groupe Tupperware à l'hôtel Newport Bay, situé lui aussi dans l'enceinte d'Euro Disney. Le spectacle eut un grand succès, ce qui incita Robert Wanstreet à créer l'association Les Amis du Far West. Via cette association et les spectacles suivants, la country commença à faire des adeptes en région parisienne. Deux événements amorcèrent ensuite la « nationalisation » du phénomène. Fin 1993, Christophe Dechavanne accueillait Robert Wanstreet et son groupe

1. Le Honky Tonk était un établissement de nuit qui aura joué un rôle majeur dans l'essor de la danse country au début des années 1980 aux États-Unis. Se développant en réaction à l'hégémonie du disco, la country a bénéficié à cette époque d'un véritable engouement aux États-Unis. La vogue en fut lancée en 1980 précisément par le film culte *Urban Cowboy*, dans lequel jouait John Travolta (de nombreuses scènes du film ont d'ailleurs été tournées au Honky Tonk). Pratiquée à ses débuts dans certains États du Sud, la country va progressivement se propager partout aux États-Unis, la musique dont elle procède étant relayée par de très nombreuses radios américaines.

dans son émission. Ce premier passage télé eut un effet immédiat et donna une belle visibilité au groupe. À l'été 1994, le festival de musiques américaines de Mirande, petite ville du Gers, invita ensuite Les Amis du Far West à se produire chaque jour sur scène durant toute la durée du festival. Le succès fut de nouveau au rendez-vous, mais cette fois devant un public de province. Les spectacles, galas et concours vont alors s'enchaîner, et la danse country rapidement sortir de l'anonymat et acquérir droit de cité en France.

Progressivement, des clubs de danse country vont éclore et constituer un maillage très dense sur l'ensemble du territoire. Si, compte tenu du nombre très important d'habitants qu'elles abritent, les grandes métropoles comptent un nombre élevé de clubs et d'associations, les zones rurales et périurbaines sont également bien loties, alors même que la densité d'habitants y est plus faible. Les zones rurales et périurbaines ainsi que les villes (petites et moyennes) semblent ainsi relativement réceptives. Il est intéressant de constater qu'outre-Atlantique, on observe le même type de géographie. Une étude de *The Economist*[1] a en effet cartographié l'implantation des styles musicaux aux États-Unis. La country et le folk dominent dans les États des Grandes Plaines, dans les Appalaches et les Rocheuses, mais également dans les couronnes périphériques de villes comme Houston, Raleigh, Birmingham (Alabama) ou Washington DC. Tout se passe comme si une partie des populations des « mêmes » types de territoires en France s'était préférentiellement reconnue dans cet imaginaire et cette culture. Un département comme la Vendée, assez peu urbanisé, présente par exemple un maillage de clubs et d'associations de danse country très dense. En Alsace, Strasbourg et son agglomération comptent plusieurs structures. Mais ce qui frappe surtout, c'est la forte présence de ces collectifs dans la grande périphérie strasbourgeoise. Même chose dans le Haut-Rhin : la plus forte concentration ne s'observe pas à Mulhouse même, mais dans un rayon de 20 à 30 kilomètres.

Ce fort ancrage en Alsace peut en partie s'expliquer par la proximité avec l'Allemagne, d'où la country, pratiquée sur les bases militaires américaines, a essaimé précocement de ce côté-ci du Rhin. Mais le cas alsacien est également intéressant à étudier car il montre que la

1. Cf. « Playlists and politics », *The Economist*, 16 novembre 2019.

country n'est pas prioritairement pratiquée dans des territoires dénués d'identité régionale qui auraient ainsi comblé un vide en acclimatant un folklore étranger. Le cas breton illustre également le fait que ce type de danse a su rencontrer son public, alors même que le créneau était déjà occupé de longue date. On sait en effet l'attachement des Bretons à leur culture, dont la musique et la danse sont des piliers. Dans une région où les *bagadou* (groupes de musique bretonne) sont nombreux et les *fest-noz* (fêtes populaires bretonnes) régulièrement organisés et très fréquentés, la danse country a désormais pignon sur rue[1].

La densité de clubs et d'associations est également impressionnante dans le Nord-Pas-de-Calais, certes d'abord dans la conurbation lilloise, mais aussi et surtout dans le bassin minier, l'Arrageois et le Cambraisis. En Moselle aussi, ces structures sont très nombreuses autour de Forbach et Sarreguemines, dans l'ancienne zone minière et métallurgique. Ces implantations laissent deviner un attrait particulier des milieux populaires pour la danse et la culture country.

L'attrait pour la culture américaine country s'observe également dans le secteur de la restauration avec une chaîne comme Buffalo Grill qui ne compte pas moins de 360 restaurants implantés partout en France, en périphérie des agglomérations. Cette enseigne se présente comme « le spécialiste de la grillade inspirée par l'Amérique » et ses établissements sont nommés « *steakhouses* » dans le vocabulaire maison. Outre le nom de la chaîne (qui renvoie directement à l'univers du Far West), son logo exhibe des cornes de bovin et ses bâtiments sont tous construits dans un style « néo-western commercial ». Avant l'arrivée de Buffalo Grill, les restaurants de la chaîne Courtepaille, qui s'est développée plus précocement (dans les années 1970 et 1980), régnaient en maîtres dans les zones commerciales périphériques. C'est dans un restaurant Courtepaille que les deux héros provenant du Moyen Âge du film culte *Les Visiteurs*, sorti en 1993, prenaient ainsi contact avec notre civilisation. Signe des temps, la scène mythique se jouerait sans doute aujourd'hui dans un Buffalo Grill. Courtepaille, qui cultive une identité d'ancrage dans le terroir et la tradition française (avec son

1. On peut faire l'hypothèse que la pratique répandue des danses bretonnes, qui se pratiquent elles aussi en groupes et dans un cadre festif et convivial, loin de constituer un frein au développement de la country, a en quelque sorte préparé le terrain à l'adoption par une partie de la population locale de cette danse d'importation.

emblématique toit de chaume coiffant ses restaurants et son produit phare, l'andouillette grillée), a en effet été détrônée par la chaîne aux cornes. Entre 2013 et 2018, le chiffre d'affaires de Courtepaille fondait de 15 % quand celui de Buffalo Grill augmentait lui de… 200 %[1].

L'engouement d'une partie du public français pour la culture américaine traditionnelle a attiré d'autres acteurs. Implantée essentiellement dans les parcs et zones d'activité commerciale des périphéries, la chaîne de restauration Memphis se positionne, elle, sur l'imaginaire américain rétro du *diner* des *fifties* et *sixties*. La décoration intérieure avec force néons colorés, juke-box, formica et banquettes en skaï, reprend tous les codes de l'époque. En extérieur, certains restaurants de cette chaîne sont recouverts de tôles inox renvoyant à l'architecture des zones commerciales US dans les années 1950-1960.

Le maillage dense de clubs et d'associations de country sur le territoire national donne une première indication sur la diffusion de cette activité dans la population. Avec plus de 2 000 clubs et associations recensés, nous n'avons pas affaire à une pratique marginale ou confidentielle. Les données de l'Ifop viennent confirmer ce diagnostic. C'est en effet pas moins de 9 % de la population nationale âgée de 18 ans et plus[2], soit près de 4 millions de personnes, qui ont déjà pratiqué ou qui s'adonnent à la danse country dans le cadre d'une structure collective (club ou association). En outre, comme l'observation de terrain l'a montré, cette danse séduit un public assez hétérogène. Alors que certains sports et danses connaissent un recrutement assez clivé en termes d'âge ou de genre, la danse country dispose d'adeptes à la fois dans la gente féminine et masculine (8 % de pratiquants chez les hommes et 10 % chez les femmes), mais aussi dans les différentes tranches d'âge, avec cependant, il est vrai, un taux de pratiquants plus élevé parmi les plus jeunes (16 % des moins de 35 ans contre 7 % des plus de 35 ans), cette plus forte prévalence parmi les jeunes démentant le cliché d'une activité passée de mode ou en déclin.

La dimension mixte et intergénérationnelle de cette danse est indéniablement un atout et un élément d'attractivité. De nombreux pratiquants insistent en effet sur le côté convivial et familial de cette danse.

1. Cf. Michel Revol, « Courtepaille n'est plus dans son assiette », *Le Point*, 20 août 2020.
2. Sondage Ifop pour *L'Express* et la Fondation Jean-Jaurès réalisé en ligne du 5 au 18 septembre 2019 auprès d'un échantillon représentatif de 6 076 personnes.

Alors que les liens sociaux se distendent dans la société contemporaine, beaucoup trouvent dans la country une « seconde famille ». Dans la mesure où certains clubs réunissent, à l'occasion de séances d'entraînement et de répétitions, leurs membres parfois deux fois par semaine (à quoi s'ajoutent les spectacles et les shows présentés le week-end), un esprit de groupe se développe et des relations fortes se nouent entre les membres. Dans une société qui a vu s'évanouir les collectifs traditionnels (villages, familles, usines, syndicats, paroisses, etc.), toute une partie de la population est à la recherche de nouveaux liens affectifs et sociaux. La « solidarité des ronds-points », on le sait, a joué un rôle considérable dans la persistance de la mobilisation des Gilets jaunes. De la même façon, le succès rencontré par les courants évangéliques s'explique en partie par le fait que ces églises savent procurer à leurs fidèles un cadre d'appartenance dans lequel des liens très forts peuvent s'établir et se tisser entre les membres de ces nouvelles communautés. À leur niveau, les clubs et les associations de danse country permettent eux aussi de faciliter l'instauration de relations de ce type entre les participants.

La proportion de pratiquants actuels ou passés de la danse country en fonction du niveau de vie

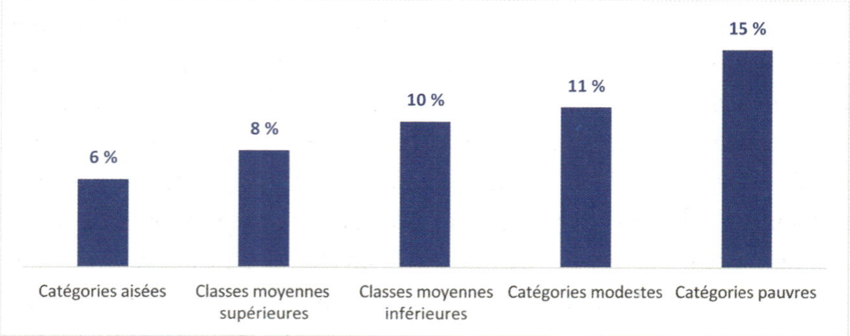

(Source : Ifop.)

Pour autant, la couverture médiatique accordée par la presse nationale à la country est très mince et nous n'avons pas trouvé d'étude sociologique ou d'enquête universitaire approfondie sur le sujet. Si cette activité est hors de portée des radars médiatiques et académiques en dépit de son audience réelle dans une partie de la population, c'est sans doute que le public qui la pratique est majoritairement populaire et partage des goûts et des centres d'intérêt fort éloignés de ceux des journalistes et des chercheurs.

On constate en effet que la pratique de la country en club est nettement corrélée au milieu social du participant. Si l'on prend appui sur la stratification adoptée par l'Insee (fondée sur le croisement du revenu disponible et du nombre d'individus dans le foyer), les écarts en termes de pratique apparaissent en effet assez marqués. L'attrait pour la country est d'autant plus répandu que l'on descend dans la pyramide sociale. Le taux de pratiquants actuels ou passés est 2,5 fois plus élevé dans les catégories pauvres (15 %) que dans les catégories aisées (6 %), et entre ces deux extrêmes, le taux décline linéairement, signe d'une pratique socialement très clivante.

Certes, y compris dans les milieux les plus défavorisés, la pratique de la country demeure très minoritaire, mais elle concerne néanmoins plus d'une personne sur sept : alors que seul un individu sur quatorze s'y adonne dans les milieux plus aisés. La country constitue donc bien un révélateur des fractures socioculturelles existant au sein de l'archipel français. Pratique assez largement répandue dans les milieux populaires et totalement méconnue de la France d'en haut, elle fait volontiers l'objet du dénigrement de la part de celle-ci.

Mais la country n'est qu'un élément d'un référentiel culturel bien plus vaste qui occupe une place importante dans l'imaginaire collectif de toute une partie de la population française : la culture « Far West » ou « country », justement. Près d'un quart de nos concitoyens se disent ainsi « très » (4 %) ou « assez attirés » (19 %) par cette culture. À l'instar de la danse country, ce fragment de la culture américaine qu'est l'imaginaire « Far West » ne rencontre pas le même écho dans tous les milieux sociaux, et ce sont les milieux populaires qui y sont les plus réceptifs. Les catégories les plus aisées, plus sensibles à d'autres aspects de la culture américaine (certaines séries, les cafés Starbucks, etc.) se montrent les plus réfractaires, 49 % se déclarant « pas attirées du tout » par la culture Far West et country, sans doute perçue comme trop « beauf » ou populaire alors que ce rejet ne concerne que 37 % des plus pauvres.

L'attrait pour la culture Far West et country

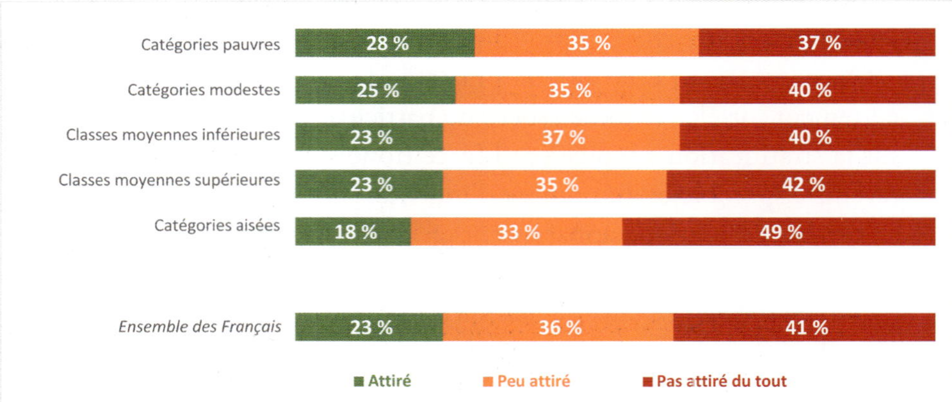

(Source : Ifop.)

« *Pole danseuses* » *et bikers*

Une quinzaine d'années après l'arrivée de la danse country en France, une autre pratique artistique importée directement des États-Unis a pris pied sur le territoire national : la *pole dance*. Cette discipline mêlant danse et acrobaties autour d'une barre verticale était originellement pratiquée par les strip-teaseuses. Elle est devenue une activité sportive moins sulfureuse dans les années 1990 aux États-Unis. En France, une première école a été ouverte en 2006, et la première compétition officielle a été organisée en 2009. Depuis lors, l'annuaire de la Fédération française de danse répertorie près de 250 écoles de *pole dance* à travers le pays. Signe de l'institutionnalisation de cette activité sportive et de sa visibilité croissante, un film, *Forte*, raconte les tribulations d'une femme se mettant à la *pole dance*. Il est sorti sur les écrans français en 2020, avec Valérie Lemercier au générique.

Assez logiquement, les départements les plus peuplés comptent un nombre important d'écoles : 6 à Paris, 7 dans le Nord et dans le Rhône. Mais comme le montre la carte suivante, la *pole dance* a particulièrement séduit dans le sud du pays. On dénombre ainsi 11 écoles dans les Bouches-du-Rhône ou la Haute-Garonne, 9 dans l'Hérault[1],

1. C'est dans ce département, à Béziers, qu'eut lieu, en novembre 2019, le 11e championnat de France de *pole dance*. Pour la première fois, le championnat était

8 en Gironde ou 6 dans les Alpes-Maritimes. Des départements moins peuplés comme le Gard (4 écoles) ou la Drôme (5 établissements) manifestent également un engouement non négligeable.

L'implantation des clubs de *pole dance* en France

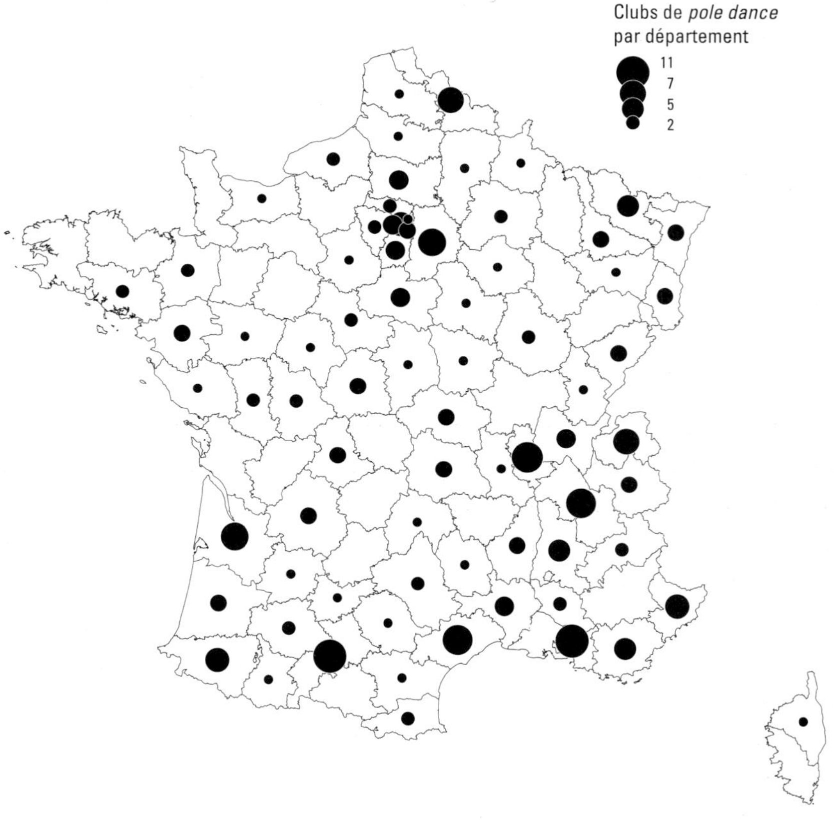

On retrouve une géographie assez similaire pour ce qui concerne l'implantation des clubs de fans de motos américaines (principalement les Harley Davidson). Ces clubs de *bikers*, dont l'un des commandements de la charte est « l'amour inconditionnel de la bannière étoilée », véhiculent eux aussi un imaginaire très américain – ode à la liberté et aux grands espaces, attrait pour la *road* (le rêve de tout *biker* est de faire

organisé en province, et ce n'est sans doute pas un hasard si les organisateurs optèrent pour un département méditerranéen.

la Road 66, comme l'illustrent plusieurs clips de Johnny Hallyday) et pour une culture proche de la country. Sous l'effet toujours de la densité de la population, leur nombre est plus important en région parisienne et dans les départements les plus peuplés, mais on constate cette fois encore une plus forte implantation de ces clubs dans le sud de la France, au-dessous d'un axe Lyon-Montpellier-Bordeaux.

La France des *bikers* :
implantation des clubs de fans de motos américaines

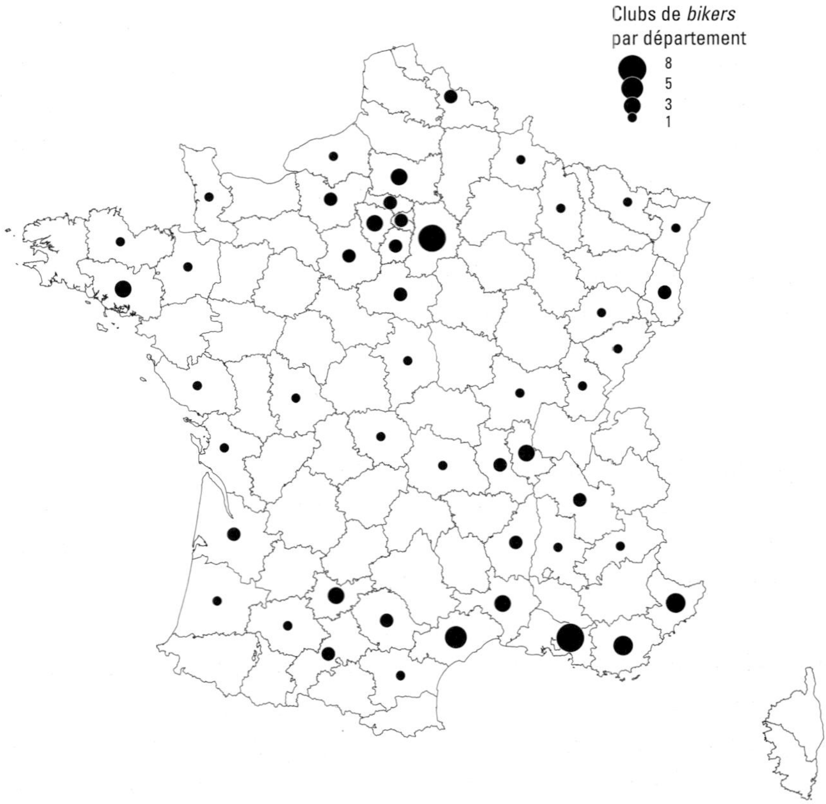

Île-de-France, grandes métropoles du sud de la France et littoral méditerranéen : cette implantation épouse la logique des espaces qui ont été démographiquement les plus brassés au cours des dernières décennies. Cette configuration constitue manifestement un bon terrain d'implantation de l'imaginaire américain sur un substrat culturel qui a été fortement chamboulé. Dans la France d'après, la juxtaposition des cultures donne souvent lieu à des scènes étranges, comme celle que relate par exemple Sylvain Tesson lors de la fête de village de Clans, une petite commune de montagne des Alpes-Maritimes :

> « Au lieu de pincer les bergères en gueulant des chansons avec des voix rabotées par le pastis, les villageois avaient organisé une journée Star Wars et j'aimais regarder ces messieurs déguisés en Dark Vador, batifolant sous les platanes[1]. »

Outre-Atlantique, des historiens ont évoqué un processus d'« authenticité émergente » pour décrire la manière dont la *pop culture* commerciale se patrimonialisait avec le temps pour devenir la culture tout court et se confondre avec les racines de la société américaine. Un possible destin pour certaines des traditions américaines adoptées par la société française dont le substrat culturel est devenu hydroponique.

3. De Manhattan à la Silicon Valley : le rêve américain des élites françaises

L'Amérique, tu la consommes ou tu la visites

Le haut de la société française n'a pas été épargné, loin de là, par l'américanisation de la culture. Si la majorité des Français vit à l'heure américaine, porte des jeans, déjeune au McDo, boit du Coca et regarde des films Disney en famille, seul un Français sur quatre a fait le voyage en terre américaine. 27 % de nos compatriotes se sont en effet rendus aux États-Unis au moins une fois, et 14 % à plusieurs reprises. Le Français qui revient des *States* exerce préférentiellement un emploi de cadre ou de profession intellectuelle supérieure, et il réside en région parisienne. Dans ces milieux, environ une personne sur deux s'est déjà rendue aux États-Unis, de sorte que ce voyage constitue une expérience commune, source de discussions, de souvenirs et de références partagées. Bref, une culture. À l'inverse, la majorité de nos concitoyens ne connaît de l'Amérique que l'image déformée de son acclimatation hexagonale par

1. Sylvain Tesson, *Sur les chemins noirs*, *op. cit.*, p. 33.

le biais de la *pop culture*, de la consommation et de la restauration. Ce clivage social a tendance à s'atténuer avec l'âge puisque plus d'un tiers des retraités affirment avoir visité au moins une fois les États-Unis.

L'expérience d'un séjour touristique aux États-Unis

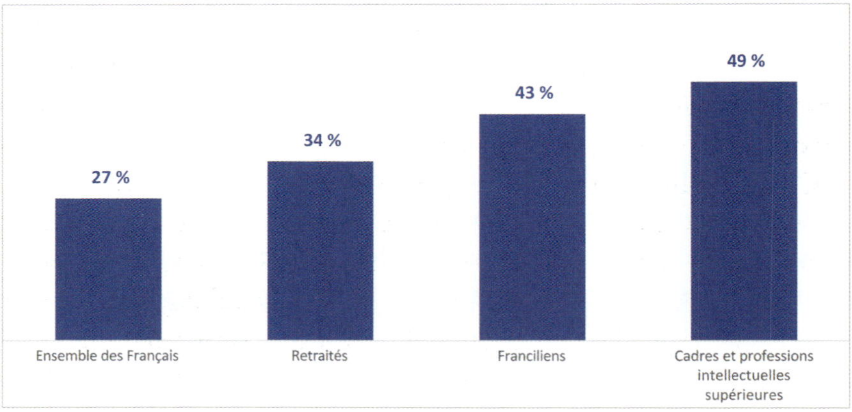

(Source : Ifop.)

De New York à la Silicon Valley, le voyage initiatique des élites économiques françaises

Entretenu par ces voyages sur le sol des États-Unis, le rêve américain de la bourgeoisie française est d'ordre culturel mais également économique. Il s'agit d'un mimétisme entrepreneurial dont l'origine remonte à l'après-guerre et repose sur la conviction que les bonnes idées et les marchés prometteurs proviennent toujours des États-Unis. Jean Fourastié s'est ainsi rendu, comme de nombreux hauts fonctionnaires et modernisateurs de l'après-guerre, aux « U.S.A. » pour y étudier le modèle d'une société de consommation prospère. Autre passeur de culture business américaine, Jean-Jacques Servan-Schreiber qui, en 1967, publie *Le Défi américain*, ouvrage qui se vendit à 2 millions d'exemplaires en France en pronostiquant la montée en puissance de l'économie américaine. Celui que l'on surnommait JJSS éprouvait une fascination pour « l'Amérique postindustrielle. Celle d'IBM, de General Electric, de McKinsey et de Monsanto[1] ».

1. Bertrand Le Gendre, « Le défi américain », *Le Monde*, 2 août 2008.

Ce rêve américain va culminer dans les années 1980 avec le fétichisme des tours de Manhattan et le style de vie *yuppie* (pour *young urban professionals*) qui caractérise les cadres supérieurs de la finance de Wall Street[1]. Certaines obsessions des années 1980, comme l'aérobic, le téléphone de voiture ou les gadgets hi-fi sont des importations directes du mode de vie *yuppie*, popularisé, comme souvent, par le biais des magazines, de la publicité, du cinéma et de la fiction télévisuelle. On peut ainsi voir dans la vogue du footing et la mode des lofts industriels une transposition française de ce style de vie et de cette esthétique dans les dernières décennies du XXe siècle.

C'est également à partir des années 1980 que le rêve entrepreneurial américain se déplace de la côte Est des pionniers, géographiquement et culturellement plus proche de l'Europe, vers l'exotique côte Ouest. Mecque des mouvements culturels alternatifs tout au long des décennies 1960 et 1970, la Californie devient le centre de l'innovation technologique et économique avec l'avènement de la Silicon Valley, considérée aujourd'hui encore comme la plus grande concentration mondiale d'entreprises high-tech de premier plan. À l'origine installée dans la vallée de Santa Clara limitrophe de la ville de San José, cette « vallée du silicium », berceau historique des micro-processeurs, est aujourd'hui une méga-région économique qui s'est étendue à toute la zone de la baie de San Francisco. Une première génération d'entreprises nées au tournant des années 1970 et 1980 y révolutionne le secteur informatique en inventant l'ordinateur personnel et la micro-informatique de bureau. Avec Apple (créée en 1976) et son célèbre MacIntosh qui arrive sur le marché en 1984 se popularise le mythe de l'inventeur génial dans son garage, puisque c'est dans celui de ses parents que Steve Jobs et ses deux associés ont fondé la marque et qu'ils ont conçu et assemblé ses tout premiers ordinateurs. Il faudra attendre une décennie supplémentaire pour que la *tech* californienne mette au monde sa deuxième grande révolution conceptuelle, celle d'Internet et de ses géants Google, Facebook, Amazon, PayPal, et plus tard des plateformes Uber et Airbnb. De même que les élites économiques françaises des Trente Glorieuses se rendaient dans les tours de Manhattan, visitaient les usines Ford de

1. Le film culte *Wall Street*, avec Michael Douglas en vedette, sortit sur les écrans français en 1988.

Detroit ou suivaient à Dayton les séminaires de Bernardo Trujillo, le pape de la grande distribution[1], les hauts potentiels des groupes français du CAC 40 sont de nos jours invités à des *learning tours*, véritables expéditions à thème économique aux allures de voyage initiatique au cours desquels ils découvrent l'essence du génie technologique (et marketing) américain. En 2016, une étude de la Conférence des grandes écoles (CGE) sur le profil des fondateurs d'entreprises qui avaient accompagné le président de la République au prestigieux salon de l'électronique grand public, le Consumer Electronic Show de Las Vegas, révélait que 83 % de ces 190 start-ups avaient été fondées par un diplômé d'une grande école, 16 % par un diplômé de l'université et... 1 % par des autodidactes sans diplôme. Nous avons ici un indice supplémentaire de l'homogénéité sociale de la *start-up nation* sur laquelle nous nous sommes penchés dans les pages qui précèdent.

I speak english, Wall Street English

Plusieurs legs américains témoignent de cette fascination et de ce mimétisme de nos élites entrepreneuriales, à commencer par la langue elle-même. L'économie tertiaire supérieure est un univers tellement américain dans son état d'esprit qu'à peu près toute sa terminologie est empruntée à l'anglais des affaires, le *business english*. En dépit des efforts louables (et parfois loufoques) de la célèbre Commission d'enrichissement de la langue française, le lexique de la finance, de l'informatique, de la mode ou encore de la science demeure désespérément anglais. Une carrière de chercheur à l'international passe par la maîtrise de l'anglais comme langue de communication des articles scientifiques et des colloques, et aucun postulant à une position dirigeante dans le secteur privé ne peut aujourd'hui se passer d'une maîtrise minimale de l'anglais. Le succès fulgurant d'Emmanuel Macron auprès de cette population de cadres supérieurs du privé et de professions scientifiques a montré à quel

1. Denis Deforrey et Marcel Fournier (cofondateurs de Carrefour), Gérard Mulliez (fondateur d'Auchan), Bernard Darty (créateur de l'enseigne du même nom), ou encore André Essel (cofondateur de la Fnac) ont tous fait le pèlerinage de Dayton et ont tous retenu les mantras du gourou américain dont le célèbre « *No parking, no business* », ou « Les pauvres ont besoin de prix bas. Les riches adorent ça ».

point ceux-ci se différenciaient de l'ancienne bourgeoisie traditionnelle, aux yeux de laquelle le hamburger ne saurait être qu'un produit de la malbouffe quand la culture américaine se réduirait à *Rambo*, *Dallas* ou à *L'Inspecteur Harry*.

Parmi les jeunes générations, la maîtrise de l'anglais constitue une véritable ligne de clivage social. Dans la mesure où l'année passée à l'étranger a été intégrée à tous les cursus des grandes écoles et à certains de ceux qui ouvrent sur des diplômes sélectifs à l'université, la poursuite d'études supérieures longues débouche désormais sur une familiarisation avec l'anglais. L'expérience d'un séjour à l'étranger dans le cadre de ses études ou d'une mission professionnelle (stage ou emploi) concerne aujourd'hui près d'un jeune Français sur trois (29 %). Mais cette proportion devient majoritaire chez les diplômés de niveau bac + 5 (51 %) et plus encore chez les diplômés d'une école sur concours (61 %) et des anciens élèves d'une classe prépa (64 %).

L'expérience d'un long séjour d'études ou professionnel à l'étranger selon le niveau de diplôme, parmi les 25-40 ans

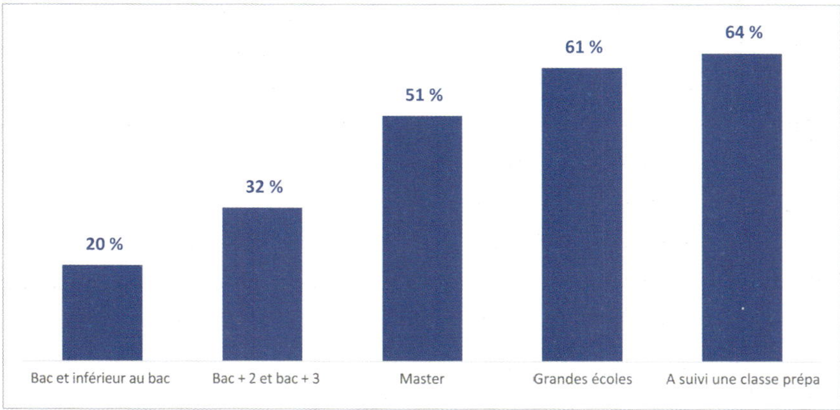

(Source : Ifop.)

Cette internationalisation d'une partie importante de la jeunesse diplômée a des incidences qui vont au-delà de la capacité à parsemer ses présentations PowerPoint de termes anglais. Ceux qui maîtrisent cette langue baignent, en effet, dans une culture populaire anglo-saxonne et particulièrement étatsunienne faite de séries télé, de sites Internet ou

Proportion des 25-40 ans regardant en anglais des films ou séries ou lisant en anglais des livres ou la presse selon le niveau de diplôme

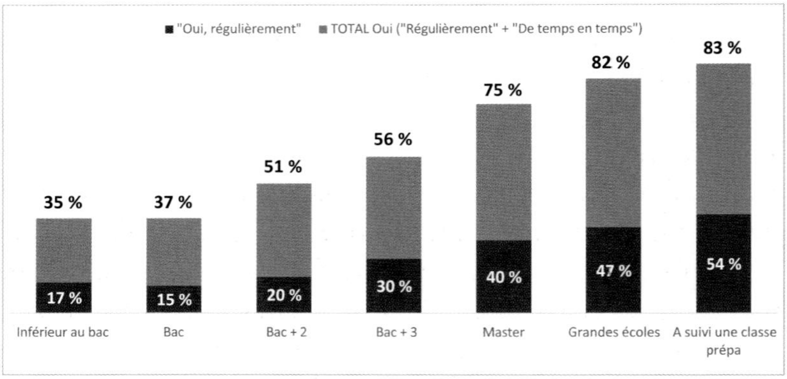

(Source : Ifop.)

de lectures qui tous se consomment désormais en VO[1]. Ce cosmopolitisme constitue une nouvelle ressource pour les classes supérieures et les élites culturelles. Leur bilinguisme leur permet d'accéder à un bouquet d'œuvres et de médias consommés par les anglophones de chaque pays, comme les *late shows* politiques américains ou les podcasts animés par les gourous du développement personnel. Une culture supranationale, totalement indéchiffrable aux yeux des non-anglophones, se diffuse alors, de sorte que l'auditoire français est passé d'une américanisation indifférenciée (sur le modèle de la série télévisée et des *blockbusters* d'Hollywood) à un branchement de ses catégories les plus éduquées et mobiles sur un espace public dématérialisé, dont les médias américains sont l'épicentre, fixant l'agenda et définissant les termes du débat. Tous les quatre ans, par exemple, les élections américaines génèrent un fort intérêt auprès d'une bonne partie des classes aisées françaises, où l'on commente doctement les résultats du caucus de l'Iowa ou ceux du Super

1. Notons que des artistes français aussi différents que le rappeur Booba ou les membres du duo de musique électronique Daft Punk résident aux États-Unis : en Floride pour le premier, à Los Angeles pour les seconds. Nés au milieu des années 1970, les membres de Daft Punk ont par ailleurs digéré l'ensemble des couches culturelles évoquées dans cette partie du livre, qu'il s'agisse de la musique pop anglo-saxonne ou de l'esthétique des mangas japonais.

Tuesday. En septembre 2020, 48 % des cadres et professions intellectuelles avaient ainsi évoqué la campagne électorale américaine avec leurs proches alors que ce thème n'avait été un sujet de conversation que chez 23 % des ouvriers[1].

Les vestiges urbains de l'influence américaine : l'introuvable Silicon Valley française

Omniprésente dans la culture, traversant toutes les classes sociales françaises, l'influence américaine a également marqué le territoire français lui-même. Son empreinte fait partie du legs urbain des décennies 1970 à 2010. En matière d'immobilier d'entreprises, qui dit modèle américain dit forcément construction de hautes tours de bureaux. Les villes françaises n'ont généralement pas adopté le modèle du *central business district* à l'américaine, le quartier de tours de bureaux construit en plein centre-ville. Le quartier de La Défense, construit dans le prolongement du Quartier central d'affaires de l'Ouest parisien intégré au bâti haussmannien, a été érigé en bordure de la ville entre la fin des Trente Glorieuses et les années 1980. Par ailleurs, après la construction de la tour Montparnasse en 1969, mal considérée par les Parisiens, un règlement a limité la hauteur de construction intra-muros à sept étages. Si le cœur historique des villes françaises ne s'est donc pas mué en *downtown* américain, avec ses compositions de verre et d'acier, toutes ont en revanche développé à partir des années 1970-1980 des parcs d'entreprises ou technopôles à leurs périphéries, selon le modèle de la Silicon Valley – qui a, d'ailleurs, inspiré les parcs scientifiques et d'entreprises du monde entier. Il en existe de très modestes à la périphérie des villes moyennes, que l'on repère à leur architecture verre et acier, justement, et aux formes géométriques de style brutaliste de

1. Tableau de bord politique Ifop-Fiducial pour *Paris Match* et Sud Radio. Cette fascination profonde pour l'Amérique s'observe jusqu'au plus haut sommet de l'Etat comme l'illustrent ces propos d'Arnaud Montebourg relatant une visite gouvernementale à Washington : « Nous avons attendu dans cette pièce la fin des discussions des deux présidents seuls dans le Bureau ovale. Il y avait une petite ambiance de fête entre nous, on était à la blague, comme si nous étions heureux d'être enfin là. Comme si l'aboutissement symbolique d'une carrière politique française ne pouvait se concevoir qu'à la Maison Blanche, le plus contemporain du saint de tous les saints ». A. Montebourg. *L'engagement*, p. 170, Paris, Grasset, 2020.

certains bâtiments. D'autres sont de dimension internationale, comme Sophia Antipolis en périphérie de Nice, souvent qualifiée de « Silicon Valley française ». Sophia emprunte à la Silicon Valley l'urbanisme de périphérie organisé autour de la voiture, le climat ensoleillé et l'intégration de ses bâtiments dans un cadre naturel privilégié. Le rapprochement avec la Silicon Valley a également été fait à propos du projet de pôle scientifique Paris-Saclay à 20 kilomètres au sud de Paris. Sa concentration de grandes écoles (HEC, Polytechnique, CentraleSupélec, ENSAE, ENS, etc.) et de départements de R&D de grands groupes (le Technocentre de Renault, Danone, Thales, etc.) s'inspire de la synergie qui associe en Californie l'université Stanford et les grandes entreprises du secteur high-tech. Le campus de Saclay devrait bénéficier d'une station de métro dans le cadre de l'aménagement du Grand Paris, mais jusqu'à présent les déplacements s'y font principalement en voiture.

Les parcs de bureaux périphériques et autres technopôles à la française souffrent de manière générale d'être des quartiers monofonctionnels mal reliés à la ville. Si ce modèle périphérique reste dominant et accueille les sièges sociaux des grandes entreprises de la Silicon Valley, celle-ci a été capable de se réinventer en se rapprochant des cœurs urbains, notamment de San Francisco, attirant les jeunes talents qui rechignent à vivre dans des quartiers dortoirs. Dans le cas francilien, un partage territorial existe entre les entreprises d'informatique tournées vers l'ingénierie, le conseil et le *hardware*, volontiers implantées en périphérie, et les start-ups de l'économie de l'information, plus citadines, qui ont pris leurs quartiers dans le Sentier à Paris, renommé pour cette raison Silicon Sentier au milieu des années 2010. Le campus de start-ups Station F, projet entrepreneurial et architectural impulsé par Xavier Niel dans l'ancien bâtiment ferroviaire de la Halle Freyssinet, dans le XIIIe arrondissement de Paris, et inauguré en 2017, marque également ce recentrage urbain de l'écosystème français. De même, le réemploi de friches industrielles a fait de l'île de Nantes et de son quartier de la Création un pôle high-tech et de start-ups intégré à la ville. Le partage du territoire entre des parcs d'activité périphériques souvent vieillissants et un quartier central d'affaires plus récent se retrouve dans les métropoles régionales, qui ont toutes lancé des projets de ce type, souvent reliés à la gare TGV : Euralille à Lille, Euronantes, Bordeaux Euratlantique, Euroméditerranée à Marseille.

CHAPITRE 4

Le millefeuille culturel français : la globalisation s'accélère

Si les décennies 1980-2000 ont été caractérisées par une intense américanisation de la société française, les années 1990-2010 ont été marquées par l'acclimatation en France de plusieurs produits d'exportation de la culture japonaise, qui est venue se déposer, telle une nouvelle couche sédimentaire, sur les strates antérieures. Les canaux de pénétration de cette influence nipponne ont été assez similaires à ceux qu'avait empruntés l'*american way of life*, à savoir l'image et l'alimentation.

1. Mangas, sushis et Nintendo : les vecteurs de la culture japonaise en France

1993 : Dragon Ball *débarque au pays d'Astérix*

Les prémices de ce phénomène remontent au début des années 1980, quand la télévision française diffusa massivement des dessins animés *made in Japan*. Toute une génération a ainsi été exposée quasi quotidiennement à *Goldorak*, *Candy*, *Capitaine Flam* et autres *Bioman*. Moins chers que les productions pour enfants américaines, ces dessins animés ont alimenté une grande partie du flux d'émissions jeunesse, comme *Récré A2* ou le *Club Dorothée*. Même si ces *anime*, pour reprendre le terme japonais, ne véhiculaient pas explicitement un imaginaire issu de la culture nipponne, ils ont néanmoins puissamment contribué à diffuser une certaine esthétique graphique au sein du jeune public français.

À l'issue de cette phase d'exposition initiale, adolescents et jeunes adultes ont été logiquement bien plus réceptifs aux mangas, des BD ancrées beaucoup plus explicitement dans un univers japonais, et dont l'audience va exploser à partir des années 1990. On peut dater ce phénomène de société de l'année 1990, quand les Éditions Glénat publient *Akira*, qui connaît un grand succès. Encouragé par cette réussite, l'éditeur réitéra l'expérience en 1993 en publiant la série *Dragon Ball*, qui fera l'objet d'un engouement hors norme (au total, depuis son lancement, 20 millions d'exemplaires d'albums de la série ont été écoulés en France). Face à ces succès commerciaux, la concurrence s'est lancée à son tour dans l'exploitation de ce juteux filon, et le genre manga s'est imposé spectaculairement en quelques années : si l'on dénombrait 150 publications de ce type en 1998, on en comptait 270 trois ans plus tard. Et en 2019, les mangas représentaient le segment le plus important de l'univers de la BD, dominant 39 % du marché[1].

On notera que d'autres produits d'exportation de la culture japonaise, mais correspondant cette fois à sa composante high-tech et électronique, ont également conquis la jeunesse française au tournant des années 1980-1990, période marquée par l'arrivée des premières consoles de jeux Nintendo et Mega Drive de Sega, puis PlayStation de Sony, vendues chacune à plusieurs millions d'exemplaires. Aujourd'hui, près d'un foyer sur deux est équipé d'une console de jeux, symptôme supplémentaire de la place prise par les loisirs dans la France d'après. C'est également dans les années 1996-1997 que les Tamagotchi, ces animaux de compagnie virtuels typiquement japonais, ont connu un fugace mais non moins réel succès, avec un million d'acheteurs en France. L'année suivante, en 1998, eurent lieu les Jeux olympiques d'hiver de Nagano, qui, s'ils n'eurent pas le même retentissement que les JO de Los Angeles ou d'Atlanta, furent l'occasion d'une bonne exposition médiatique de la culture du pays du Soleil-Levant à l'international – et notamment en France.

Sur le plan cinématographique également, le passage de la décennie 1990 à la suivante a été l'occasion d'un engouement venu de différents segments de la population française pour l'univers culturel nippon. En 1999, deux dessins animés d'Hayao Miyazaki, *Mon voisin Totoro* et *Princesse Mononoké* étaient diffusés en salles, le second cumulant

1. Cf. Dalhia Girgis, « Une année record pour la BD, les mangas et les comics », *Livres Hebdo*, 28 janvier 2021.

700 000 entrées. Cette jauge importante sera dynamitée en 2003 avec 1,5 million de billets vendus pour *Le Voyage de Chihiro*, autre film du dessinateur Miyazaki. La même année, dans un tout autre registre, la civilisation japonaise fut également honorée à l'écran par le truchement d'une major américaine (et Tom Cruise en vedette principale) : *Le Dernier Samouraï* engrangea près de 2,2 millions d'entrées. L'année suivante, un autre film se déroulant au Japon mais à l'époque contemporaine cette fois, *Lost in Translation*, rassemblait 1,3 million de spectateurs. L'industrie cinématographique tricolore surfera à son tour sur cet attrait du public pour le monde japonais avec la distribution en 2001 de *Wasabi*[1]. Produit par Luc Besson, ce film, qui relate les tribulations au Japon d'un personnage incarné par Jean Reno, comptabilisera 1,3 million d'entrées en salles.

Et le sushi devint tendance

À l'instar du processus massif d'américanisation, la diffusion de la culture japonaise est passée, au cours de ces mêmes années en France, par un accès aux traditions culinaires de ce grand pays. Si le public français avait progressivement appris à connaître et à apprécier les cuisines chinoise et vietnamienne à partir de la fin des années 1970 et le début des années 1980, une partie de la gastronomie japonaise allait faire son entrée en force dans l'univers alimentaire de nos concitoyens à partir de la fin des années 1990, avec la vogue des sushis. Les premiers restaurants japonais proposant les fameux plats à base de poisson cru vont apparaître en France en 1998, dans un contexte d'engouement croissant pour les spécialités associées à une alimentation saine (et bien que le sushi soit un plat assez calorique). Ces établissements vont d'abord s'ouvrir à Paris et en région parisienne, mais rapidement, ce qui devient alors une mode va essaimer partout en France. Signe du dynamisme de ce segment de marché, des chaînes vont même voir le jour. Sushi Shop et Planet Sushi sont créées en 1998, la seconde par des entrepreneurs français revenus des États-Unis d'où ils avaient ramené la recette du *Californian roll* (rouleau californien au poisson) : de manière indirecte, on mesure une nouvelle fois la puissance du

1. Le *wasabi* est une moutarde japonaise accompagnant les sushis.

modèle américain, dont l'influence se retrouve donc à l'origine de la saga du sushi en France…

L'attrait pour la cuisine japonaise connaît un coup d'accélérateur en 2004, à la suite d'un reportage de la très populaire émission *Envoyé spécial*, pointant de graves problèmes d'hygiène et de sécurité alimentaire dans des restaurants chinois. Dans les mois qui suivent, la fréquentation de ces restaurants s'effondre de 20 à 30 %. Pour tenter de reconquérir leur clientèle perdue, des restaurateurs chinois transforment alors assez rapidement leurs établissements en restaurants japonais, avec comme produits phares, les sushis. Cette stratégie opportuniste de sauvetage de l'activité aura également été motivée par un souci de montée en gamme, car les prix affichés sur une carte de plats japonais sont bien plus élevés que ceux des restaurants chinois. Mais l'essor des sushis sera également le fait d'entrepreneurs français. Pour coller au mieux aux goûts tricolores, les recettes nipponnes feront même parfois l'objet d'une forme d'hybridation, avec par exemple les fameuses brochettes au fromage… dont jamais personne n'a entendu parler au pays du Soleil-Levant !

Entre 2005 et 2010, le marché du sushi affiche une croissance annuelle de 20 à 25 %, le nombre de restaurants recensés en France s'établissant à 1 580, dont les deux tiers en Île-de-France. Cet emballement va faire de la France le premier marché européen du sushi. La rançon du succès résidera dans l'arrivée de nouveaux acteurs attirés par les perspectives de croissance…

Une offre culturelle diffusée dans différents milieux sociaux

Le succès croissant de la Japan Expo illustre bien le processus de pénétration d'éléments plus ou moins hybridés de la culture japonaise dans différentes strates de la société française. Ce salon, lancé en 1999 (on relèvera la concomitance chronologique avec les débuts de l'engouement pour les mangas et les sushis), constitue une formidable vitrine des différents aspects du *nippon way of life*. Tous les thèmes japonais font l'objet de stands, de démonstrations et d'animations dans le parc d'exposition de Villepinte, aussi bien les mangas, les jeux vidéo, les *anime*, les arts martiaux, que la mode ou la cuisine. En vingt ans, ce salon, le troisième dans l'ordre de la fréquentation en France[1], est passé de 2 400 à plus de 250 000 visiteurs.

Évolution du nombre de visiteurs au salon Japan Expo

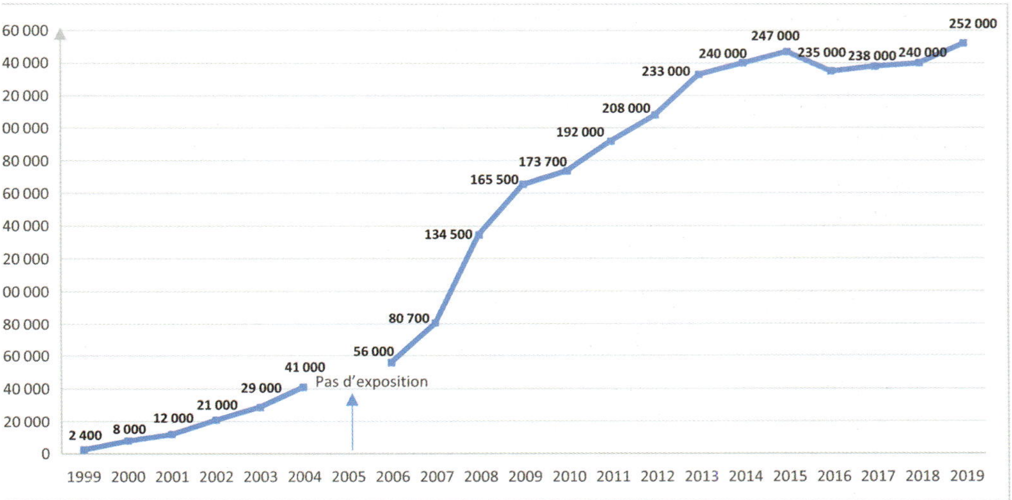

(Source : Wikipédia.)

Si ce salon met globalement en avant la *pop culture* japonaise, des offres culturelles nipponnes adaptées aux différentes classes de la société française se sont développées dans l'Hexagone. C'est vrai pour la cuisine, où les bars à sushis d'entrée de gamme de périphérie ont pour pendants des restaurants gastronomiques dans les beaux quartiers des grandes métropoles. Cela vaut également dans l'univers du cinéma et du manga, avec des offres grand public et des productions beaucoup plus pointues, notamment l'apparition d'un cinéma d'auteur japonais, comme il existe un cinéma indépendant américain prisé des cinéphiles français en marge des *blockbusters* et autres franchises des grands studios. De la même manière, dans l'univers de l'habillement, coexistent le look manga pour *teenagers* et les vêtements et parfums de l'enseigne Kenzo (appartenant au groupe LVMH) destinés à une clientèle haut de gamme à laquelle s'adressent également les produits de beauté de

1. Après le Salon de l'agriculture et le Mondial de l'auto, qui sont de véritables institutions.

la prestigieuse marque Shiseido. Si, au travers des fameuses estampes, une vague japonisante avait touché la bourgeoisie française à la fin du XIXe siècle[1], le phénomène est aujourd'hui sociologiquement nettement plus massif.

Le voyage au Japon, une pratique plus élitiste que le trip *américain*

Parallèlement au voyage à New York, à la découverte des grands parcs de l'Ouest américain ou au *road trip* le long de la légendaire route 66, le voyage au Japon s'est imposé comme une forme de pèlerinage dont l'idée séduit désormais une majorité de Français : 64 % d'entre eux souhaiteraient se rendre au pays du Soleil-Levant. Or, dans les faits, seuls 6 % des Français affirment s'être déjà rendus au Japon[2]. La destination demeure plus élitiste que les États-Unis en raison de son coût, de la distance mais également des barrières culturelle et linguistique, ce qui explique probablement pourquoi les diplômés du supérieur sont deux fois plus nombreux que la moyenne à avoir effectué le voyage. La tranche d'âge des 25 à 49 ans est également la plus concernée, soit les générations qui ont été les plus exposées à la culture nipponne dans leur enfance ou lorsqu'elles étaient jeunes adultes. C'est également parmi les plus jeunes, âgés de 18 à 24 ans, que l'on trouve le plus de Français qui souhaitent découvrir le Japon, ainsi que parmi les diplômés du supérieur et les Franciliens. La mise sur pied de l'alliance Renault-Nissan en 1999, et le rôle joué par le très médiatique Carlos Ghosn, puis l'ouverture par Toyota d'une usine à Valenciennes en 2001, ont contribué à entretenir l'engouement pour le Japon dans ces milieux. Mais la dimension économique, on l'aura compris, n'est qu'une des composantes de la couche culturelle japonaise qui s'est déposée en France à partir de la fin des années 1980, ainsi qu'en témoigne la chronologie suivante.

---

1. Cf. Yvonne Thirion : « Le japonisme en France dans la seconde moitié du XIXe siècle à la faveur de la diffusion de l'estampe japonaise », *Cahiers de l'AIEF*, 13, 1961, pp. 117-130.
2. Données Ifop.

Chronologie sommaire de la sédimentation de la couche culturelle japonaise en France

1987	Arrivée de la console Nintendo en France
1990	Publication du manga *Akira* par les Éditions Glénat
1993	Publication de la série manga *Dragon Ball* par les Éditions Glénat
1995	Sony lance sa PlayStation en France
1996	Début de la mode des Tamagotchi
1998	Jeux olympiques d'hiver à Nagano
1998	Créations des chaînes de restaurants Planet Sushi et Sushi Shop
1999	Parution des films *Mon voisin Totoro* et *Princesse Mononoké*
1999	Première édition du salon Japan Expo
1999	Création de l'alliance Renault-Nissan
2001	Sortie du film *Wasabi*
2001	Ouverture de l'usine Toyota près de Valenciennes
2004	Sortie du film *Lost in Translation*

2. Halal, kebab, chicha : la couche orientale

Parallèlement au renforcement de la couche *yankee* désormais très profondément incrustée dans les tissus de la société française et à la sédimentation d'une strate culturelle japonisante, une autre couche est en train de se déposer depuis une trentaine d'années. Alors que les deux couches précédentes résultaient de l'ouverture progressive de notre pays à la globalisation culturelle, cette autre strate que nous appellerons la couche orientale a partie liée avec l'arrivée puis le développement sur le territoire de populations originaires du Maghreb, d'Afrique subsaharienne et de Turquie. L'épaisseur de ce dépôt sédimentaire n'est, certes, pas comparable à celui qui a été engendré par l'américanisation. En nous penchant sur les modes de vie de la société, et en particulier sur les pratiques alimentaires, il apparaît par ailleurs que cette strate « orientale » a pour partie été incorporée et amalgamée au *way of life* majoritaire, notamment dans les jeunes générations, tandis que nombre de ses composantes demeurent cantonnées aux populations issues de l'immigration.

L'essor du marché halal : entre affirmation identitaire et moyennisation des consommateurs musulmans

L'essor et la structuration du marché alimentaire halal constituent une manifestation des plus marquantes de la métamorphose que la France a connue au cours des trois dernières décennies et de la sédimentation de la couche culturelle orientale. Jusqu'à la fin des années 1980, la population musulmane vivant en France respectait l'injonction du halal mais essentiellement pour la viande. Elle se fournissait, pour ce faire, dans des boucheries de quartier. La situation a commencé à changer à partir du début des années 1990 sous l'effet conjugué de trois phénomènes de nature distincte. À l'instar de l'ensemble du monde islamique, une partie des musulmans de France a été touchée par un mouvement de réislamisation porté par des militants salafistes et « fréristes[1] » qui ont investi bon nombre de quartiers populaires[2] : cette réaffirmation identitaire et religieuse mettait l'accent sur le respect d'un ensemble de normes codifiant et régissant la vie quotidienne des croyants. Or, la matrice de cette orthopraxie est constituée par la dichotomie *haram/halal* (« illicite/licite ») et porte tout spécialement sur les pratiques alimentaires. Le poids croissant de cette influence idéologico-religieuse est ainsi venu stimuler une demande en faveur d'aliments halal non plus limitée à la viande mais s'appliquant à un spectre beaucoup plus large. Parallèlement, cette aspiration a été tirée par l'arrivée à l'âge adulte de la deuxième (voire de la troisième) génération issue(s) de l'immigration arabo-musulmane. Ayant grandi en France et disposant d'un certain pouvoir d'achat, ce public aspire à consommer des produits alimentaires de qualité et s'apparentant aux standards en vigueur dans l'ensemble de la société mais respectant les règles halal. Pour répondre à cette demande grandissante, des acteurs économiques ont alors développé une offre alimentaire spécifique, troisième ressort du phénomène.

Un coup d'œil sur la chronologie de la structuration de l'offre alimentaire halal permet de comprendre l'importance que la période 1990-2010 aura tenu dans le processus de changement.

1. Proches des Frères musulmans.
2. Voir sur ce sujet Bernard Rougier, *Les Territoires conquis de l'islamisme*, Paris, PUF, 2019.

L'entreprise Isla Délice, qui deviendra leader sur ce marché, est créée en 1990, suivie deux ans plus tard par ses concurrents Isla Mondial et Délice Mondial. Ces *pure players* du halal vont progressivement dynamiser le marché en proposant une gamme fournie. Une étape importante sera franchie en 1997 quand Isla Délice commencera à s'implanter dans les linéaires de la grande distribution (faisant ainsi sortir le halal de ses points de vente traditionnels que sont les boucheries et les épiceries) et lancera, en 1998, ses premiers produits surgelés[1]. Alors que le marché alimentaire national était plutôt atone, le segment du halal va connaître une croissance annuelle à deux chiffres au début des années 2000. En quête permanente de relais de croissance, les entreprises de l'agroalimentaire vont donc décider de se positionner sur ce marché porteur et de concurrencer les marques historiques. Le géant Nestlé est le premier à passer à l'offensive en 2008, via sa marque Herta qui commercialisera des Knacki au poulet halal. La même année, le groupe LDC, l'un des leaders français de la volaille (avec notamment les poulets de Loué de la Sarthe), lance la marque Réghalal. En 2009, non sans faire grincer quelques dents en interne, Fleury-Michon, entreprise vendéenne dont les dirigeants historiques revendiquaient une forte identité catholique et qui était réputée pour son... jambon, franchit le pas en lançant sa gamme halal avec des blancs de dinde et de poulet[2]. La même année, l'enseigne Casino proposait sa MDD (marque de distributeur) halal sous le nom de Wassila, et le groupe Pierre Martinet, spécialiste des salades en barquette, attaquait lui aussi ce marché. Face aux premiers succès rencontrés par leurs offres, ces acteurs économiques de premier ordre ont rapidement étoffé et élargi leur gamme. C'est ainsi qu'on a vu apparaître dans les linéaires des paupiettes halal, du foie gras halal, des croque-monsieur halal, de la raclette halal – et même des lardons fumés (de volaille) halal. Bel exemple du processus d'hybridation que nous avons évoqué par ailleurs, la charcuterie, traditionnellement préparée à base de porc, se décline ainsi en version halal dans la France d'après.

---

1. Cf. Julie de la Brosse, « Isla Délice, les secrets du roi du halal », *L'Express*, 7 juin 2018.
2. Clin d'œil de l'histoire, l'usine du groupe dédiée à la production de la gamme halal est située dans le Bocage vendéen, à Chantonnay, commune qui fut le théâtre de très violents combats menés par l'armée catholique et royale pendant la guerre de Vendée.

Chronologie sommaire du développement de l'offre agroalimentaire halal en France

1990	Création de l'entreprise Isla Délice
1992	Création des entreprises Isla Mondial et Délice Mondial
1997	Référencement des produits Isla Délice dans la grande distribution
1998	Lancement de la gamme surgelée d'Isla Délice
2008	Herta lance ses premiers produits halal
2008	Le groupe LDC lance son label Réghalal
2009	Fleury-Michon et le groupe Pierre Martinet entrent sur le marché
2009	Création de Wassila, gamme halal du groupe Casino
2009	Quick annonce la création de restaurants 100 % halal
2010	Carrefour inaugure sa gamme Carrefour Halal
2010	Campagne d'affichage « Fièrement halal » de la marque Isla Délice
2013	Haribo propose ses premiers bonbons sans gélatine animale
2016	Premier catalogue promotionnel halal de Carrefour hors ramadan
2017	Lesieur lance une sauce algérienne halal dans sa gamme fast-food
2018	Création de la marque Tantie dédiée à la population musulmane africaine

Pour satisfaire cette demande croissante de produits *mainstream* mais estampillés halal, d'autres acteurs que ceux de la grande distribution ou du marché de la viande vont eux aussi développer une gamme spécifique. En 2009, la chaîne de restauration rapide Quick dédie une cinquantaine de ses établissements au halal, répondant aux attentes de ces jeunes musulmans qui souhaitent combiner leur forte appétence pour les burgers (et autres *nuggets* d'inspiration américaine) et une stricte observance du halal… Haribo, une autre marque iconique de la *world food*, s'est, elle aussi, convertie au halal. Après avoir subi un appel au boycott de ses bonbons pour cause de présence de gélatine de porc, l'entreprise lance, en 2013, 17 produits garantis sans gélatine porcine ou bovine[1]. Son catalogue compte aujourd'hui 34 références de ce type, qui se sont révélées de vraies réussites commerciales. D'après une enquête de l'Ifop réalisée en août 2020[2], 68 % des musulmans

1. Cf. « Gélatine animale : Haribo double sa gamme de bonbons sans porc », www.al-kanz.org, 19 septembre 2018.

2. Enquête pour *L'Express* réalisée en ligne du 6 au 17 août 2020 auprès d'un échantillon représentatif de 515 musulmans.

de France déclarent acheter régulièrement ou de temps en temps des desserts, chocolats ou bonbons halal, alors que cette proportion n'était que de 40 % en 2010, date à laquelle l'offre halal en grande distribution commençait tout juste à émerger. La hausse s'observe également en matière de plats cuisinés (frais, conserves, surgelés), dont la fréquence d'achat (régulière ou occasionnelle) est passée de 45 à 56 % en dix ans. On mesure, à l'aune de ces chiffres, l'essor qu'a connu ce marché et les changements de comportement d'achat du public concerné. On remarquera que cette tendance est notamment portée par les jeunes générations, 59 % des moins de 35 ans de confession musulmane achetant régulièrement ou temps en temps des plats cuisinés halal contre 49 % des plus de 50 ans.

Au quotidien, ces produits sont installés bien en évidence dans les linéaires de la grande distribution, qui n'hésite plus à les mettre en valeur en certaines occasions. De la même manière que les hypermarchés et supermarchés dédient d'importantes surfaces de vente aux chocolats pour Pâques, aux vins lors des foires aux vins ou aux fournitures scolaires avant la rentrée, la période du ramadan s'accompagne désormais d'opérations similaires sur les produits alimentaires halal dans les grandes surfaces implantées dans les zones où la population issue de l'immigration est importante. Car si ces produits font désormais partie du paysage marketing et commercial, ils demeurent achetés pour l'essentiel par cette catégorie de la population et n'ont pas conquis le grand public français dans son ensemble.

Le kebab acquiert droit de cité

Le kebab et les restaurants qui proposent à la consommation ce sandwich d'origine turque offrent un autre exemple emblématique de l'acclimatation de la culture orientale dans l'univers gastronomique et le paysage urbain de la France d'après[1]. Inventé à Berlin par un immigré turc au début des années 1970, selon une légende désormais bien établie, ce type de restauration a progressivement essaimé en

1. On note, de la même manière, dans le langage courant des jeunes générations la très forte occurrence de mots ou d'expressions arabes du type « *Wallah* » (« par Allah »). Cf. Anthony Cortes, « "Je ne parle pas comme ça à la maison" : enquête sur ces bourgeois qui disent "wallah" », *Marianne*, 3 septembre 2020.

France, d'abord en Alsace, région frontalière de l'Allemagne et abritant une importante communauté turque, puis sur l'ensemble du territoire national. Le nombre d'établissements concernés a connu une forte croissance dans les années 1990, période correspondant à l'arrivée en France de flux de populations importants en provenance de Turquie. Cet investissement massif de la communauté turque dans la filière s'est traduit par un changement de dénomination dans le langage courant. Ce type de sandwich avait d'abord acquis une certaine visibilité, notamment en région parisienne, par le truchement des restaurateurs grecs du Quartier latin qui accueillaient une clientèle d'étudiants, de touristes et de noctambules. En France, le nom originel d'usage fut donc d'abord « sandwich grec » ou « grec » (cf. l'expression : « On va se faire un grec ») avant que, progressivement, sous l'effet de la montée en puissance des Turcs dans la filière, le terme de « kebab » s'impose[1]. L'analyse anthroponymique appliquée à une cohorte constituée de 1 500 kebabs, répartis sur tout le territoire et pour lesquels nous disposions du prénom et du nom du gérant[2], indique que 65 % d'entre eux portent un nom ou un prénom les rattachant à la Turquie. Les prénoms maghrébins représentent près de 20 % de ce corpus, signe que cette immigration s'est également lancée, sans doute plus tardivement, dans cette filière de restauration.

Ces chiffres témoignent de la nature très communautaire de ce type d'activités – et principalement du fort investissement de la communauté turque. Dans les régions où sa présence est importante, comme en Alsace, cette communauté « truste » ce commerce. Parmi les gérants de kebabs de notre cohorte exerçant dans le Bas-Rhin ou le Haut-Rhin, 100 % portent ainsi un patronyme ou un prénom turc. Dans d'autres régions, la forte densité de kebabs dans certaines petites villes trahit souvent la présence d'une communauté turque importante. C'est le cas, par exemple, de la

1. Certes, davantage pour désigner le restaurant lui-même que le sandwich proposé, nommé encore par certains « grec ». D'après une étude par sondage, le terme « kebab » s'est néanmoins imposé sur l'ensemble du territoire national, même si l'appellation « grec » est assez usitée en région parisienne et la dénomination « döner » très courante en Alsace-Moselle (du fait de la proximité avec l'Allemagne, d'où le « döner » a essaimé dans cette région frontalière). Voir à ce sujet les cartes réalisées par Mathieu Avanzi sur le site Français de nos régions, « Variations sur les dénominations du kebab », 11 septembre 2018 (https://francaisdenosregions.com/2018/09/11/variations-sur-le-kebab).

2. Nous avons constitué cette cohorte à partir d'une extraction du fichier Sirene des établissements et des entreprises dont le nom comprend le terme « kebab ».

petite ville de Flers dans l'Orne, qui ne compte pas moins de 9 kebabs pour à peine 15 000 habitants, soit un taux record de 6,1 kebabs pour 10 000 habitants. Or, Flers abrite une importante communauté turque venue travailler dans l'industrie dans les années 1970, notamment dans la fonderie Queruel et dans d'autres usines locales. Même cas de figure à Oyonnax, dans l'Ain, commune qui ne compte pas moins de 10 kebabs pour 22 600 habitants, ou à Cluses en Haute-Savoie : 8 kebabs pour 17 000 habitants. Quand l'industrie locale a disparu ou réduit de manière importante ses besoins en main-d'œuvre, certains membres de la communauté turque se sont lancés dans l'entrepreneuriat en privilégiant le BTP, le petit commerce et la restauration. Et c'est bien sûr tout naturellement que certains ont opté pour les kebabs. Toutes choses égales par ailleurs, on peut penser que le restaurant kebab dans la communauté turque a joué et joue le même rôle que le boulot de chauffeur de taxi ou d'Uber pour les communautés maghrébines et africaines en Île-de-France et dans d'autres grandes agglomérations. Ils offrent la possibilité de s'établir à son compte sans condition d'apport financier préalable, ni niveau de diplôme élevé ou réseau relationnel étoffé.

Où s'implantent les kebabs français ? On en trouve aux abords des places et artères commerçantes des grandes villes, où ils remplissent une fonction de cantine peu onéreuse à l'occasion des repas de midi et des fins de soirée, en particulier dans les villes étudiantes. Dans les quartiers de grands ensembles, souvent assez peu fournis en commerces, le kebab est devenu une sorte de foyer communautaire, jouant un rôle assez comparable à celui du café traditionnel. *Last but not least*, les kebabs se sont également multipliés dans les centres commerçants des villes petites ou moyennes, et en particulier celles dont le petit commerce décline. Ce symptôme de déprise commerciale sur fond de déclin économique est bien décrit par Nicolas Mathieu dans son roman déjà évoqué, dont le personnage principal, Anthony, de retour à Heillange, sa ville natale, constate, à l'occasion d'une virée nocturne, que « les kebabs fleurissaient ».

Au total, la France compterait près de 10 000 établissements qui auraient servi 350 millions de kebabs en 2017 selon le cabinet spécialisé Gira, faisant de la France le second pays européen le plus consommateur après l'Allemagne. D'après une enquête de l'Ifop réalisée en 2019, près d'un Français sur deux (46 %) fréquenterait au moins occasionnellement ce type de restaurants. L'engouement est nettement plus marqué auprès des jeunes : 78 % des 18-24 ans et 63 % des 25-34 ans les fréquentent, contre 40 % des 50-64 ans et seulement 17 % des 65 ans et plus. Cet écart générationnel s'explique en partie par le fait que le kebab est particulièrement bien adapté au mode de vie des jeunes adultes (restauration rapide, bon marché et servie à toute heure). Mais ces chiffres disent également que la greffe a pris durablement dans les strates générationnelles qui ont grandi à l'époque où le kebab s'est lui-même diffusé. 54 % des 35-49 ans (qui étaient adolescents ou jeunes adultes dans les années 1990-2000) déclarent ainsi fréquenter au moins occasionnellement un kebab. On n'a donc pas affaire à un effet de mode mais à une installation durable dans nos habitudes alimentaires et dans nos villes. Nous verrons un peu plus loin que le tacos, qui a succédé au kebab comme produit phare chez les jeunes dans les années 2010, doit à son tour relever le défi du maintien durable sur un marché de la *street food* de plus en plus foisonnant et concurrentiel.

Fréquentation de restaurants kebabs par tranche d'âge (en pourcentage)

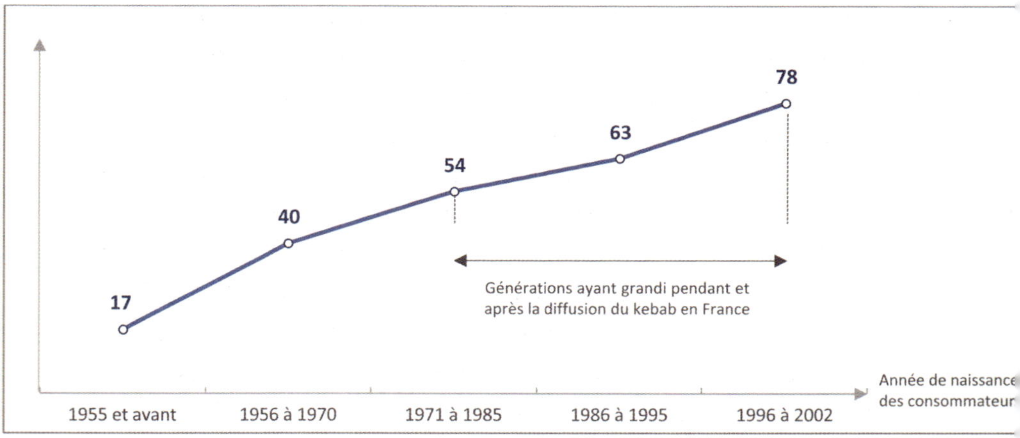

(Source : Ifop.)

La chicha : élément incontournable du mode de vie banlieusard

Une autre pratique d'inspiration orientale a acquis droit de cité en France au cours des deux ou trois dernières décennies. Il s'agit de l'usage du narguilé ou chicha, terme le plus couramment usité en France. Quasiment inconnue sous nos latitudes, et peu présente historiquement au Maghreb, la pipe à eau, objet originaire de Perse, de Turquie et d'Égypte s'est progressivement acclimatée en France au travers de l'ouverture des premiers bars à chicha surfant sur la mode orientalisante, prisée d'une clientèle de centre-ville adepte de voyages et de métissage culturel. Son usage dans un cadre privé et amical s'est progressivement diffusé au sein d'une partie de la jeunesse issue de l'immigration. Sur le plan commercial, on dispose d'un point de repère intéressant pour dater le début de l'essor du phénomène avec la création en 1991 de la société El Badia, qui deviendra au fil du temps la marque leader sur le marché de la chicha en France[1]. Avec plus de 1 000 références (narguilés, accessoires annexes, différents parfums et qualités de tabac), un *showroom* de 250 mètres carrés dans Paris, un réseau de distributeurs dans les principales métropoles régionales et un site Internet, El Badia s'adresse à la fois aux particuliers et aux professionnels (gérants et exploitants des bars à chicha). Avec une gamme s'étalant de narguilés à 30 ou 40 € à des modèles plaqués or à plusieurs milliers d'euros, l'entreprise couvre l'ensemble du marché qui va désormais, pour les professionnels, du petit bar à chicha dans tel quartier populaire aux salons *lounge* de certains restaurants et boîtes de nuit en passant par quelques hôtels de luxe et certaines plages privées. Attirés par ce marché hexagonal en expansion, d'autres acteurs sont venus concurrencer El Badia au fil des ans. C'est le cas notamment de marques allemandes comme MIG, Dschinni ou Amy, solidement implantées outre-Rhin, où la pratique du narguilé est répandue dans la communauté d'origine turque. Ces marques et cette pratique se sont notamment déployées en France via l'Alsace (du fait de la proximité de la frontière allemande et de la présence

1. On remarquera que cette entreprise commercialisant des chichas a été créée à la même époque qu'Isla Délice et Mondial Délice, premières marques proposant des produits alimentaires halal. C'est également du début des années 1990 que date le développement des kebabs.

d'une immigration turque significative), qui apparaît une nouvelle fois comme un foyer de diffusion active de pratiques émergentes dans l'espace national. Après la choucroute et la country peut-être, le kebab et la chicha constituent autant de produits d'exportation alsaciens vers la « France de l'intérieur », expression souvent utilisée en Alsace pour désigner le reste du territoire français[1].

En dépit de la loi de 2006 sur l'interdiction de fumer dans les lieux publics, les bars à chicha se sont multipliés en s'adaptant avec plus ou moins d'application aux nouvelles règles sanitaires. Si l'on en croit les sites spécialisés, on en compte aujourd'hui plusieurs centaines en France. Si des établissements jouent la carte de la convivialité branchée et ciblent une clientèle éclectique composée d'étudiants, de jeunes cadres issus de la « beurgeoisie » et notamment de femmes (parmi la grande variété des parfums de tabac existant, certaines fragrances comme pastèque, banane ou bubble-gum semblent particulièrement appréciées du public féminin)[2], bon nombre de bars à chicha attirent une clientèle de banlieue et principalement masculine (qui pratique également cette activité en plein air ou à domicile dans les « quartiers »). Depuis une dizaine d'années, le narguilé et le bar à chicha sont en effet associés à une bonne partie de la culture hip-hop française. Le rappeur Kaaris a ainsi sorti en 2016 un morceau intitulé « Chicha ». Par affinité culturelle et opportunité commerciale, de nombreux rappeurs se produisent régulièrement lors de *showcases* rémunérés dans ces établissements, qui leur offrent ainsi une scène pour assurer leur promotion auprès d'un public réceptif. Cette pratique s'est tellement répandue qu'elle a donné naissance à un style de rap appelé « rap à chicha », avec des artistes comme Mister You, L'Algerino, La Crim ou bien encore Gradur[3].

Différents faits divers ont également signalé la forte pénétration de cette pratique dans l'univers du football professionnel, dont une bonne partie des recrues sont issues des banlieues. Dès 2010, Laurent

1. On pourrait ajouter à cette liste de produits d'exportation alsaciens les incendies de véhicules de la nuit de la Saint-Sylvestre, pratique initialement apparue dans certains quartiers strasbourgeois en 1988 et qui a ensuite gagné de très nombreuses cités françaises.

2. Cf. Delphine Pagès-El Karoui, « Les cafés chichas en France ou comment sortir du "ghetto" », métropolitiques.eu, 4 mai 2011.

3. Cf. Maxime Delcourt, « Pourquoi les rappeurs plébiscitent boîtes de nuit et bars à chichas », Slate.fr, 9 janvier 2017.

Blanc s'était penché sur les problèmes médicaux et d'image associés à l'usage répété de la chicha au sein de l'équipe de France[1]. En 2012, Franck Ribéry ouvrait un bar à chicha dans sa ville natale de Boulogne-sur-Mer, et en avril 2013, la défaite du PSG contre Évian fut imputée par une partie du staff et des commentateurs à une séance de narguilé à laquelle les joueurs parisiens s'étaient livrés la veille à leur hôtel. Autre affaire parmi d'autres, en février 2016, une vidéo postée sur l'application Periscope fit scandale : on y voyait Serge Aurier, joueur du PSG, partageant une chicha avec un ami et insultant son entraîneur.

Si, comme on l'a vu, la consommation du kebab a très largement débordé les frontières socioculturelles du milieu qui l'avait vu naître, la pratique de la chicha demeure très liée à la France des banlieues et à la jeunesse issue de l'immigration maghrébo-turque, mais également africaine. Au même titre que la chaise pliante de camping, qui connaît un succès grandissant[2], elle fait désormais partie du *outdoor way of life* banlieusard. La chicha se fume dans des bars, à domicile mais aussi très souvent au pied d'un immeuble, dans un square ou sur une plage. Face au développement du phénomène, certaines municipalités ont pris des arrêtés municipaux pour en interdire la pratique au nom de la santé publique ou de l'ordre public. D'après les recherches que nous avons menées sur différents sites Internet de la presse quotidienne régionale, le premier arrêté a été pris en 2010 à La Grande-Motte, station balnéaire languedocienne accueillant notamment un public populaire. Il a été imité en 2014 par la ville d'Ermont, commune banlieusarde du Val-d'Oise. D'autres municipalités ont pris la même décision au cours des années suivantes : Villeneuve-Loubet, Carros, Antibes et Vence en 2016, Saint-Laurent-du-Var et Éragny (autre commune du Val-d'Oise) en 2017, Cannes et Béziers en 2018, et, en 2020, La Baule et Cavaillon ainsi que Saint-Denis, où quelques mois après son élection le nouveau maire socialiste, Mathieu Hanotin, prit au cours de l'été un arrêté de ce type afin d'interdire l'usage du narguilé dans les espaces verts, les places et les principales artères de sa commune pour mettre fin aux « nuisances sonores liées aux attroupements de

1. Cf. Rodolphe Ryo, « Des bars aux vestiaires, comment la chicha enfume le foot français », *L'Express*, 29 novembre 2017.

2. Cf. à ce propos l'enquête fouillée de Pierre-Philippe Berson, « Assis soient-ils », *Society*, 6, 19 août 2020.

personnes fumant la chicha jusque tard dans la nuit[1] ». On notera, sur ce point, la forte prévalence des villes du sud de la France, dont certaines (comme Béziers) se sont également distinguées par l'adoption d'arrêtés anti-burkinis ou anti-kebabs, la chicha faisant désormais également office de marqueur identitaire associé à une population particulière[2]. À Marseille, où plusieurs arrêtés spécifiques ont également été pris pour interdire de fumer sur trois plages populaires (La Pointe-Rouge et les plages du Prado), l'interdiction de la chicha concerne tout le littoral et fait régulièrement l'objet de rappels par les maîtres-nageurs surveillant les plages ou par des panneaux spécifiques.

3. Le tacos français : dernier étage en date du millefeuille culinaire tricolore

Épaisse couche *yankee*, influence nipponne, apports orientaux… Plongée dans la mondialisation des flux d'individus et des courants culturels, la France absorbe et adapte un grand nombre d'influences extérieures. Il arrive aussi que naissent sur son sol de véritables produits de l'hybridation culturelle et culinaire. C'est le cas du plat que l'on appelle désormais le tacos français.

Cet ovni culinaire apparaît sur le marché dans un contexte de sophistication d'une partie de l'offre de fast-food, en particulier le burger, et d'une banalisation de certaines filières déjà anciennes comme le kebab. S'il emprunte son nom à un plat mexicain bien connu, le tacos français n'a en réalité que peu de points communs avec celui-ci. Il est formé d'une galette de blé (et non de maïs contrairement à la version mexicaine) garnie de viande(s), de frites, d'éventuels suppléments et de la fameuse sauce fromagère à laquelle il doit sa réputation. Plié en quatre à la manière d'un burrito avant d'être passé au gril comme un panini, ce « matelas » a l'avantage d'être refermé et donc très facile à manger, contrairement à la plupart des sandwichs qui se consomment

1. Cf. Thomas Poupeau, « À Saint-Denis, le nouveau maire en guerre contre la chicha dans l'espace public », *Le Parisien*, 29 août 2020.

2. On relèvera, par exemple, que les violences intercommunautaires entre Tchétchènes et Maghrébins à Dijon en juin 2020 eurent comme origine une agression commise dans un bar à chicha. Dénommé le Black Pearl, ce bar sera attaqué en représailles par des membres de la communauté tchétchène avant que les affrontements se propagent à d'autres quartiers.

sur le pouce et à l'extérieur. Au-delà de ses qualités gustatives intrinsèques et de son ergonomie, le tacos français se trouve à la croisée de plusieurs dynamiques à l'œuvre dans la France d'après, sur lesquelles il a su asseoir son succès.

De la banlieue aux centres-villes, une street food *qui franchit le périph'*

Alors que le kebab est un produit de l'immigration turque en Allemagne, adapté par la suite au goût français, le « *french tacos* » est, comme son nom le signale, une pure invention française, plus exactement une création banlieusarde. Comme tout produit mythique de la culture populaire, la légende urbaine du tacos français voit coexister plusieurs récits concurrents des origines[1]. Ce qui ne fait pas débat, c'est qu'il est né dans les banlieues de la région Rhône-Alpes au début des années 2000. Certaines sources évoquent Vaulx-en-Velin, dans la banlieue lyonnaise, où deux frères bouchers auraient adapté un plat originaire de Sétif que leur mère leur préparait, une galette remplie d'une chakchouka et de viande hachée. Un cuisinier propriétaire d'un snack de Vénissieux aurait, de son côté, inventé la sauce fromagère. Selon une autre version, c'est dans la banlieue de Grenoble, à Saint-Martin-d'Hères précisément, que le premier établissement de tacos français aurait ouvert, sous l'enseigne du « Tacos de Lyon », choix qui a probablement brouillé par la suite l'identification géographique de ses origines. Les fondateurs des deux principales franchises, O'Tacos et Tacos Avenue, auraient par ailleurs fréquenté ce snack qui, après ses débuts en périphérie, s'est installé dans le centre-ville de Grenoble.

En raison de ses origines, le tacos français a donc partie liée avec la culture des quartiers, comme l'attestent les références constantes au sandwich dans les morceaux de hip-hop, la présence d'artistes de rap lors des inaugurations et des événements organisés par les restaurants tacos, ou encore le fait que le rappeur Mokobé, membre fondateur du

1. Parmi les très nombreuses sources d'information en ligne, nous renvoyons à deux documentaires disponibles sur YouTube : *Tacos Origins*, documentaire en trois volets, et *D'où vient le tacos français*, épisode de l'émission *La Dalle* de la chaîne AJ +, ainsi qu'à l'article de Clique TV, « Les tacos, nouveaux rois du fast-food français », Jalal Kahlioui, 16 janvier 2017.

collectif 113, a lancé sa propre chaîne, Tacos Shake, en 2018, à Vitry-sur-Seine[1]. Les premières implantations de la chaîne leader O'Tacos au début de la décennie 2010 se feront d'ailleurs dans des villes de la banlieue parisienne : Tremblay, Ivry-sur-Seine, Le Bourget, Aulnay-sous-Bois, etc.

Entre nouveau kebab et futur McDo

Du point de vue gustatif et diététique, le tacos français est une bombe calorique, raison de son succès auprès des jeunes. Si le kebab, qui a connu son apogée dans la France des années 1990-2000, est un plat *millennial* par excellence, le tacos fait office de kebab de la génération Z[2]. Comme l'indique le graphique suivant, la popularité du tacos augmente linéairement des plus âgés aux plus jeunes : seules 4 % des personnes nées avant 1955 apprécient ce plat contre 29 % de ceux qui sont nés entre 1971 et 1985, et pas moins de 47 % de ceux qui sont nés à partir de 1996. Le tacos est donc un plat tendance, qui semble avoir l'avenir devant lui, dans la mesure où il est porté et plébiscité par les générations émergentes.

Pourcentage d'amateurs de tacos par tranche d'âge

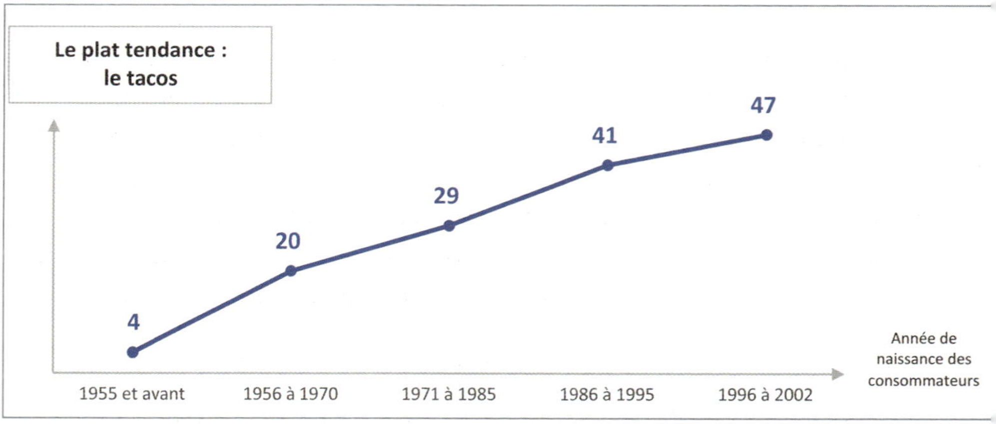

(Source : Ifop.)

1. Marie Poussel, « Mokobé restaurateur : "Le tacos, c'est l'avenir" », *Le Parisien*, 19 mars 2018.
2. Génération des personnes nées entre 1997 et 2010.

Ce succès générationnel conditionne la stratégie d'implantation des restaurants de tacos, souvent situés en centre-ville, dans les rues commerçantes et passantes, près d'un lycée ou d'une université. Affinitaire, suscitant l'engouement des lycéens et des étudiants, attirant les jeunes musulmans grâce à ses viandes halal, ne rebutant pas le public féminin contrairement au kebab qui est majoritairement consommé par des hommes, se taillant une image plus cool et moderne que les snacks indépendants et les enseignes de burgers, le tacos est la synthèse parfaite de ses prédécesseurs et de ses concurrents sur le marché de la *street food*. En dépit de sa parenté culturelle avec le kebab, c'est plutôt du côté de la restauration rapide américaine que le tacos français puise ses méthodes et son état d'esprit : il s'est rapidement structuré en réseaux de franchise, une étape que n'a jamais passée son ancêtre d'origine turque. Il témoigne, par ailleurs, de l'avènement d'une génération d'entrepreneurs de banlieue nourris de culture managériale américaine[1]. À noter que le tacos a en outre bénéficié d'une image de marque favorable grâce à un habillage graphique et visuel professionnels, apanage des réseaux de franchise dotés de moyens importants, et via une communication virale numérique savamment orchestrée – contrairement au secteur du kebab, qui a plutôt subi sa notoriété qu'il ne l'a construite.

Le tacos s'est diffusé au sein de la génération des *digital native* dans son ensemble, touchant des consommateurs évoluant à l'extérieur de son périmètre socioculturel d'origine. Même si l'association avec la cuisine mexicaine est pour le moins anecdotique, celle-ci a permis au tacos français de rapidement dépasser les limites qui, dans l'imaginaire français, associaient le kebab à un produit d'inspiration orientale, halal, et souvent consommé dans les banlieues françaises[2]. Le paradoxe réside dans le fait que le tacos français est une *success story* entrepreneuriale issue justement des banlieues. Grâce à cette image positive,

1. « O'Tacos accélère et vise plus de 100 ouvertures en 2017 », Snacking.fr, 21 février 2017.

2. On notera qu'aux États-Unis, le tacos a, à l'instar du kebab en France et en Italie, été instrumentalisé politiquement. Après de violents propos anti-Mexicains, Donald Trump avait diffusé en 2016 sur les réseaux sociaux une photo de lui en train de manger un tacos, accompagnée de la légende : « J'aime les Hispaniques. » Un de ses soutiens avait, quant à lui, déclaré : « Si on ne fait rien, il y aura des camions de tacos à chaque coin de rue » (cf. « Quand les tacos s'invitent dans la campagne de Trump », *Le Point*, 3 septembre 2016). L'absence d'immigration mexicaine importante en France a préservé le tacos de ce type de stigmatisation.

les réseaux d'enseignes se sont rapidement installés dans les galeries des centres commerciaux, un privilège longtemps refusé aux kebabs.

Une intronisation dans les nouvelles mythologies *françaises*

Fin 2020, on estimait le nombre de points de vente opérant sous l'une des enseignes à environ 450, soit un tiers du nombre total de McDonald's sur le sol français à la même époque. Comme le notait en 2018 le site spécialisé Toute la Franchise, « le marché du tacos en 2018 ressemble fortement à celui du kebab à la fin des années 1980 : autant dire que son potentiel de croissance semble colossal pour les dix à vingt prochaines années[1] ».

Évolution du nombre de restaurants O'Tacos en France

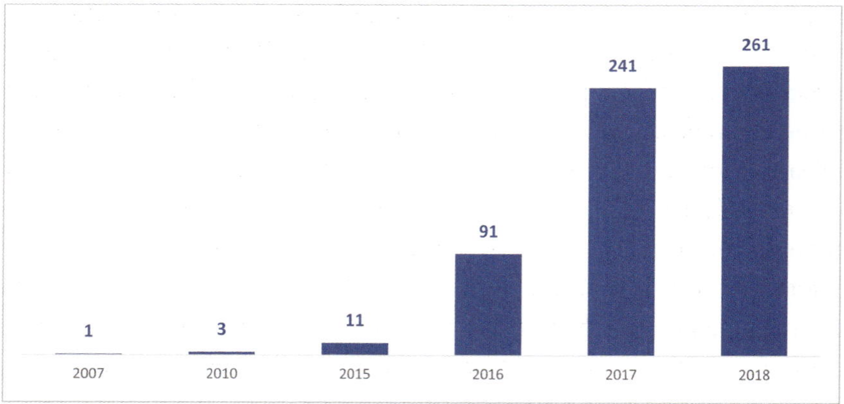

(Source : Toute la Franchise.)

En 2019, près d'un Français sur deux (46 %) disait fréquenter, au moins occasionnellement, une enseigne de kebab, contre un peu moins d'un Français sur trois (28 %) pour les enseignes de tacos. Dit autrement, près des trois quarts des Français ne se rendent jamais dans une enseigne de tacos. Fruit d'une hybridation territoriale (entre ville et banlieue), culinaire (attirant à lui les influences américaine et orientale)

1. Aurélien Desert, « Tacos : l'incroyable succès des chaînes de restauration rapide Tacos », Toute la Franchise, 4 février 2019.

et sociologique (séduisant la jeunesse dans sa diversité), le tacos français a les qualités requises pour s'installer dans la durée et s'imposer comme un nouveau standard, à condition que les jeunes qui l'ont adopté entretiennent sa mémoire, comme cela a été le cas pour le burger ou le kebab, laissant alors augurer des mêmes évolutions (gentrification, patrimonialisation, détournement). S'il survit à la décennie 2020, le tacos français rejoindra la liste des nouvelles mythologies post-modernes si caractéristiques du folklore de la France d'après.

Quelques signes laissent penser que ce processus de légitimation culturelle est engagé. En mai 2020, la marque multinationale Old El Paso, qui a popularisé à grand renfort de publicités folkloriques et de musique mariachi la cuisine d'inspiration tex-mex auprès des clients de la grande distribution française, annonce son nouveau produit : « le Kit French Taco », rendant par cet alignement, hommage à une parodie culinaire qui a largement surpassé l'original. « Cuisiner mexicain n'a jamais été aussi français », souligne le site Old El Paso pour justifier son positionnement. Un mois plus tard, en juin 2020, le maire sortant de Grenoble et candidat à sa succession, l'écologiste Éric Piolle, se fendait d'une vidéo de campagne dans laquelle il apparaissait en tablier avec sa colistière, pour dispenser un cours de cuisine autour de la recette du « tacos de Grenoble » – vegan et bio, naturellement. Le clin d'œil à la provenance géographique relança, sur les réseaux sociaux, la rivalité désormais proverbiale entre Lyon et Grenoble, les deux villes se disputant la paternité du tacos français, comme naguère deux territoires revendiquaient d'être à l'origine d'une spécialité culinaire traditionnelle... Signe que le tacos est devenu une création du génie français reconnue comme telle, c'est sous la bannière hexagonale qu'il a été exporté au Maroc, où une cinquantaine de snacks se revendiquent du « tacos français » depuis le milieu des années 2010[1].

---

1. Margaux Mazellier, « Phénomène : le tacos français, le nouveau chawarma des Marocains », *TelQuel*, 27 septembre 2017.

4. Blanquette, steak frites : les plats en déclin et les atemporels

Pour achever ce tour d'horizon des spécialités culinaires de la France contemporaine, intéressons-nous à la popularité de quelques plats traditionnels auprès des différentes générations de Français.

Certains sont en déclin, comme par exemple le bœuf bourguignon ou la blanquette de veau. La popularité de ces plats traditionnels diminue en effet linéairement avec le temps : 40 % des personnes nées avant 1955 apprécient la blanquette de veau contre seulement 28 % des individus nés à partir de 1996.

Pourcentage d'amateurs de blanquette de veau par tranche d'âge

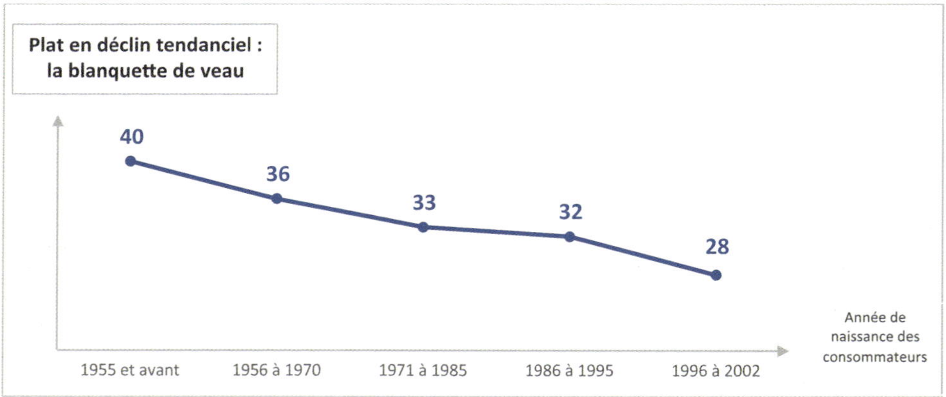

(Source : Ifop.)

Au regard de la trajectoire de la courbe, on peut faire l'hypothèse qu'au gré du renouvellement des générations, le nombre d'adeptes de la blanquette va encore chuter dans les années qui viennent. Ce plat traditionnel, comme le bœuf bourguignon, a certes été remis à la mode par les adeptes de la bistronomie, mais ce retour d'intérêt demeure cantonné à certains segments de la population et ne sera sans doute pas suffisant pour enrayer le phénomène général d'obsolescence.

Certains plats échappent cependant à cette loi d'airain et résistent à la concurrence des nouveaux plats à la mode. C'est le cas notamment du steak frites (et du poulet frites), véritable *blue chip*[1] de notre paysage alimentaire. Sa cote est non seulement soutenue mais surtout homogène d'une génération à l'autre. Comme l'avait montré Roland Barthes, « le bifteck et les frites »[2] figurait déjà au cœur de l'imaginaire national au lendemain de la guerre. La génération qui a grandi dans les années 1950-1960 y est demeurée fidèle : 44 % d'entre eux apprécient le steak frites aujourd'hui. Mais cette cote est de même intensité (voire légèrement supérieure) du côté de leurs petits-enfants (48 % des personnes nées entre 1996 et 2002 l'apprécient).

Pourcentage d'amateurs de steak frites par tranche d'âge

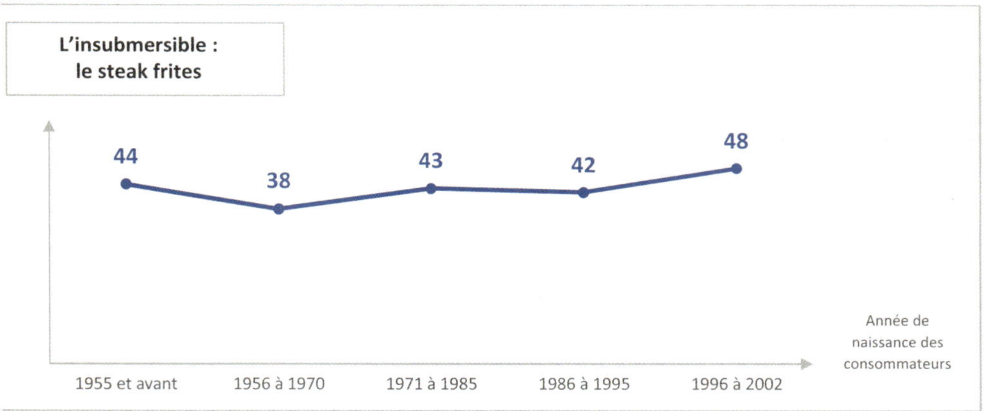

(Source : Ifop.)

Peu de plats peuvent se targuer d'une telle constance. À côté de ces valeurs sûres et indémodables, le paysage culinaire français s'apparente à une coexistence de diverses couches qui se seraient, elles aussi, déposées au fil du temps. Les strates les plus anciennes affleurent encore en certains endroits, mais elles sont de moins en moins visibles, recouvertes qu'elles sont par des couches plus récentes. Ces dernières, très souvent

1. Terme désignant les valeurs stars et les plus solides à la Bourse, qui alignent des performances régulières et stables y compris dans les périodes chahutées.
2. Cf. Roland Barthes, *Mythologies*, Paris, Seuil, 1957.

d'inspirations étrangères (la pizza[1], le burger, le kebab, le bobun, les sushis, etc.), cohabitent et se fondent dans l'héritage gastronomique tricolore en un processus d'hybridation sans cesse renouvelé. La frite, « signe alimentaire de la francité » selon Barthes[2], accompagne ainsi très souvent le kebab en France, alors qu'elle est absente de la recette à l'étranger – et il n'est pas rare de se voir proposer une pizza au reblochon…

5. Des Enfoirés à Aya Nakamura, la pop urbaine a (presque) remplacé la variété

Au mois de novembre 1989, cinq artistes de variétés, Jean-Jacques Goldman, Michel Sardou, Johnny Hallyday, Véronique Sanson et Eddy Mitchell se produisaient en concert au Zénith de Paris, et dans plusieurs villes françaises, au profit de l'association Les Restos du Cœur fondée par Coluche. La première tournée des « Enfoirés » était née. Ce concert et ses multiples retombées commerciales reversées à l'association (cassette audio, CD, VHS, droits Sacem) vont s'installer comme un rituel annuel à partir de 1992. Près de 250 personnalités ont depuis participé à au moins une édition du concert, avec une présence record pour Patrick Bruel, Jean-Jacques Goldman, Zazie, Mimie Mathy ou encore Patrick Fiori, interprétant le plus souvent des chansons de Johnny Hallyday, Daniel Balavoine, Julien Clerc, Francis Cabrel, France Gall ou Jean-Jacques Goldman, véritable pilier du dispositif.

L'immigration et les quartiers, laboratoires R&D de l'industrie musicale

Trente ans après le concert inaugural de 1989, l'industrie du disque s'est effondrée et a laissé place à celle du *streaming*. Parallèlement, le paysage musical populaire français a connu de son côté un profond

1. La pizza, déclinée de multiples façons, va s'imposer dans notre paysage alimentaire à partir des années 1970 avec le développement des pizzas surgelées vendues par la grande distribution. Une nouvelle étape sera franchie dans les années 1990 avec l'essor des enseignes comme Pizza Hut et Domino's Pizza. La pizza est ainsi devenue l'un des plats préférés des Français nés à partir des années 1980.

2. Cf. « Le bifteck et les frites », in *Mythologies*, *op. cit.*

bouleversement, évolutions stylistique et générationnelle obligent : la popularité des artistes se mesure aujourd'hui en ligne, et les classements dévoilés chaque fin d'année par les plateformes (YouTube, Spotify, Deezer, etc.) font office de Top 50 des années 2010. Voici quelles étaient les vidéos musicales cumulant le plus de visionnages en France sur YouTube à la fin de l'année 2019 (les vidéos non musicales font l'objet d'un autre classement) :

1. « Au DD » de PNL
2. « Pookie » d'Aya Nakamura
3. « On Fleek » d'Eva avec Lartiste
4. « Coach » de Soprano avec Vincenzo
5. « Zemër » de Dhurata Dora avec Soolking
6. « Oh la folle » de Marwa Loud
7. « RR 9.1 » de Koba LaD avec Niska
8. « Khapta » de Heuss L'Enfoiré avec Sofiane
9. « Con Calma » de Daddy Yankee
10. « Balance ton quoi » d'Angèle

Cette liste est riche d'enseignements et nous aide à mieux saisir les dynamiques culturelles à l'œuvre dans cette période charnière qui court de la fin des années 1980 à la décennie 2010. L'origine géographique des chanteurs et rappeurs, ainsi que les communes dans lesquelles ils ont grandi, disent l'importance des « quartiers » comme viviers de talents nouveaux, ces derniers étant devenus en quelques décennies les laboratoires de R&D de l'industrie musicale. Les rappeurs originaires de la région parisienne sont majoritaires, mais la concurrence est vive entre le nord-est (représenté par la Seine-Saint-Denis) et le sud (avec l'Essonne) de la région. Les éléments biographiques des chanteurs permettent aussi de déceler le rôle qu'ont joué les vagues successives d'immigration des années 1990-2000, d'abord maghrébine puis originaire d'Afrique noire.

Tarik et Nabil Andrieu, *alias* Ademo et N.O.S., les deux frères qui forment le duo PNL (nés en 1986 et 1989), sont les enfants d'un père pied-noir et corse et d'une mère algérienne. Ils ont mis en avant dans leurs textes et dans leurs clips leur quartier des Tarterêts à Corbeil-Essonnes, dans le sud de la région parisienne. Deuxième du classement des clips les plus vus en 2019, Aya Nakamura, de son vrai nom Aya Danioko, naît au Mali en 1995 et grandit avec sa famille à Aulnay-sous-Bois en Seine-Saint-Denis. Sa « langue étrange, faite d'anglicismes et d'expressions maison[1] », séduit progressivement un public de plus en plus large. Le fait qu'elle soit l'une des premières figures noires de la musique populaire française lui vaut à ses débuts des comparaisons avec Beyoncé dans la presse. Youssef Akdim, *alias* Lartiste, qui partage l'affiche avec la chanteuse originaire des Alpes-Maritimes Eva (quatrième du classement 2019), est né en 1985 au Maroc et a grandi à Bondy (Seine-Saint-Denis). Soprano (Saïd M'Roumbaba, né en 1979) et Vincenzo (Iliassa Issilame, né en 1980), cousins germains originaires des Comores, ont grandi dans la cité du Plan d'Aou dans les quartiers nord de Marseille. Ils ont tous deux été membres du groupe de rap marseillais Psy 4 de la Rime. Koba LaD, de son vrai nom Marcel Junior Loutarila, est, de son côté, né en 2000 à Saint-Denis (Seine-Saint-Denis) et a grandi à Évry (Essonne) dans une famille d'origine brazza-congolaise.

La diversité des origines des artistes les plus populaires en France en 2019 enterre définitivement le concept de *world music*, qui supposait des emprunts par petites touches à des styles étrangers, au profit d'un melting-pot musical devenu la règle. En témoigne le duo Dhurata Dora et Soolking, en cinquième place du classement 2019 : la première est une chanteuse albanaise née en Allemagne en 1992, le second un danseur et chanteur né en 1989 en Algérie, qui s'est fait connaître avec une chanson qui emprunte son refrain au morceau « Paroles » de Dalida.

La rencontre des influences se produit presque toujours au cœur d'un vaste bassin méditerranéen devenu le carrefour des genres musicaux d'aujourd'hui, en lien avec les dynamiques migratoires de la France contemporaine. Le tout, sans aucun reniement de l'influence pop américaine, qui reste majeure dans les productions instrumentales des artistes et la culture visuelle hyper-léchée des clips, lesquels occupent désormais une place aussi importante que la musique. Koba LaD intitule son deuxième album *L'Affranchi* en hommage au film de Scorsese, Aya

1. Clémence Duranton, « Aya Nakamura : des racines et des ailes », *Paris Match*, 10 août 2019.

Nakamura emprunte son pseudo à un personnage de fiction japonais de la série américaine *Heroes*.

La pop urbaine : victoire du hip-hop ou dilution dans la variété française ?

Le classement des stars françaises les plus populaires en 2019 fait, comme les précédentes éditions, la part belle au hip-hop, devenu le genre le plus écouté en France par les jeunes générations qui consomment la musique en streaming (YouTube, Spotify, etc.). Mais en dépit de son influence majeure, l'étiquette hip-hop est devenue trop restrictive pour qualifier les poids lourds du streaming musical de la France des années 2010. Si PNL est unanimement considéré comme un duo de rap, l'engouement médiatique qu'il a suscité a souvent été analysé comme une sortie du genre de son ghetto stylistique, sa musique séduisant jusqu'à un public blanc et favorisé peu au fait des mœurs et du quotidien des quartiers. « Il y a un décalage ironique entre elle et son public, notait pour sa part *Paris Match* à propos de la carrière ascendante d'Aya Nakamura en 2019. La Bamakoise partie de rien fait face à des fosses remplies d'adolescents plutôt issus des milieux bourgeois, biberonnés à Snapchat, qui n'ont jamais mis les pieds de l'autre côté du périph'. »

D'autres artistes placés sur le podium du classement 2019, comme le rappeur Soprano, ont progressivement évolué vers la chanson pop. C'est encore le cas d'un Maître Gims (devenu Gims tout court), qui figure régulièrement dans les palmarès des écoutes et ventes d'albums, passé du groupe de rap Sexion d'Assaut à une forme plus traditionnelle de chanson française, au point que *Libération* avait écrit de lui en 2013, après la sortie de son premier album solo, qu'« un album de rock ou même de variet' ne lui fait pas peur ».

Tandis que les artistes venus du rap et des quartiers s'assagissaient, délaissant les couplets nourris de révolte au profit d'approches plus consensuelles, et à mesure que leur public se recrutait au-delà des seuls amateurs de rap, il est devenu difficile de cantonner ces artistes à l'univers du hip-hop. De ce paradoxe est née une catégorie musicale aux contours flous, la pop urbaine, fourre-tout stylistique censé régler la question du chevauchement des genres et des publics, tout en préservant sa spécificité culturelle. À l'occasion d'un débat intitulé justement « Pour ou contre la pop urbaine ? », diffusé sur Le Mouv' en 2019[1], les animateurs affirment : « En 1996, Doc Gynéco disait "classez-moi dans la variet", aujourd'hui il y a même plus besoin de demander, la variété s'appelle "pop urbaine", ce qui permet de distinguer le rap d'un côté et la pop de l'autre. » Les chroniqueurs, au cours de la même émission, s'agaçaient que la « pop urbaine » ait été inventée à partir du moment où des artistes noirs et arabes obtenaient un succès commercial comparable – et même supérieur – aux artistes blancs. Cette dimension ethnique du classement musical est implicite en France. Elle l'est moins aux États-Unis, où l'*urban* désigne spécifiquement une lignée des musiciens afro-américains dotée d'une forte identité stylistique dans un pays extrêmement clivé sur le plan racial.

Notons que, en un mouvement inverse, des artistes sans lien avec la banlieue se sont déplacés vers le rap, apportant des thèmes perçus comme plus introspectifs et « bourgeois » que ceux des rappeurs de la fin du XXe siècle. Cette manière de gentrification du rap avec l'arrivée d'artistes blancs issus du périurbain et des classes moyennes, voire de milieux privilégiés, a contribué, elle aussi, à rendre perméables les frontières entre les genres. Nés dans la France des années 1990 et 2000, les plus jeunes artistes ont grandi dans cet univers post-rap et post-variété tenant pour acquis le mélange des genres[2].

---

1. *Débattle du 1er mars 2019*, avec Amelle Zaïd, Jean-Pascal Zadi, Tanguy Blum, disponible en ligne sur le site www.mouv.fr.

2. La banlieue est donc devenue une marge prescriptrice et certains de ses apports culinaires (kebab, tacos) ou culturels (hip-hop, pop urbaine, expressions emblématiques) se sont très largement diffusés dans la jeunesse française et irriguent toute la société. Pour autant, et contrairement aux destinations placées sur la carte par des journalistes, intellectuels ou influenceurs des réseaux sociaux, ce *soft power* banlieusard très puissant est rarement converti en désirabilité immobilière, les quartiers formant un réseau de destinations qui restent largement évitées et craintes. Les frontières spatiales entre les milieux sociaux restent ainsi relativement étanches, la banlieue se trouvant, sur le plan de la vie quotidienne, à la lisière de la société française.

La variété française historique, segment parmi d'autres de la bande-son de la France d'après

Face à cette déferlante urbaine, la variété traditionnelle est-elle vouée à n'être plus qu'un segment musical comme un autre, embrassant le destin qui fut celui de la musique classique, puis du jazz et enfin du rock, tous devenus des niches après avoir été hégémoniques ? On peut constater, en tout cas, une certaine marginalisation du genre dans les récompenses décernées chaque année par les NRJ Music Awards, lancés en l'an 2000 par la chaîne de radio du même nom en partenariat avec TF1. Lors de la première édition, David Hallyday est élu artiste francophone masculin de l'année et Mylène Farmer, artiste francophone féminine. Au début des années 2000, la variété orientée rock domine encore les palmarès. Mais les Pascal Obispo, Gérald de Palmas, Renaud, Calogero, Zazie, Kyo, Christophe Maé, Christophe Willem et autre Alizée sont progressivement rejoints dans le palmarès par des artistes comme Diam's, Shy'm, Black M ou Soprano, plutôt assimilés à la pop urbaine.

Pour autant, la variété française conserve un public nombreux. Les audiences de la cérémonie annuelle des « Enfoirés », grand-messe des artistes de variété *old school*, révèlent une étonnante stabilité : de 8 millions de téléspectateurs en 1992 (première année pour laquelle la mesure est disponible), celles-ci culminent à plus de 12 millions en 2013 avant de redescendre à 9,5 millions de téléspectateurs en 2020. Et cela, en dépit du départ en 2016 du chef d'orchestre de ce regroupement d'artistes au profit des Restos du Cœur, Jean-Jacques Goldman. Plus surprenant : un sondage réalisé par l'Ifop sur les artistes les plus populaires en 2020 révélait que Goldman demeurait en première position, non seulement dans les tranches d'âge élevées, mais également au sein des 25-49 ans. Il n'y a guère que chez les 18-24 ans que le chanteur se retrouve deuxième du classement, derrière Maître Gims (mais devant Aya Nakamura). Cette prééminence du chanteur âgé aujourd'hui de 70 ans s'explique sans doute en partie par une certaine asymétrie des popularités. Ainsi, alors que même les jeunes connaissent Goldman grâce à leurs aînés, les auditeurs plus âgés ont eu moins d'occasions de découvrir l'œuvre d'Aya Nakamura. L'écart de popularité entre les deux générations d'artistes peut également s'expliquer par la relative segmentation du public à l'heure du *streaming* illimité. La génération Goldman a fait carrière dans un monde musical dans lequel l'offre façonnée par les majors et les grandes radios restait reine et s'imposait à un public moins émancipé dans ses modes d'accès à la musique.

Le grand remplacement musical n'a donc, pour l'heure, pas eu lieu, même si le créneau qu'occupe désormais la variété orientée pop-rock a son pendant sur la scène gastronomique, certains chanteurs étant devenus, en quelque sorte, des « blanquettes de veau » (résistant au renouvellement des modes mais à l'état de niche). Sous cette même analogie culinaire, la pop urbaine serait le « tacos » de la musique (influence culturelle de la banlieue et de la globalisation, plébiscite chez les jeunes générations), alors que seule une poignée d'artistes issus de la variété traditionnelle sont encore capables de rassembler un public intergénérationnel, à l'image de l'indétrônable Jean-Jacques Goldman, véritable « steak frites » de la musique populaire française.

Le top 3 des chanteuses et chanteurs français les plus populaires par génération

18-24 ans
Maître Gims
Jean-Jacques Goldman
Aya Nakamura

25-34 ans
Jean-Jacques Goldman
Vianney
Louane

35-49 ans
Jean-Jacques Goldman
Vianney
Mylène Farmer

50-64 ans
Jean-Jacques Goldman
Mylène Farmer
Michel Sardou

65 ans et plus
Jean-Jacques Goldman
Michel Sardou
Véronique Sanson

(Source : Ifop pour *L'Express*, « Ce qui rassemble les Français », décembre 2020.)

CHAPITRE 5

Le patchwork spirituel français

Parallèlement à la perte d'influence des marqueurs culturels liés au catholicisme dans la vie sociale, la religion musulmane a connu un processus inverse de montée en visibilité et un développement de son audience, comme l'illustre l'essor du marché halal. Mais alors que l'islam accapare l'attention politique et médiatique et constitue un phénomène bien documenté, une autre religion connaît un essor significatif dans la France d'après, tout en occupant beaucoup moins le devant de la scène, celle qui inspire les courants évangéliques.

Plus globalement, si la vieille matrice catholique est aujourd'hui disloquée, la quête de spiritualité n'a pas disparu dans la France d'après. Selon un sondage de l'Ifop pour la revue *Mission*, pas moins de 49 % des Français se définissent comme étant « en quête spirituelle » et comme réfléchissant « sur le sens de la vie ou à la vie après la mort »[1]. Si un Français sur deux n'est pas traversé par ce type de questionnement, l'autre moitié de la population s'interroge, et pour 19 % d'entre eux il s'agit d'une réflexion qui les habite « fortement ». Pour répondre à cette demande, toute une série de pratiques spirituelles se sont développées depuis quelques décennies. À l'instar de ce que nous avons pu observer dans d'autres domaines, ces offres de sens sont marquées du sceau de l'hybridation et de l'américanisation, s'inscrivent dans un référentiel de plus en plus globalisé et se pratiquent *à la carte*.

1. Sondage réalisé du 4 au 5 avril 2021 auprès d'un échantillon national représentatif de 1 021 personnes.

1. Les évangéliques : l'Église d'après ?

Début mars 2020, la région de Mulhouse est précocement et durement touchée par l'épidémie de Covid-19 qui devait se propager ensuite dans tout le pays. Les études sanitaires et épidémiologiques révéleront rapidement l'origine mulhousienne du principal *cluster* français. Deux semaines plus tôt, l'Église évangélique de la Porte ouverte avait organisé un grand rassemblement de cinq jours de prières, événement auquel s'étaient pressés plus de 2 000 fidèles. Par ses caractéristiques (chants, danses, prières, repas se déroulant en lieu clos) et son affluence importante, cette manifestation aura constitué un incubateur géant pour le virus qui contaminera de très nombreux participants, lesquels le diffuseront ensuite dans la région mais aussi ailleurs dans l'Hexagone – et jusqu'à la Guyane et la Corse, car le public qui avait afflué à ce rassemblement très couru venait de toute la France[1]. À l'occasion de cet événement, on insista sur l'essor et l'audience croissante des courants évangéliques en France, phénomène habituellement assez peu commenté alors qu'il est sociologiquement et culturellement très significatif.

Les différents courants évangéliques (pentecôtistes et néo-pentecôtistes, charismatiques, etc.) rassembleraient aujourd'hui entre 350 000 et 600 000 personnes selon les estimations, contre moins de 100 000 fidèles dans les années 1950. À l'instar de ce que l'on observe aux États-Unis, principal foyer de ce courant religieux, ce « christianisme de conversion » répond au vide spirituel dont souffre une partie de la population et connaît un développement soutenu. On estime qu'une église évangélique s'ouvre tous les dix jours dans notre pays, qui compterait aujourd'hui pas moins de 2 500 lieux de culte de ce type, soit un nombre d'églises évangéliques supérieur à celui du nombre de temples protestants que comptait la France au XVIe siècle au moment de la signature de l'édit de Nantes[2]. Ce dynamisme a modifié singulièrement le visage et la physionomie du

1. Voir notamment, à ce sujet, Raphaëlle Bacqué et Ariane Chemin, « Deux mille pèlerins, cinq jours de prière et un virus : à Mulhouse le scénario d'une contagion », *Le Monde*, 27 mars 2020.
2. Cf. Emmanuel Le Roy Ladurie, *L'Ancien Régime. 1610-1770*, Paris, Hachette, 1991, p. 195.

protestantisme hexagonal, les évangéliques représentant environ un tiers des protestants mais pas moins des trois quarts des pratiquants. Sous l'effet de l'essor de la mouvance évangélique, ces derniers ont en effet rajeuni tandis que leur profil sociologique et géographique se diversifiait sensiblement.

La carte des lieux de culte évangélique rend bien compte de cette dynamique. L'ensemble du territoire national est en effet maillé, et aucune zone ne semble tenue à l'écart de ce mouvement d'ensemble.

Si les régions de tradition protestante (Alsace, Drôme, Ardèche, Gard, Hérault, Tarn, etc.) ressortent sur la carte avec une forte densité d'implantations, l'essor du courant évangélique a largement débordé les limites des bastions luthéro-réformés historiques. Certains départements de tradition catholique, comme le Finistère ou le Morbihan, sont également concernés, tout comme des zones précocement déchristianisées, comme l'Yonne ou le Var par exemple. La dynamique de ce courant religieux apparaît particulièrement puissante dans les grandes agglomérations, où les lieux de culte évangélique prolifèrent. C'est spectaculaire en Île-de-France, mais on observe le même phénomène dans la conurbation lilloise, dans la région lyonnaise, à Marseille, ou encore à Toulouse.

Quand on zoome sur ces métropoles, on constate que les banlieues et les quartiers populaires constituent le terrain de développement privilégié de ces Églises. Cette implantation est à mettre en regard avec la présence dans ces quartiers de communautés qui constituent autant de « clientèles » privilégiées pour elles, qui ont un écho certain auprès des populations africaine, antillaise mais également tamoule, indienne, asiatique (vietnamienne et laotienne principalement)[1]. Dans certaines de ces banlieues, mais également dans les zones plus périphériques, la Mission évangélique tsigane s'adresse, quant à elle, avec succès à une bonne partie de la communauté gitane et des gens du voyage.

1. Une analyse menée à une échelle fine indique, en revanche, que les quartiers à forte présence maghrébine sont peu concernés par ce phénomène et que cette population est assez étanche au prosélytisme déployé par les évangéliques.

Carte des lieux de culte évangélique

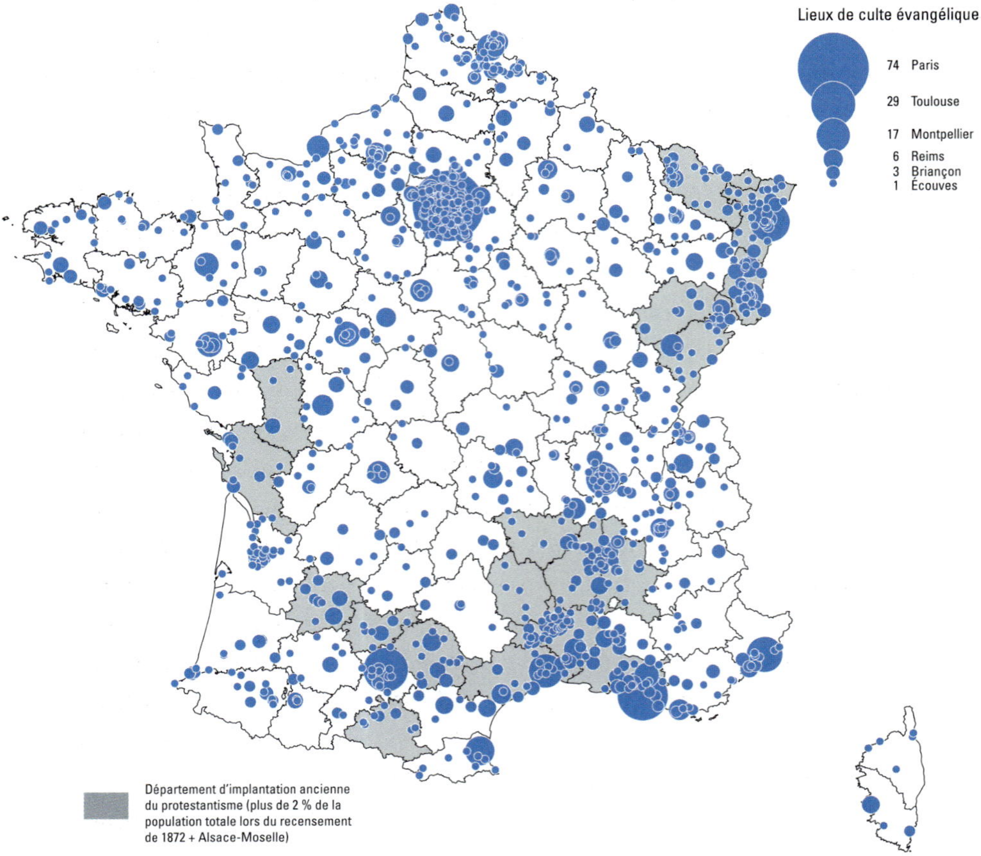

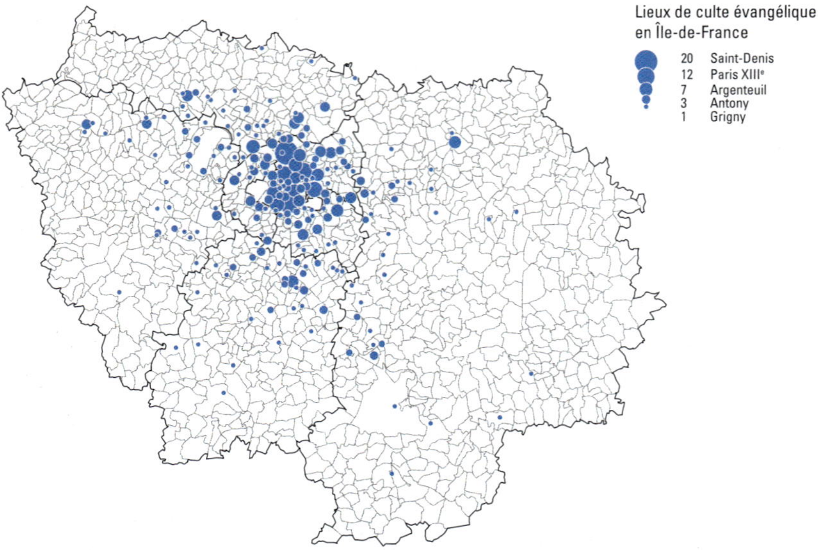

Source : Conseil national des évangéliques de France.

On aurait cependant tort de circonscrire le recrutement de ces Églises aux seules minorités ethnoculturelles. Certains courants évangéliques voient leur audience se développer dans certains milieux populaires blancs et déchristianisés de longue date. On note ainsi, par exemple, une densité significative de lieux de culte évangélique dans le bassin minier du Nord-Pas-de-Calais, ou bien à Dunkerque et à Calais pour rester dans la région, mais le même phénomène s'observe également dans le bassin métallurgique lorrain ou dans l'agglomération rouennaise par exemple. On relèvera, au passage, que certains lieux de culte ont été créés dans d'anciennes usines. C'est le cas notamment de la communauté Charisma au Blanc-Mesnil en Seine-Saint-Denis, d'une église dans une ancienne usine de bonneterie à Romilly-sur-Seine dans l'Aube, et d'une autre dans l'ancien site de construction de matériel ferroviaire Knorr-Bremse à Reims, dans la Marne. De la même manière, l'Église de la Porte ouverte, qui avait organisé le rassemblement de Mulhouse, a été fondée dans les locaux d'un ancien supermarché de Bouxwiller, un quartier populaire mulhousien. C'est ainsi que l'église évangélique constitue désormais un élément du paysage de nos banlieues et de nos territoires périurbains : on en compte trois par exemple (à Villefontaine, L'Isle-d'Abeau et Bourgoin-Jallieu) dans la vaste zone d'activité au nord-est de Lyon autour de Saint-Quentin-Fallavier et de La Verpillière.

La localisation de ces lieux de culte est loin d'être anecdotique. Le développement du courant évangélique constitue, en effet, un signe supplémentaire du basculement dans la France d'après. Sociologiquement et géographiquement, il prospère sur des terrains laissés vacants par la disparition des structures sociales préexistantes, sous l'effet notamment de la désindustrialisation. Culturellement, ce « christianisme de conversion » vient combler un vide spirituel. Pour Sébastien Fath, la mouvance évangélique propose trois types de réponses à des besoins très prégnants dans la société contemporaine[1].

Le sociologue évoque d'abord les séductions qui entourent la notion de « *self religion* ». Ce courant religieux met en effet l'accent sur l'épanouissement personnel et l'expression émotionnelle du « vécu » des fidèles, approche qui entre en résonance avec la valorisation de la subjectivité

1. Sébastien Fath, « Les protestants évangéliques français. La corde raide d'un militantisme sans frontière », *Études*, 2005/10, t. 403, pp 351-361.

dans notre société. Cet épanouissement personnel revêt à l'occasion une dimension thérapeutique, la conversion étant vécue comme une « guérison » (le pécheur étant remis dans le « droit chemin » ou connaissant une « renaissance »), la foi apportant un « bien-être » (dimension que l'on retrouve au cœur d'autres spiritualités pratiquées dans la France d'après). Parallèlement, le courant évangélique fournit également à ses membres une vision du monde, un grand récit donnant du sens à leur existence et à leur engagement. Enfin, *last but not least*, les mouvements évangéliques offrent un « cadrage normatif » comportant de nombreuses injonctions et interdits, à respecter au quotidien. Ces règles morales sont complétées par une « théologie de la prospérité », en vertu de laquelle la réussite sociale individuelle serait liée à l'intensité de la foi et de la pratique religieuse. Ce cadre moral s'accompagne, sur le plan sociologique, de structures d'encadrement (églises, groupes de prières, entraide scolaire, camps de jeunes, groupes de parole, etc.) permettant d'intensifier le sentiment d'appartenance à un collectif soudé, prévenant et convivial (une place importante étant accordée à la musique et au chant), baignant souvent dans ce qu'Henri Tincq appelait un « optimisme entrepreneurial[1] » poussant les fidèles à s'engager, à travailler dur et à entreprendre.

Tous ces ingrédients, qui témoignent à leur tour du processus d'américanisation de notre société, attirent un public croissant à la recherche tout à la fois de réponses spirituelles et de lien social. C'est le cas notamment dans les milieux populaires ou au sein de certaines minorités ethnoculturelles, groupes dans lesquels les appartenances de classe ou traditionnelle ont été particulièrement érodées au cours des dernières décennies. Symptôme parmi d'autres du poids non négligeable pris par ce courant dans une partie des mondes populaires contemporains, le public touché précocement par le Covid-19 (et affluant à l'hôpital de Mulhouse dans les jours qui suivirent le rassemblement évangélique de la Porte ouverte) était principalement composé « de femmes de ménage, de personnel d'Ehpad et des écoles et d'ouvriers de chez Peugeot », selon le témoignage d'un médecin local[2]. De la même façon, les quelques footballeurs professionnels[3] revendiquant une appartenance religieuse

1. Henri Tincq, « Religion : percée évangélique en France », Slate.fr.

2. Cf. « Covid-19 : le nombre de cas au rassemblement évangélique de Mulhouse largement sous-estimé », France-culture.fr, 28 mars 2020.

3. Les footballeurs professionnels étant très majoritairement d'origine populaire.

et n'étant pas musulmans[1] sont de confession « évangélique » et non catholique. C'est le cas notamment d'Olivier Giroud, qui s'est fait tatouer sur l'avant-bras le psaume 23 de la Bible.

2. L'essor de la culture psy

Sous l'effet combiné de la montée en puissance du règne de l'individu, de la valorisation de la subjectivité et du déclin des grands récits collectifs (religions et idéologies), le basculement dans la France d'après s'est également manifesté par le poids croissant qu'a pris la psychologie à la fois sur le plan médical, dans le contenu des politiques publiques et dans la vie des Français.

Comme tous les changements culturels et civilisationnels, l'entrée dans l'ère de la psychologie tous azimuts a commencé lentement puis s'est accélérée à un rythme relativement soutenu. Si nous devions retenir une date fondatrice, ce serait 1988, avec l'arrivée sur le marché français du célèbre médicament Prozac. Le produit phare du laboratoire Lilly va en effet révolutionner le traitement et le regard porté sur la dépression. Alors que cette affection était jusqu'alors difficile à soigner et nécessitait des traitements lourds, l'arrivée de ce médicament, que les généralistes et non plus les seuls spécialistes furent autorisés à prescrire, va banaliser et dédramatiser une souffrance qui va perdre, du coup, sa dimension taboue et honteuse. Ce médicament, qui sera surnommé la « pilule du bonheur », sera massivement prescrit à partir de cette date et prendra progressivement place dans l'univers de nombreuses familles, l'expression « être sous Prozac » relevant désormais du langage courant.

Mais le succès de ce médicament n'est pas imputable au seul talent marketing du laboratoire américain qui l'a mis sur le marché. Il est venu combler un vrai vide dans la pharmacopée[2], et il est par ailleurs apparu en un temps où l'attention portée à la souffrance psychologique

---

1. Du fait d'un recrutement opérant en grande partie en banlieue, la proportion de footballeurs issus de familles musulmanes est importante. Mais on observe également des cas de conversion, comme ceux de Franck Ribéry ou de Paul Pogba, signe de l'influence culturelle et religieuse croissante de l'islam dans ces milieux et ces quartiers.

2. Depuis que la formule est tombée dans le domaine public, pas moins de 28 génériques ont été développés, ce qui montre l'étendue de ce « marché » médical.

s'était fortement accrue. La création des cellules d'urgences médico-psychologiques remonte ainsi, par exemple, à 1995[1].

Flairant l'appétence croissante de toute une partie de la société pour les thématiques liées à la psychologie, Jean-Louis Servan-Schreiber racheta en 1997 le titre *Psychologies* et le rebaptisa *Psychologie Magazine,* avec pour ambition d'en faire un magazine grand public. En quelques années, les ventes furent multipliées par cinq et atteignirent les 350 000 exemplaires en 2005. Autre symptôme très révélateur de l'engouement collectif pour cette discipline, c'est dans ces mêmes années que les facultés de psychologie furent littéralement prises d'assaut par des cohortes d'étudiants. Cette filière, qui n'avait reçu que tardivement une légitimation officielle (le diplôme universitaire de psychologue ne sera reconnu par l'État qu'en 1985), s'est progressivement structurée pour faire face à un flot de candidats sans cesse renouvelé. C'est ainsi que le nombre de psychologues a littéralement explosé, passant de 27 000 en 2008 à pratiquement 66 000 dix ans plus tard !

2010-2018 : Évolution du nombre de psychologues en France

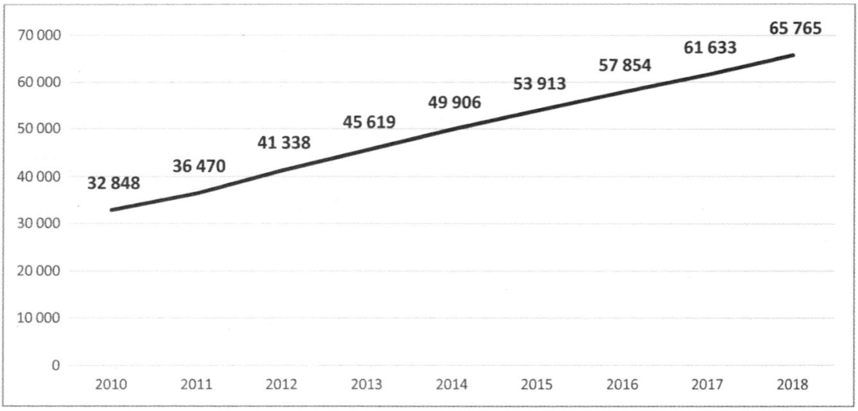

1. À la suite des attentats qui ensanglantèrent la France cette année-là, les pouvoirs publics décidèrent la mise sur pied de ces structures permettant de pratiquer un « débriefing psychologique » dans les heures et les jours suivant l'événement (elles seront ensuite également activées lors d'accidents, de catastrophes naturelles ou de prises d'otages). Cette méthode vise, en faisant parler les victimes et les témoins, à prévenir l'apparition d'un état de stress post-traumatique (ESPT).

Cet emballement de l'offre a donc accompagné un emballement de la demande. Selon différents sondages publiés par *Psychologie Magazine*, la part des Français ayant suivi une psychothérapie est passée de 5 % en 2001 à 8 % en 2006, puis à 28 % en 2013. Au regard de ces chiffres, on peut dire que la consultation d'un « psy » fait désormais partie du mode de vie d'une large fraction de la population.

La psychothérapie s'est ainsi banalisée en l'espace de deux décennies et l'on y recourt aujourd'hui dans de nombreuses situations. Selon le même sondage de 2006, la dépression arrivait certes en tête des causes de recours (citée par 29 % des personnes ayant consulté un psychothérapeute), mais les sondés évoquaient aussi : un « sentiment de mal-être » (23 %), des « ennuis familiaux » (22 %), le « besoin de mieux se connaître » (20 %), le « décès d'un proche » (18 %) ou bien des « ennuis de santé » (16 %). D'une certaine manière, le cabinet du « psy » a sans doute en partie remplacé le confessionnal du prêtre, de moins en moins fréquenté…

Parallèlement à la consultation d'un psychologue, le recours à des médicaments psychotropes s'est également banalisé. D'après une enquête de l'Ifop pour la Fondation Jean-Jaurès réalisée à l'automne 2020[1], 21 % de la population déclarait avoir pris des anti-dépresseurs, des anxiolytiques, des somnifères ou des neuroleptiques au cours des douze derniers mois. Au début des années 1980, Robert Castel avait diagnostiqué le développement d'une « culture psychologique de masse » au sein des classes moyennes et supérieures. Prolongeant ces travaux, le sociologue Olivier Schwartz publia en 2011 un article sur la pénétration de cette « culture psychologique de masse » dans les milieux populaires[2]. En quelques décennies, cette culture et cette approche se sont ainsi diffusées dans l'ensemble du corps social et constituent un élément majeur du patchwork culturel et psychique de la France d'après.

1. Enquête réalisée en ligne du 21 au 28 septembre auprès d'un échantillon national représentatif de 2 000 personnes.

2. Olivier Schwartz, « La pénétration de la "culture psychologique de masse" dans un groupe populaire : paroles de conducteurs de bus », *Sociologie*, 2011/4, vol. 2, pp. 345-361.

3. Chamanisme et ésotérisme gagnent du terrain dans tous les milieux sociaux

Le chamanisme fait des adeptes

Parallèlement à cette tendance de fond, le paysage spirituel est également marqué par un autre phénomène émergent. Différents signes témoignent, en effet, de l'essor de la religion ou de la philosophie chamaniques en France. Se diffusant à partir de communautés organisées autour de librairies spécialisées, via des festivals ou des stages et séjours de tourisme spirituel à l'étranger ou en France, le chamanisme ou néo-chamanisme fait des émules dans notre pays. Chaque année, un grand festival a notamment lieu à Génac en Charente, l'édition 2019 ayant rassemblé près de 4 000 personnes, et d'autres, certes plus modestes mais nombreux, sont organisés un peu partout en France – notamment dans le grand Sud. La culture chamanique a même été portée sur grand écran en 2019 avec la sortie d'*Un monde plus grand*. Dans ce film, dont Cécile de France est l'actrice vedette, le regard porté sur l'expérience chamanique est bienveillant, traduisant en cela que cette philosophie fait désormais partie du paysage spirituel contemporain.

Ce fait social doit être pris en considération car il confirme plusieurs tendances de fond évoquées dans les pages qui précèdent. Le développement du chamanisme dans notre pays renvoie d'abord au vide spirituel et idéologique laissé par l'effondrement des matrices catholique et révolutionnaire ou communiste, vide que certains tentent de combler en allant puiser des références spirituelles ou religieuses parfois très éloignées de nos traditions. C'est le cas pour les différents courants chamaniques, dont les racines se situent en Sibérie, en Mongolie ou en Amazonie. Cette culture et ces pratiques ont été importées en France et réacclimatées. Nous sommes là en présence d'une nouvelle illustration du processus d'hybridation.

Le chamanisme ayant différentes origines et ne disposant pas d'un dogme et d'une liturgie aussi structurés que les religions du Livre, il constitue une matière malléable qui se prête particulièrement bien à l'hybridation et à des assemblages philosophiques. Dans le cadre plus général d'un vaste mouvement de bricolage spirituel, on a ainsi vu émerger, au cours des dernières années, ce qu'on a appelé un « néo-chamanisme », davantage centré sur l'individu que sur le groupe, et présentant une certaine proximité avec les démarches gravitant autour du développement personnel. Comme l'indique le sociologue Jean-François Dortier, on assiste en fait « à une récupération de cette religion que l'on dit primitive, sous une forme plus personnelle de quête de soi et à laquelle chacun donne un sens particulier[1] ». L'essor des pratiques néo-chamaniques en France constitue ainsi une illustration supplémentaire de la montée en puissance de l'individu, celui-ci allant jusqu'à « customiser » son référentiel spirituel via la transposition, sur le plan philosophique et religieux, de la culture du *Do It Yourself*, très en vogue dans d'autres domaines.

Dans la thèse qu'elle a consacrée au chamanisme, Denise Lombardi[2] a identifié, parmi les éléments constitutifs du succès de ce courant spirituel en France, sa capacité (à l'image des médecines douces ou alternatives) à répondre à la quête de bien-être et de guérison individuelle. Elle souligne également l'attraction qu'exerce la tradition chamanique sur tous ceux que fascinent l'ailleurs exotique et les cosmologies indigènes, mais, plus largement, la sacralisation de la nature. Cette dernière dimension est absolument centrale et s'inscrit, par ailleurs, dans un courant plus général de retour à la nature, qui s'exprime notamment dans le véganisme ou l'animalisme.

Absorption de plantes en décoction, passages dans des huttes de sudation, danses initiatiques au son des tambours en pleine forêt, les rituels chamaniques visent, par la médiation d'un folklore indien, mongol ou sibérien revisité, à entrer en communion avec la nature. Selon un adepte interviewé, « le chamanisme peut nous aider à nous reconnecter avec les esprits de la nature et à raviver l'empathie que nous avons perdue pour un arbre qu'on va couper, un animal qu'on va tuer ». Il poursuit : « Nous venons juste de comprendre comment les arbres communiquent entre eux[3] », référence au best-seller *La Vie secrète des arbres*[4], dans lequel Peter Wohlleben écrit notamment :

1. Jean-François Dortier, « En pleine forêt ou en ville, le boom du néo-chamanisme en France », *Géo*, 25 septembre 2018.
2. Denise Lombardi, « Parcours et pratiques dans le néo-chamanisme contemporain en France et en Italie », Thèse soutenue en 2016 à l'École pratique des hautes études.
3. « Le chamanisme ouvre l'esprit sur nos capacités inexplorées », *Le Monde des religions*, 30 octobre 2019.
4. Paru en France en 2017, aux Arènes, ce livre a connu un succès spectaculaire, s'écoulant à plus de 250 000 exemplaires.

> « Quand on sait qu'un arbre est sensible à la douleur et a une mémoire, que des parents arbres vivent avec leurs enfants, on ne peut plus les abattre sans réfléchir, ni ravager leur environnement en lançant des bulldozers à l'assaut des sous-bois. »

La sorcellerie revient à la mode

Autre illustration du maelström spirituel dans lequel nous vivons, la croyance dans les envoûtements ou la sorcellerie. Elle était demeurée cantonnée, pendant une longue période, à un cinquième de la population, et voici que 28 % des Français déclarent y croire aujourd'hui[1].

Ce regain de popularité de la magie noire et de la sorcellerie a notamment été porté par la *pop culture*, de nombreuses séries mettant en scène des personnages (souvent féminins) évoluant à notre époque mais disposant de pouvoirs surnaturels. La série *Sabrina, l'apprentie sorcière* sera diffusée pour la première fois en France en 1997, *Buffy contre les vampires* en 1998, et *Charmed* à partir de 1999. À la même époque, la saga *Harry Potter* débarquera en France (première traduction en 1998). Ce sont les jeunes générations qui ont été les plus exposées à cet « imaginaire », et c'est chez eux que la croyance dans les envoûtements et la sorcellerie est aujourd'hui la plus répandue : 40 % parmi les moins de 35 ans, 33 % auprès des 35-49 ans mais 20 % seulement parmi les 50 ans et plus, qui ont grandi dans le référentiel culturel et spirituel de la France d'avant.

Parallèlement à cette influence de la *pop culture*, l'attention portée à l'univers de la sorcellerie et des envoûtements traduit également le recul du cartésianisme et l'écho grandissant des nouvelles formes de spiritualité et de croyance. En effet, nous n'avons pas affaire ici à une résurgence de la sorcellerie traditionnelle et ancestrale, telle qu'elle fut pratiquée dans certaines campagnes isolées jusqu'au début des années 1970 et que décrit Jeanne Favret-Saada dans son beau livre consacré au bocage mayennais[2]. Aujourd'hui, les personnes prêtant un certain crédit à la sorcellerie sont même un peu plus nombreuses en région

1. Sondage Ifop pour *Femme actuelle* réalisé en novembre 2020.
2. Cf. Jeanne Favret-Saada, *Les Mots, la Mort, les Sorts*, Paris, Gallimard, 1977.

parisienne (33 %) qu'en zone rurale (27 %). Cela s'explique, en partie, par un niveau de croyance dans l'envoûtement assez répandu dans une partie de la population issue de l'immigration. Le livre de la journaliste Manon Quérouil-Bruneel consacré à la vie quotidienne dans une cité de Seine-Saint-Denis[1] comporte un chapitre entier sur une séance d'exorcisme et de désenvoûtement. Illustration *people* de l'emprise de la sorcellerie sur une frange significative des milieux populaires et une partie de la jeunesse : en février 2021, un scandale dont les candidats de téléréalité ont le secret éclata lorsqu'une participante de l'émission « Les Marseillais » fut accusée d'avoir eu recours à une voyante et médium marseillaise spécialisée en « magie blanche, magie rouge et retour affectif », pour envoûter des candidates rivales et leur nuire ainsi qu'à leurs familles… Loin d'être traitée à la légère, cette révélation a provoqué la colère des candidates en question et de leur entourage, ainsi qu'une montée au créneau des fans des Marseillais, choqués qu'on puisse s'en prendre à leurs idoles par voie de sorcellerie.

La vitalité de l'édition spécialisée dans l'ésotérisme, l'occultisme et la parapsychologie est un bon indicateur de l'engouement en faveur de ces courants. « Tout ce qui touche au chamanisme continue de séduire un public de plus en plus large[2] », lit-on dans un dossier consacré au secteur dans *Livres Hebdo*. Le magazine spécialisé précise que les lecteurs plébiscitent les livres sur le tarot et la radiesthésie, et que « les éditeurs observent un regain d'intérêt pour la magie pratique, les sortilèges et les protections contre le mauvais œil ».

Enfin, le retour de la croyance dans l'occultisme s'inscrit sur un fonds spirituel marqué par le renouveau d'une figure centrale des croyances populaires païennes, la sorcière. Paru en 2018, l'essai *Sorcières* de la journaliste et essayiste féministe Mona Chollet a connu un très grand succès de librairie[3] et a contribué à un changement du regard porté par une partie des intellectuels sur les traditions ésotériques et la pensée magique. Mona Chollet voit, dans les chasses aux sorcières et dans la diabolisation de ces personnages de légende, l'empreinte de la misogynie et de la mise au ban des femmes célibataires, veuves, ou

1. Cf. Manon Quérouil-Bruneel, *La Part du ghetto*, Paris, Fayard, 2018.
2. Mylène Moulin, dossier « Rayon X, Ésotérisme », *Livres Hebdo*, décembre 2020.
3. Mona Chollet, *Sorcières. La puissance invaincue des femmes*, Paris, La Découverte, 2018.

qui n'avaient pas d'enfant. La chasse aux sorcières aurait également coïncidé avec l'avènement d'une médecine moderne occidentale qui rompait avec les pratiques de guérison traditionnelles, la réhabilitation de la sorcière se doublant d'un discours critique vis-à-vis du rationalisme scientifique perçu comme une émanation du patriarcat. Dans le même ordre d'idée, la sorcière est considérée comme une figure de proue de l'écoféminisme, courant qui vise à établir une jonction entre les problématiques féministes et les questions liées à l'écologie, et qui considère que l'exploitation de la nature et celle des femmes sont inscrites dans un même continuum. Qu'elle constitue un totem de la gauche écoféministe ou qu'elle soit une icône de la *pop culture* du côté de la jeunesse populaire, la figure de la sorcière confirme l'américanisation de nos références culturelles[1] mais témoigne aussi du syncrétisme à l'œuvre sur les plans spirituel et culturel. L'acclimatation du yoga dans l'Hexagone fournit une autre illustration de cette tendance de fond.

4. Le yoga s'est fait une place dans le mix spirituel français

C'est une scène devenue banale dans la France d'après : des passants portant dans le dos ou sous le bras un tapis en caoutchouc enroulé sur lui-même se rendent à leur cours de yoga. Aux beaux jours, on peut croiser nombre de ces pratiquants (qui sont le plus souvent des pratiquantes) dans les parcs ou au bord d'une rivière. Des grandes agglomérations aux petits villages en passant par les banlieues, la pratique du yoga irrigue tout le territoire français.

Des données Ifop récentes révèlent que près d'un Français sur cinq (19 %) et une femme sur quatre déclarent pratiquer le yoga au moins occasionnellement. Ce niveau très important confirme l'idée que la discipline n'est plus réservée aux adeptes du *New Age*, comme cela fut le cas jusqu'aux années 1980-1990. L'immense succès du yoga reposerait sur le triple bénéfice corporel, psychologique et spirituel qu'il apporte à ceux qui le pratiquent. Il procure d'abord les bienfaits d'un sport comme la gym ou la course à pied dont il peut être concurrent, en particulier ses variantes ashtanga et vinyasa (succession rapide de

1. Hollywood et la gauche « *woke* » des campus américains ont participé à cette remise au goût du jour de la « *witch* » (sorcière).

postures à effectuer). Mais il s'agit aussi d'un travail d'introspection à l'instar de l'analyse. Enfin, le yoga possède une dimension spirituelle, il promet l'accès à la transcendance et au sens à celui (ou celle) qui le pratique. Il se rapproche en cela de la démarche religieuse, la rigidité des dogmes en moins. C'est ainsi que dans une société où le bien-être physique et psychologique occupe une telle place et dans laquelle l'effondrement de la matrice catholique a ouvert un vide spirituel béant, le yoga a trouvé son espace. Mais la méditation, qui fait partie intégrante de la culture du yoga, a aussi pleinement participé à son succès. Le psychiatre Christophe André s'en est fait le principal relais et vulgarisateur, offrant à cette technique une crédibilité médicale auprès du public français en l'associant à des objectifs thérapeutiques.

Dans l'histoire de la diffusion du yoga en Occident, une étape s'est révélée cruciale : celle de la conquête des États-Unis par les maîtres et les gourous yogis indiens : plusieurs d'entre eux se sont installés en particulier en Californie pour y fonder des écoles tout au long du XXe siècle. Dans les années 1960, les hippies et la contre-culture voient dans les yogis des maîtres spirituels susceptibles de les élever au-dessus du matérialisme, tandis que les stars d'Hollywood ou les Beatles vont propager cette discipline auprès du grand public. Selon la journaliste Marie Kock, qui a consacré un ouvrage à la mondialisation de la discipline, celle-ci constitue « une sorte de menu best-of de la spiritualité [...] qui emprunte aux autres cultures traditionnelles ce qui l'arrange pour constituer une philosophie hybride, capable de satisfaire le plus grand nombre[1] ».

Une fois passé par l'incubateur de l'*entertainment* californien et au filtre de la culture d'Instagram, dont les influenceuses propagent des versions athlétiques des postures effectuées dans un cadre paradisiaque, le yoga a été « redispatché » dans les sociétés occidentales comme une pratique de développement personnel qui mêle bols tibétains et musique folk américaine, nom des postures en sanskrit (« Padmasana », « Adho mukha svanasana », etc.) et variantes dynamiques inspirées de la culture fitness. Il s'agit également, désormais, d'un secteur économique à part entière : les retraites et stages de yoga se multiplient, que ce soit dans les ashrams de la France rurale ou en Inde, et les certifications en 200

1. Marie Kock, *Yoga, une histoire-monde*, Paris, La Découverte, 2019.

ou 500 heures pour devenir enseignant séduisent un large public de candidats à une reconversion professionnelle. Cet afflux de professeurs de yoga, souvent auto-entrepreneurs et vivotant de leur activité, contribue largement à la croissance des effectifs des travailleurs du bien-être.

Selon nos données, c'est parmi les moins de 40 ans, les membres des professions intermédiaires, les diplômés du supérieur et les sympathisants de gauche que les pratiquants du yoga sont les plus nombreux. À la fin des années 1970, Pierre Bourdieu[1] considérait le yoga comme l'une des pratiques plébiscitées par les catégories de la « petite bourgeoisie nouvelle » (enseignants, éducateurs, professions de la santé) dont les membres tenaient leur position de leur réussite scolaire plutôt que de leur héritage. Ces groupes sociaux se montraient férus de toutes sortes de courants orientaux, ésotériques ou liés au développement personnel comme l'aïkido, l'astrologie, la communication non verbale, l'expression corporelle, l'homéopathie, les médecines orientales, la macrobiotique, la randonnée, le végétarisme ou encore le zen. Depuis ces considérations, masquant difficilement le dédain du maître de la sociologie pour la respiration par le nez, on mesure le chemin parcouru quand, quarante ans plus tard, l'un des écrivains français les plus reconnus, Emmanuel Carrère, publie un récit intitulé *Yoga* et décrivant comment cette pratique l'a aidé à vaincre la dépression. À l'occasion de l'un de ces monologues intérieurs dans lesquels il excelle, Carrère, après avoir apporté une multitude de définitions différentes de la méditation et de ses bienfaits, précise le sens de son projet :

> « Ce que j'étais parti pour dire, ce qui devrait sous-tendre mon récit, ce que ses lecteurs devraient en retenir, c'est tout simplement que la méditation, c'est *bien*. Que le yoga, c'est *bien*. On ne m'a pas attendu pour le dire, je sais. Simplement, je m'apprête à le dire d'une autre place, disons d'un autre rayon de librairie que celui du développement personnel[2]. »

1. Pierre Bourdieu, *La Distinction. Critique sociale du jugement*, Paris, Éditions de Minuit, 1979.
2. Emmanuel Carrère, *Yoga*, Paris, P.O.L, 2020.

CONCLUSION

La politique d'après : quand les modes de vie influencent le vote

Au long des pages précédentes, nous n'avons évoqué qu'occasionnellement les conséquences politiques des transformations profondes que le pays a connues au cours des dernières décennies. Les effets de la Grande Métamorphose sur le paysage électoral sont néanmoins majeurs. Le niveau éducatif atteint, la position occupée dans la nouvelle division du travail de l'ère post-industrielle, le rapport à la consommation des habitants et leur cadre de vie (à la fois paysager, culturel et social) influencent leur vision du monde, laquelle contribue à renforcer ou à inhiber les courants politiques, quand elle n'en façonne pas d'inédits.

1. Effets politiques de la désindustrialisation et de la tertiairisation de l'économie

La carte politique de la France d'après porte les traces et les stigmates de la désindustrialisation et de la nouvelle hiérarchie des territoires, indexée sur leur inégale désirabilité touristique et résidentielle. La géographie électorale alsacienne en offre une bonne illustration. Lors des élections européennes de 2019, les deux principales forces politiques, LREM et le RN, se sont ainsi partagé l'espace alsacien selon des logiques précises, qui renvoient à cette nouvelle géographie économique. LREM surclassait nettement le RN dans les territoires les plus valorisés : les principales agglomérations alsaciennes (et notamment la métropole strasbourgeoise) mais également les zones touristiques, la route des vins d'Alsace apparaissant ainsi en jaune et orangé sur la carte suivante. À l'inverse, dès que l'on quittait ce périmètre désirable et que l'on pénétrait dans l'Alsace *backstage*, composée des espaces ruraux et périurbains non viticoles et non touristiques, le RN prenait nettement l'ascendant.

Élections européennes de 2019 :
le rapport de force RN/LREM en Alsace

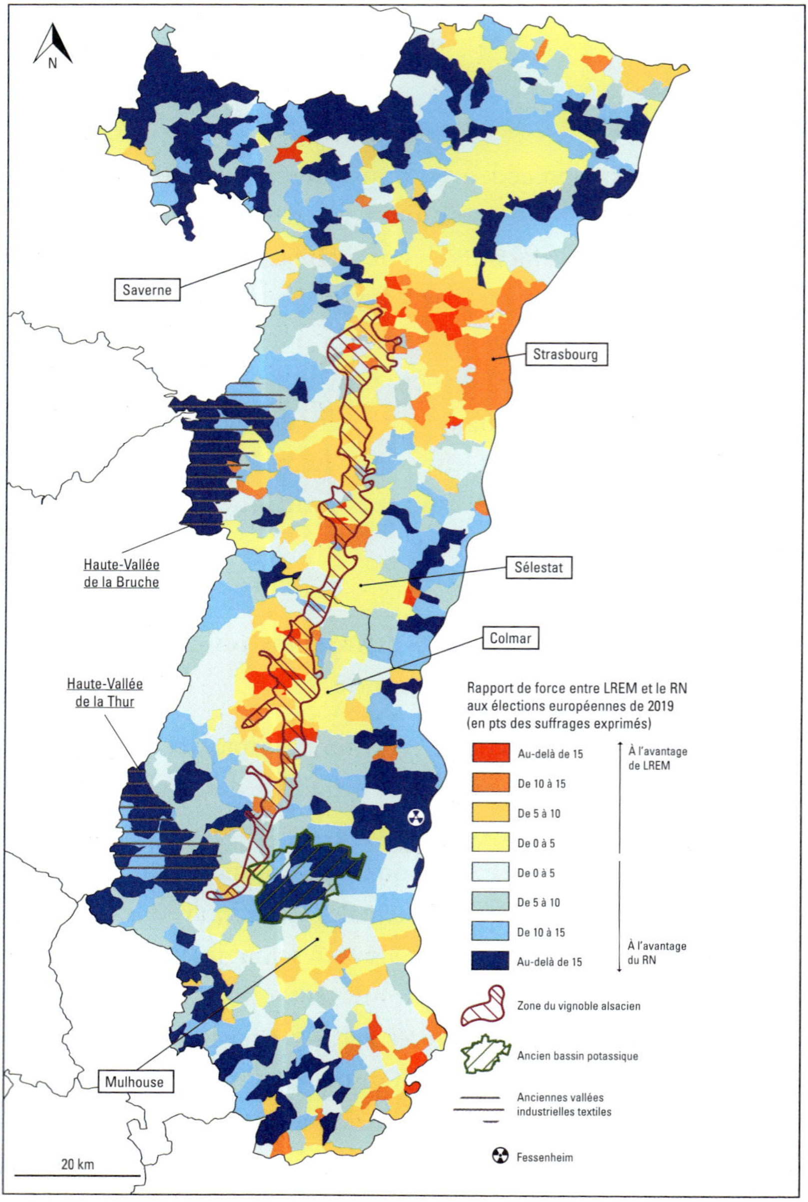

La carte des zones de force frontistes donne également à voir les différentes phases de la désindustrialisation qu'a connues l'Alsace. Dans les hautes vallées de la Bruche et de la Thur, hauts lieux de l'industrie textile alsacienne jadis implantée sur les contreforts vosgiens[1], la plupart des sites de production ont fermé dans les années 1970 à 1990, comme dans les vallées du département voisin des Vosges. Ces territoires ne s'en sont jamais remis, et le RN y prospère. C'est le cas également, dans le Haut-Rhin, de la plupart des communes du bassin potassique, où l'extraction qui faisait vivre des milliers de mineurs et qui avait structuré une sociabilité particulière a cessé définitivement au début des années 2000. Plus récemment, la filière nucléaire a, à son tour, été frappée. L'annonce de la fermeture de la centrale de Fessenheim est venue doper le vote frontiste depuis plusieurs scrutins dans les communes avoisinantes, qui vivaient de cette mono-industrie de l'atome. Alors que jusqu'au début des années 1980[2], la géographie électorale alsacienne demeurait marquée par le vieux clivage protestants/catholiques, la structuration du paysage politique est désormais tout autre dans l'Alsace d'après.

2. Les traductions électorales de la nouvelle stratification éducative

Parallèlement à l'avènement d'une économie post-industrielle, nous savons désormais que la modification de la stratification éducative induit l'une des transformations majeures de notre structure sociale. Alors que ne pas disposer du baccalauréat était la norme (au sens statistique du terme) dans la France des années 1980, le non-bachelier est aujourd'hui minoritaire dans sa génération. De la même façon, avoir le bac dans les années 1980 constituait un marqueur socioculturel valorisant, tandis que c'est souvent aujourd'hui le minimum requis. Sur le marché du travail, les non-bacheliers et les simples bacheliers avaient accès à de nombreux emplois il y a une quarantaine d'années, alors que l'univers des possibles s'est considérablement rétréci aujourd'hui,

1. Cf. par exemple Simon Edelblutte, « Que reste-t-il du textile vosgien ? », *L'Information géographique*, 2008/2, vol. 72.

2. Voir à ce sujet Richard Kleinschmagger, « L'Alsace », *in* Yves Lacoste (dir.), *Géopolitiques des régions françaises*, vol. 1 : *La France septentrionale*, Paris, Fayard, 1986.

ces populations étant cantonnées aux métiers les moins valorisés et les moins rémunérés. Or, bien entendu, la modification de la stratification éducative a également eu une traduction politique. C'est ainsi que la mutation de la structure de l'électorat du FN porte les marques de cette révolution éducative. Tout se passe en effet comme si le parti lepéniste avait progressivement capitalisé sur le ressentiment et le sentiment de relégation culturelle et sociale des publics les moins diplômés, à mesure que le niveau éducatif moyen était rehaussé. À l'autre extrémité de la pyramide éducative, les plus diplômés continuent de jouir de situations professionnelles correctes ou confortables et incarnent le « sens de l'histoire ». Leur vision du monde devient hégémonique au sens gramscien du terme, quand celle des groupes les moins diplômés se trouve marginalisée.

1988-2021 : Évolution du score du FN/RN selon le niveau de diplôme des électeurs

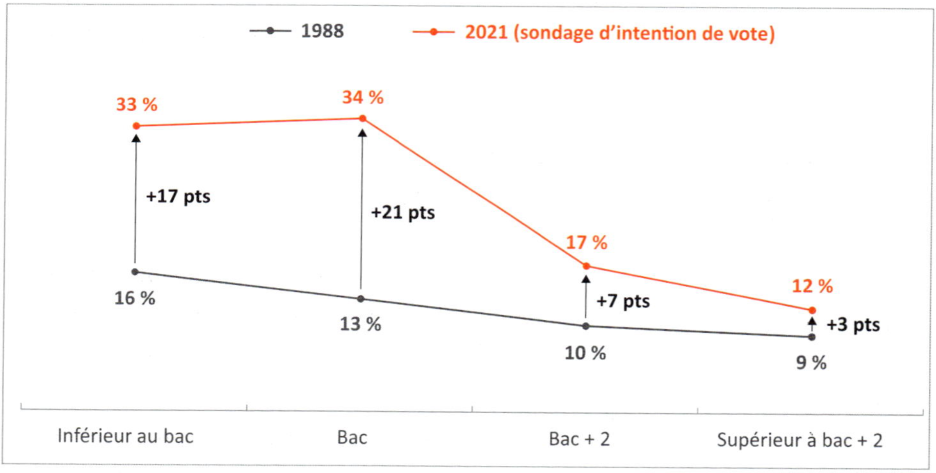

(Source : Ifop.)

Les plus diplômés ont, en outre, souvent évolué dans un bain culturel et idéologique qui valorise l'altérité, l'ouverture au monde et rejette les postures d'autorité. Plus longtemps immergés dans ce bain culturel que ceux qui n'ont pas fait d'études supérieures, ils ont développé un rapport au monde qui les rend majoritairement imperméables au vote frontiste. De fait, comme le montre le graphique ci-dessus, en un peu plus de trente ans, le vote en faveur des Le Pen n'a quasiment pas progressé au sein de la population de niveau supérieur à bac + 2. La hausse a été modérée parmi les bac + 2, alors que le vote frontiste explosait parmi les bacheliers et les non-bacheliers, catégories perdantes de la nouvelle stratification éducative.

Si le RN a progressivement préempté une large partie des catégories les moins diplômées, les votes écologiste et macroniste émanent prioritairement des publics ayant suivi des études longues. Cet effet structurant de la nouvelle stratification éducative est encore amplifié par des effets de lieu.

3. Le biotope parisien

Paris constitue un cas très singulier. Sous l'effet de la composition sociologique de la population (marquée par une forte surreprésentation des plus diplômés), mais également des modes de vie que l'on observe dans la capitale, des enjeux très spécifiques ont progressivement été mis à l'agenda politique dans la capitale, alors qu'ils n'étaient que peu débattus – voire absents – sur le reste du territoire.

Quand les traces de la civilisation automobile s'estompent du quotidien des Parisiens

Il en va ainsi par exemple du rapport à la voiture, qui a fortement polarisé le paysage électoral lors des dernières municipales à Paris. Dans la capitale, où la place de l'automobile s'est imposée comme un enjeu politique majeur, les votes ont été en partie déterminés par le fait de posséder ou non un véhicule. Au premier tour, le score cumulé des listes d'Anne Hidalgo et de l'écologiste David Belliard est maximal auprès des électeurs ne possédant pas de voiture, quand Rachida Dati est davantage soutenue par les automobilistes parisiens. La candidate de la droite, qui s'était opposée à la politique de « déplacement » de la maire de Paris, a ainsi été placée en tête par les électeurs disposant d'au moins une automobile et elle a bénéficié d'un soutien massif du côté de l'étroit segment de Parisiens possédant deux voitures ou plus, population auprès de laquelle Anne

Hidalgo, ses pistes cyclables et ses couloirs de bus auront fait figure de repoussoirs absolus.

Premier tour des municipales 2020 à Paris :
les votes Hidalgo + Belliard et Dati
selon le nombre de voitures possédées

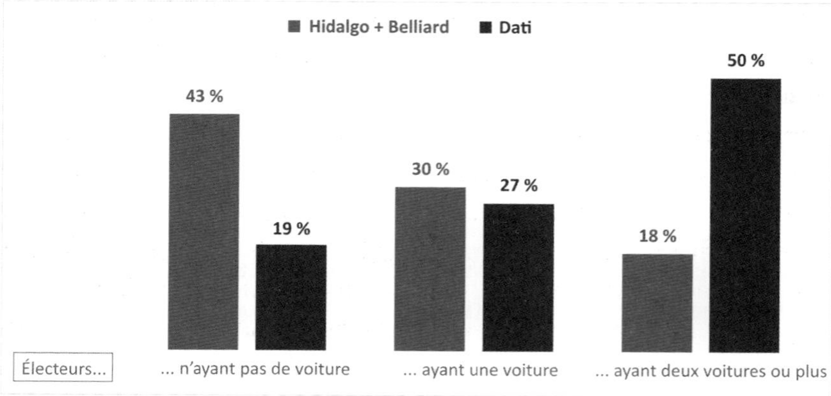

(Source : Ifop.)

Si le fait de posséder ou non une voiture a influé sur les choix électoraux lors des municipales à Paris, ce paramètre contribue sans doute également, avec d'autres facteurs, à la singularité croissante des orientations politiques de la capitale par rapport au reste du pays. Lors des élections européennes de 2019, la liste du RN n'y obtenait ainsi que 7,2 % (contre 23,5 % sur le plan national), quand la liste EELV réalisait 19,9 %, soit 6,5 points de plus que son score national par exemple. Par-delà les disparités de composition sociologique des populations considérées, une partie de cette divergence électorale grandissante renvoie à des modes de vie différents, la place et le rôle de la voiture introduisant un clivage très net. Si le taux d'équipement automobile des ménages parisiens a toujours été plus faible que dans le reste de la France, les écarts se sont très significativement accrus, engendrant un fossé béant en termes d'expérience de vie. Au terme des années de la Grande Métamorphose, la proportion de ménages parisiens possédant une voiture n'était plus que de 34 % en 2018 contre 49 % en 1990. Dans le même temps, le taux de motorisation, déjà très élevé dans le pays (76 % en 1990), continuait de progresser pour atteindre 86 %. L'écart entre Paris et la moyenne nationale est désormais de 52 points alors qu'il n'était que de 27 points en 1990. Nous sommes ainsi passés d'une différence de degré à une différence de nature. Deux Parisiens sur trois ne disposent pas de voiture alors que près de neuf Français sur dix en ont une. De manière plus marquante encore, la proportion de Français possédant deux voitures ou plus (qui a beaucoup augmenté) est désormais supérieure (39 %) à celle des automobilistes parisiens (34 %), dont l'écrasante majorité ne possède qu'une voiture pour le ménage.

En d'autres termes, alors que la voiture demeure centrale ou très présente dans la vie de nos concitoyens, elle a disparu du quotidien des deux tiers des Parisiens, désormais préoccupés par le verdissement de leur cadre de vie. Instrument de liberté, la voiture est également source de contraintes, de soucis et de coûts, du fait du renchérissement du prix des carburants et du durcissement législatif : mise en place du permis à points et du contrôle technique en 1992, abaissement du taux d'alcoolémie à 0,5 gramme par litre de sang en 1995, déploiement des premiers radars automatiques en 2003. Mais dorénavant, cette expérience n'est plus commune aux Parisiens et aux provinciaux, alors que pendant les Trente Glorieuses et jusqu'aux années 1980, la capitale partageait avec le reste du pays le culte de la « bagnole », pour reprendre l'expression de Georges Pompidou, le président de la République qui inaugura les voies sur berges en 1967, quand Anne Hidalgo en piétonnisera toute une partie près de cinquante ans plus tard. Signe des temps, dans son film *Tchao Pantin* (1983), Claude Berri fait jouer à Coluche le rôle d'un pompiste, activité à l'époque banale et répandue dans Paris. Or, en 2018, il ne restait plus que 94 stations-service dans la capitale, soit trois fois moins que vingt-cinq ans plus tôt[1]. On ne compte par ailleurs aucune station de lavage Éléphant Bleu à l'intérieur du périphérique[2], alors que cette enseigne en propose 470 en France. L'entreprise de maintenance et d'entretien automobile Norauto, qui dispose de 402 centres dans le pays, n'est

1. Cf. France Info : « Carburant : la disparition des stations-services », 12 avril 2018.

2. L'automobiliste parisien qui veut laver sa voiture chez Éléphant Bleu doit se rendre à Champigny-sur-Marne, à 9 kilomètres de Paris.

pas non plus présente à Paris[1], à l'image de son concurrent Feu Vert qui détient pourtant 350 établissements au niveau national. De la même façon, le nombre de garagistes intra-muros a connu une baisse drastique depuis 2000 dans la capitale, année précédant la victoire de Bertrand Delanoë.

2000-2017 : Évolution du nombre d'établissements de réparation d'autos-motos à Paris intra-muros

(Source : Banque de données sur le commerce [BDCOM], Ville de Paris, CCI de Paris et Atelier parisien d'urbanisme [Apur].)

Ces éléments sont révélateurs : la voiture n'occupe plus du tout la même place dans le paysage et la carte mentale à Paris, tandis qu'en province, laver régulièrement sa voiture fait partie des activités courantes et la hantise de perdre des points ou de voir son véhicule recalé au contrôle technique revient fréquemment dans les discussions. Inversement, le promeneur à Paris ne manquera pas de constater les « parts de marché » gagnées sur l'automobile par les mobilités douces lors de l'épidémie de Covid-19, en observant la multiplication des « corona-pistes » et la présence renforcée des commerçants spécialisés dans le vélo haut de gamme et à assistance électrique, véhicules qui font désormais partie intégrante du paysage commercial parisien au même titre que les supérettes, les cavistes et les bars à salades.

1. Le centre Norauto le plus proche de la capitale est situé à Bonneuil-sur-Marne, à 12 kilomètres de Paris.

L'apprentissage de l'anglais au programme des municipales à Paris

L'acquisition de la langue anglaise est désormais un enjeu majeur pour les foyers aisés et/ou diplômés, on le sait. Mais à Paris plus encore qu'ailleurs. Ce phénomène n'avait pas échappé à Benjamin Griveaux, candidat fugace de LREM aux dernières élections municipales, qui avait fait figurer en bonne place dans son programme l'objectif que tous les adolescents parisiens soient bilingues anglais à la sortie du collège : « Paris c'est une ville-monde. Maîtriser l'anglais à la fin du collège, c'est indispensable dans sa vie professionnelle, pour voyager, pour être pleinement intégré dans le monde[1] », déclarait-il.

À notre connaissance, c'est la première fois qu'à l'occasion d'une campagne municipale, la maîtrise de l'anglais a ainsi été affichée comme un objectif politique[2]. Et, bien sûr, il n'est pas anodin que ce soit un représentant de LREM qui se soit emparé du sujet dans la mesure où l'électorat macroniste comprend, notamment à Paris, une très forte population de cadres et de diplômés du supérieur, catégories très ouvertes à l'international. Ces électeurs macronistes correspondent en tout point aux « *people from anywhere* » (ceux de partout) de David Goodhart.

Dans ce contexte, le degré de connaissance et de pratique de la langue anglaise constitue une nouvelle ligne de clivage socioculturelle et idéologique, dans la mesure où la maîtrise et la familiarité avec l'anglais sont liées au rapport que nous entretenons avec la globalisation. La population qui dispose d'un « habitus » international est généralement assez à l'aise avec la mondialisation, quand ceux qui ne possèdent pas cette compétence sont en moyenne plus attachés au cadre national. Les électorats des deux forces politiques ayant dominé la dernière élection présidentielle et le scrutin européen, le macronisme et le lepénisme, affichent d'ailleurs une familiarité avec la langue de Shakespeare très contrastée. Ainsi, quand 35 % des électeurs d'Emmanuel Macron au premier tour de l'élection présidentielle déclaraient comprendre et

1. Benjamin Griveaux sur Europe 1, 26 août 2019.

2. L'anglais n'est pas la seule manifestation de l'irruption de la langue dans l'arène politique, que l'on pense à l'enseignement des langues régionales, à la question de l'écriture inclusive ou encore à la « glottophobie » (discrimination linguistique).

parler couramment ou assez bien l'anglais, cette proportion était deux fois plus faible (19 %) parmi les électeurs de Marine Le Pen. De la même manière, quand 47 % des électeurs macronistes estimaient que l'apprentissage des langues étrangères devait constituer une priorité à l'école, seuls 28 % des électeurs lepénistes partageaient ce diagnostic[1].

Effacement progressif de l'empreinte de la voiture dans le paysage urbain, sensibilité accrue aux questions environnementales et fort degré d'intégration à la mondialisation : la capitale constitue la pointe avancée de l'émergence d'un biotope socioculturel très favorable aux courants politiques se réclamant de l'arc libéral-progressiste-écolo-européen. Sur ce plan, Paris et (dans une moindre mesure) Lyon se situent aux avant-postes des grandes métropoles régionales. Le basculement de ces deux villes dans le camp d'une gauche écolo-compatible remonte à vingt ans déjà (municipales de 2001). Mais, avec un peu de retard, le même processus s'est produit lors des dernières élections municipales dans des villes comme Marseille, Bordeaux, ou encore Strasbourg et Poitiers. Certes, dans ces villes, le basculement électoral s'explique aussi par un désir d'alternance après de très longs règnes (Gaudin à Marseille ou Juppé à Bordeaux). Mais les mutations démographiques et les transformations socioculturelles qu'ont connues ces métropoles au cours des dernières années ont aussi pesé d'un poids déterminant dans le réalignement électoral. Et, à l'instar du rôle qu'avait eu l'arrivée du train dans certaines villes au XIXe siècle, le TGV a fait office de catalyseur de ces changements sociétaux.

4. Dans les villes-TGV, le renouvellement de population bouscule les équilibres politiques

Les élections municipales de 2020 furent ainsi marquées par les conséquences de la généralisation de l'interconnexion entre les principales métropoles grâce au TGV. Du fait de la desserte rapide avec Paris, et plus globalement d'une connexion accélérée avec les autres grandes métropoles, les villes-TGV voient, dans un contexte de diffusion du télétravail, arriver et s'installer chez elles une population de cadres, de professions intellectuelles et artistiques, de diplômés et plus généralement

1. Sondage Ifop pour *Le Point* réalisé du 5 au 8 janvier 2021 auprès d'un échantillon national représentatif de 2 032 personnes.

de publics mobiles à forte ouverture internationale. La culture politique de ces nouveaux habitants est évidemment moins dépendante des traditions locales. Mais ils se montrent en revanche très sensibles à la qualité de vie et de l'environnement immédiat, ce qui a pu bénéficier aux listes écologistes et citoyennes. Parmi les villes concernées par ce basculement culturel et politique, mentionnons Strasbourg, que l'achèvement d'une ligne LGV en 2016 a placé à 1 h 50 de Paris, ou bien Tours, Poitiers et Bordeaux, villes situées le long de la ligne LGV Sud Europe Atlantique, qui relie depuis 2017 Paris à Bordeaux en deux heures[1].

Quand Marseille se « normalise » et bascule à gauche

À Marseille, le raccordement qui permet de rallier la capitale en trois heures date de 2001. Mais en dépit d'un engouement précoce et de courte durée dans les années 2000, ses effets ne se sont fait ressentir qu'avec retard, après notamment la campagne de promotion qu'a constituée pour la ville le label « Capitale européenne de la culture » obtenu en 2013. Depuis, malgré une situation économique dégradée et une pauvreté endémique, la ville fait régulièrement parler d'elle dans les suppléments des magazines consacrés au tourisme et à l'art de vivre, et plus seulement à la rubrique des faits divers. Si Marseille est devenue « à la mode », la vie politique a mis un peu plus de temps à se renouveler. Mais, à l'occasion des élections municipales de 2020, face à des candidats perçus à des degrés divers comme des incarnations du passé, la liste du Printemps marseillais, mêlant élus des partis de gauche, écologistes, membres de collectifs ou simples citoyens, s'est positionnée comme « l'équipe du changement », rompant sur le papier avec les traditions politiques jugées dépassées[2]. Et elle l'a emporté.

Or, nous avons observé que la propension à voter pour cette promesse de changement était particulièrement élevée dans les arrondissements et les quartiers qui avaient vu leur population se renouveler depuis

---

1. À Bordeaux, 42 % des électeurs inscrits sur les listes municipales en 2019 n'y figuraient pas en 2008 selon le quotidien régional *Sud-Ouest*, soit un renouvellement de 4 habitants sur 10 en une décennie (*Sud-Ouest*, 11 février 2020).

2. Le passage de relais entre la tête de liste élue, Michèle Rubirola, et son premier adjoint issu du PS, Benoît Payan, après quelques mois de mandat seulement, a depuis quelque peu relativisé la dimension « citoyenne » de l'équipe victorieuse en 2020.

une dizaine d'années. En comparant les listes électorales de 2014 et de 2020, nous avons d'abord mesuré la part des électeurs qui n'étaient pas inscrits à Marseille une élection plus tôt[1] (carte ci-dessous).

Renouvellement des électeurs par arrondissement à Marseille (évolution 2014-2020)

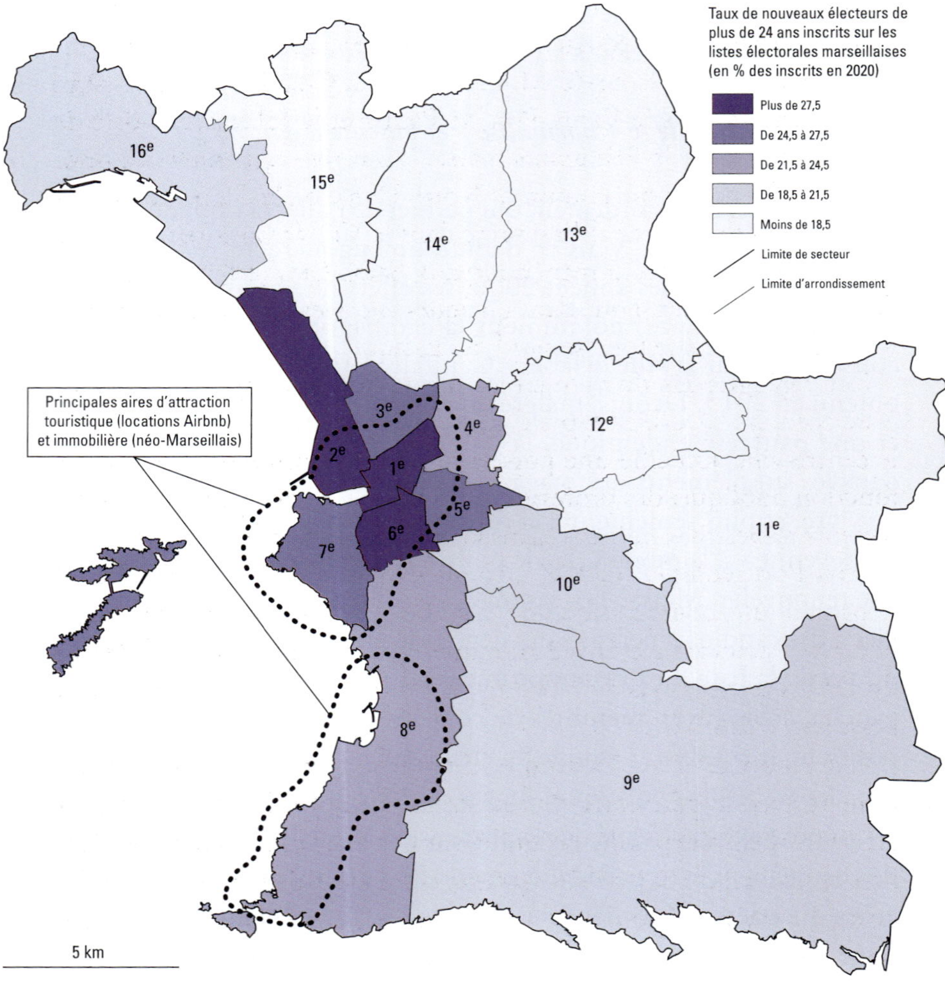

1. Afin de ne pas comptabiliser les primo-votants, qui apparaissent sur les listes du fait de leur passage à la majorité, nous avons exclu de la mesure les adultes qui étaient âgés de moins de 24 ans en 2020.

Dans les secteurs où ces nouveaux électeurs représentaient plus de 25 % du corps électoral, le score du Printemps marseillais s'est révélé nettement supérieur à sa moyenne municipale, phénomène particulièrement perceptible dans les arrondissements centraux. Le territoire de vote maximal en faveur de cette liste au premier tour des municipales (voir la carte page suivante) se situe entre les points cardinaux que sont le Mucem, la Friche de la Belle de Mai et la place Castellane. L'emblématique place de la Plaine trône en plein cœur de ce périmètre, avec d'excellents scores dans les quartiers qui la jouxtent ou qui se situent dans son prolongement (Le Camas, Notre-Dame-du-Mont, Thiers, Le Chapitre). Le périmètre s'étend ensuite vers le Vieux-Port, le Panier et la Joliette. Au-delà de ce cœur électoral, le Printemps marseillais réalise également de bons scores sur les pentes qui entourent Notre-Dame de la Garde, de part et d'autre de la longue rue d'Endoume dans le VIIe arrondissement et de ses quartiers avec vue sur mer (Bompard, Saint-Lambert) jusqu'à l'anse de Malmousque, ainsi que dans quelques enclaves du sud de la rade de Marseille, ou encore tout au nord, à l'Estaque.

Cette géographie du vote en faveur de la liste citoyenne et écologiste correspond à deux types d'électeurs qui partagent ses valeurs. Si le centre-ville accueille une population réputée militante, issue de la fonction publique, des professions intellectuelles ou évoluant dans les secteurs associatif et culturel, dans les quartiers littoraux et touristiques (Vieux-Port, collines du VIIe arrondissement, partie sud de la rade) s'épanouit une bourgeoisie jeune et mobile, exerçant des professions en lien avec l'économie créative ou numérique, au mode de vie différent de celui des notables de la bourgeoisie traditionnelle, restée pour l'essentiel fidèle à la droite.

Cet espace à la fois central et littoral se superpose assez parfaitement avec le périmètre de recherche immobilière des nouveaux arrivants (délimité par des pointillés sur nos cartes), en particulier dans l'ensemble urbain caractérisé par une continuité de bâti d'immeubles de type « trois fenêtres marseillais », dont les appartements séduisent pour leur hauteur de plafond, leur sol carrelé de tomettes et leur typicité marseillaise. Ces arrondissements mixtes et denses (Ier, IIe, V^e^, VIe) accueillent une part importante de néo-Marseillais[1]. La

1. L'expression « néo-Marseillais » recouvre une variété de profils : Provençaux venus à Marseille pour leurs études ou leur travail, natifs d'autres régions installés de longue date, Franciliens fraîchement arrivés et jouissant du télétravail au soleil. En

Vote en faveur du Printemps marseillais (premier tour des élections municipales de 2020)

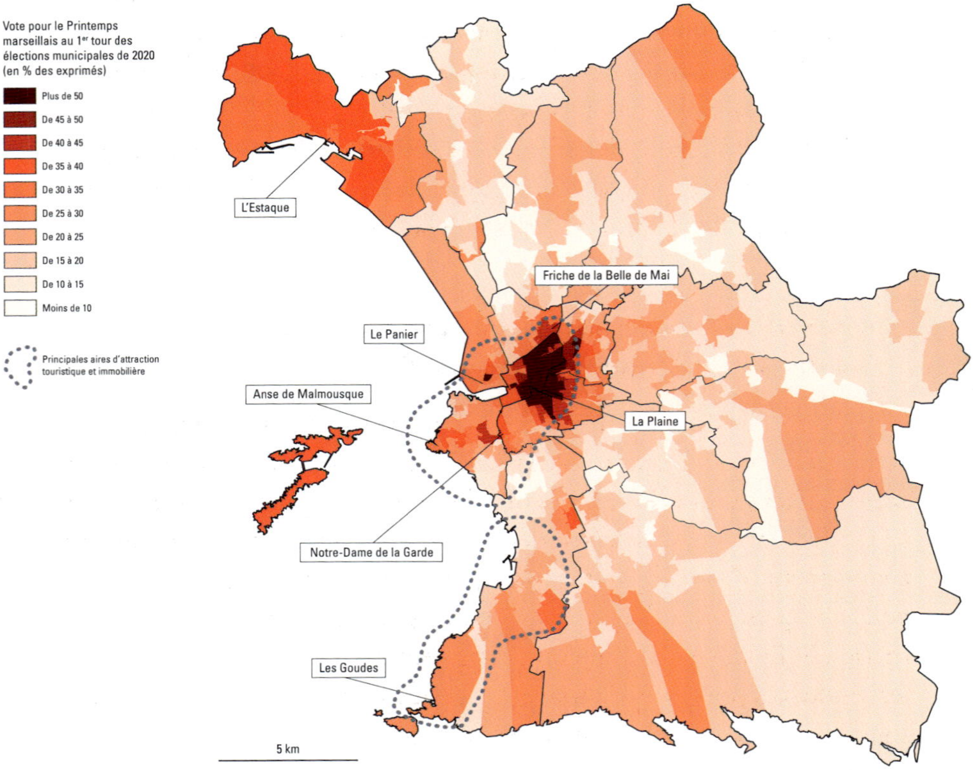

grande majorité des locations de tourisme proposées sur Airbnb se trouvent également dans les deux secteurs attractifs du centre-ville et du sud. Restaurants créatifs et branchés, espaces de *coworking* comme commerces instagrammables y fleurissent, conférant à ces quartiers une signature urbaine identifiable[1].

fonction de la définition retenue, les effectifs de cette population varient de 35 000 à plus de 200 000 personnes, soit un quart de la population municipale. Cf. « Qui sont les Marseillais ? Radioscopie des habitants », *Regards de l'Agam*, janvier 2015.

1. Dans un roman remarqué de la rentrée littéraire 2020, *Cinq dans tes yeux* (Paris, L'Iconoclaste), le romancier marseillais Hadrien Bels décrit avec un humour féroce les conséquences culturelles de l'arrivée de cette vague de « Venants », surnom dont il affuble les nouveaux arrivants charmés par l'authenticité de Marseille. Le narrateur, qui loue son

Accessible depuis la gare Saint-Charles et bien maillé par les transports en commun, l'espace marseillais central, partiellement piétonnisé et agrémenté de trois lignes de tramway, est désormais connecté au réseau des métropoles dynamiques dont il a acquis, par mimétisme et brassage des populations « *anywhere* », un profil similaire. À Marseille comme à Bordeaux, le poids démographique de ces publics mobiles a désormais atteint une masse critique suffisante pour faire basculer ces villes dans le camp de la gauche social-écologiste, vingt ans après Paris. À Toulouse, grande métropole non encore reliée par une ligne LGV à la capitale, la droite a conservé la mairie.

5. Gauche de centre-ville, droite périphérique : une fracture politique entre deux styles de ville

Au Marseille dense et mixte des immeubles anciens et de la mise en valeur touristique s'oppose un Marseille périphérique, pavillonnaire et de copropriétés semi-récentes, au nord des voies de la gare Saint-Charles et à l'est du « Jarret », rocade intérieure dont le franchissement marque un changement très net de strate historique et d'ambiance. Dans ces secteurs périphériques, la vie s'organise autour de plusieurs formes d'habitat : la maison individuelle, souvent en lotissement, les immeubles bourgeois et les résidences privées et sécurisées de standing variable dans les quartiers sud, les cités et les grands ensembles d'habitat social au nord, points de repère géographiques connus et contournés en raison de leur mauvaise réputation. Ces paysages marseillais rassemblent des populations aux appartenances socioprofessionnelles et à l'horizon culturel divers, mais ils ont en commun un mode de vie caractéristique de la périphérie et de l'urbanisme sectorisé : usage quotidien de la voiture, approvisionnement dans les centres commerciaux situés aux limites de la ville, parcs d'activité tertiaire. Ces secteurs figurent également au rang de « zones blanches » dans l'univers du tourisme urbain : les guides de voyage ne les mentionnent pas, les influenceurs des réseaux sociaux non plus.

---

studio de La Plaine sur Airbnb pour 45 € par nuit, propose à ses locataires de les faire bénéficier de sa connaissance du milieu culturel local :

« Mais ils n'ont jamais de questions à me poser. À Marseille, ils ont des potes qui ont ouvert des bars, des librairies. Ils sont parfaitement au courant des expositions en cours, des plans de soirées, et ils ont les bonnes adresses de restaurants. »

Un phénomène caractérise bien la spécificité culturelle de ces arrondissements périphériques : la progression spectaculaire des ensembles résidentiels fermés. Un recensement exhaustif mené par une équipe de géographes a en effet permis d'établir que ces ensembles fermés étaient passés d'environ 200 au début des années 1990 à plus de 1 500 en 2013[1]. Le clivage entre la périphérie et le centre-ville est frappant. Là, les habitants et les usagers arpentent rues piétonnes et parcs, tandis que, dans une moindre mesure qu'ailleurs, leurs enfants fréquentent les écoles publiques ; ici, d'autres habitants qui ne se rendent que rarement dans le centre-ville, tandis que la question de l'espace public est évacuée au profit d'un recentrage sur la vie micro-locale et domestique. Les campagnes électorales tournent, dans ce contexte, à un affrontement entre deux styles de ville : tandis qu'une gauche urbaine ou de centre-ville compose avec les flux et la mixité et tente d'en faire un élément de son identité, la périphérie a tendance à vouloir s'en protéger, comme en témoigne à droite l'invocation rituelle dans les campagnes électorales du noyau villageois, valeur refuge de l'imaginaire collectif marseillais[2].

Le FN, parti de la périphérie

Si, dans le centre de Marseille, le RN est en très net déclin depuis quinze ans, il se maintient dans les quartiers pavillonnaires et de copropriétés au mode de vie quasi périurbain (5e et 6e secteurs). On touche ici un point très important. Compte tenu de la superficie de Marseille et de son hétérogénéité, on y observe en son sein même

1. Élisabeth Dorier et Julien Dario, « Les espaces résidentiels fermés à Marseille, la fragmentation urbaine devient-elle une norme ? », *L'Espace géographique*, 2018/4.

2. Le *turn-over* de population exaspère également une partie des habitants du centre et des espaces touristiques. Depuis quelques années, avec le développement d'une offre importante de logements en location sur Airbnb et du télétravail, cette mise en mouvement ininterrompue se traduit par l'apparition de manières d'habiter la ville inédites, à cheval entre le tourisme et la sédentarité. Ainsi, dans *La Provence*, des habitants notent – et se plaignent – de ces allées et venues permanentes qui ne sont plus indexées sur les seules périodes de vacances (et ont ignoré les confinements à répétition) : « Ici, le défilé des Airbnb ne s'est jamais vraiment arrêté ! On ne connaît plus les visages que l'on croise dans l'escalier ! » fustige un propriétaire occupant d'un immeuble des Cinq-Avenues, alors qu'une responsable d'un comité du quartier de Saint-Victor renchérit : « On n'a pas la même façon de vivre, ils arrivent avec du pouvoir d'achat et se permettent tout ! Je les repère à leur accent ! », in *La Provence*, dossier consacré au tourisme, 4 mai 2021.

des tendances contradictoires qui, ailleurs, s'apprécient à l'échelle des aires urbaines. Ainsi, par exemple, pour la région parisienne, l'effondrement du vote FN dans Paris s'est accompagné de son maintien, voire de son renforcement, sur les marges périphériques (Seine-et-Marne, sud de l'Oise principalement). Dans le cas de l'agglomération lyonnaise, comme le montre le graphique suivant, lors de l'élection présidentielle de 1988, le niveau du FN était identique à Lyon et à Villefontaine, commune du nord de l'Isère, située à 40 kilomètres du cœur de la métropole. Mais à mesure que Lyon se gentrifiait et renforçait son intégration à la mondialisation tandis que Villefontaine confortait son statut de commune grand-périurbaine accueillant zones commerciales, entrepôts logistiques et lotissements, les trajectoires électorales des deux villes ont divergé de plus en plus. Au premier tour de l'élection présidentielle de 2017, Marine Le Pen obtenait ainsi 14 points de plus à Villefontaine qu'à Lyon alors que cet écart de score était inexistant trente ans plus tôt, quand son père s'était présenté à l'élection présidentielle.

Évolution du score du FN au premier tour de la présidentielle à Lyon et à Villefontaine

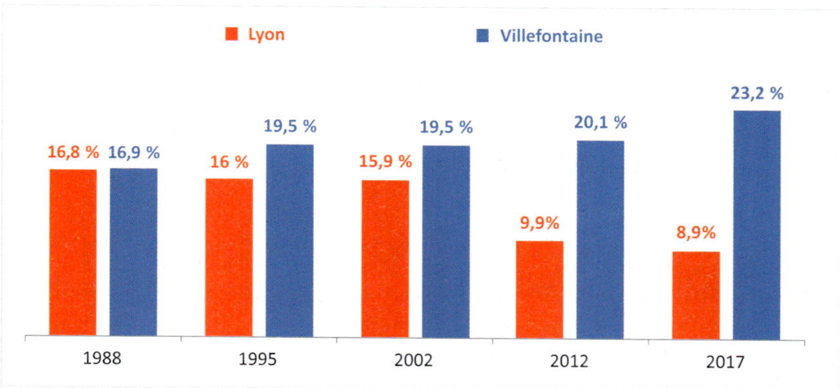

Dans le cas marseillais, ces trajectoires électorales opposées ont concerné des secteurs de la ville intra-muros. Ainsi, alors qu'aux municipales de 1995 le FN obtenait des résultats éloignés de seulement six points entre le secteur central qui regroupe les Ier et VIIe arrondissements

(20,10 %) et le septième secteur situé au nord (26,3 %), l'écart était spectaculaire aux municipales de 2020, avec des scores de respectivement 10,9 % contre 33,5 %.

6. Idéal pavillonnaire contre néo-ruralité : deux modes de vie, deux dominantes politiques

Tous les territoires périphériques ne sont pas pour autant devenus des bastions frontistes. Le département de la Drôme, par exemple, voit ainsi cohabiter deux modèles de société ancrés dans deux biotopes sociologiques spécifiques. La Drôme est, on l'a vu, le département où la part de la surface agricole utile (SAU) consacrée au bio est la plus élevée de France. Le programme Biovallée, lancé en 2010, vise à faire de ce terroir une vitrine du développement durable. Lors des élections européennes de 2019, les meilleurs scores d'EELV se sont concentrés pour l'essentiel dans cette Biovallée alors que les résultats étaient plus limités (voire faibles) ailleurs dans le département. Ce fut notamment le cas sur la façade occidentale du département, dans la vallée du Rhône, où l'activité économique, le mode de développement et le climat général sont tout autres. Ce couloir de circulation important, structuré autour de l'axe autoroutier et des deux pôles urbains de Valence et de Montélimar, est un espace périurbain où alternent centres densément peuplés, zones pavillonnaires et zones commerciales, logistiques (un grand entrepôt Amazon est implanté à Montélimar) et dans une moindre mesure industrielles, avec notamment deux sites nucléaires importants (au Tricastin et à côté de Romans).

Dans cet espace, la civilisation de la voiture (toujours elle) et du pavillon individuel domine. Mais dans ce département modeste, toute une partie de la population locale relève de la nouvelle constellation populaire et occupe des emplois peu rémunérés. Du fait du coût de l'immobilier (beaucoup « ont fait construire » selon la formule consacrée et sont lourdement endettés), de l'importance de la part du budget consacré à l'automobile, du poids des taxes et des dépenses contraintes, le reste-à-vivre est minime – voire inexistant. C'est la raison pour laquelle cette partie du département a constitué un important foyer de mobilisation et d'action des Gilets jaunes.

Comme le montre la carte de la page suivante, les lieux de rassemblement et les points de blocage et de manifestations des Gilets jaunes ont été concentrés pour l'essentiel dans la vallée du Rhône, alors que la Biovallée (où le niveau de revenu n'est pourtant pas plus élevé) est demeurée relativement à l'écart. Dans ce territoire, toute une partie de la population a opté pour un mode de vie placé sous le signe de la sobriété et a rompu avec le triptyque « télé, bagnole, Nutella », pour reprendre la formule employée par Pablo Servigne, chef de file du courant collapsologique résidant dans la Drôme[1], pour qualifier l'ambiance dans laquelle il avait grandi. De leur côté, les populations des vallées du Rhône et de l'Isère sont plus fidèles au mode de consommation traditionnel, mais il leur est de plus en plus difficile d'en être pleinement bénéficiaires et de suivre la cadence imprimée par l'émergence permanente de nouveaux produits, besoins et désirs. Pour toute une partie d'entre eux, le coût à payer pour accéder à l'idéal « Plaza majoritaire » devient difficilement supportable.

Deux modes de vie et deux visions du monde s'affrontent donc ici, et la traduction électorale de ce « conflit » est spectaculaire. Le RN devance ainsi très nettement EELV dans la vallée du Rhône et dans celle de l'Isère[2]. EELV, de son côté, s'impose sur le RN dans le périmètre de la Biovallée. Sorti des limites de ce territoire particulier, le RN reprend l'ascendant mais d'une manière un peu moins marquée que dans le couloir rhodanien.

De son côté, la liste de LREM vire en tête dans les centres urbains (Valence et Montélimar), là où résident des classes favorisées, ainsi que dans la partie « triple A » du département où sont localisées les petites villes et villages de la Drôme provençale qui bénéficient d'une grande attractivité touristique[3] : Grignan, Nyons, Mirmande ou bien Mirabel-aux-Baronnies ou Piégon.

1. Cf. Léa Iribarnegaray, « Pablo Servigne, théoricien de l'effondrement : "Mon enfance, c'était télé, bagnole, Nutella" », *Le Monde*, 17 décembre 2020.

2. La délinquance et l'immigration jouent également leur rôle : ces facteurs sont plus présents dans la zone la plus urbanisée du département.

3. Et d'un prix du mètre carré élevé.

Élections européennes de 2019 : le rapport de force entre EELV et le RN dans la Drôme

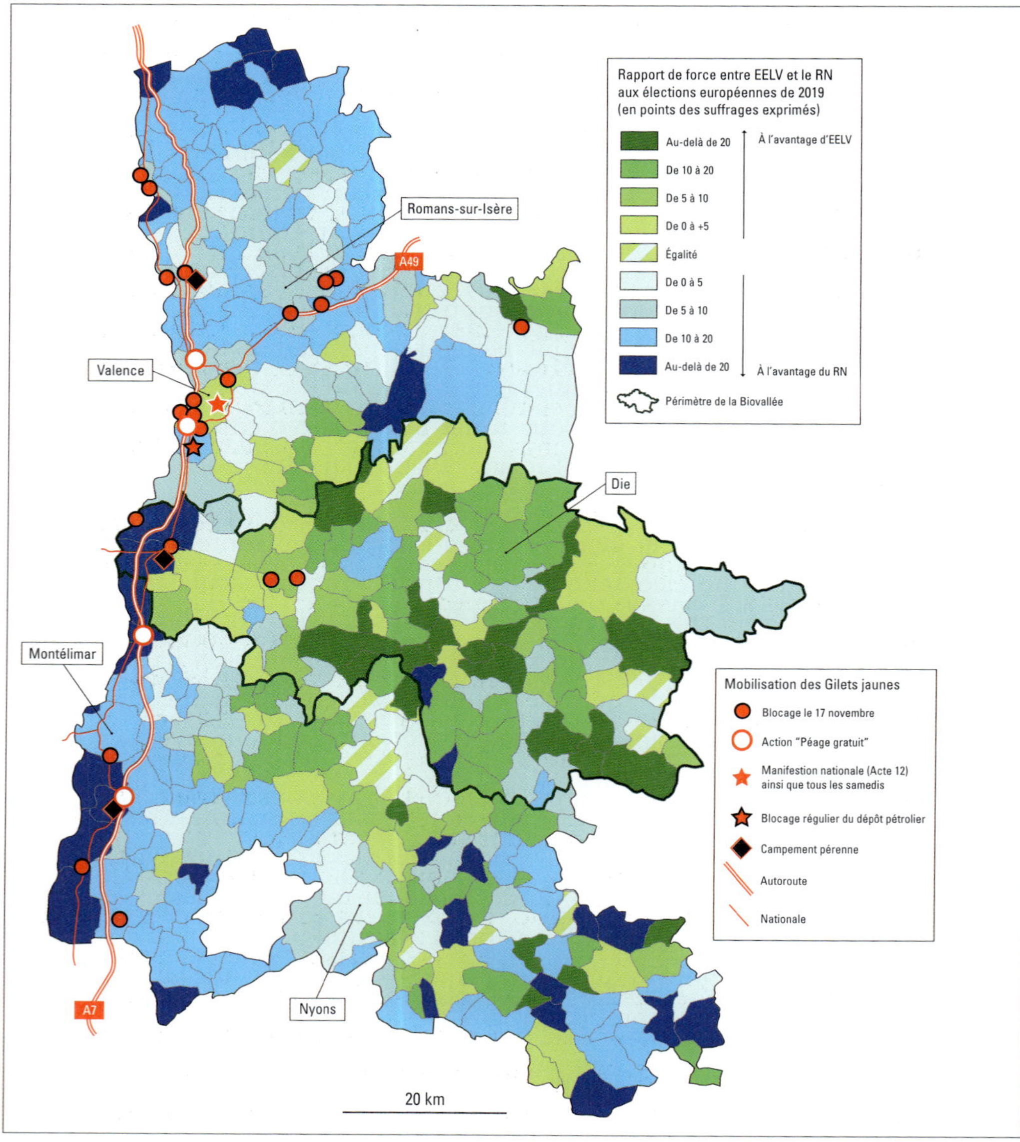

7. La consommation comme enjeu politique : acheter sur Amazon ou voter écolo ?

La politisation des choix de mode de vie ne s'observe pas seulement à propos de la place qu'occupe la voiture dans la vie quotidienne ou du rapport à l'espace, elle se décline également en termes de consommation. C'est ainsi, par exemple, que l'entreprise Amazon polarise sur son nom certaines prises de position politiques : appels au boycott de l'opération commerciale du Black Friday, protestations contre l'implantation de nouveaux entrepôts dans différentes régions comme le Gard ou la région nantaise par exemple, une partie de la gauche militante et écologiste se mobilise régulièrement contre l'entreprise de Jeff Bezos, à qui elle reproche de pousser à la surconsommation, de concurrencer de manière déloyale les petits commençants, tout en exploitant ses collaborateurs et ses sous-traitants. Sans compter un bilan carbone jugé catastrophique...

Sur ce sujet comme sur d'autres, la crise du Covid-19 est venue exacerber des dynamiques déjà à l'œuvre. À l'occasion des confinements successifs, le recours à l'e-commerce et aux services d'Amazon s'est en effet accentué chez certaines couches de consommateurs. Ainsi, en février 2021, 30 % de nos concitoyens déclaraient effectuer au moins une fois par mois des achats sur la célèbre plateforme[1]. Si cette pratique demeurait très limitée (14 %) parmi les 65 ans et plus, dont les habitudes de consommation ont été forgées bien avant l'ère d'Internet, ce ne sont pas moins de 40 % des moins de 50 ans qui font désormais appel à Amazon au minimum une fois par mois. Ce chiffre élevé en dit long sur la place que cette entreprise occupe dans la vie quotidienne des générations nouvelles. Mais si toute une partie de la population a été séduite par la profusion des références offertes, les prix pratiqués et la rapidité de la livraison assurée par Amazon, une autre composante de la société a réagi de manière opposée. À ses yeux, la crise du Covid-19 doit être regardée comme un dernier avertissement avant l'effondrement des sociétés occidentales sous l'effet de la surconsommation, de l'exploitation intensive des ressources naturelles

1. Sondage Ifop pour *L'Express*, réalisé du 11 au 12 février 2021 auprès d'un échantillon de 1 031 personnes.

et de la destruction des écosystèmes. Cette population considère qu'il est dès lors plus urgent encore qu'hier de modifier en profondeur nos modes de vie et de donner un coup d'arrêt à l'hyperconsommation. Cet état d'esprit et cette prise de conscience de l'urgence climatique et environnementale nourrissent évidemment de puissantes mobilisations contre Amazon. On constate ainsi que c'est parmi les sympathisants d'EELV que le recours aux services de l'entreprise de Jeff Bezos est la moins fréquente, 19 % seulement d'entre eux y effectuant mensuellement un ou plusieurs achats, contre une moyenne de près de 30 % dans les autres familles politiques, cette proportion atteignant son climax parmi les sympathisants du RN, dont 38 % se rendent au moins une fois par mois sur la plateforme (soit une proportion deux fois plus élevée que chez les écologistes). On observe la même opposition en matière d'alimentation : 40 % des sympathisants EELV achètent ainsi « très régulièrement » des aliments bio contre seulement 12 % des sympathisants du RN[1]. Bref, si ces deux familles politiques s'affrontent souvent sur la question migratoire ou à propos de la construction européenne, on constate qu'elles divergent également en termes de modes de vie et de rapport à la consommation[2].

Environnements géographiques, culturels et socio-économiques, imaginaires politiques, visions du monde antagonistes et leaders d'opinion pour les incarner se déploient dans la France d'après, les modes de vie devenant progressivement le théâtre d'une bataille culturelle et idéologique tandis que le rapport à la consommation tend à se connoter politiquement. Qu'elles soient de simples reflets d'oppositions plus fondamentales, ou qu'elles participent elles-mêmes à la construction des clivages, ces questions joueront en tout cas un rôle de plus en plus manifeste dans les temps qui viennent.

1. Cf. Sondage Ifop pour *Dimanche Ouest-France*, 11-12 février 2020.

2. Selon la sociologue américaine Laura Miller, spécialiste du mouvement en faveur de l'alimentation naturelle, « les différences de styles de vie sont devenues centrales pour repérer et exprimer des oppositions sociales plus larges ». La chercheuse parle de « *lifestyle movements* », ou mouvements liés aux styles de vie, pour qualifier ces courants politiques et culturels qui se traduisent avant tout par des choix de vie et de consommation de la part de leurs promoteurs. Le phénomène est particulièrement saillant dans la vie politique américaine, certaines marques, enseignes de restauration ou modèles de voiture étant associés à une couleur politique. Cf. Laura J. Miller, *Building Nature's Market : The Business and Politics of Natural Foods*, Chicago, The University of Chicago Press, 2017.

Et ce n'est pas un hasard, bien sûr, si les trois forces politiques qui ont connu la dynamique la plus favorable ces dernières années – le macrono-libéralisme de LREM, le courant identitaire du RN et l'écologie politique des Verts – sont chacune porteuses d'un projet de société global, associant un modèle économique, une vision de l'avenir, une conception de l'environnement, des rapports de genre et à l'altérité spécifiques. Comme s'il fallait des partis d'après pour représenter les clivages nouveaux surgis dans la France d'après.

Note méthodologique à propos de certaines cartes

Les traitements ayant permis la réalisation des cartes pages 111, 168, 171, 197, 200, 203, 256, 257, 312, 352-353, 361, 363, 365 ont été intégralement conçus à l'aide de logiciels libres. Un grand merci aux communautés qui créent et maintiennent ces outils.

Le traitement des données (intégration, transformation, calculs, etc.) est effectué avec le langage *open source* R et notamment la méta-librairie « *tidyverse* » (auteur : Hadley Wickham) ; les données spatiales sont manipulées via la librairie « *sf* » (auteur : Edzer Pebesma) et les rendus graphiques élaborés avec la librairie « *ggplot2* » (auteurs : Thomas Lin Pedersen *et al.*). Pour ne citer encore que quelques librairies utiles, « *rvest* » (auteur : Hadley Wickham) permet le *web scraping* utile pour la récupération de données en ligne, « *rmapshaper* » (auteurs : Andy Teucher *et al.*) la simplification des contours cartographiques, ou encore « *COGugaison* » (auteure : Kim Antunez) la conversion des données statistiques en différents millésimes géographiques.

Les cartes des pages 168 et 257 sont produites grâce au logiciel SIG (Système d'information géographique) libre QGIS.

Les ajustements graphiques et la mise en page finale sont effectués avec le logiciel libre de dessin vectoriel Inkscape.

<u>Carte de la page 111 : Popularité des communes françaises sur Wikipédia</u>

Les articles des communes françaises renseignés sur le domaine francophone de Wikipédia, récupérés via Wikidata et la librairie R « *WikidataQueryServiceR* » (auteur : Mikhail Popov), sont ensuite renseignés du nombre de vues enregistrées entre 2009 et 2019 grâce à l'API Wikimedia via la librairie R « *wikipediatrend* » (auteur : Peter Meissner). Une régression linéaire entre nombre d'habitants et nombre de vues est appliquée pour mettre en valeur les communes relativement populaires (par rapport à leur population) et vice versa.

Carte de la page 171 : Densité de piscines privées pour 100 logements

1,3 million de piscines privées sont recensées au cadastre (DGFiP) et extraites depuis le Plan cadastral informatisé. L'intégralité de la France métropolitaine est couverte à l'exception de Strasbourg et quelques communes voisines. Les piscines sont comptabilisées par cellule sur une grille hexagonale régulière de 8 kilomètres de diamètre et comparées au nombre de logements issus du fichier du Recensement de l'Insee 2017 par quartier IRIS.

Cartes des pages 197 et 200 : Part des logements construits selon la période et période de construction majoritaire des logements

Les données du recensement 2017 de l'Insee relatives aux logements sont localisées par quartier IRIS (découpage communal en zones d'environ 2 000 habitants) : elles permettent, à partir de la déclaration de leurs occupants, de quantifier le nombre de logements pour chaque période de construction.

Sur la planche de cartes détaillant la part de logements construits à chacune des six périodes, la méthode d'interaction spatiale utilisée est celle des potentiels de Stewart : ces potentiels (définis comme une quantité pondérée par la distance sur une grille régulière) sont calculés à l'aide de la librairie R « *potential* » (auteurs : Timothée Giraud, Hadrien Commenges). Elle permet de surreprésenter visuellement les zones denses.

Pour la carte présentant la période majoritaire des logements, les données brutes par IRIS sont extrapolées (au prorata de la surface) sur une grille de 5 kilomètres de côté grâce à la librairie R « *areal* » (auteurs : Christopher Prener, Charlie Revord).

Carte de la page 312 : Évolution et localisation des établissements d'activité liée à la santé et au bien-être

Au sein du Répertoire des entreprises et des établissements (REE) publié par l'Insee, les établissements actifs dont l'activité principale exercée correspond aux codes NAF 9609Z et 8690F sont comptabilisés au 31 décembre de chaque année sur l'ensemble de la France (graphique de gauche), et au 31 décembre 2018 par département (carte de droite). Le diagramme en barres arrondies est créé via la libraire R « *ggchicklet* » (auteur : Bob Rudis) et la carte départementale via la librairie R « *cartogram* » (auteur : Sebastian Jeworutzki).

Carte de la page 352 : Localisation des abonnés aux comptes Twitter des principaux titres de Presse quotidienne régionale

Seuls les comptes Twitter des titres de PQR comptant plus de 100 000 abonnés ont été sélectionnés. Les métadonnées (dont la localisation renseignée en biographie) de l'ensemble de leurs abonnés ont été récupérées via l'API Twitter accessible depuis la librairie R « *rtweet* » (auteur : Michael

W. Kearney). Les localisations sont géoréférencées grâce à l'API de géocodage Opencage via la librairie R « *opencage* » (auteurs : Daniel Possenriede, Jesse Sadler, Maëlle Salmon). L'affectation d'un poids de pondération des comptes abonnés selon la sur/sous-représentation de leur commune de localisation est ensuite effectuée en prenant pour référence la population issue du Recensement de l'Insee 2018. Enfin, les statistiques communales sont agrégées sur une grille de carreaux de 10 kilomètres de côté par interpolation au prorata de la surface incluse.

Carte de la page 363 : Localisation des brasseries et micro-brasseries en France et évolution depuis 2000

Les brasseries françaises en activité en 2020 sont recensées par le projet « Amertume » (auteur : Emmanuel Gillard) en ligne sur www.projet.amertume.free.fr. On comptabilise le nombre de brasseries par commune puis on évite la superposition des points grâce au procédé des cartogrammes de Dorling accessible via la librairie R « *cartogram* » (auteur : Sebastian Jeworutzki).

Les zones brassicoles historiques sont issues d'une carte parue dans l'article de Françoise Plet intitulé « L'univers de la brasserie : mondialisation et retours au micro-local », in *Hommes et Terres du Nord*, 2000/4, « Agriculture et territoire », pp. 217-226.

Mathieu Garnier

Remerciements

Certaines analyses contenues dans cet ouvrage ont fait l'objet d'une publication antérieure sous forme d'article ou de note ; elles ont été depuis remaniées, approfondies et actualisées. Nous tenons à remercier les médias, instituts d'études ou cercles de réflexion qui ont impulsé et accueilli ces travaux intermédiaires : l'institut Ifop, la Fondation Jean-Jaurès, l'Observatoire Société et Consommation (ObSoCo), *Le Point*, *L'Express*, *Slate.fr* et l'agence Pop-up Urbain.

Merci à celles et ceux qui par leurs conseils, leurs avis et leurs connaissances des territoires ont contribué à enrichir certaines parties de notre ouvrage et à les rendre plus vivantes :

Gérald Andrieu, Raphaële Badel, Ariane Bonzon, Vincent Chabault, Julien Chaussé, Bryce Davesne, Freddy Debize, Simon Descamps, Guillemette Faure, Stéphanie Foucard, Thierry Germain, Philippe Goetzmann, Hervé Grazzini, Laura Guien, Camille Krantz, Charlotte Krantz, Sabine Laudillay, Natacha et Nicolas Martin, Mathieu Morey, Sandrine Gulbenkian Napias, France Ortelli, Karine et Arnaud Piève, Anne-Claire Ruel, Ingrid Van Houdenhove et Johann Visentini.

Table

QUATRIÈME PARTIE

Les nouveaux visages des classes sociales : les métiers de la France d'après

CINQUIÈME PARTIE

Des traditions à la globalisation : une archéologie des couches culturelles

CONCLUSION

La politique d'après : quand les modes de vie influencent le vote

DU MÊME AUTEUR

JÉRÔME FOURQUET

En immersion
Enquête sur une société confinée
(avec Marie Gariazzo, Gaspard Jaboulay, François Kraus
et Sarah Wolber)
Seuil, 2020

L'Archipel français
Naissance d'une nation multiple et divisée
(avec la collaboration de Sylvain Manternach)
Seuil, 2019, et Points Essais n° 898, 2020

Le Nouveau Clivage
Éditions du Cerf, 2018

À la droite de Dieu
Le réveil identitaire des catholiques
Éditions du Cerf, 2018

La Nouvelle Question corse
Nationalisme, clanisme, immigration
Éditions de l'Aube, 2017

Accueil ou submersion ?
Regards européens sur la crise des migrants
Éditions de l'Aube, 2016

L'An prochain à Jérusalem ?
Les juifs de France face à l'antisémitisme
(avec Sylvain Manternach)
Fondation Jean-Jaurès et Éditions de l'Aube, 2016

Karim vote à gauche et son voisin vote FN
Sociologie électorale de l'immigration
(en collaboration)
Fondation Jean-Jaurès et Éditions de l'Aube, 2015

JEAN-LAURENT CASSELY

Génération surdiplômée
Les 20 % qui transforment la France
(avec Monique Dagnaud)
Odile Jacob, 2021

La France qui vient
Cahier de tendances 2020
(Dir. en collaboration avec Thierry Germain)
Fondation Jean-Jaurès / L'Aube, 2020

No Fake
Contre-histoire de notre quête d'authenticité
Arkhê, 2019

La Révolte des premiers de la classe
Métiers à la con, quête de sens et reconversions urbaines
Arkhê, 2017

RÉALISATION : NORD COMPO À VILLENEUVE-D'ASCQ
IMPRESSION : GRAPHYCEMS
DÉPÔT LÉGAL : OCTOBRE 2021. N°148156 (00000)
IMPRIMÉ EN ESPAGNE